Studien zu Recht und Rechtskultur Chinas

Herausgegeben von
Björn Ahl, Universität zu Köln

Band 2

Robert Heuser

Grundriss der Geschichte und Modernisierung des chinesischen Rechts

Nomos

Die Deutsche Bibliothek verzeichnet diese Publikation in
der Deutschen Nationalbibliografie; detaillierte bibliografische
Daten sind im Internet über http://dnb.ddb.de abrufbar.

ISBN 978-3-8487-0781-2

1. Auflage 2013
© Nomos Verlagsgesellschaft, Baden-Baden 2013. Printed in Germany. Alle Rechte,
auch die des Nachdrucks von Auszügen, der fotomechanischen Wiedergabe und der
Übersetzung, vorbehalten. Gedruckt auf alterungsbeständigem Papier.

Vorwort

Angesichts von Stellung und Einfluss Chinas in Weltpolitik und Weltwirtschaft mag ein Einblick in die Geschichte des chinesischen Rechts nicht nur für Studierende der china- und ostasienwissenschaftlichen Fächer und Spezialisten historischer Rechtsvergleichung, sondern auch für ein allgemeineres Publikum von Interesse sein. Was sind die wesentlichen Charakterzüge von Chinas vormoderner, sich über einen Zeitraum von 3000 Jahren erstreckender Rechtsgeschichte? Wie verhält sich diese bis in das 20. Jahrhundert hineinreichende Rechtstradition zu den an ein modernes Rechtssystem zu stellenden Anforderungen?

Vorliegendes Buch geht auf Einzelstudien zurück, die über einen längeren Zeitraum an unterschiedlichen Orten erschienen sind und verbindet sie nach intensiver Überarbeitung und umfänglicher Ergänzung zu einem Überblick über den gesamten Entwicklungsgang der chinesischen Rechtsgeschichte einschließlich der bis in die Gegenwart hinein reichenden Modernisierungsbemühungen. Eine Kurzfassung des die Inhalte des Rechtssystems systematisch abfragenden **1. Kapitels** ist 2008 in der *Zeitschrift für chinesisches Recht* erschienen. Sie war ursprünglich gedacht als ein Beitrag zu einem unvollendet gebliebenen Gemeinschaftsprojekt zur „Historiogenese des Rechts" in antiken Kulturen. Das im wesentlichen Gesetzgebungsgeschichte aufweisende **2. Kapitel** hat einen knappen Vorläufer in einem Abschnitt meiner 1999 in erster Auflage publizierten *Einführung in die chinesische Rechtskultur*. Während das **3. Kapitel** Aufsätze zur Geschichte der Rechtsmodernisierung zusammenführt, die 2008/09 in der *Zeitschrift für chinesisches Recht* erschienen sind, geht das der Entwicklung des Verfassungskonzepts gewidmete **4. Kapitel** auf einen Beitrag in Bd. 56 (2006) des *Jahrbuchs des öffentlichen Rechts* zurück. Was die mit dem Hauptkorpus inhaltlich verwobenen **Anhänge** anbetrifft, so ist eine frühe Fassung der Untersuchung zum Rechtskapitel in der „Allgemeinen Geschichte Taiwans" in Bd. 30 (1983) der *Osaka University Law Review*, der Aufsatz über Rechtstraditionen in Deutschland und China 2007 in den *Berliner China-Heften* und der übersetzte Essay von Xie Hui zur Frage der Brauchbarkeit rechtlicher Traditionen für die Gestaltung moderner „Rechtsherrschaft" in Bd. 50 (2007) des *Jahrbuchs des öffentlichen Rechts* erschienen.

Das zugrunde liegende Frageinteresse zielt auf das Verhältnis von Geschichte und Gegenwart, Tradition und Moderne. Die ersten beiden Kapitel und Anhang 1 dienen der Bestimmung von Geschichte und Tradition, die folgenden zwei Kapitel schildern den Modernisierungsverlauf und die Anhänge 2 und 3 vertiefen die Reflexion der Herausforderung, die die Tradition der Moderne aufgibt.

Was die im Text zahlreich auftretenden chinesischen Wörter anbetrifft, so habe ich mich dazu entschlossen, sie in – ursprünglichen oder abgekürzten – Schriftzeichen und in der Regel nur dann (zusätzlich) in Umschrift wiederzugeben, wenn ein solches Wort in den Lesefluss einbezogen ist. Denn Umschriften sind überflüssig für den Fachstudierenden, der sich erforderlichenfalls die Aussprache eines Zeichens leicht zu erschließen vermag, und nichtssagend für den Laien.

Frau Sha Li sei für ihre geduldige Beratung und tatkräftige Hilfe bei sich mir stellenden Problemen der Textverarbeitung herzlich gedankt. Den studentischen Hilfskräften Tobias Adam und Chen Dachuang danke ich für die Unterstützung, die sie mir beim Korrekturlesen zuteil werden ließen.

Köln, im Frühjahr 2013

Inhaltsverzeichnis

Inhaltsverzeichnis

Inhaltsverzeichnis

Inhaltsverzeichnis

Abkürzungsverzeichnis

AJCL	*American Journal of Comparative Law*
ArbG	Arbeitsgesetz
AGZ	Allgemeine Grundsätze des Zivilrechts
AM	*Asia Major*
BDRC	*Biographical Dictionary of Republican China* (H. Boormann, R. Howards, eds), 4 vols., New York and London, 1967-1971
BJFYJ	比较法研究
BR	*Beijing Rundschau*
C.a.	*China aktuell*
CC	*Chinese Culture*
Chgb	全国人民代表大会常务委员会公报
ChQu	*China Quaterly*
CF	*China Forum*
CL	*China Law*
CSWT	*Ch'ing-Shih Wen-T'i*
DDFX	当代法学
FLKX	法律科学
FX	法学
FXJ	法学家
FLLT	法律论坛
FXPL	法学评论
FXYJ	法学研究
FXZZ	法学杂志
FZRB	法治日报
Giles	Herbert A. Giles, *A Chinese Biographical Dictionary*, Cambridge, 1898 (Nachdruck, Taibei, 1975)
Ggb	国务院公报
GMD	Guomindang 国民党
HDZFXB	华东政法学报
HJAS	*Harvard Journal of Asiatic Studies*
IS	*Issues and Studies*
JAS	*Journal of Asian Studies*
JCCL	*Journal of Chinese and Comperative Law*
Jh.	Jahrhundert
JÖR	*Jahrbuch des öffentlichen Rechts*
JuS	*Juristische Schulung*
LIC	*Late Imperial China*
M	*Mathews` Chinese-English Dictionary*
Morohashi	Tetsuji Morohashi 諸橋轍次, Daikanwajiten 大漢和辞典
MS	*Monumenta Serica*

NOAG	*Nachrichten der Gesellschaft für Natur- und Völkerkunde Ostasiens (OAG)*
NVK	Nationaler Volkskongress
OE	*Oriens Extremus*
OG	Oberstes Gericht
RA	人民法院案例选
RIDA	*Revue international des droits de l'antiquité*
RWCD	中國歷史人物辭典 (朝陽出版社), Hongkong, 1979
SHKX	社会科学
SSC	*Social Science in China*
TP	*T'oung P'ao*
VPG	Verwaltungsprozessgesetz
VRÜ	*Verfassung und Recht in Übersee*
XDFX	现代法学
XFZ	中国历代行法志注译 (Die Strafrechtskapitel der dynastischen Chroniken mit Anmerkungen und Übertragung ins moderne Chinesisch), hrsgg. von Gao Chao und Ma Jianshi, Jilin (Renmin chubanshe), 1994
XZFXY	行政法学研究
ZaöRV	*Zeitschrift für ausländisches öffentliches Recht und Völkerrecht*
ZFLT	政法论坛
ZFYJ	政法研究
ZGB	Zivilgesetzbuch
ZGFX	中国法学
ZLXB	中国法律思想史资 料选编，Peking 1983
ZRGFH	中华人民共和国法规汇编
ZRZFH	中华人民共和国政法汇编
ZVglRwiss	*Zeitschrift für vergleichende Rechtswissenschaft*
ZWFX	中外法学

1. Kapitel
Frühzeitliche Rechtsordnungen (10.-1. Jh. v. Chr.)

I Quellen

Auch wenn die Entwicklung archaischer Rechtserscheinungen weit in die früheste historisch gesicherte Periode der chinesischen Geschichte, die Shang-Dynastie (ca. 16.-11. Jh.), zurückreicht, so gehen die uns bisher vorliegenden Quellen, die sich auf Gesetze, Rechtsdenken und Rechtspraxis beziehen, nicht hinter die Westliche Zhou-Zeit zurück. Die in diesem Kapitel überschaute Periode umfasst damit einen Zeitraum von rund tausend Jahren. Sie verläuft von der Westlichen Zhou-Dynastie (1045-771) über die in die beiden Zeitabschnitte der „Frühlings- und Herbstperiode" (春秋) und der „Kämpfenden Staaten" (戰國) zu unterteilende Östliche Zhou-Dynastie (770-256) bis hin zu den die Gründungsphase des Zentralstaats im 3. und 2. Jh. markierenden Qin- und Westlichen Han-Dynastien.[1] Gelegentlich werden Entwicklungen bis hin zum Erlass des Tang-Gesetzbuchs (Mitte des 7. Jh. n. Chr.) als dem frühesten, vollständig erhaltenen chinesischen Kodex und bis vor wenigen Jahrzehnten den einzigen im Wortlaut bekannten Gesetzestexten überhaupt, einbezogen. Im Unterschied zu allen anderen antiken Rechtskulturen wurde die chinesische nicht in fernerer Vergangenheit abgebrochen (wie etwa die ägyptische durch die arabisch-islamische Eroberung, die hethitische und römische durch den Untergang der jeweiligen Reiche), spätere Entwicklungen enthalten bis ins 19. Jh. hinein mehr als nur Spuren des Materials auch frühester Entwicklungsstufen[2]. „With Chinese law", heißt es Ende des 19. Jh., „we are carried back to a position whence we can survey, so to speak, a living past, and converse with fossil men."[3] Die Kenntnisse von Gesetzestexten vor dem 7. Jh. n. Chr. beruhen auf Erwähnungen in diversen, unten genannten Schriften, die aber kaum mehr als Kapitelüberschriften von Gesetzen referieren, zunehmend detaillierter jedoch auf der Archäologie zu verdankenden Fragmenten zeitgenössischen Materials, insbesondere aus

---

1 Zur historischen Geographie, zu Mythologie, Archäologie und Technologie sowie zur politischen, linguistischen und intellektuellen Entwicklung des antiken China detailliert und umfassend Michael Loewe, Edward L. Shaughnessy (ed.), *The Cambridge History of Ancient China. From the Origins of Civilization to 221 B.C.*, Cambridge, 1999.
2 Die Zeit von Shang bis Han wird daher auch als „period of creativity", der darauffolgende weite, bis zum Anbruch des 20. Jh. reichende Zeitraum als „period of continuity" bezeichnet. So Yongping Liu, *Origins of Chinese Law. Penal and Administrative Law in its Early Development,* Hong Kong, New York, 1998, S. 2.
3 Parker, in: *China Review,* vol. VIII (1879/80), S. 69.

dem 1975 geöffneten Qin-zeitlichen Grab von Shuihudi im Kreis Yunmeng und dem 1983 geöffneten West-Han-zeitlichen Grab Nr. 247 von Zhangjiashan im Kreis Jiangling (beide Provinz Hubei).[4]

Die für diesen Entwicklungsgang heranzuziehenden Quellen sind also erstens während der letzten Jahrzehnte durch die Archäologie geborgenes, rechtshistorisch bedeutsames epigraphisches Material der West-Zhou-Zeit (Bronzeinschriften)[5], Fragmente von Gesetzeswerken der Qin-[6] und Han-Dynastien[7] (Bambusleisten)

---

4   Zu diesen und anderen Funden allgemein A.F.P. Hulsewé, „Qin and Han Legal Manuscripts", in: Edward L. Shaughnessy, *New Sources of Early Chinese History: An Introduction to the Reading of Inscriptions and Manuscripts*, Berkeley, 1997, S. 193 ff.

5   Dazu Lutz Schunk, *Dokumente zur Rechtsgeschichte des Alten China. Übersetzungen und historisch-philologische Kommentierung juristischer Bronzeinschriften der West-Zhou-Zeit (1045-771 v. Chr.)*, Phil. Diss., Münster, 1994 (nach Mark E. Lewis, *Writing and Authority in Early* China, Albany 1999, S. 371, Anm. 17 „the most systematic study of Zhou inscriptions pertaining to legal disputes"); Ulrich Lau, *Quellenstudien zur Landvergabe und Bodenübertragung in der Westlichen Zhou-Dynastie (1045-771 v. Chr.)*, Nettetal 1999 sowie Hu Liuyuan, Feng Zhuohui, 夏商西周法制史 (Rechtsgeschichte der [Dynastien] Xia, Shang und West-Zhou), Beijing 2006. Hinsichtlich der Bronzeinschriften aus der Shang-Zeit ist Creel der Ansicht, dass Rechtsinstitute dort nicht erwähnt werden. (H.G. Creel, "Legal Institutions and Procedures During the Chou Dynasty, in: Cohen, Edwards, Chang Cheng, ed., *Essays on China's Legal Tradition*, Princeton 1980, S. 29). Die durchweg kurzen Inhalte der Inschriften betreffen Ackerbau- und Ahnenriten, Feste, Jahrestage u.a. Dazu Kwang-Chik Chang, *Shang Civilization*, New Haven and London 1980, S. 21 ff. Ernst Schwarz, *Die Weisheit des Alten China. Mythos, Religion, Philosophie, Politik*, München 1994, weist S. 154 auf die große Bedeutung, die das Shang-Volk den Staats- und Ahnenopfern beimaß und fügt hinzu: „Kein Wunder daher, dass das Eindrucksvollste in der kulturellen Hinterlassen des Shang-Volkes seine in der Kunstgeschichte der Menschheit einzigartigen bronzenen Opfergeräte sind." Zu den West-Zhou-zeitlichen Bronzen (Herstellung, Authentizität, Entzifferung, Periodisierung, Fundorte, u.a.), die häufig eine große Zahl eingravierter Zeichen aufweisen, vgl. Edward L. Shaughnessy, *Sources of Western Zhou History. Inscribed Bronze Vessels*, Berkeley etc., 1991.

6   Insbesondere 睡虎地秦墓竹简整理小组 (Redaktionsgruppe der Bambusleisten aus dem Qin-Grab von Shuihudi) (Hg.), 睡虎地秦墓竹簡 (Die Bambusleisten des Qin-Grabes von Shuihudi) Beijing (文物), 1978 und A.F.P. Hulsewé, *Remnants of Ch'in Law. An Annotated Translation of the Ch'in Legal and Administrative Rules of the 3rd Century B.C. Discovered in Yünmeng Prefecture, Hupei Province, in 1975*, Leiden 1985.

7   张家山 247 号汉墓竹简整理小组 (Redaktionsgruppe der Bambusleisten aus dem Han-Grab Nr. 247 von Zhangjiashan) (Hg.), 張家山漢墓竹簡 (二四七號墓) (Bambusleisten aus dem Han-Grab von Zhangjiashan, Grab Nr. 247), revidierte Ausgabe, Beijing (文物), 2006. Dazu Ulrich Lau, „Sensationelle Funde aus Grab M 247 in Zhangjiashan/Provinz Hubei. Juristische Dokumente vom Beginn der chinesischen Kaiserzeit", in: *Rechtshistorisches Journal*, 20. Bd., S. 255-289; Li Junming, "張家山漢簡 ‚二年律令' 概說" (Grundsätzliches zum „*Ernian lüling*"/„Gesetzesvorschriften des 2. Jahres" auf Bambusleisten der Han von Zhangjiashan*)*, in: 长沙市文物考古研究所 (Archäologisches Forschungsinstitut der Stadt Changsha) (Hrsg.), 長沙三國吳簡及百年來簡帛發現於研究國際學術研討會論文集 (Abhandlungen des internationalen Symposiums über die Bambusleisten von Wu der Drei Reiche und die Entdeckung und Erforschung beschrifteter Bambusleisten und Seidenstoffen während der vergangenen hundert Jahre), Beijing (中華書局), 2005, S. 323-329. (Anmerkung: Die Reihe der Funde von Bambusleisten wurde 1996 fortgesetzt durch den bisher größten Fund

und – gelegentlich – das nie verlorengegangene und stets bekannte *Tanglü-shuyi* 唐律疏議, das Gesetzbuch mit Kommentar der Tang-Dynastie[8]; zweitens sog. konfuzianische Klassiker, in denen Ereignisse, Bräuche und Regeln, die zum Teil lange vor dem Leben des historischen Konfuzius (551-479 v. Chr.) stattgefunden bzw. sich herausgebildet haben, teils zur Zeit des Konfuzius, eher aber durch dessen nähere und fernere Nachfolger zusammengestellt wurden[9], so namentlich das *Shujing* 書經 (oder *Shangshu* 尚書), „Urkundenklassiker", eine Sammlung mythologisch-geschichtlicher Dokumente[10]; das aus rund dreihundert im bäuerlichen Lebenskreis des 10.-6. Jh. entstandenen Liedern bestehende *Shijing* 詩經 („Liedklassiker")[11]; das *Zuozhuan* 左傳 („Überlieferung des Zuo"), traditionell ein Kommentar (einer Person namens Zuo) zum *Chunqiu* 春秋, den „Frühlings- und Herbstannalen", einer angeblich von Konfuzius selbst verfassten Chronik des Lehnsstaates Lu (zu Ereignissen zwischen 722 und 481 v. Chr.)[12]; das *Liji* 禮記, „Buch der

   – über 100.000 – in Changsha/Hunan betreffend den Wu-Staat, einem der „Drei Reiche" – 222-280 n. Chr. –, wo auch Informationen zu Recht und Justiz, u.a. Zivilprozess, enthalten sind, worüber in der offiziellen Historie, dem (Ende des 3. Jh. verfassten) *Sanguozhi* 三國志 nichts berichtet wird. (Angaben im 简牍博物馆/Museum der Bambusstreifen und Holztabletts in Changsha, Besuch am 6.10.2008).

8 653 in Kraft getreten; die erhaltene Fassung stammt von 737. Liu Junwen (Hg.), 唐律疏議 (Tang-Kodex mit Kommentar), Beijing (中華書局) 1983; Wallace Johnson, *The T'ang Code*, vol. I, *General Principles*, Princeton, New Jersey, 1979; vol. II, *Specific Articles*, Princeton, New Jersey, 1997.

9 Zur Qualität des überlieferten klassischen Schriftgutes als Zeugnisse der Westlichen Zhou-Zeit vgl. Lau, *op. cit.* (Anm. 5), S. 29 ff.

10 James Legge, *The Chinese Classics. The Shoo* King. London, 1865; Bernhard Karlgren, "The Book of Documents", *Bulletin* Nr. 22, Museum of Far Eastern Antiquities, Stockholm, 1950. Seine Herkunft ist unklar, angeblich stammt das in ihm gebotene Material aus den Archiven der Shang- und Westlichen Zhou-Dynastie. Es enthält Worte und Schilderung von Handlungen der legendären Urkaiser (wie Huangdi, Yao, Shun) und frühen Könige (von Yu von Xia über Pan Geng und Zhou Xin von Shang bis zu den ersten Zhou-Königen) sowie einiger wichtiger Minister. Heute ist unbestritten, dass auch die ältesten Textpassagen nicht vor der frühen Zhou-Zeit entstanden sind. Zur Authentizität des *Shujing* vgl. H.G. Creel, *The Origins of Statecraft in China: The Western Chou Empire*, Chicago, 1970, S. 447 ff.

11 James Legge, *The Chinese Classics. The She King*, London, 1871; Victor von Strauß, *Schi-King. Das Kanonische Liederbuch der Chinesen*, Heidelberg 1880. Bernhard Karlgren, *The Book of Odes*, in: *Bulletin of the Museum of Far Eastern Antiquities* (Stockholm), No. 16 (1944), No. 17 (1945). Arthur Waley, *The Book of Songs*, London, 1954. Nach Creel, *op. cit.* (Anm. 10), S. 463 eine der zuverlässigen Quellen aus der Zeit zwischen dem 11. und 7. Jh. Siehe auch Dieter Kuhn, *Status und Ritus. Das China der Aristokraten von den Anfängen bis zum 10. Jahrhundert nach Christus* (Würzburger Sinologische Schriften), Heidelberg 1991, S. 167-171.

12 James Legge, *The Chinese Classics. The Ch'un Tsew with The Tso Chuen*, London, 1872. Tatsächlich ein im 4. oder 3. Jh. v. Chr. unter Berücksichtigung älterer Dokumente zusammengestelltes, die Verhältnisse des Staates Lu und anderer sog. Feudalstaaten (V.A. Rubin spricht von „Stadtstaaten", vgl. dessen Tzu-Ch'an and the City-State of Ancient China, *TP*, vol. LII, 1965/66, S. 8 ff.) in der Zeit von 722-468 v. Chr. betreffendes Geschichtswerk. Zu Datierung, Stil und Inhalt vgl. etwa Cho-yun Hsu, *Ancient China in Transition. An Analysis*

Sitten", einer im 1. Jh. v. Chr. zusammengestellten Sammlung von Betrachtungen über Rituale, Sitten und Gebräuche (mit wenig vor-Han-zeitlichem Material)[13] und das *Zhouli* 周禮, „Riten der Zhou", ein traditionell dem „Herzog von Zhou" (jüngerer Bruder des Dynastiegründers) zugeschriebenes, tatsächlich gegen Ende der West-Han-Zeit unter Verwendung von Ost-Zhou-zeitlichem Material zusammengestelltes Werk, das ein idealisiertes Regierungssystem beschreibt[14]; drittens der Zeit der Östlichen Zhou entstammende philosophische oder staatswissenschaftliche Werke, namentlich das *Lunyu* 論語 („Gespräche des Konfuzius")[15], das *Meng-zi* 孟子 (Menzius)[16], das *Shangjunshu* 商君書 (ein Werk, das dem im 4. Jh. v. Chr. tätigen Politiker Shang Yang zugeschrieben wird)[17], das *Guanzi* 管子 (eine vornehmlich dem ökonomischen Denken verpflichtete Schrift aus dem 3. Jh. v. Chr.)[18] und das *Hanfeizi* 韓非子 (eine Schrift des Staatsphilosophen Han Fei aus dem 3. Jh. v. Chr.)[19]; schließlich viertens Geschichtswerke wie die dynastischen Chroniken der Han- und Jin-Dynastien, vor allem die dort enthaltenen *Xingfazhi* 刑法志/„Strafrechtskapitel".[20]

Chronologie

- Legendäre Herrschergestalten
  - Huangdi („Gelbe Kaiser") (traditionell 2697-2597)
  - Yao (traditionell 2356-2255)
  - Shun (traditionell 2255-2205)

of Social Mobility, 722-222 B.C., Stanford, 1965, S. 184f. und Creel, *op. cit.* (Anm. 10), S. 475 ff.

13 James Legge, „The Li Ki", in: F. Max Müller (ed.), *The Sacred Books of the East*, vol. 27, Nachdruck, Delhi. 1966; Richard Wilhelm, *Li Gi. Das Buch der Riten, Sitten und Bräuche*, München 1981. Es enthält zwar auch West-Zhou-zeitliche Texte, ist in der vorliegenden Form aber erst im 1. Jh. n. Chr. aus vornehmlich der Zeit der Kämpfenden Staaten entstammenden Texten zusammengestellt worden.
14 Edouard Biot, *Le Tcheou-Li ou Rites des Tcheou. Traduit pour la première fois du Chinois*, 3 Bde., Paris 1956.
15 James Legge, *The Chinese Classics / The Four Books / Confucian Analects*, Oxford 1892.
16 James Legge, *Ibid.,* / *The Works of Mencius*; Richard Wilhelm, *Mong Dsi*, Jena 1916.
17 J.J.L. Duyvendak, *The Book of Lord Shang*, London 1928.
18 Lewis Maverik *et al., Economic Dialogues in Ancient China: Selections from the Kuan-tzu*, Carbondale/Illinois, 1954; W. Allyn Rickett, *Kuan-tzu. A Repository of Early Chinese Thought*, Hong Kong, 1965.
19 Wilmar Mögling, *Die Kunst der Staatsführung. Die Schriften des Meisters Han Fei*, Leipzig 1994.
20 Mit anderen zusammengestellt in *XFZ*. Vornehmlich heranzuziehen sind Ban Gu, *Hanshu* 漢書 (entstanden im 1. Jh. n.Chr.), Kap. 22 (A.F.P. Hulsewé, *Remnants of Han Law*, Leiden 1955) und Fang Xuanling, *Jinshu* 晉書 (646-648 entstanden), Kap. 30 (Robert Heuser, *Das Rechtskapitel im Jin-Shu. Ein Beitrag zur Kenntnis des Rechts im frühen chinesischen Kaiserreich, München 1987).*

- Yu (traditionell 2205-2197, „Gründer" der Xia-Dynastie)
- Tang (traditionell 1766-1753, „Gründer" der Shang-Dynastie)
- Xia ca. 22-17. Jh. (Geschichtlichkeit ungewiss; Übergang vom Neolitikum zur Bronzezeit)
- Shang (Yin) ca. 16.-11. Jh. (Jagd- und Viehzüchterkultur)
- Zhou ca. 1045-256 (Bauernkultur)
  - Westliche ca. 1045-771 (Blüte der chinesischen Bronzezeit)
  - Östliche 770-221 (Beginn der chinesischen Eisenzeit)
    - Chunqiu (Frühling- und Herbstperiode, 770-464)
    - Zhanguo (Periode der Kämpfenden Staaten, 463-221)
- Qin 221-207
- Han 206 v.-220 n. Chr.
  - Westliche 206 v.-8 n. Chr.
  - Östliche 25-220 (von 9-23 Wang Mang-Periode)
- San Guo (Drei Reiche) 220-280
- Jin 265-420
  - Westliche 265-317
  - Östliche 317-420
- Süd- und Nördliche Dynastien 420-581
- Sui 581-618
- Tang 618-907

II Entstehung und Wandel eines eigenständigen Rechtsbegriffs

Zusammen mit anderen Normen zielt „Recht" auf Sozialordnung. In China sind es spätestens seit der Westlichen Zhou – der Zeit „during which the fundamental concepts and institutions of the Chinese civilization were constructed"[21] – die Begriffe *Fa* 法 und *Li* 禮, welche die sozialordnenden Normenkreise bezeichnen. (Die in Kap. 38 des – kaum vor dem 3. Jh. v. Chr. entstandenen – *Daodejing* 道德經 aufgewiesene Normenkette umfasst kosmische und soziale Ordnung: *Dao* 道/Weg, *De* 德/Tugend, *Ren* 仁/Menschlichkeit, *Yi* 義/Rechtlichkeit, *Li* 禮/Sittlichkeit). Geht man davon aus, dass es der Verbindlichkeits- und Durchsetzungsanspruch ist, der die Rechtsnormen von anderen Ordnungsnormen abgrenzt, so benennen *Fa* 法 und *Li* 禮 die Rechtsordnung.[22]

---

21 Li Feng, *Landscape and Power in Early China. The Crisis and Fall of the Western Zhou, 1045-771 BC,* Cambridge, 2006, S. 1.

22 Nach dem verloren gegangenen „sechsten Klassiker", dem *Yuejing* 樂經 („Buch der Musik"), das zum Teil im *Liji* 禮記 Eingang gefunden hat, kommt die Musik als dritte Kategorie hinzu. Im Kapitel *Yueji* 樂記 heißt es: „Die frühen Könige... bedienten sich der Sitte (*Li* 禮), um die Gesinnung der Menschen zu leiten, der Musik (*Yue* 樂), um ihre Äußerungen im Laut in

1. Die Gesetzesnorm

Fa 法 wird mit „Strafe" (刑) identifiziert.[23] Nach der *Lüxing* (呂刑)-Erzählung des *Shujing*[24] erläutert der fünfte Zhou-König Mu (traditionelle Regierungszeit: 1001-946 v. Chr.) seinem Justizminister Prinz Lü die Grundsätze korrekter Strafanwendung. Zunächst verweist er auf das *Miao*-Volk, das in grauer Vorzeit fünf grausame Strafen (五虐之刑) in willkürlicher Weise angewandt habe, dann von Huangdi, dem „Gelben Kaiser", vernichtet worden sei. Diese fünf Strafen – Brandmarkung (墨), Abschneiden der Nase (劓), Kastration (宮), Abhacken der Füße (刖) und Todesstrafe (大辟) 一 bezeichneten sie als *Fa*. Im frühen Altertum wurde das Schriftzeichen für *Fa*, wie durch ausgegrabene Bronzegefäße und sog. Orakelknochen nachweisbar, nicht nur wie später und heute aus den Elementen „Wasser" und „beseitigen" zusammengesetzt, sondern enthielt noch das Diagramm für ein einhörniges Fabelwesen, das *Zhi*. Zur Wortbedeutung heißt es in dem ersten etymologischen Wörterbuch, dem *Shuowen jiezi* 說文解字 des Xu Shen (30-124 n. Chr.): „*Fa* 法 auch *Xing* 刑 (Strafe), eben wie das Wasser, daher das Element ‚Wasser'; ein *Zhi* 儒廌 ein Fabeltier wie ein Einhorn aussehend, das mit seinem Horn das Nichtgerade, Unaufrichtige stößt und so beseitigt, daher *Qu* 去".[25] In dieser Rechtsmagie geht *Fa* mit der Vorstellung des „Geraden", „Gerechten"

Einklang zu bringen, der Gebote (*Zheng* 政), um ihre Handlungen in Übereinstimmung zu bringen, der Strafen (*Xing* 刑), um ihre Übertretungen zu verhindern. Musik und Sitten, Strafen und Gebote sind letzten Endes dasselbe; es sind die Mittel, um die Herzen des Volks zur Gemeinsamkeit zu bringen und den Weg der Ordnung hervorzubringen." (R. Wilhelm, *op. cit.*, S. 72). T'ung-Tsu Ch'ü, *Law and Society in Traditional China*, Paris, 1961, führt dazu auf S. 231 aus: "*Li* and music were different instruments utilized by the Confucianists for purpose of governing, but they were also inter-related. *Li* distinguished between different social statuses, while muic appealed to man's feelings and by so doing sought to produce group sentiment." Nach Zhang Feizhou, "中国古代的乐与法" (Musik und Gesetz im chinesischen Altertum), *FLKX*, 2005, Nr. 4, S. 24 ff. hat sich das *Li-yue* 禮樂-System schon in der Shang-Periode entwickelt und erlangte während der Westlichen Zhou seine Vollendung.

23 Wobei dies einen Bedeutungswandel oder jedenfalls eine Bedeutungserweiterung des Wortes *Fa* 法, das zunächst die Bedeutung von „Modell", „Gestalt", „Form" hatte, impliziert. Vgl. Hu Shih, *The Development of the Logical Method in Ancient China*, Shanghai 1922, wo es auf S. 174 heißt: "It is not certain how far back the word *fa* came to be used in the sense of ‚law', thus replacing the older word *xing* (,penalties") which too had the original meaning of ‚a mold'."

24 Legge, *op. cit.* (Anm. 11), S. 588 ff.; Karlgren, *op. cit.* (Anm. 11), S. 74. Der *Lüxing*-Text des *Shangshu* ist Jahrhunderte nach der Regierungszeit von König Mu zu datieren, aber jedenfalls nicht später als das 4. Jh. v. Chr. (vgl. Derk Bodde, Clarence Morris, *Law in Imperial China*, Cambridge/Mass., 1967, S. 13; Geoffrey MacCormack, "The *Lü Hsing*: Problems of Legal Interpretation", *MS*, vol. 37 (1986/87), S. 35 ff.

25 Zitiert in Zhang Jinfan (Hrsg.), 中国法制史 (Chinesische Rechtsgeschichte), Beijing, 1982, S. 17. Gegen diese traditionelle Etymologie Ulrich Lau, „Vom Schaf zur Gerechtigkeit – Der sakrale Hintergrund einiger frühchinesischer Rechtstermini", in: Christiane Hammer, Bernhard Führer (Hrsg.), *Tradition und Moderne – Religion, Philosophie und Literatur in China*, Dortmund, 1997, S. 37 ff., 41.

einher („eben wie Wasser"), das das Nichtgerade ausstößt. Einen Anklang an das „Gerechte" im Sinne des „Jedem das Seine" behält *Fa* auch später.[26] So sieht das *Hanfeizi* (3. Jh. v. Chr.) die Funktion der Gesetze (*Fa*) darin, „zu erreichen, dass die Starken die Schwachen nicht misshandeln und die Mehrheit der Minderheit keine Gewalt antut, dass die Alten in Frieden sterben und die Jungen ungestört aufwachsen können...".[27]

Fa weist also von einem bestimmten Zeitpunkt an auf „Strafe" oder „Bestrafung", zunächst noch nicht schriftlich fixiert, also „Gesetz", sondern – wie auch bei den legendären Miao – schlicht die Strafanwendung.[28] Erst lange nach der Ausbildung des chinesischen Schriftsystems[29] werden Strafnormen schriftlich fixiert, also zu „Gesetzen". Das *Jinshu* 晉書 behauptet aus weiter zeitlicher Entfernung, dass „zur Zeit von Xia, Yin und Zhou die Gesetze niedergeschrieben und am Stadttor angeschlagen wurden."[30] Von einem nicht-menschlichen Gesetzgeber wird nicht ausgegangen. Sehr deutlich heißt es bei dem Zhangguo-zeitlichen Buch *Shenzi* 慎子: „Die Gesetze (法) kommen nicht vom Himmel herab, auch nicht aus der Erde, sie entstehen vielmehr unter den Menschen und sind mit ihrer Gesinnung in Einklang."[31] Gemäß dem *Zuozhuan* wurde ein Strafkodex (刑書) auf Veranlas-

---

26 So Zhang Yonghe, "'法' 意探源" (Auf der Suche nach der Bedeutung des alten Schriftzeichens für „Gesetz"), *FXYJ*, 2005, Nr. 5, S. 141 ff. und Chen Shengyong, "法, 礼, 刑的属性。对中国法律史研究方法论的反思" (Attribute von *Fa*, *Li* und *Xing*. Neuerliches Durchdenken der Methodologie rechtshistorischer Forschung), in: 浙江社会科学, 2006, Nr. 5, S. 49 ff. Für eine andere Ansicht vgl. Liang Zhiping, "Explicating 'Law': A Comparative Perspective of Chinese and Western Legal Culture", in: *Journal of Chinese Law*, vol. 3 (1989), S. 55 ff., 58 ff.
27 Übersetzung von Wilmar Mögling, *op. cit.* (Anm. 19), S. 121.
28 Auch die Empfehlung (um 1000 v. Chr.) des Herzogs von Zhou, die Strafpraktiken – Strafen (刑) und Bußen (罰) – der unterworfenen Shang- (oder Yin-) Dynastie anzuwenden (*Shujing/Kanggao*, Legge, *op. cit.*, S. 390 f.) impliziert nicht die Existenz geschriebener Strafnormen. Wenn Lutz Schunk, *op. cit.* (Anm. 5) in einer epigraphischen Untersuchung das in der *Mugui*-Inschrift (9. Jh. v. Chr.) enthaltene Zeichen *Xing* als schriftlich fixiertes Strafgesetz versteht (S. 62, 63, 179), so mag sich hier die Möglichkeit andeuten, das Auftreten von Gesetzesbüchern weiter in die Vergangenheit zu verlegen als dies die Quellenlage bisher zulässt. H.G. Creel (*The Birth of China. A Survey of the Formative Period of Chinese Civilization*, New York, 1937, S. 350) hält es nicht für ausgeschlossen, dass es schon zur Zeit der Westlichen Zhou geschriebenes Recht gegeben hat "in a civilization so fond of writing as that of early Chou China".
29 Die ältesten bekannten Zeugnisse der chinesischen Schrift sind sog. Orakelknocheninschriften (甲骨文) aus der zweiten Hälfte der Shang-Dynastie, also aus der Zeit zwischen dem 14. und 11. Jh. v. Chr. Dazu Martin Kern, „Die Anfänge der chinesischen Literatur", in: Reinhard Emmerich (Hrsg.), *Chinesische Literaturgeschichte*, Stuttgart und Weimar 2004, S. 1 ff.; ausführlich William G. Bolz, „Language and Writing", in: M. Loewe, E.L. Shaughnessy, *The Cambridge History*, *op. cit.* (Anm. 1), S. 74 ff., wo die Entwicklung der chinesischen Sprache im Zeitraum von 1200 bis 200 v. Chr. dargestellt wird.
30 *Jinshu*, Kap. 30, (Heuser, *op. cit.* Anm. 20, S. 142).
31 Alfred Forke, *Geschichte der alten chinesischen Philosophie*, 2. Aufl., Hamburg, 1964, S. 445.

sung des Kanzlers Zi Chan (anderer Name: Gongsun Qiao) im Jahre 536 v. Chr. im Staate Zheng auf Bronzegefäße graviert. Im Jahre 513 ließ im Staate Jin der Minister Fan Xuanzi ebenfalls Bronzegefäße mit eingravierten Strafnormen aufstellen.[32] Wiederum in Zheng soll Deng Xi – wohl als eine Art Privatarbeit – im Jahre 501 einen Strafkodex auf Bambustäfelchen (竹刑) geschrieben haben.[33] Auf der Grundlage dieser (und anderer) einzelstaatlicher Gesetzgebungsakte soll Li Kui um 400 v. Chr. – wovon allerdings erst rund 1000 Jahre in der Historie der Jin-Dynastie berichtet wird – das *Fajing* 法經 („Gesetzesklassiker") in sechs Teilen zusammengestellt haben. Li Kui gilt als „Ahnherr des chinesischen Rechts".[34] In der zu Beginn der Tang-Dynastie (7. Jh. n.Chr.) verfassten Jin-Historie heißt es:[35]

> „Li Kui stellte die Gesetze der verschiedenen Staaten zusammen und verfasste das *Fajing*. Da er der Ansicht war, dass für den Staat nichts so wichtig war wie das Ergreifen von Räubern und Wegelagerern, ließ er dieses Gesetzbuch mit den (Abschnitten über) ‚Raub' (盜) und ‚Tötung bzw. Körperverletzung' (賊) beginnen. Betreffend die Dingfestmachung und von Räubern verfasste er zwei Abschnitte über ‚(Ergreifen wie mit) Netzen' (網) und ‚Arrestierung' (捕). Für leichtfertiges und raffiniertes Verhalten (輕狡), Überschreiten der Stadtgrenzen (越城), Geldspiele und Vergnügungen (博戲), übles Verhalten in Leihgeschäften (借假不廉), Obszönität und Verschwendung (淫侈) und wegen sonstiger Übertretungen wurde das ‚Gesetz verschiedenen Inhalts' (雜律) in einem Abschnitt verfasst. Ferner wurden in einem Abschnitt Regeln betreffend Verschärfung und Milderung (der Strafen) aufgestellt, das *Julü* 具律. Somit wurden sechs Abschnitte verfasst."

Nach derselben Textstelle „propagierte der Herr von Shang (d.i. Shang Yang, Autor des *Shangjunshu* (um 350 v. Chr.) die Anwendung des *Fajing* und wurde so Premierminister von Qin."[36] Der „Begriff des Gesetzes", wie er sich in der Zhanguo-Epoche herausbildete, hat also, wie Gernet ausführt, „nichts mit dem gemein, was wir meist unter Gesetz zu verstehen pflegen. Es ist weder aus dem Gewohnheitsrecht noch aus der Praxis der Schiedsgerichtsbarkeit hervorgegangen, vielmehr... das allmächtige Instrument, mit Hilfe dessen die einzelnen Aktivitäten in die für die Macht des Staates und den öffentlichen Frieden günstige Richtung gelenkt werden können."[37] Die Etymologie von *Fa* ist deshalb nach einer Ansicht dadurch gekennzeichnet, dass das die linke Hälfte des Schriftzeichens ausmachende Ele-

---

32 Legge, The Ch'un Tsew with The Tso Chuen, *op. cit.* (Anm. 12), S. 607-610, 728-732.
33 Vgl. Alfred Forke, *Geschichte der alten chinesischen Philosophie*, Hamburg, S. 418 f. Hellmut Wilhelm, „Schriften und Fragmente zur Entwicklung der staatsrechtlichen Theorie in der Chou-Zeit", *MS*, vol. XII (1947), S. 41 ff. Zhang Guohua, 中国法律思想史新编 (Neue Ausgabe der Ideengeschichte des chinesischen Rechts), Beijing, 1991, S. 43 ff. Neuerdings wird die Auffassung vertreten, dass man sich unter dem *Zhuxing* 竹刑 kein Strafgesetz, sondern einen strafrechtspolitischen Traktat vorzustellen hat. So Ke Wei, Ma Zuowu "'竹刑': 中国律学的开山之作" (Das *Zhuxing* – ein wegbereitendes Werk traditioneller chinesischer Gesetzeskunde), *FXLT*, 2007, Nr. 4, S. 90 ff.
34 Etwa Xu Daolin, 中國法制史論略 (Grundriss zur chinesischen Rechtsgeschichte), Taibei 1970, S. 4.
35 *Jinshu*, Kap. 30, Heuser, *op. cit.* (Anm. 20), S. 80 f.
36 *Ibid.*, S. 82.
37 Jacques Gernet, *Die chinesische Welt*, Frankfurt a.M., 1979, S. 78 f.

ment „Wasser" nicht, wie auf der Basis des *Shuowen jiezi* 說文解字, des um 100 n. Chr. entstandenen ältesten chinesischen etymologischen Wörterbuchs angenommen (wie oben dargelegt) „Fairness und Gerechtigkeit" symbolisiere, vielmehr darauf hindeute, „to placing a criminal on the water to drift away with the current, what is now called banishment."[38]

2. Li 禮 als Rechtsnorm

Der andere die Rechtsordnung konstituierende Normenkreis sind die *Li* 禮. Mit diesem Ausdruck wurden in der Shang-Zeit Opferzeremonien im Zusammenhang mit der Ahnenverehrung (auf Orakelknochen ist das Zeichen für *Li* häufig), später die von den Mitgliedern der auch die von der Zhou-Aristokratie einzuhaltenden sakralen und weltlichen Regeln bezeichnet[39], womit eine „Institutionalisierung und Verrechtlichung" der *Li* vonstatten ging.[40] Durch Konfuzius und seine Nachfolger wurden die *Li* zu Verhaltensregeln des ganzen Volkes, zum „Gemeingeist der Nation", wie es Montesquieu („Vom Geist der Gesetze", XIX/19) nicht ungeschickt ausdrückt, erweitert, zur Summe der in den zwischenmenschlichen Beziehungen, die durch Status und Unterschied gekennzeichnet sind, zu beachtenden Normen.[41] So heißt es im *Lunyu*: „Was man *Li* 禮 nennt – sind damit etwa nur Geschenke von Jade und Seide gemeint?"[42], was auf den Vorgang der Säkularisierung aber auch der Verinnerlichung weist. Die soziale Kontrollfunktion hebt das *Liji* (*Li yun*) hervor: „Man gebraucht die *Li* als Grundlage, um das Verhältnis von Fürst und Diener zu ordnen, die Liebe zwischen Vater und Sohn, die Eintracht zwischen älterem und jüngerem Bruder, die Harmonie zwischen Gatten und Gattin, um Regeln und Ordnungen zu schaffen, um Felder und Weiler zu gründen...".[43] Daher

---

38 So unter Bezugnahme auf die rechtshistorische Literatur Liang Zhiping, "Explicating ‚Law': A Comparative Perspective of Chinese and Western Legal Culture", in: *Journal of Chinese Law*, 1989, S. 58 f.

39 Eine Entwicklung, die mit der schöpferischen *Li*-Interpretation des Zhou Gong („Herzog von Zhou"), des Bruders des Dynastie-Gründers, einsetzte. Nach *Zuozhuan/wen gong*, 18. Jahr, „setzte der Herzog von Zhou die *Li* für Zhou fest" (Legge, *The Ch'un Ts'ew with The Tso Chuen*, S. 280, 282). Ausführlich dazu *Y. Liu, op. cit.* (Anm. 2), S. 61 ff.

40 Zhang Jinfan, 论礼 (Über Li), in: 社会科学战线, 1998, Nr. 3, S. 204.

41 Vgl. etwa Fung Yu-Lan, *A History of Chinese Philosophy* (transl. by Derk Bodde), 1. Bd., Princeton, N.J., 1952, S. 337-341; *T'ung Tsu Ch'ü, Law and Society in Traditional China*, Paris 1961, S. 230 ff.; Zhang Jinfan, "论礼" (Über Li), *op. cit.* und ders., "论礼 一 中国法文化的核心" (Über Li – Kern der chinesischen Rechtskultur), *ZFLT*, 1995, Nr. 3, S. 75 ff.

42 XVII, 11. Legge, *op. cit.* (Anm. 15), S. 324.

43 Richard Wilhelm, *Li Gi, op. cit.* (Anm. 13), S. 57. Nach Wen-yen Tsao, "Equity in Chinese Customary Law" (*CC*, vol. III, no. 2, Dec. 1960, S. 9 ff.) „the *li* as a general rule of conduct served as an indispensable guide to man in his worship of supernatural beings and deceased ancestors and also in his daily intercourse with his fellow men" (S. 12).

heißt es in einer Studie über die Rechtsphilosophie des Konfuzius: „What we understand by the words ‚civil law' was a part of the *Li*."[44]

Im *Xunzi* 荀子 (3. Jh. v. Chr.), dem Werk des letzten großen Vertreters des frühen Konfuzianismus wird die sozialordnende Funktion von *Li* psychologisch verankert:

> „Wo liegt der Ursprung von *Li*? Meine Antwort: Der Mensch wird mit Wünschen geboren. Solange er diese nicht befriedigen kann, befindet er sich unablässig auf der Suche. Wird dieser Suche nicht Beschränkung und Maß auferlegt, so mündet sie in Streitigkeit mit anderen. Streit führt zur Unordnung, Unordnung zur Armut. Die Frühen Könige (先王) hassten solche Unordnung, weswegen sie die *Li* zur Unterscheidung schufen, auf dass die Menschen in ihren Wünschen geleitet werden. So veranlassten sie, dass die Wünsche nicht die Mittel zu ihrer Befriedigung überstiegen, die Mittel nicht hinter den Wünschen zurückblieben. Wünsche und Mittel kamen so zum Ausgleich. Darin liegt der Ursprung von *Li*."[45]

3. Zurückdrängung der Gesetzesnorm

Konfuzius und die ihm nachfolgende *Ru* 儒-Schule propagierten diese *Li* genannten Traditionsnormen als den grundlegenden Bestandteil der Rechtsordnung. Dem aus ihnen sich entfaltenden Gewohnheitsrecht ließ sich ohne Eingriff staatlicher Gesetzgebung das den gesellschaftlichen Bedürfnissen angemessene Familien-, Vermögens- und Handelsrecht entnehmen.[46] Strafen (technisches Recht) waren zwar bei Verletzung solchen Gewohnheitsrechts und zur Abschreckung vor solcher Verletzung unverzichtbar, eine Vergesetzlichung des Strafrechts jedoch verdächtigten Konfuzius und seine Anhänger als Schritt zur Auflösung patriarchalischer Wertordnung, zur Emanzipation aus *Li*-geprägten Beziehungsverhältnissen. Dies zeigt die Reaktion auf die Vergesetzlichung des Strafrechts durch Zi Chan im Jahre 536 v. Chr. Das *Zuozhuan* enthält einen an Zi Chan gerichteten Brief eines gewissen Shu Xiang aus dem Staate Jin, in dem es heißt:[47]

> „Bisher habe ich Sie als mein Vorbild angesehen, doch jetzt ist damit Schluss. Die frühen Könige (先王) beurteilen die Angelegenheiten gemäß der Natur der Dinge, erließen aber niemals Strafgesetze, weil sie befürchteten, so die Streitsucht des Volkes anzuregen. Da aber Straftaten nicht vermieden werden konnten, errichteten sie Grenzen für richtiges Handeln und suchten Zuwiderhandlungen durch Verwaltungsmaßnah-men (政) zu zügeln, leiteten das Volk durch *Li*, formten es durch Vertrauen (信) und erfreuten es durch Wohlwollen (仁). Sie errichteten Ränge und Po-

---

44 Chang Chi-yun, "Confucius' Philosophy of Law", *CC*, vol. XXII, no. 3 (Sept. 1981), S. 3.

45 荀子讀本, annotierte Ausgabe von Wang Zhonglin, Taibei 1974, S. 284. Vgl. auch Hermann Köster, *Hsün-Tzu ins Deutsche übertragen*, Kaldenkirchen 1967, S. 241.

46 "Law became fundamentally one of custom. Everything pertaining to the law of contracts and commercial transactions was abandoned to the free creation of custom. There was a resort to legislation only when the public order was vitally concerned" (Jean Escarra, in: *The Encyclopaedia of the Social Sciences*, vol. 9, New York, 1933, S. 251).

47 Legge, *The Ch'un Ts'ew with The Tso Chuen*, *op. cit.* (Anm. 12), S. 609 f.

sitionen, um seine Anhänglichkeit zu festigen und legten strenge Strafen und Bußen (刑罰) auf, um die Leute von Ausschweifungen abzuschrecken. All dies erfordert einen weisen Herrscher, eine Menge intelligenter und klar denkender Beamter und verständnisvolle Lehrer. Nur dann wird man mit dem Volk gut umgehen können und Elend und Unordnung vermeiden. Andererseits jedoch, wenn das Volk von der Existenz eines Strafgesetzes erfährt (in dem die Strafen für die diversen Straftaten klar ausgedrückt sind), wird es sich nicht mehr vor seinen Vorgesetzten fürchten und der Streitsucht verfallen, würden sie sich die Leute dann doch auf die geschriebenen Vorschriften in der Absicht berufen, mit ihren Argumenten durchzudringen. So können sie nicht länger regiert werden. Als die Regierung der Xia-Dynastie in Unordnung geraten war, wurden die Strafen des Yu (禹刑) festgesetzt; als die Shang-Dynastie in Unordnung geraten war, wurden die Strafen des Tang (湯刑) festgesetzt; und als die Zhou-Dynastie in Unordnung geraten war, wurden die Neun Strafen (九刑) festgesetzt. Alle drei[48] hatten ihren Ursprung in einem Zeitalter des Verfalls. Und nun haben Sie in der Verwaltung Ihres Staates Zheng veranlasst, Deiche und Bewässerungsgräben zu bauen, Sie haben neue Finanzsysteme eingeführt – Maßnahmen, die vom Volk abgelehnt werden. Und nun haben Sie eine Imitation dieser drei Straffestsetzungen vorgenommen und die Strafvorschriften (刑書) in Metall graviert. Wird es nicht schwer sein, das Volk auf diese Weise ruhig zu halten? Im *Shijing* heißt es: ‚Das Tugendvorbild von König Wen (der die Shang-Dynastie durch Etablierung der Zhou-Dynastie ablöste)[49] nachzuahmen, das bringt täglich Frieden in allen Regionen‘. Wenn dem so ist, wozu dann noch Strafgesetze? Aber nun haben Sie dem Volk Kenntnis von dem gegeben, worüber gestritten werden kann; die Leute werden die altüberlieferten *Li* ablegen und sich mit dem Hinweis auf das geschriebene (Recht) zu rechtfertigen suchen. Sie werden sich noch über die Spitze einer Ahle streiten, Prozesse werden zahlreich sein und Bestechungen überhand nehmen. Sie werden den Ruin des Staates erleben. Ich habe sagen hören: ‚Wenn ein Staat am niedergehen ist, werden in ihm viele neue Regeln erlassen‘ (國將亡, 必多制). Ist Ihr Vorgehen nicht ein (weiteres) Beispiel dafür?“[50]

Als im Jahre 513 der Staat Jin unter dem Herzog Qing nun seinerseits auf Bronzegefäße gravierte Strafgesetze bekanntmachte, protestierte Konfuzius (beim ersten Mal, 536, war er erst 15 Jahre alt) ganz in der Weise des Shu Xiang: „Jin ist dabei, sich zu ruinieren“,[51] indem es durch allgemein geltende Strafgesetze die gesellschaftlichen Grade verwirre, was einer „Korruption des Gesetzes“ (法賤) gleichkomme und zu Unordnung führe.

---

48 Die in diesem Text erstmals erwähnt werden. Legge (S. 609) übersetzt „Penal Code of Yu“. „Penal Code of Tang“ und „the code of the nine punishments“, was auf eine extrem frühe Existenz von Strafgesetzbüchern hindeutet, wozu aber jeder Anhaltspunkt fehlt.

49 Der offizielle erste Zhou-König war König Wu, der mit seinem jüngeren Bruder, dem Zhou gong („Herzog von Zhou“) die Grundlagen des Zhou-Feudalismus, einschließlich des *Li*-Systems, legte. Beider Vater ist der prädynastische *Wen Wang* (König Wen).

50 Zi Chan ließ sich dadurch nicht beeindrucken und antwortete, dass er nicht über so viel Genie verfüge, um für die Nachwelt zu handeln, es ihm vielmehr allein darum zu tun sein könne, den Bedürfnissen der Gegenwart gerecht zu werden. Er könne deshalb die gutgemeinten Ratschläge nicht akzeptieren (*ibid.*, S. 607, 610).

51 *Ibid.*, S. 729/732.

4. Li 禮 und Fa 法 in der Entwicklung

In der weiteren Entwicklung bleibt die Rechtsordnung durch ein Zusammenspiel von *Fa* (Gesetzesrecht) und *Li* (Gewohnheitsrecht), und das heißt von Regeln einer rationalisierten Bürokratie (profanes Verwaltungs- einschließlich Strafrecht) einerseits, solchen des patriarchalischen Gewohnheitsrechts andererseits bestimmt. Zunächst durch ein Übergewicht von *Fa*, indem der Teilstaat Qin sein „legistisches" Konzept unter dem „Ersten Kaiser" auf ein geeintes China übertragen kann. Die 1975 im Kreis Yunmeng (Provinz Hubei) in dem Grab eines Qin-Lokalbeamten gefundenen rund 1150 Bambustäfelchen u.a. mit Bruchstücken des Qin-Kodex und anderer rechtlich relevanter Materialien – darunter die bisher frühesten, im Wortlaut vorliegenden Gesetzestexte überhaupt – zeigen jedenfalls im Grundsatz, dass „a reign of law superseded the reign of tradition".[52] Nach Ablösung der Qin-Dynastie (221-207 v. Chr.) durch die Han-Dynastie fand eine Re-Traditionalisierung insofern statt, als das *Li*-System, die von Konfuzius und seinen Nachfolgern propagierte soziale Werteordnung, zur offiziellen Doktrin des allerdings aufrechterhaltenen bürokratischen Einheitsstaates avancierte: Gesetze galten als „legitim", sofern sie dieser Staatsdoktrin dienten. Diese die „konfuzianische Wertordnung" in wachsender Intensität verteidigende Gesetzgebung setzte ein mit dem Erlass des (nicht überlieferten) „Gesetzes in neun Abschnitte" (九章律), das Xiao He (gest. 193 v. Chr.), ein Berater des Dynastiegründers Liu Bang, durch (vornehmlich Verwaltungsrecht betreffende) Ergänzungen des *Fajing* erstellt haben soll. Daraus wurden bald 18 Abschnitte, und schon um 100 v. Chr. soll der (nicht überlieferte) Han-Kodex 60 Abschnitte umfasst haben.[53] Eine frühe „Station" auf diesem Entwicklungsgang markiert das durch den Zhangjiashan-Fund von 1983 bekannt gewordene *Ernian lülinng* 二年律令 („Gesetzesvorschriften des zweiten Jahres") von 186 v. Chr. Die Vergesetzlichung der (insbesondere die Familienbeziehungen betreffenden) *Li* erfolgte allmählich. Die beiden Han-Dynastien (206 v.-220 n. Chr.) machten den Anfang einer Entwicklung, die im Tang-Kodex (mit beigefügtem Kommentar) von 653, dem frühesten, vollständig überlieferten chinesischen Gesetzbuch, ihre Reife erlangte.[54] *Li* und *Fa* entsprachen einander in dem Sinne, dass die angestammte moralische Gewohnheit (*Li*) im positiven (geschriebenen) Recht

---

52 Joseph R. Levenson, Franz Schurmann, *China: An Interpretative History. From the Beginnings to the Fall of Han*, Berkeley etc., 1969, S. 86. Die Qin-Bambustäfelchen enthalten fast 200 Vorschriften aus fast 30, dem Titel nach benannten Gesetzen (律). Die Vorschriften sind verwaltungsrechtlicher Natur, Strafrechtsvorschriften sind nicht im Wortlaut erhalten, auf sie wird aber im Zusammenhang einer Erörterung konkreter Fallkonstellationen Bezug genommen.

53 Gemäß der Jin-Historie, vgl. Heuser, *op. cit.* (Anm. 20), S. 83.

54 Ausführlicher zu diesem Entwicklungsgang T'ung-Tsu Ch'ü, *Law in Traditional China*, Paris, 1961, S. 267 ff. und unten **2. Kapitel**, S. 80 ff.

(*Fa*) offizielle Anerkennung (Sanktionierung) fand, oder – umgekehrt – das positive Recht (*Fa*) durch Inkorporation der *Li* Legitimität gewann.

III Politische Legitimation von Rechtsnormen

1. Gerechtigkeits- und Verfahrensmaßstäbe

Die frühesten Aussagen zur politischen Legitimation rechtlicher Normierung (West Zhou) knüpfen an das im *Miao*-Mythos enthaltene Negativbeispiel an. Dieses Volk aus grauer Vorzeit hatte, wie es Zhou-König Mu (trad. 1001-946 v. Chr.) gemäß *Shujing/Lüxing* 書經/呂刑 erzählt[55], Strafen willkürlich angewandt und war deshalb von Huangdi ausgelöscht worden. Als positives Beispiel der Strafanwendung deutet Mu auf Shun und seinen Minister Gao Yao: Strafen seien unter Würdigung der Umstände der einzelnen Tat, auch gegen Mächtige und Reiche, angewandt worden. Bei Zweifeln über die Anwendung von Strafen und Bußen habe man sich einer Anwendung enthalten. Für das Zeitalter von Yao und Shun sind nach *Shujing/Yushu/Shundian* („The Canon of Shun") Strafen nur legitim, wenn folgende Grundsätze beachtet werden: Mitleid zu üben[56], zweifelhafte Fälle zurückhaltend zu behandeln und lieber eine Straftat unbestraft oder zu milde bestraft lassen, als einen Unschuldigen zu töten.[57] Legitim war Strafe also nur, wenn sie gewissen Gerechtigkeits- und Verfahrensmaßstäben entsprach. König Mu rät daher dem Prinzen Lü: „Wenn Du in einer Falluntersuchung nichts Relevantes findest, schließe den Fall ab. Sei Dir immer der strengen Autorität des Himmels (天) bewusst."[58]

2. Zeitbedürfnisse

Die Politiker zur Zeit der Östlichen Zhou sahen ihre Strafgesetzgebung durch die „Bedürfnisse des Zeitalters" gerechtfertigt. Dies wird deutlich in der Antwort, die Zi Chan den Vorhaltungen des Shu Xiang zuteil werden ließ: „Was Ihre Ausführungen anbetrifft, so verfüge ich weder über die Berufung, noch über die Fähigkeit, für die Nachwelt zu handeln. Mir geht es allein um die Rettung des gegenwärtigen

---

55 Legge, *The Shoo King*, *op. cit.* (Anm. 10), S. 588 ff.
56 *Ibid.*, S. 39.
57 *Ibid.*, S. 58 f.
58 *Ibid. S. 604.*

Zeitalters, weswegen ich Ihre Anregungen nicht zu akzeptieren vermag.“[59] Diese Art der Legitimation entspricht zweifellos auch der Qin-Gesetzgebung.

3. Wertordnung

Mit der Entwicklung der „Konfuzianisierung“ seit der Han-Dynastie sind Strafnormen legitim, sofern sie der konfuzianischen Wertordnung dienen, deren Ideal von Maß und Mitte nicht offensichtlich zuwiderlaufen. Dies wird in der Einleitung des Tang-Kodex direkt angesprochen, indem sie aus dem *Liji* zitiert: „Tugend (德) und Ritual (禮) sind Grundlage der Regierungsdoktrin, Strafen (刑) und Bußen (罰) sind deren Instrumente.“[60]

IV Sprachliche Gestaltung von Rechtsnormen

1. Abstraktions-, Differenzierungs- und Ausdrucksfähigkeit

Die Qin-Fragmente aus dem Shuihudi und die Han-Fragmente aus dem Zhangjiashan-Fund deuten auf eine differenzierte Verwaltung, der die Gesetzgebung durch Systematik zu entsprechen und zu dienen hatte. Die den Qin-Kodex ausmachenden Einzelgesetze (律) haben eine auf den jeweiligen Regelungsgegenstand weisende Bezeichnung (im Zusammenhang mit dem „Kodex“ eine Kapitelüberschrift) und enthalten eine Anzahl von Artikeln, die allerdings nicht immer zu dem Generalthema zu passen scheinen. So normiert ein „Gesetz über Felder“ (田律) u.a. die Pflicht der zuständigen Lokal-Beamten, über Wetterverhältnisse und Naturkatastrophen an die Zentralregierung zu berichten. Es enthält auch Regeln zur Heu- und Strohsteuer. Ein „Gesetz über Geldwesen“ (金布律) regelt die Rückzahlung von Darlehen an die Regierung, die Beträge bei Strafablösung und die Funktion von Tuchballen als Geldmittel, des weiteren enthält es Angaben über die den verschiedenen Beamten zustehende Dienerschaft.[61]

Terminologie aus dem Bereich von Straftatbeständen und Strafprozess wie sie erstmals in den (allein) überlieferten Kapitelüberschriften des angeblich um 400 v. Chr. entstandenen *Fajing* („Gesetzesklassiker“) des Li Kui zum Ausdruck kommt, zeigt Ansätze einer Differenzierung bezüglich objektiver und subjektiver Tatbe-

---

59 Legge, *The Ch'un Ts'ew with The Tso Chuen, op. cit.* (Anm. 12), S. 607, 610.
60 "德禮為政教之本，刑罰為政教之用", Liu Junwen, annotierte Ausgabe des *Tanglü shuyi, op. cit.* (Anm. 8), S. 3; Wallace Johnson, *The T'ang Code*, vol. I, *op. cit.* (Anm. 8), S. 54.
61 *Qin mu zhujian, op. cit.* (Anm. 6), S. 24 ff., 55 ff.; Hulsewé, *Remnants of Qin-Law, op. cit.* (Anm. 6), S. 22 ff., 46 ff.

stände. Die Ausdrücke *Dao* 盗 (Diebstahl, Raub), *Zei* 賊 (Tötung, Körperverletzung), *Za* 雜 (diverse Straftaten) sind in der weiteren Entwicklung ebenso präsent wie die Prozessbegriffe *Bu* 捕 (Arrestierung), *Qiu* 囚 (Einkerkerung) und *Ju* 俱 (Strafverschärfung oder -verringerung). Nach dem *Zuozhuan* findet sich in der einzelstaatlichen Gesetzgebung der Östlichen Zhou-Periode eine differenzierte Terminologie für den Straftatbestand der Unzucht, wo verschiedene Ausdrücke, je nach der (verwandtschaftlichen) Beziehung der Beteiligten vorkommen, was einen bestimmten Keuschheitsbegriff und Kenntnisse der Eugenik impliziert.[62]

Den Qin- und Han-Fragmenten aus den Gräberfunden ist eine in ihrer Differenziertheit weit fortgeschrittene Fachsprache des Straf- und Strafverfahrensrechts zu entnehmen. Hulsewé zeigt zwar das weite Begriffsfeld von *dao* 盗 auf, wovon nicht nur Diebstahl und Raub, sondern jede Wegnahme von nicht eigenen Dingen, also auch Entführung, Erpressung u.a., umfasst wurde[63], das Bemühen um eine genaue Anwendung der Gesetzesnormen zeigen aber die zahlreichen auf Anfrage unterbreiteten Interpretationen oder Definitionen von Gesetzesbegriffen (wie „wiederholte Anschuldigung", „nichtamtliche Anschuldigung", „Haushaltsstraftat", „Dienstentziehung", „Wachposten", „Reisender", „ernste Verletzung" etc.). Diese „Definitionswut" erscheint wie eine Paraphrasierung des letzten Satzes des *Lunyu* („Gespräche des Konfuzius"): „Wer die Worte (Begriffe) nicht versteht, versteht nicht die menschlichen Angelegenheiten" (不知言, 律令也).[64]

2. Struktur von Rechtsnormen

Während der Han-Kodex (不知言漢律) ein nach und nach (allerdings ziemlich zu Beginn der Dynastie im frühen 2. Jh. v. Chr.) zustande gekommenes Patchwork-Gebilde ist, das die später für chinesische Kodizes typische Systematik noch nicht erkennen lässt, weist das für einen der auf die Han-Dynastie folgenden Teilstaaten, die Wei-Dynastie (220-265 n. Chr.), im Jahre 234 n. Chr. erlassene *Xin Lü* 新律 („Neues Gesetzbuch") bereits einen den Kapiteln mit den einzelnen Straftatbeständen vorangestelltes Kapitel auf, in dem Strafarten und allgemeine Fragen der

---

62 Vgl. Yuvoon Chen, „Zur Ausschweifung in der Ch'un-ch'iu-Periode (771-480 v. Chr.)", *OE*, 19. Jg. (1972), S. 23 ff.

63 "The Wide Scope of Tao „Theft" in Ch'in-Han Law", in: *Early China*, vol. 13 (1988), S. 166 ff.

64 XX, 3. Legge, *op. cit.* (Anm. 15), S. 354 übersetzt etwas anders. Hier wurde vorbereitet, was Karl Bünger für das Gesetzesrecht des 7. Jh. n. Chr. festgestellt hat: „Nüchterne und knappste Ausdrucksweise, Eindeutigkeit der Aussage, Genauigkeit und Konstanz der Terminologie sowie logische Gliederung der sachlich zusammenhängenden Bestimmungen. Hinzu kam eine Technik des grammatischen Satzbaus und der Wiederholungen einsparenden Verweisungen" (Max Webers Ansichten über Recht und Justiz im Kaiserlichen China, *OE,* 1972, S. 9 ff.,13).

Strafanwendung bestimmt werden. Im Wei-Gesetzbuch heißt dieses Kapitel *Xing-ming* 刑名 („Strafenbezeichnung"), im Gesetzbuch der Jin-Dynastie (*Taishi Lü* 泰始律) von 268 *Fali* 法例 („Maßstäbe für die Gesetzesanwendung")[65] und im Tang-Kodex *Mingli* 名例 („Bezeichnung der Strafen und Maßstäbe für deren Anwendung").[66]

Die Qin- und Han-Gesetze lassen einen durch Knappheit des Ausdrucks und einfachen Satzbau gekennzeichneten Stil erkennen. Die Gesetzesmaterien unterteilen sich in die Gruppe der *Lü* 律 (Hauptgesetze) und *Ling* 令 (Nebengesetze). Erstere umfassen die Institutionen der staatlichen Verwaltung und das Strafen-System; letztere die königlichen/kaiserlichen Dekrete. Zur Zeit der Westlichen Han wurden sie in A-, B- und C-Dekrete unterschieden. A-Dekrete betrafen das staatliche Verwaltungs- und das Strafsystem, B-Dekrete die Normierung der Beamten-tätigkeit, C-Dekrete vornehmlich die Normierung des Strafverfahrens.[67]

V Inhalt von Rechtsnormen

1. Hierarchische soziale Strukturen

Hierarchische Strukturen spiegeln sich in Gesetzesakten (und anderen Quellen) im Hinblick auf die Regierungsorganisation, die gesellschaftliche Ordnung und die Familienverhältnisse.

a) Ausgrabungen (in der Shang-Hauptstadt Yin [Anyang]/Henan) dokumentieren, dass im Zentrum der Shang-Zivilisation die Institution des Königs angesiedelt war.[68] Das Shang-Königtum „occupied the top of a vast state structure that served as the center of a centripetal economy and rested upon legitimate force and explicit law."[69] Die Königswürde vererbte sich in der königlichen Linie (王族), die ein Element des herrschenden Klans der Hauptstadt war.[70] Der König wurde nicht als ein göttliches Wesen angesehen. „On the contrary, he was a man like other men, though one who, because of his superior qualities, had been chosen by Heaven to

---

65 Heuser, *Das Rechtskapitel im Jin-Shu*, *op. cit.* (Anm. 20), S. 37 f.

66 Wallace Johnson, *The T'ang Codex*, vol. 1, *op. cit.* (Anm. 8), übersetzt "General Principles".

67 Nan Yuquan, "论秦汉的律与令" (Zu den *Lü* und *Ling* der Qin- und Han-Dynastien), in: 内蒙古大学学报, 2004, Nr. 3, S. 24 ff.

68 Dazu Chao Lin, *The Socio-Political Systems oft the Shang Dynasty*, Nankang/Taiwan 1982, S. 53 ff.; Dieter Kuhn, *op. cit.* (Anm. 11), S. 122, 128 f., 137-140.

69 Kwang-Chih Chang, *Shang Civilization*, New Haven and London, 1980, S. 158.

70 Kuhn, *op. cit.* (Anm. 11), S. 140.

carry out its divine purpose."[71] Seine wichtigste Funktion lag in der Durchführung des seine Herrschaft legitimierenden Kults der Verehrung des göttlichen Ahns (帝).[72] In Anyang gefundenen Orakelknochen ist zu entnehmen, dass der König von einer komplexen Regierungsorganisation assistiert wurde; die mehr als zwanzig nachweisbaren Beamtentitel lassen sich den drei Kategorien Minister (臣), Militärs und Archivaren zuordnen.[73] Eine wichtige und nur in der Shang-Zeit vorhandene Funktion nahmen die Priester-Schamanen wahr. Sie waren schriftkundig und für die Ausdeutung des Orakels, was für die Entscheidungen des Königs grundlegend war, verantwortlich.[74] Der König stand auch im Zentrum der Westlichen Zhou. Nach einem dieser Epoche angehörenden Lied aus dem *Shijing* „under the vast heaven there is nothing that is not the land of the king; of all the subjects (tributaries) on the earth, there are none who are not the servants of the kings."[75] Während die Macht der Könige der Westlichen Zhou groß genug war, auch die Territorien der in der Regel mit dem Königshaus verwandten Lokalherrscher[76] wirksam zu kontrollieren[77], trat nach dem Aufstand von 771 v. Chr. und während der dadurch veranlassten Epoche der Östlichen Zhou der unabhängige Territorialstaat zunehmend und massenhaft in Erscheinung[78], was in kriegerische Wirren mündete, woraus 221 v. Chr. schließlich der Einheitsstaat hervorging. Schon die bloße Fülle der Qin- und Han-Gesetzgebung zeigt den Willen der Herrscher, ihre

71 Derk Bodde, „Authority and Law in Ancient China", in: *Silver Jubilee Volume of the Zinbun-Kagagku-Kenkuyusyo Kyoto University,* Kyoto, 1954, S. 34 ff., 37. "Nur er als Himmelssohn vermag die Sprachlosigkeit des Volks zu überwinden und sich und sein Volk den unsichtbaren, aber allmächtigen Ahnen im Himmel verständlich zu machen" (Ernst Schwarz, *op. cit.,* Anm. 5, S. 151 f.).
72 Oder der königlichen Ahnen. Nach Werner Eichhorn, „Zur Religion im ältesten China (Shang-Zeit)", in: *Wiener Zeitschrift für die Kunde Süd- und Ostasiens,* Bd. 2 (1958), S. 11, wurde jeder verstorbene Shang-König ein *di.* Er führt dort aus: „Die Bezeichnung *shang-di* 上帝 („Ober-*di*"), die gegen Ende der Shang-Zeit auftritt, könnte darauf hindeuten, dass man einen dieser sich allmählich anhäufenden *di* zum obersten *di* machte, damit eine Art höchste Autorität oder Sippenältester der vergöttlichten Ahnen geschaffen wurde."
73 Chang, *op. cit.* (Anm. 69), S. 192; Chao, *op. cit.* (Anm. 68), S. 74 ff.; Kuhn, *op. cit.* (Anm. 11), S. 142.
74 Wolfram Eberhard, *Geschichte Chinas,* Stuttgart, 1971, S. 25.
75 B. Karlgren, *The Book of Odes, op. cit.* (Anm. 11), Nr. 205.
76 Unpassend ist der Ausdruck „Feudalherren", da die langbemühte (Creel u.a.) Parallele zum europäischen mittelalterlichen Feudalsystem verfehlt ist. Vgl. zuletzt Li Feng, ,"'Feudalism' and Western Zhou China: A Criticism", *HJAS,* vol. 63 (2003), S. 115 ff. Ähnlich Lau, *op. cit.* (Anm. 5), S. 159 ff.
77 Dazu H.G. Creel, *The Origins of Statecraft in China, op. cit.* (Anm. 10), S. 101 ff. ("The Royal Government: Organization"), S. 388 ff. ("Royal Techniques of Control") und ders., Legal Institutions and Procedures During the Chou Dynasty, in: Cohen, Edwards, Chang Chen (Edts), *Essays on China's Legal Tradition,* Princeton, 1980, S. 26 ff.
78 Hans Stumpfeldt, *Staatsverfassung und Territorium im antiken China,* Düsseldorf, 1970, untersucht (auf der Basis literarischer Quellen, vor allem *Zuozhuan*) die „Ausbildung einer territorialen Staatsverfassung" am Beispiel der nordchinesischen Staaten Qi, Lu und Qin.

Macht in dem seit Jahrhunderten des Krieges gerade geeinten Land durch Kontrollmechanismen und Zentralisierung zu sichern. Man folgte damit der vorangegangenen Zhanguo-Epoche, wo die fünf oder sieben mächtigsten Einzelstaaten ihre Macht ebenfalls einer durch Gesetzgebung (Strafgesetze, Zivilüberwachungssysteme) betriebenen Zentralisierung verdankten. Ein Großteil der Qin- und Han-Fragmente enthalten Gesetze zum Verwaltungsrecht[79] (betreffend z.B. Feldwirtschaft, Getreideeinlagerung, Währungs- und Finanzwesen, Postwesen, Marktkontrolle, Militärwesen, Frondienste, Beamtenernennung) zeigen also das doppelte Bestreben des Herrschers nach effizienter Verwaltung und Kontrolle der Beamten.[80] An der Basis solcher Facetten eines detaillierten Korpus verwaltungsrechtlicher Gesetze lag eine von einer differenzierten Bürokratie gestützte (und begrenzte) Autokratie. Nachdem im Jahre 221 v. Chr. der letzte Territorialstaat unterworfen worden war, wurde unter dem „Ersten Kaiser von Qin" und dessen Minister Li Si ein zentralisierender Verwaltungsaufbau durch Einteilung des Landes als ein einheitliches Gebiet in Provinzen (郡) und Kreise (縣) etabliert.[81] An der Spitze jeder Provinz stand ein Gouverneur (郡守). Der zu einer Provinz gehörende Heeresteil wurde von einem Provinzgeneral (郡尉) befehligt. Kreise wurden von Präfekten (令) oder im Falle kleinerer Kreise von Vorstehern (長) geleitet. An der Spitze der Regierung stand nun der „Erhabene Gottkaiser".[82] Diesen Titel hatte sich der Qin-Herrscher zugelegt, um sich von den Königen der Zhou abzugrenzen. Die höchsten Berater des Kaisers waren die Drei Großwürdenträger (三公): Der Kanzler (丞相), der Kaiserliche Sekretär oder Vize-Kanzler (御史大夫) und der Großkommandant oder Kriegsminister (太尉). Ihnen unterstanden die Neun Minister (九卿): Der *Tingwei* (廷尉) fungierte als höchster Justizbeamter, der *Zongzheng* (宗正) war für die Angelegenheiten der Kaiserlichen Sippe zuständig, dem *Langzhongling* (郎中令) oblag die Verwaltung des Palastpersonals, der *Weiwei* (衛尉) fungierte als Kommandant des den Palast bewachenden Militärs, der *Fengchang* war für das Staatsritual zuständig, der *Dianke* (典客) befasste sich mit den Angelegenheiten der unterworfenen barbarischen Völker und war ferner für den Empfang auswärtiger Missionen zuständig, der *Shaofu* (少府) war Zoll- und

---

79 秦律十八钟 („Achtzehnteiliger Qin-Kodex"), Shuihudi, *op. cit.* (Anm. 6), S. 23 ff., Hulsewé, *Remnants of Ch'in Law, op. cit.* (Anm. 6), S. 21 ff.; auch 秦律杂抄 („Verschiedene Auszüge aus dem Qin-Kodex"), *ibid.*, S. 127 ff. (Hulsewé, *ibid.*, S. 107 ff.); 二年律令 („Kodex des zweiten Jahres der Han-Dynastie"), Zhangjiashan, *op. cit.* (Anm. 7), S. 35 ff.

80 Hulsewé ("The Shuo-wen Dictionary as a Source for Ancient Chinese Law", in: S. Egerod, E. Glahn, [ed.], *Studia Serica Bernhard Karlgren Dedicata*, Kopenhagen, 1959, S. 239 ff.) erläutert eine im Vorwort von Xu Shen, *Shuowen jiezi* (um 100 n. Chr.) im Wortlaut enthaltene Vorschrift des frühen Han-Kodex über Auswahl, Ausbildung, Prüfung, Karriere und Haftung von Beamten der Kaiserlichen Palastverwaltung.

81 Derk Bodde, *China's First Unifier. A Study of the Ch'in Dynasty as Seen in the Life of Li Ssu (280? – 208 B.C.)*, Leiden, 1937, S. 135 ff., 238 ff.

82 *Ibid.* S. 124 ff.

Gewerbeinspektor, der *Zhisuneishi* (治粟內史) fungierte als Minister für Ackerbau und der *Zhongwei* (中尉) war Polizeipräsident der Hauptstadt. Ein weiteres wichtiges Amt war der zur Überwachung der Aristokratie zuständige *Zhujuezhongwei* (主爵中尉).

Die 221 v. Chr. auf die Qin folgende Han-Dynastie brachte anfangs zwar eine gewisse Wiederbelebung des Lehnssystems, im Jahre 126 v. Chr. wurde der Machtkampf zwischen der Kaiserlichen Regierung und den „Königreichen" (王國) dadurch beendet, dass das zentralistische System gemäß dem Qin-Muster wieder erstarkte, die dort geprägte Hierarchie zwischen Zentral- und Lokalverwaltungen und innerhalb der Regierungsorganisationen in nur geringer Abänderung von Neuem funktionierte.[83] Die Beamtenschaft war hierarchisch in zwanzig Ränge gegliedert, was durch Zuständigkeiten, Gehalt, Kleidung und Privilegien zum Ausdruck kam. Wie zur Zeit der Qin, so legten auch die Han-Herrscher großen Nachdruck auf die Kontrolle der Gesetzmäßigkeit des Beamtenhandelns. Zu diesem Zweck wurde 106 v. das ganze Land in Kontrollbezirke (布) eingeteilt und jeweils ein Bezirksinspektor eingesetzt. Sie hatten u.a. zu prüfen, „ob der Land- und Hausbesitz mächtiger Familien die gesetzlichen Grenzen überschreitet und ob sie ihre Macht missbrauchen, indem sie die Schwachen unterdrücken; ob die Provinzgouverneure die Gesetze oder kaiserlichen Erlasse missachten, um ihre eigenen Vorteile zu suchen, insbesondere indem sie von den Bevölkerung illegale Steuern erpressen; ob die Provinzgouverneure zweifelhafte Strafrechtsfälle sorgfältig behandeln oder leichtfertig Strafen verhängen; ob sie unter Missachtung der Staatsinteressen den Kaiser unwürdige Personen zur Beamtenernennung vorschlagen etc."[84]

b) Soziale Schichtung ist in Zhou-zeitlichen philosophischen Texten häufig. So heißt es im *Mengzi* (Menzius): „Es gibt Geistesarbeiter und Handarbeiter. Die Geistesarbeiter halten die anderen in Ordnung, und die Handarbeiter werden von den anderen in Ordnung gehalten werden, nähren die anderen. Die die anderen in Ordnung halten, werden von diesen ernährt. Das ist ein durchgängiges Prinzip auf der ganzen Welt." „Gäbe es keine Gebildeten (君子), so wäre niemand da, die Bauern (野人) zu regieren; gäbe es keine Bauern, so wäre niemand da, die Gebildeten zu ernähren."[85] Die auf die *Guanzi*-Richtung der sog. Legisten zurückgehende weitere Klassifizierung als *shi-nong-gong-shang* (士農工商) /Gebildete oder Beamte, Bauern, Handwerker, Händler deutet auf die am Ende der Zhou-Epoche wachsende soziale Mobilität, die allmähliche Überwindung des alten Sozialsystems, in dem die große Masse der Menschen in sklavenähnlicher Weise an den

---

83 Wang Yü-ch'üan, *An Outline of the Central Government of the Former Han Dynasty*, *HJAS*, vol.12 (1949), S. 134 ff. und Piero Corradino, „Notes on the *Shangshu* Departments in the Chinese Central Administration", *MS*, vol. 37 (1986/87), S. 13 ff.

84 Wang Yü-ch'üan, *op. cit.*, S. 159 f. unter Hinweis auf ein in *Hanshu* und *Tongdian* zitiertes Kaiserliches Edikt.

85 *Mengzi* III/3. Richard Wilhelm, *Mong Dsi*, Jena 1916, S. 56, 53.

Boden gebunden war, den sie bebauten.[86] In der West-Zhou-Periode wurde dem König (und davon abgeleitet dem Lehnsherrn) eine Art Eigentumsrecht an den Bauern zugestanden, was in engster Beziehung zum gemeinhin anerkannten Obereigentum des Herrschers an allem Boden in Beziehung stand.[87] In den historischen und politisch-philosophischen Schriften der Östlichen Zhou-Zeit wird vom Volk wie von einem Eigentumsobjekt des Fürsten gesprochen.[88] In der frühkaiserlichen Gesetzgebung (und später) verfolgte man zwar eine den Handel beschränkende Politik (so wurden 119 v. Chr. Steuern auf Vermögen von Händlern und Handwerkern eingeführt)[89], ohne das Ziel der Verhinderung eines wohlhabenden Kaufmannsstandes zu erreichen. Im *Hanshu* wird dazu ausgeführt: „Die heutigen Gesetze erniedrigen die Kaufleute, doch diese genießen Reichtum und Ansehen; sie ehren die Bauern, doch diese erleiden Armut und Demütigung."[90]

Ein Regelungsbedarf für eine in der chinesischen Sozialgeschichte als Folge von Kriegsgefangenschaft[91], Straftaten oder Armut lange präsente Bevölkerungsgruppe, die Sklaven, die entweder Eigentum der Regierung oder privater Personen waren[92], kommt in den frühen Gesetzestexten zum Ausdruck. Aus den kursorischen Bezugnahmen ergibt sich, dass sie keine Prozessfähigkeit besaßen, also weder klagen, noch verklagt werden können.[93] „Bringt ein Sohn eine Anklage gegen seine Eltern, eine Ehefrau gegen ihren Gatten, ein Sklave gegen seinen Herrn, dessen Eltern, Ehefrau oder Kinder, so erfolgt kein Verfahren, und die Anzeigenden werden (wegen Respektlosigkeit) enthauptet."[94] Weitere Bestimmungen regeln, dass geflohene Sklaven im Gesicht zu brandmarken und ihren Eigentümern zurückzu-

---

86 Derk Bodde, „The Idea of Social Classes in Han and Pre-Han China", in: W.L. Idema, E. Zürcher (Edts.), *Thought and Law in Qin and Han China. Studies Dedicated to Anthony Hulsewé on the Occasion of his 80th Birthday*, Leiden etc. 1990, S. 26 ff., 36 f.

87 Karlgren, *The Book of Odes, op. cit.* (Anm. 11), Nr. 205.

88 Wolfgang Bauer, „Die Frühgeschichte des Eigentums in China", *ZVglRwiss*, 63. Bd. (1961), S. 118 ff., 149 unter Hinweis auf das *Zuozhuan* (Legge, S. 424).

89 Wang Yü-ch'üan, *op. cit.* (Anm. 83), S. 141, unter Anführung von *Shiji* und *Hanshu*.

90 Zitiert bei Bodde, *op. cit.* (Anm. 71), S. 38.

91 Gemäß 秦律杂抄 („Verschiedene Auszüge aus dem Qin-Kodex"), *op. cit.* (Anm. 6) „werden Feinde, die sich ergeben, zu Staatssklaven (隸臣)." Dies ist schon für die Shang-Zeit nachweisbar, vgl. W. Bauer, *op. cit.*, S. 147 f. Solche Sklaven konnten losgekauft werden. Der Lehnsstaat Lu soll ein Gesetz gehabt haben, nach dem jeder, der einen in Gefangenschaft geratenen Einwohner von Lu auf diese Weise befreite, sein Kaufgeld von der Obrigkeit zurückerhielt. Vgl. Bauer, *op. cit.*, S. 153 unter Hinweis auf das *Lüshi Chunqiu*: R. Wilhelm, *Frühling und Herbst des Lü Bu Wei*, Jena 1928, S. 252 f.

92 Ausführlich dazu Clarence Martin Wilbur, *Slavery in China During the Former Han Dynasty (206 B.C.-A.D. 25)*, Chicago, 1943, S. 72 ff.; T'ung-tsu Ch'ü, *Han Social Structure*, Seattle, London, 1972, S. 135 ff.; Thomas Thilo, Das Bild der Sklaverei in der chinesischen Erzählungsliteratur der Tang-Zeit, in: *Altorientalische Forschungen*, Bd. 10 (1983), S. 319-386. West-Zhou-zeitliche Bronzeinschriften und *Shijing* berichten von Kriegsgefangenen als Geschenk, Karlgren, *Shijing, op. cit.* (Anm. 11), Nr. 178, 299.

93 *Ernian Lüling, Zeilü* 賊律 37. (Zhangjiashan, *op. cit.*, Anm. 7).

94 *Ernian Lüling, Gaolü* 告律 133.

geben waren, dass Frauen und Kinder von zu Todesstrafe oder schwerer Zwangsarbeit Verurteilten an Privatpersonen als Sklaven verkauft wurden[95], dass sie nicht
schlechterdings strenger bestraft wurden als Gemeine[96], dass sie von ihrem Eigentümer nicht beliebig getötet werden durften[97], dass die zu erwartende Strafe aber
leichter war als für die Tötung eines Freien, eine Privilegierung, die durch kaiserliches Edikt von 35 n. Chr. allerdings aufgehoben wurde.[98] Ein Sklavenhalter
konnte jedoch bei der Regierung die Tötung eines ungehorsamen Sklaven beantragen.[99] Sklaven konnten freigelassen, auch freigekauft und dann zu Beamten ernannt werden.[100] Eine Sklavin, die zur Konkubine geworden war, legte den Sklavenstatus ab.[101] Die Nachkommen von Sklaven waren „geborene Sklaven".[102] Da
der Sklavenstatus sich vererbte, war stets eine wachsende Zahl vermarktbarer Personen vorhanden.[103] Der Tang-Kodex und sein Kommentar beziehen sich häufig
auf Sklaven. Zusammenfassend heißt es zu ihrem Status: „Sklaven (奴婢) sind
minderwertige Leute (賤人); der Kodex betrachtet sie als Vieh (畜生)."[104]

c) Hierarchische Strukturen in den Familienverhältnissen beziehen sich auf die
Unterordnung der Frau gegenüber dem Mann und der Jüngeren gegenüber den
Älteren. Im *Liji/Ben Ming* heißt es: „Die Ehefrau (夫人) ist die dem Mann Unter-
worfene. Darum hat sie nicht das Recht auf selbständige Entscheidung, sondern
die Pflicht zu dreifachem Gehorsam. Zu Hause ist sie dem Vater unterworfen, in
der Ehe dem Gatten und nach dem Tod des Gatten dem ältesten Sohn. Sie wagt in
nichts ihrem eigenen Kopf zu folgen. Ihre Befehle dringen nicht über die inneren
Gemächer hinaus...."[105] Auch im *Shijing* finden sich Lieder, „in denen sich das
Absinken der gesellschaftlichen Stellung der Frau und die damit verbundenen Her-
abwürdigung ihrer menschlichen Werte deutlich widerspiegelt."[106] Im Laufe der
Shang- und mit der Zhou-Dynastie setzte sich – nach mutterrechtlichen Zuständen –
die patrilineare, exogame und patrilokale Orientierung der Familie (Sippe) im
Grundsatz durch, wenngleich die uxorilokale Ehe, in der der Ehemann in die Fa-
milie der Ehefrau überwechselt, als Ausnahme bei armen Familien (der arme

---

95 *Ernian Lüling, Wanglü* 亡律, Ulrich Lau, *op. cit.*(Anm. 7), S. 266.
96 So für Kindstötung Hulsewé, *op. cit.* (Anm. 6), S. 140 (D59).
97 T'ung-tsu Ch'ü, *op. cit.* (Anm. 42), S. 152 mit Hinweisen auf *Hanshu*.
98 *Ibid.*, S. 371 (Text Nr. 61).
99 *Ibid.*, S. 152.
100 *Ibid.*, S. 155, 157.
101 *Ibid.*, S. 156. Dazu Zeng Jia, "二年律令有关奴婢的法律思想初探" (Die rechtliche Ideo-
    logie bezüglich Hausklavinnen nach dem *Ernian Lüling*), in: 西北大学学报, 2007, Nr. 1,
    S. 43 ff.
102 *Ibid.*, S. 156.
103 Vgl. Hugh T. Scogin, "Between Heaven and Man: Contract and the State in Han Dynasty
    China", in: *Southern California Law Review*, vol. 63 (1990), S. 1325 ff., 1358 f.
104 *Mingli*, Art. 47; Johnson, *op. cit.* (Anm. 8), vol. 1, S. 251.
105 R. Wilhelm, *Li Gi, op. cit.* (Anm. 13), S. 272.
106 Schwarz, *op. cit.* (Anm. 5), S. 195.

Schwiegersohn, unfähig, ein Brautgeschenk zu erbringen, bietet sich stattdessen selbst der Familie der Ehefrau an) nicht selten.[107] Da Ausnahme, war diese Art der Ehe Vorurteilen und Diskriminierung ausgesetzt. So untersagte ein Qin-Gesetz uxorilokalen Ehemännern Regierungsämter zu übernehmen.[108]

2. Personen-, familien- und erbrechtliche Beziehungen

Die oben zitierten Sätze aus dem *Liji* oder die ihnen zugrunde liegende Ideologie haben sich in der Gesetzgebung relativ spät niedergeschlagen. In der Zhanguo-Zeit existierten in den einzelnen Staaten sehr unterschiedliche Gewohnheiten, eine Praxis, die auch nach der Gründung des Einheitsstaats während der Han-Zeit bestehen blieb. In den Qin- und Han-Fragmenten sind familienrechtliche Vorschriften jedoch nicht sichtbar (abgesehen von einigen Regeln im *Ernian Lüling* zum Erbrecht); es ist davon auszugehen, dass jedenfalls bis einschließlich der Westlichen Han-Periode das Familienideal des *Liji* wenig auf das Eherecht eingewirkt hat.[109] Ein in den 1980er Jahren aus einem Grab in Xupu/Jiangsu geborgenes Testament vom Jahre 5 n. Chr. (das früheste bisher aufgefundene Dokument dieser Art) deutet darauf hin, dass noch gegen Ende der Westlichen Han die Familienrealität nicht den Idealvorstellungen, wie sie das *Liji* vermittelt, entsprochen haben dürfte, die Rolle von Frauen als Träger von Vermögensrechten und über solche Rechte Verfügende wesentlich aktiver sein konnte, als es dem „konfuzianischen" Dogma entsprach, weswegen der Rang in der Generationenfolge und das Alter als wichtigere Faktoren für die Bestimmung von Status innerhalb der Familie anzusehen ist als der Gender-Faktor.[110]

Nach Dull gab es noch zur Han-Zeit kein geschriebenes Eherecht, d.h. es gab keine gesetzlichen Verbote gegen die Wiederverheiratung von Witwen[111], Ehe-

---

107 Bret Hinsch, "Woman, Kinship, and Property as Seen in a Han Dynasty Will", *TP*, vol. LXXXIV (1998), S. 1 ff., 5 mit Hinweis auf Ban Gu, *Hanshu*.

108 Hinsch, *op. cit.*, S. 5 (mit Hinweis auf Li Jing, 秦律通论/Abhandlung zum Qin-Recht), Jinan, 1985, S. 504.

109 Dies ungeachtet der Anerkennung des Konfuzianismus als offizieller Staatslehre durch den sechsten Han-Kaiser (regierte 141-87 v. Chr.). Vgl. Jack L. Dull, "Marriage and Divorce in Han China: A Glimpse at "Pro-Confucian" Society", *in*: David C. Buxbaum (ed.), *Chinese Family Law and Social Change in Historical and Comparative Perspective*, Seattle, London, 1978, S. 23 ff. A. Hulsewé („Law as One of the Foundations of State Power in Early Imperial China", in: S.R. Schram, [ed.], *Foundations and State Limits of State Power in China*, London, 1987, S. 11 ff., 16) ist der Ansicht, daß die auf Familienbeziehungen bezogenen Angaben des *Liji* seit der Han-Zeit anleitend gewirkt hätten.

110 Bret Hinsch, *op. cit.*, S. 1 ff., 16 ff.

111 Der erste Kaiser von Qin soll im Jahre 211 v. Chr. Die Errichtung einer Stele mit der Regel veranlasst haben, wonach Witwen, die bereits Söhne hatten, eine Wiederverheiratung verboten war.

schließung mit einer Person desselben Familiennamens oder aus einer anderen Generation.[112] Nach dem *Liji* heiraten Männer mit 30, Frauen mit 20[113], jedoch gibt es keinen Nachweis darüber, dass in der Han-Zeit (geschweige denn vorher) ein diesbezügliches Gewohnheitsrecht bestanden hat. Dull weist darauf hin, dass der den Lehren von Konfuzius und Menzius kritisch gegenüberstehende Han-Gelehrte Wang Chong (27-97 n. Chr.) behauptete, die Regeln des *Liji* seien zu keiner Zeit angewandt worden.[114] In der Han-Zeit heirateten Frauen vielmehr vor, nicht selten weit vor ihrem 20. Geburtstag.[115] Männer heirateten in einem nur wenig höheren Alter, in der Regel auch unter dem 20. Geburtstag. Einer zeitgenössischen Kritik, zugunsten stabilerer Familienverhältnisse das Ehealter gesetzlich anzuheben, wurde wegen mangelnder Durchsetzbarkeit nicht entsprochen.[116] Eheschließung setzte (nach verbreiteter Gewohnheit) die Zustimmung der Eltern beider Seiten voraus, jedoch scheint in der Han-Zeit auch die Zustimmung der Eheleute relevant gewesen zu sein.[117] Die Eheform war insofern streng monogam, als immer nur eine Frau als Hauptfrau und Gebärerin des Nachfolgers in der Ahnenverehrung in Frage kam; der Mann konnte sich aber beliebig viele Nebenfrauen halten.[118] Für alle Frauen galt die unumstößliche Regel, dass sie aus einem anderen Klan stammen musste als der Mann.[119] Die nach den Ritualbüchern (namentlich *Yili* 儀禮)[120] aus sechs Schritten bestehenden Ehezeremonien wurden in der Praxis scheinbar eher selten eingehalten.[121] Unverzichtbar für die Eheschließung war aber stets das (4.) Element der „Übergabe des Verlobungsgeschenks" (納徵) an die Brauteltern.[122] Entgegen späterer Rechtslage galt in der Han-Zeit ein Recht auf Scheidung nicht nur für den Mann, sondern auch für die Frau. Die dem *Liji* entstammenden Regeln, die später in die Kodizes Eingang gefunden haben (spätestens im Tang-Kodex), wonach der Mann sieben Scheidungssituationen (七出)[123] anführen kann, und bei Vorliegen von drei spezifischen Gegebenheiten die Verstoßung der Ehefrau illegal

---

112 Dull, *op. cit.*, S. 23 f., 64 f.
113 Legge, *Li-ki, op. cit.* (Anm. 13), S. 65, 478, 479.
114 Dull, *op. cit.*, S. 26.
115 *Ibid.*, S. 26 f. mit Hinweisen auf *Hanshu* und *Hou-Hanshu*.
116 *Ibid.*, S. 28.
117 Dull, *op. cit.*, S. 40 f.
118 *Liji*/Legge, *op. cit.* (Anm. 13), S. 109.
119 *Ibid.*, S. 78.
120 John Steele, *The I-Li or Book of Etiquette and Ceremonial*, London 1917, S. 18 ff. Wie das *Zhouli* (vgl. Anm. 14), so wurde auch das *Yili* 儀禮 traditionell als ein Werk des Zhou Gong („Herzog von Zhou") angesehen ist, aber ein Werk wohl erst der Zhanguo-Zeit (vgl. Creel, *The Birth of China, op. cit.*, Anm. 29, S. 274 f.).
121 Dull, *op. cit.*, S. 38 ff.
122 *Ibid.*, S. 45 ff.; Scogin, *op. cit.* (Anm. 105), S. 1377.
123 Wie Sohnlosigkeit, Ungehorsam gegenüber den Schwiegereltern, Eifersucht, Lüsternheit, Geschwätzigkeit.

war (三不去)[124], prägte die Praxis der Han-Zeit noch nicht.[125] Ehescheidung war für beide Seiten frei möglich, sie war natürlicher Bestandteil des gesellschaftlichen Lebens.[126] „Die eheliche Beziehung umfasst die Prinzipien der Trennung und Einheit", heißt es in der Historie der Östlichen Han-Dynastie[127]; einer weiteren Rechtfertigung bedurfte die Scheidung nicht. Erst gegen Ende der Östlichen Han wurde das Bedürfnis für eine Berücksichtigung des Eherechts in der Gesetzgebung zunehmend stärker empfunden.[128] Die frühesten bekannten Gesetzesvorschriften zu Eheschließung (Verlobung), Ehehindernissen, Schutz der Stellung der Ehefrau, Verstoßung der Frau durch den Mann, Adoption, finden sich aber erst im Tang-Kodex (戸婚/Haushalt und Ehe). Sie sind – teilweise wörtliche – Übernahmen aus dem *Liji*[129], damit zentraler Bestandteil des nun vollendeten Vorgangs der „Konfuzianisierung" des Gesetzesrechts.[130]

Die Bedeutung der Adoption resultierte aus der Notwendigkeit, zur Pflege des Ahnenkultes die Fortführung der Familie durch männliche Nachkommen sicherzustellen. Im *Mengzi* heißt es: „Es gibt drei Angelegenheiten, die pietätlos sind, keinen (männlichen) Nachkommen zu haben, ist davon die größte" (不孝有三, 無後為大).[131] Wenn es auch nicht gänzlich unüblich gewesen sein mag, einen Fremden zu adoptieren[132], so wurde es doch nur als rechtmäßig angesehen, jemand aus der nächsten Generation derselben Sippe zu adoptieren; jedenfalls musste es jemand sein, der denselben Familiennamen wie der Adoptierende hatte, was der Tang-Kodex mit einem Jahr Zwangsarbeit sanktionierte. Wandte sich der Adoptierte dagegen, von seinen Adoptiveltern adoptiert worden zu sein, so musste er, wenn beide Familien keinen (weiteren) Sohn hatten, „seinen eigenen Gefühlen folgen, ob er bei seinen Adoptiveltern bleibt oder zurückgeht."[133] Die Positivierung des gewohnheitsrechtlichen Adoptionsrechts durch den Tang-Kodex ist, verglichen mit späteren Kodizes, eher dürftig.

---

124 Sie hat keine Möglichkeit, zu ihren eigenen Eltern oder Verwandten zurückzukehren, sie hat die dreijährige Trauerzeit für die Eltern zusammen mit ihrem Mann eingehalten oder während der Ehe ist die Familie zu Wohlstand und Ansehen gelangt.

125 Nach Tai Yen-Hui, "Divorce in Traditional Chinese Law", in: David C. Buxbaum, *op. cit* (Anm. 110), S. 84, ist es unklar, ob diese Regeln im Han-Gesetzesrecht (律令) enthalten waren.

126 Dull, *op. cit.*, S. 52.

127 *Ibid.*

128 *Ibid.*, S. 67, 72.

129 Etwa R. Wilhelm, *op. cit.* (Anm. 13), S. 273 f. (Scheidung).

130 W. Johnson, *op. cit.* (Anm. 8), vol. II, S. 167 f. (Scheidung).

131 J. Legge, *The Chinese Classics. The Works of Mencius*, *op. cit.* (Anm. 16), S. 313.

132 Vgl. Ch'ü, *op. cit.* (Anm 92), S. 20.

133 W. Johnson, vol. II, *op.* cit. (Anm. 8), S. 131.

Arthur Waley entnimmt dem *Shijing*, dass das Erbe zur Zeit der Zhou-Dynastie dem ältesten Sohn zufiel[134], somit Primogenitur geherrscht habe.[135] Beamtenstellen wurden fast während der ganzen Zhou-Zeit als Erbämter aufgefaßt, die vom Vater auf den Sohn übergingen. Erst in der Zhanguo-Zeit begann man an der Richtigkeit dieses Prinzips zu zweifeln.[136] Aber auch alle anderen Berufe – Landwirtschaft, Handel, Handwerk – sollten den Gesetzen gemäß nach der Erstgeburt vererbt werden.[137] Spätestens seit der West-Han-Zeit setzte sich die Regel durch, daß alle Söhne zu gleichen Teilen erbten.[138] Wie Lau darlegt, „sind die konkreten Regelungen des frühen chinesischen Erbrechts in den heute verfügbaren Quellen der westlichen Zhou- und Chunqiu-Zeit nicht fassbar, zumal Gesetzestexte für diesen Zeitraum generell fehlen."[139] Das bisher bekannte früheste Gesetz zum Erbrecht ist dem Zhangjiashan-Material zugehörig, entstammt also der Westlichen Han-Zeit. Das *Ernian lüling* enthält ein sehr spezielles „Gesetz über die Erbfolge bei Trägern von Verdiensträngen" (置後律)[140], wo zwischen Status- und Vermögensnachfolge unterschieden wird. Bei der Vermögenserbfolge wird zwischen „Verfügung (der Eltern) zu Lebzeiten" (生分) und von Todes wegen, durch Testament unterschieden. Ein dabei zu beachtender Grundsatz war „Verteilung zu gleichen Teilen" (中分).[141] Ein aus einem Grab geborgenes Testament aus dem Jahre 5 n. Chr., das früheste bekannte Dokument seiner Art, zeigt zum einen die Mitwirkung lokaler Beamter an der Erstellung rechtskräftiger letztwilliger Verfügungen[142], zum anderen deren wichtige Funktion bei der Klärung komplexer Familiensituationen.[143] Eine Bezugnahme auf eine gesetzliche Regelung ist nicht ersichtlich. Das Erstgeburtsrecht hat sich jedoch (und bis ins 20. Jh.) im Ritualleben (als „Sakralerbrecht") erhalten: der älteste Sohn der Hauptfrau repräsentiert die Familie in den

---

134 Waley, *Book of Songs*, *op. cit.* (Anm. 11), S. 342 f. Zur Zeit der Shang sei der nächst jüngere Bruder des Verstorbenen erbberechtigt gewesen.
135 Vgl. E. Stuart Kirby, *Wirtschafts- und Sozialgeschichte Chinas*, München 1955, S. 63 ff.
136 Vgl. W. Bauer, *op. cit.* (Anm. 89), S. 164.
137 *Ibid.*, S. 165 unter Hinweis auf *Zuozhuan* (Legge, S. 718) und *Zhouli* (Biot, Bd. 1), S. 198 und *Guanzi* (Maverik), S. 425.
138 Hulsewé, *op. cit.* (Anm. 110), S. 17; Ch'ü, *op. cit.* (Anm. 94), S. 17.
139 Lau, *op. cit.* (Anm. 5), S. 388.
140 *Op. cit.* (Anm. 7), S. 59-61; Lau, *op. cit.* (Anm. 7), S. 260.
141 Xu Shihong, "张家山二年律令简所见汉代的继承法" (Das Han-zeitliche Erbrecht nach den Bambustäfelchen des *Ernian*-Gesetzes von Zhangjiashan), *ZFLT*, 2002, Nr. 5, S. 9 ff.
142 Hinsch, *op. cit.* (Anm. 108), S. 15: „The handling of wills seems to have been a routine part of Han dynasty local government administration."
143 *Ibid.*, S. 14 f.: Die durch dieses Testament geregelte Angelegenheit "shows the will in early China as a powerful legal tool in the settlement of disputes over kinship as well as inheritance".

Zeremonien der Ahnenverehrung, weswegen er, um die ihm entstehenden Kosten zu decken, etwas mehr Land erbte als seine Brüder.[144]

3. Sachenrechtliche Verhältnisse (Besitz und Eigentum)

Der Eigentumsgedanke weist schon in der Zeit der Entstehung der chinesischen Schrift (Mitte des 2. Jh. v. Chr.), „die durch ihren Bildcharakter eine besondere Möglichkeit bietet, die ältesten begrifflichen Vorstellungen von Eigentum und Besitz zu ermitteln"[145], eine große begriffliche Differenzierung auf. Bauer führt dazu aus: „Neben der ‚Habe' (有) schlechthin gibt es sowohl das für den direkten Lebensunterhalt notwendige wie auch das mehr als Rücklage gedachte Eigentum (資), weiter die Handelsware (貨) und den gehorteten Schatz (寶). Das Eigentum im Hinblick auf die damit verbundene Machtfülle bezeichnet das Wort *cai* 財."[146]

Nach Sesshaftwerden der Stämme während der späteren Phase der Shang-Zeit und dem damit bewirkten Übergang von der Jagd-, Weiden- und Sammlerkultur hin zu einer Bauernkultur ergab sich die Frage der Gewinnung von Eigentum und Besitz an Grund und Boden. Bis gegen Ende der Shang-Zeit gab es das Privateigentum des einzelnen nur in ganz beschränktem Maße für Dinge des persönlichen Bedarfs wie Waffen, Geräte und einfache Schmucksachen.[147] Alle anderen Gegenstände waren Gemeingut des Stammes, über die allerdings der jeweilige Stammesführer Verfügungsgewalt besaß. Diese Auffassung wandelte sich mit der zunehmenden Einigung des Reiches dahingehend, dass das ganze Land mit allen seinen Schätzen und Menschen als eine Art Privateigentum des Königs aufgefasst wurde, als ein Eigentum, das er vom „Himmel" erhielt und unter Vorbehalt seiner Rechte als Obereigentümer an hervorragende Untertanen verleihen konnte. Diese Idee liegt der Organisation des Lehnsreiches der Zhou zugrunde.[148] In der West-Zhou-Zeit galt die Vorstellung: „Alles Land unter dem Himmel gehört dem König."[149] Dieses von den Zhou-Königen beanspruchte Obereigentum konsolidierte

---

144 Etwa Klaus Mäding, *Chinesisches traditionelles Erbrecht*, Berlin 1966, S. 32, 36, und Shuzo Shiga, „Family Property and the Law of Inheritance in Traditional China", in: David Buxbaum (ed.), *op. cit.* (Anm. 110), S. 109 ff., 125.

145 Wolfgang Bauer, *op. cit.* (Anm. 90), S. 123.

146 *Ibid.*, S. 123 f. Zu dieser Terminologie auch Ulrich Lau, „Die Inschriften des Qiu Wei – Dokumente zur Wirtschafts- und Rechtsgeschichte Chinas", in: Ralf Moritz (Hrsg.), *Sinologische Traditionen im Spiegel neuer Forschungen*, Leipzig 1993, S. 213 ff.

147 Das archäologische Material verdeutlicht, dass zumindest in der späten Shang-Zeit insoweit große Unterschiede in den Eigentumsverhältnissen bestanden haben. Vgl. Schwarz, *op. cit.* (Anm. 5), S. 153.

148 Bauer, *op. cit.*, S. 167 f. mit Hinweis auf *Guanzi* (Maverik, *op. cit.*, Anm. 18, S. 83).

149 *Shijing*: B. Karlgren, *The Book of Odes*, *op. cit.* (Anm. 11), Nr. 205; *Zuozhuan*: Legge, *op. cit.* (Anm. 12), S. 616a.

sich allmählich im Übergang von Shang zu West-Zhou.[150] Der König als Obereigentümer allen Landes überließ seinen Offizieren, die vielfach mit den einzelnen Stammesfürsten identisch waren, sowie auch seinen Verwandten Landstriche unterschiedlicher Größe als Lehnsgebiet[151], wofür diese zu gewissen Steuern und Diensten verpflichtet waren. Die Lehnsfürsten vergaben – mit königlicher Erlaubnis – Unterlehen an Nebenlinien der eigenen Familie.[152] Die auf dem Land sitzenden Bauern bildeten mit dem Land eine Einheit, erst so hatte das Land für den Lehnsträger, der auf die Früchte des Ackers Anspruch erhob, einen Wert. Dass von dem Zeitpunkt an, da durch den Ackerbau der Boden als Eigentumsobjekt Bedeutung gewann, grundsätzlich allein der König als Eigentümer angesehen wurde, hatte tiefgreifenden Einfluss auf die Gestaltung des Eigentumsrechts überhaupt. So waren bis in die letzten Jahre der Zhanguo-Zeit hinein Kauf und Verkauf von Grundstücken rechtlich unmöglich. „Fields and residences in hamlets could not be sold", heißt es im *Liji*.[153] Im *Mengzi* wird das Zhou-zeitliche Kollektiveigentum an Land als sog. „Brunnenfeldsystem" (井田) (als eine Idealform) beschrieben. Der Name rührt daher, dass ein durch die Umrahmung des Schriftzeichens für „Brunnen" (井) gebildetes Quadrat in neun gleich große Quadrate, die die einzelnen Felder (田) bedeuten, geteilt ist. Nach diesem System maß jedes 100 *mu*; das in der Mitte liegende war das Gemeinde-Feld (公田), die acht herumliegenden Felder bildeten den Privatbesitz (私田) von acht Familien. Das Gemeindeland wurde von diesen – vor den eigenen Feldern – gemeinsam bearbeitet, dessen Ertrag sie als Steuern abführten. „So lebten die Sippen in Freundschaft und Frieden miteinander."[154] Es heißt, dass durch die Reform des Shang Yang (Aufhebung der archaischen Adelsherrschaft in Qin) in der zweiten Hälfte des 4. Jh. v. Chr. dieses System durch Beseitigung der Pfade zwischen den Feldern zerstört wurde[155]; Privateigentum an Land und die Berechtigung, damit zu handeln, entwickelte sich (nach frü-

---

150 Zum Folgenden W. Bauer, *op. cit.*, S. 135 ff. (unter Hinweis auf *Shijing*, *Zuozhuan* u.a.).
151 Zur Frage des „Feudalismus" vgl. H.G. Creel, *The Origins of Statecraft in China*, *op. cit.* (Anm. 10), 11. Kapitel („Feudalism") einerseits, Li Feng, *op. cit.* (Anm. 76) andererseits.
152 Lau, *op. cit.* (Anm. 5), S. 297 ff. belegt die königliche Landvergabe als Verleihung von Lehen im Grenzland an verwandte Fürsten sowie von Amtsland und Verdienstland an hohe Beamte und Heerführer. Da die Vergabe erblich war, mündete sie in Privatisierung.
153 Legge, *The Li Ki* ("The Royal Regulations"), *op. cit.* (Anm. 13), S. 227 f.
154 *Mengzi*, Legge, *op. cit.* (Anm. 16), S. 243-45.
155 Dazu auch Duyvendak, *The Book of Lord Shang*, *op. cit.* (Anm. 17), S. 44 f. Vgl. auch Hulsewé, „The Influence of the ‚Legalist' Government of Qin on the Economy as Reflected in the Texts Discovered in Yunmeng County", in: S.R. Schram (ed.), *The Scope of State Power in China*, London, 1985, S. 211 ff., 215 ff., wo der japanische Agrarhistoriker Hiranaka Reiji wie folgt zitiert wird: "The farmer worked the land he had, and he was free to dispose of it; the state even considered such a deal as the object of a property tax. But he did not possess the land in the modern sense; possession was not a complete material right... being an onerous and limited right *in rem*... an onerous right, quite close to the right of usufruct and occupation."

heren Anfängen in der mittleren Periode der Westlichen Zhou[156]) in der Zhanguo-Zeit zunehmend konsequent, als einerseits die Schwächung des Königtums den Lehnsgedanken zurückdrängte, andererseits die einzelnen Fürsten und Beamten – vielfach Nachfolger von Stammesoberhäuptern – ihr Land nicht mehr als Gemeinbesitz des ihnen unterstehenden Volkes, sondern als ihnen selbst eigen ansahen.[157] In der von Shang Yang eingeführten Eigentumsberechtigung an Land, bei der die Landverteilung ebenfalls nach dem Rang, aber nicht mehr als Lehen erfolgte[158], lag also eine Legitimierung einer schon länger bestehenden Gepflogenheit.

Hinsichtlich beweglicher Gegenstände „lässt sich das Bestehen von Privateigentum weit über die Shang-Zeit hinaus nachweisen".[159] Nach Bauer lassen die ältesten, aus dem späten Neolithikum (2. Hälfte des 3. Jahrtausend) stammende Grabbeigaben bereits auf eine bemerkenswerte Auswahl von privaten Eigentumsobjekten schließen (Keramikwaren, Handwerkszeug, Waffen, Webspindeln, Bronzegeräte, Musikinstrumente). Die Eigentumsfähigkeit war eng mit dem gesellschaftlichen Rang verbunden. Fand z.B. ein Bauer einen Edelstein, so gab er ihn von selbst bei seinem Fürsten ab.[160] Das Vermögen von Ehefrauen bestand aus ihrer Kleidung, persönlichen Gegenständen und Sklaven. Dies zeigt das Qin-Recht, wonach eine Frau, die ihren Mann wegen einer Straftat anzeigte, ihre Sklaven, Kleider und Gebrauchsgegenstände behalten durfte, wenn das Vermögen ihres Mannes eingezogen wurde.[161]

Schilderungen auf Bronzegefäßen der West-Zhou-Zeit[162] lässt sich entnehmen, dass es „spätestens seit dem Ende des 10. Jh. v. Chr."[163] Prozesse um Besitzansprüche an (adligem) Grund gegeben hat.[164] Nach dem *Zhouli* wurden Eigentumsstreitigkeiten von durch den König oder Lehnsfürsten eingesetzten Beamten geschlichtet.[165] Der hierarchische Aufbau des Lehnssystems der Westlichen Zhou legt die Annahme nahe, dass es Eigentumsdelikte nur gegenüber Höher- und Gleichgestellten, Eigentumsprozesse nur zwischen Gleichgestellten geben konnte. Nach Lau hat es in der Chunqiu-Zeit aber auch gegen das Königshaus gerichtete

---

156 Lau, *op. cit.* (Anm. 5), S. 297 ff. Teilweise dieselben Inschriften untersucht Lutz Schunk, *op. cit.* (Anm. 5), S. 170 ff.
157 Privatisierungstendenzen im adligen Grundbesitz scheinen aber bereits Landtauschgeschäfte (Tausch von Feldern gegen wertvolle Jade) zur Zeit der mittleren oder späten Phase der Westlichen Zhou (8.-9. Jh. v. Chr.), wie sie Inschriften auf Bronzegefäßen zum Ausdruck bringen, zu verdeutlichen. Vgl. Lau, *op. cit.*
158 *Shangjunshu*, Duyvendank, *op. cit.* (Anm. 17), S. 298.
159 Bauer, *op. cit.* (Anm. 90), S. 141.
160 *Ibid.*, S. 145 mit Hinweis auf *Zuozhuan*.
161 Hulsewé, *Remnants of Qin-Law*, *op. cit.* (Anm. 6), S. 168 (D 149).
162 U. Lau, *op. cit.* (Anm. 4), 5. Teil: „Zu Prozessen um Besitzansprüche an Grund und Boden."
163 *Ibid.*, S. 386.
164 Bauer, *op. cit.*, S. 176; Biot, *op. cit.* (Anm. 14), 2. Bd., S. 335.
165 Biot, 2. Bd., S. 307-43; Hulsewé, *Remnants of Han Law*, *op. cit.* (Anm. 20), S. 71.

Prozesse wegen Besitzansprüchen an Grund und Boden gegeben. Er führt aus: „Wer vor Gericht seinen Anspruch durch Beweismittel wie Schenkungsurkunden zu untermauern vermochte, konnte auch als Rangniederer Recht bekommen."[166] Raub und Diebstahl von Objekten hohen Wertes wurden mit Todesstrafe geahndet.[167] Der Grundsatz „Der Hehler ist so viel wie der Stehler" findet im *Zuozhuan* eine Entsprechung: „(West-Zhou)-König Wen erließ ein *Puqu*-Gesetz (僕區之法), in dem es heißt: ‚Der, der Diebesbeute versteckt, ist genau so schuldig wie der Dieb selbst'".[168] Gegen Ende der Zhanguo-Zeit soll es im Staate Qin ein auch Eigentumsdelikte umfassendes Gesetz gegeben haben.[169] Nach dem *Daolü* 盜律 des *Ernian Lüling* (Han-Kodex von 186 v. Chr.) wurden Diebstahl und andere Eigentumsstraftaten nach dem Wert des unrechtmäßig Angeeigneten in diversen Abstufungen bestraft.[170]

4. Entwicklung des Leistungsaustausches

In seiner Studie über Verträge während der Han-Dynastie demonstriert Scogin, dass „in spite of the absence of references to contracts in the law codes[171], the issue of private contract enforcement was a matter of concern for the Chinese legal system from its inception."[172] Zeitgenössischen Bronzeinschriften ist zu entnehmen, dass Schuldverhältnisse aus Verträgen in der West-Zhou-Zeit alltäglich waren.[173] Das *Zhouli* enthält – allerdings idealisierte – ausführliche Regeln über die Organisation und Beaufsichtigung von Märkten und den dort stattfindenden Handel.[174] Am verbreitetsten waren Tauschgeschäfte unter Verwendung der verschiedensten Güter, darunter auch Grundstücke und Sklaven.[175] Nach Lau war „der

---

166 Lau, *op. cit.* (Anm. 147), S. 384.
167 Bauer, *op. cit.*, S. 177 mit Hinweis auf *Zuozhuan* (Legge, S. 490a), *Zhouli* (Biot, 2. Bd., S. 368).
168 Legge, *op. cit.* (Anm. 12), S. 611, 616a.
169 Bauer, *op. cit.*, S. 176 unter Hinweis auf H. Maspero, „Le régime féodal et la propriété dans la Chine antique" in: Études historiques, Paris, 1950, S. 109-46.
170 *Ernian lüling/daolü*, Zhangjiashan etc., *op. cit.* (Anm. 7), Ziff. 56.
171 Weder in den Fragmenten des Qin- und Han-Kodex, noch im Tang-Kodex sind Regeln über Abschluß, Wirksamkeit, Erfüllung und Durchsetzung von Verträgen anzutreffen.
172 Hugh T. Scogin, „Between Heaven and Man: Contract and the State in Han Dynasty China", in: *Southern California Law Review*, vol. 63 (1990), S. 1325 ff., 1329.
173 Li Feng, *op. cit.* (Anm. 77), S. 123 f.
174 Biot, *Le Tcheou-Li*, *op. cit.*(Anm. 14), vol. 1, S. 309-336.
175 Hu Liuyuan, Feng Zhuohui, 夏商西周法制史 (Rechtsgeschichte von Xia, Shang und West-Zhou), Beijing, 2006, S. 448 ff.; Lau, *op. cit.* (Anm. 4), S. 307 ff. Landkäufe und -verkäufe waren zu dieser Zeit aber wegen fehlenden privaten Grundeigentums noch nicht möglich (vgl. Felber, *op. cit.*, S. 101 ff.).

Tausch von Feldern gegen wertvolle Jade in der Chunqiu-Zeit Usus."[176] Auch Felber zeigt auf, dass der Handel in der Chunqiu-Zeit bereits hochentwickelt war und sich eine von Bindungen an die Aristokratie unabhängige Kaufmannschaft heranzubilden begann.[177] Neben dem (auch schon älteren) „Geschenkaustausch"[178] gab es, wozu das *Zuozhuan* zahlreiche Anhaltspunkte bietet, auch schon den Güteraustausch auf den Märkten, d.h. den Austausch von Äquivalenten.[179] Kaufverträge wurden auf in zwei Hälften geteilte Holztafeln geschrieben, von denen den Vertragsparteien je eine Hälfte ausgehändigt wurde.[180] Nach Creel ist es wahrscheinlich, dass zur Zeit der West-Zhou eine königliche Behörde zur Registrierung von Verträgen existiert hat. Gegenstand von Kaufverträgen waren bewegliche Sachen (Vieh, Seide, Holz, etc.), Grundstücke und Sklaven (Konkubinen). Auch Miet-, Dienst- und Darlehensverträge wurden geschlossen. Letztere betrafen Geld oder Sachen (wie Getreide, Textilien).[181] Das Shuihudi-Material aus der Qin-Dynastie dokumentiert zahlreiche Vertragsverhältnisse (insbesondere Kauf- und Darlehensgeschäfte sowie Dienstverhältnisse).[182] Zahlreiche (auf Stein, Blei, Ziegel oder Jade eingravierte oder auf Bambus oder Holz geschriebene) Vertragsdokumente wurden auch in Han-zeitlichen Gräbern (teilweise schon im 19. Jh.) aufgefunden.[183] Die von Scogin übersetzten zwölf Landveräußerungsverträge[184] zeigen ungeachtet ihrer Herkunft aus weit auseinanderliegenden Regionen einen weitgehend

---

176 *Op. cit.* (Anm. 5), S. 307. Landkäufe und -verkäufe waren zu dieser Zeit aber wegen fehlenden privaten Grundeigentums noch nicht möglich (Felber, *op. cit.*, S. 101 ff.).

177 Roland Felber, *Die Entwicklung der Austauschverhältnisse im alten China (Ende 8. Jh. bis Anfang 5. Jh. v.u.Z.)*, Berlin, 1973, S. 108 ff. Eine vollständige Unabhängigkeit des Kaufmannsstands ist aber erst eine Erscheinung der Zhanguo-Zeit.

178 Der nach Felber, *op. cit.*, S. 75, zwischen einer zwangsweisen Produktübertragung in patriarchalischen Abhängigkeitsverhältnissen und „eigentlichem Austausch", den von Äquivalenten, angesiedelt ist. Nach Bauer, *op. cit.* (Anm. 90), S. 157 „bedeutete das Geschenk, wie die vielen Quellenbelege zeigen, die beliebteste, keine Objekt ausschließende Form der Eigentumsübertragung. Partner sind fast ausschließlich die Angehörigen des Adels; über die Geschenkgepflogenheiten beim Volk wissen wir nahezu nichts."

179 *Ibid.*, S. 90 ff.

180 H.G. Creel, *Legal Institutions and Procedures During the Chou Dynasty, op. cit.* (Anm. 5), S. 34.

181 Hu/Feng, *op. cit.* (Anm. 174), S. 459; Felber, *op. cit.*, S. 97 ff.

182 *Shuihudi Qin mu zhujian, op. cit* (Anm. 6), z.B. S. 57, 259 (Hulsewé, *op. cit.*, Anm. 6, D46, E15 u.a.). Dazu auch Zhang Peitian, "先秦时期债流转事实探析" (Untersuchung historischer Tatsachen zu Schuldverhältnissen vor der Qin-Dynastie), *FXYJ*, 2005, Nr. 2, S. 138 ff. und 2006, Nr. 6, S. 138 ff.

183 Schon vor einem halben Jahrhundert erfolgte eine diesbezügliche intensive Forschung durch den japanischen Rechtshistoriker Niida, Noboru (Chūgoku hōseishi kenkyū: Tochihō, torihikihō/Studien zur chinesischen Rechtsgeschichte: Bodenrecht, Vertragsrecht, Tōkyō, 1960). Harro v. Senger, Kaufverträge im traditionellen China, Zürich 1970, weist S. 70 auf Han-zeitliche Kaufverträge als den „wohl ältesten erhaltenen".

184 Scogin, *op. cit.* (Anm. 172), S. 1341 ff., wobei er auf Niidas japanische Übersetzung zurückgreift.

übereinstimmenden Aufbau, was auf die Existenz gesetzlicher Standards und darauf hindeutet, „dass hier weit zurückreichende Rechtsbräuche wirksam waren."[185] Nach Angabe eines Datums wird der Vorgang des Kaufs unter Aufweis der Namen beider Parteien nebst ihrer Herkunft wiedergegeben, es folgen die örtliche Bestimmung und die Maße des betroffenen Grundstücks sowie der Kaufpreis. Manchmal wird die Fälligkeit des Kaufpreises auf den Tag des Vertragsschlusses festgelegt und das Ganze durch von beiden Seiten je zur Hälfte beizusteuernden Wein „besiegelt". Ähnlich, wenn auch kürzer, ist der Aufbau von Kaufverträgen über Textilien.[186]

Verträge wurden, was schon in dem chinesischen Wort für Vertrag (約) klar zum Ausdruck kommt, als bindend angesehen. Creel entnimmt Bronzeinschriften, dass königliche Beamte zur Zeit der West-Zhou intensiv mit der Durchsetzung privater Verträge befasst waren.[187] Hulsewé zitiert Han-zeitliche Äußerungen, aus denen hervorgeht, dass Verträge von staatlichen Behörden durchgesetzt wurden[188] und dies nicht der informellen Sphäre des Gewohnheitsrechts überlassen blieb, eine Praxis, wie sie später eher selten anzutreffen war.

Da Land als wirtschaftliche Basis der Familie galt, war dessen Verkauf stets problematisch. So heißt es in einem Landgesetz der Wei (Tuoba)-Dynastie von 485 n. Chr.: „Diejenigen, die Überfluss haben, dürfen den überflüssigen Teil des Familien-Landes verkaufen; diejenigen, die nicht genug haben, dürfen hinzukaufen... Über das ihm Notwendige hinaus darf niemand kaufen."[189] In der Zhanguo-Zeit bildete sich der Grundsatz heraus, ein Grundstück, wenn die Umstände unvermeidbar zum Verkauf drängten, zunächst den Verwandten anzubieten oder es auf Wiederkauf zu verkaufen.[190] Nach O. Franke war „der Verkauf auf Wiederkauf die

---

185 U. Lau, *op. cit.* (Anm. 5), S. 348.

186 *Ibid.*, S. 1346 ff. Der Vertragsaufbau entspricht weitgehend dem auch später üblichen. Vgl. etwa Jörg-Michael Scheil, *Die chinesischen Vertragsurkunden aus Turfan*, Stuttgart, 1995, S. 20 ff. Diese Vertragsdokumente stammen aus dem 4.-8. Jh. n. Chr. Die etwas später (8.-10. Jh.) zu datierenden in Dunhuang gefundenen Verträge enthalten erstmals Klauseln zur Streitbeilegung. Vgl. Valerie Hansen, *Negotiating Daily Life in Traditional China. How Ordinary People Used Contracts, 600-1400*, New Haven and London, 1995, S. 47.

187 *The Origins of Statecraft in China, op. cit.* (Anm. 10), S. 193.

188 Hulsewé, "Contracts of the Han Period", in: Lionello Lanciotti (Hg.), *Il Diritto in Cina*, Firenze 1978, S. 11 ff., 16; ders. *Remnants of the Han Law, op. cit.* (Anm. 20), S. 78. Für eine Klage aus Verkaufs-Kommission vgl. Hulsewé, „A Law-suit of A.D. 28", in: Wolfgang Bauer (ed.), *Studia Sino-Mongolia. Festschrift für Herbert Franke*, Wiesbaden, 1979, S. 23 ff. Vgl. auch Scogin, *op. cit.* (Anm. 172), S. 1367-70.

189 Otto Franke, *Die Rechtsverhältnisse am Grundeigentum in China*, Leipzig, 1903, S. 50 f. unter Hinweis auf die Historie der Wei-Dynastie, das *Weishu*.

190 *Ibid.*, S. 51. Vgl. auch Bret Hinsch, *op. cit.* (Anm. 107), S. 16; Chai Rong, "中国古代先问亲邻制度考析" (Untersuchung zu der altchinesischen Regel, [bei Grundstücksverkäufen] zuerst Verwandte und Nachbarn zu fragen), *FXYJ*, 2007, Nr. 4, S. 131 ff.

älteste und ursprünglich wohl einzige Art der Übertragung von Grundeigentum in China."[191]

Es wird desweiteren dargelegt, dass seit der Han-Dynastie die Vorstellung präsent war, dass privaten Verträgen dieselbe Geltung beizumessen ist wie den staatlichen Gesetzen („有私约者当律令") und dass „die bestehenden politischen, gesellschaftlichen und familiären Hierarchien keinesfalls die Vertragsgleichheit im Wirtschaftsleben beseitigen konnten."[192]

5. Bildung von Allianzen (private Zusammenschlüsse in Form von Mehrpersonenverhältnissen)

Weder in den Fragmenten des Qin- und Han-Kodex, noch im Tang-Kodex finden sich Regeln zu Personengesellschaften. Eine in die Mitte des 2. Jh. v. Chr. zu datierende Holztafel, die 1974 in einem Grab gefunden wurde, dokumentiert eine Partnerschafts-Vereinbarung zum Zwecke einer gemeinsamen geschäftlichen Unternehmung. Danach leistet jeder der beteiligten zehn Investoren einen bestimmten Geldbetrag, Verluste und Schäden werden gemeinsam getragen, eigenmächtiges Wegschaffen von Waren wird durch Geldbuße in bestimmter Höhe geahndet, ebenso das Fernbleiben von Gesellschaftsversammlungen, die der als Obmann eingesetzte Gesellschafter einberufen hat.[193]

Gemeinschaftsverhältnisse waren seit frühester Zeit mit dem Grundeigentum verbunden. Auch nach der Reform des Shang Yang (Privatisierung, Kommerzialisierung von Grund und Boden) im 4. Jh. v. Chr. und des Qin-Kaisers gut hundert Jahre später blieben Grundstücke Familieneigentum unter der Verfügungsgewalt des Familienoberhaupts.

6. Retribution (freiwillige Formen der Konfliktbewältigung, insbesondere Wiedergutmachung)

Bis zum Ende des kaiserlichen China (Anfang des 20. Jh.) waren zivil- und strafrechtliche Sanktionen nicht streng voneinander geschieden. Die Beschädigung von Vermögen einer anderen Person zeitigte neben der im Kodex fixierten Strafe auch die (deliktische) Konsequenz der Retribution. Diese Verbindung von Strafe und

---

191 Franke, *op. cit.* (Anm. 189), S. 61.
192 So Huo Cunfu, "中国古代契约精神的内涵及其现代价值" (Inhalt und gegenwärtiger Wert des Vertragsverständnisses im alten China), in: 吉林大学社会科学学报，2008, Nr. 5, S. 57 ff.
193 Hulsewé, *Contracts of the Han Period, op. cit.* (Anm. 188), S. 31 f.

Schadensersatz finden sich im Tang-Kodex bei den Regelungen zu Straftaten wie Diebstahl, Raub, Sachbeschädigung, Brandstiftung u.a. Nach einer Vorschrift der „Allgemeinen Grundsätze" ist bei Raub der doppelte Wert der erlangten Gegenstände zu erstatten (Art. 33).[194] Im Kapitel über „Diverse Straftaten" heißt es, dass bei vorsätzlicher Verursachung eines Schadens durch Feuer oder Wasser „der Straftäter den Wert zu ersetzen hat" (Art. 434).[195] Bei anderen Schadenszufügungen war Ersatz ohne Rücksicht auf schuldhafte Verursachung zu leisten. Dies war der Fall bei der Verletzung von Gegenständen, die wirtschaftlich besonders bedeutsam oder von sakralem Wert waren. Im Falle von fahrlässiger Tötung oder Körperverletzung (過失殺傷) konnte der Täter zwar die Strafe durch Geldzahlung (an den Fiskus) ablösen (Art. 339), eine Schadensersatzleistung an den Geschädigten war aber nicht vorgesehen. Den Fragmenten des Qin- und Han-Gesetzbuchs sind diesbezügliche Regeln zwar nicht zu entnehmen, jedoch ergibt sich bereits aus Bronzeinschriften der West-Zhou der Brauch, dass Felder zur Tilgung von Schadensersatz-Schulden dienten.[196]

7. Sanktion gegen Unrechtstaten unter Berücksichtigung subjektiver Elemente

Darauf, dass schon früh zwischen schuldhafter und Zufallstat unterschieden wurde, deuten Textstellen im *Shujing*. So heißt es in *Shundian*: „Offences by mishap are pardoned, (but) those who are self-reliant and persist are punished as miscreants"[197], und in *Kanggao*: "If somebody has made a small offence, if it is not an offence by mishap but a persistence and he himself has committed what is unlawful according to his set purpose, even if his offence is small, then you cannot but kill him. If he has a great offence, if it is not a persistence but an offence by mishap, done by chance,... then you cannot kill him."[198] Im *Zhouli* wird zwischen der absichtlichen und fahrlässigen Tat unterschieden.[199]

Über fixierte Straftatbestände der Shang- und Westlichen-Zhou-Epochen ist nichts überliefert. Zwar wird in Texten des *Shujing* und *Shijing* von „den Gesetzen

---

194 Wallace Johnson, *op. cit.* (Anm. 8), vol. 1, S. 186.
195 *Ibid.,* vol. 2, S. 497.
196 Lau, *op. cit.* (Anm. 5), S. 384; ders., *op. cit.* (Anm. 147), S. 221.
197 Karlgren, *The Book of Documents*, *op. cit.* (Anm. 10), S. 5.
198 *Ibid.,* S. 40. Im Hinblick auf sein Frageinteresse stellt Heiner Roetz, *Die chinesische Ethik der Achsenzeit*, Frankfurt a. Main 1992, S. 65 fest, dass die durch die „Entdeckung der Gesinnung" charakterisierte „Entwicklung des chinesischen Rechts bzw. der Rechtstheorie wesentliche Grundlagen für die achsenzeitliche Aufklärung" gelegt wurden.
199 Biot, *op. cit.* (Anm. 14), 2. Bd., S. 356. Nach Bünger („Entstehen und Wandel des Rechts in China", in: W. Fikentscher, H. Franke, O. Köhler, Hrsg., *Entstehung und Wandel rechtlicher Traditionen*, Freiburg u. München, 1978, S. 470) findet sich hier der Ausdruck „Fahrlässigkeit" (過失) zum ersten Mal.

der vormaligen Könige (先王)" gesprochen, es existiert aber in Texten der Westlichen Zhou keinerlei Hinweis dahingehend, dass eine bestimmte Tat eine bestimmte Strafe nach sich zieht.[200] Die im *Zuozhuan* erwähnten, einzelstaatlichen, der späten Chunqiu-Epoche zugehörigen, Gesetzgebungsakte (von 536 und 513 v. Chr.) sind inhaltlich nicht überliefert, vom sog. *Fajing* (法經), gut hundert Jahre später nur die sechs Kapitelüberschriften. Während das in den Yunmeng-Funden vorliegende Qin-zeitliche Material rund 200 verwaltungsrechtliche Artikel aus rund dreißig namentlich aufgeführten Gesetzen enthält, tritt das Strafrecht nur indirekt in Form von Antworten auf entsprechende Fragen in Erscheinung. Strafrechtsnormen werden zwar auszugsweise zitiert, der vollständige Wortlaut und die Bezeichnung der entsprechenden Gesetze tauchen aber auch hier nicht auf. Aus dem von den Editoren „Antworten auf Fragen zum Qin-Kodex" (秦律答問) genannten Material[201] ergibt sich jedoch eine klare Vorstellung vom Schuldprinzip. So war der, der einen gestohlenen Gegenstand, ohne von dessen Herkunft zu wissen, angenommen hat, nicht zu bestrafen.[202] Differenziert wurde auch, ob jemand mit Mordabsicht (unter Anwendung z.B. einer Waffe) gehandelt hat oder ob die Tötung bei einer Prügelei geschah.[203] Damit ist, wie MacCormack in einer subtilen Untersuchung aufweist, die Vorstellung eines mentalen Zustands des Täters im Bewusstsein des Gesetzgebers weniger präsent als die Wahrnehmung der Gesamtsituation des äußeren Tatgeschehens, was den „subjektiven Tatbestand" unausgesprochen impliziert.[204] So ergibt sich auch aus den frühesten im Wortlaut erhaltenen Strafvorschriften, dem *Ernian lüling* 二年律令 (Han-Kodex) vom Jahre 186 v. Chr.[205], dass von Bestrafung abgesehen wurde, wenn es zu einer fahrlässigen oder versehentlichen (過失) Körperverletzung oder während eines friedlichen Kräftemessens (戲) gekommen war.[206] Aus dem *Zouyanshu* (奏讞書) erhellt aber, dass Idee und Praxis des Erfolgsstrafrechts zur West-Han-Zeit keineswegs abwe-

---

200 H.G. Creel, *The Birth of China, op. cit.* (Anm. 29), S. 350, ist der Ansicht, dass Gesetze der vormaligen Könige", "which are so frequently spoken of were certain general maxims of conduct and statements of principle, while it was left by the individual ruler to take what steps he found necessary to ensure the practice of these principles by those under his power."

201 Hulsewé, *Remnants of Qin Law, op. cit.* (Anm. 6), Group D (S. 120 ff.).

202 *Ibid.*, S. 123 (D 10).

203 *Ibid.*, S. 138 (D 53).

204 Geoffrey MacCormack, "From *Zei* to *Gu Sha*: A Changing Concept of Liability in Traditional Chinese Law", in: *Journal of Asian Legal History*, vol. 7 (2007), S. 1 ff. In akribischer Weise zeigt MacCormack die allmähliche Bewusstwerdung und terminologische Herausbildung der Abstufungen des subjektiven Tatelements zwischen Qin und Tang. Vgl. auch ders., Mental States as Criteria of Liablility in the T'ang Code, *RIDA*, 1984, S. 41 ff.

205 Chinesische Edition, vgl. *op. cit.* (Anm. 7), S. 5 ff.

206 Ulrich Lau, „Die Rekonstruktion des Strafprozesses und die Prinzipien der Strafzumessung zu Beginn der Han-Zeit im Lichte des *Zouyanshu*", in: R. Emmerich, H. Stumpfeldt (Hrsg.), *Und folge nun dem, was mein Herz begehrt. Festschrift für Ulrich Unger zum 70. Geburtstag*, Hamburg 2002, S. 343 ff., 354.

send waren und dass bei fehlendem Verschulden u.U. allenfalls eine Strafmilderung stattfand.[207] Der Kommentator des Han- und des Jin-Kodex (泰始律 von 268 n. Chr.) aus der Mitte der zweiten Hälfte des 3. Jh. n. Chr., Zhang Fei, definierte: „Wissentlich eine Übeltat begehen, wird Absicht (故), fälschlich vermuten, dass etwas so ist, wird Irrtum (失),... unabsichtlich eine Übeltat begehen, wird Fahrlässigkeit (過失) genannt."[208] Allerdings „kann, wenn auf menschliche Behausungen und Wege geschossen (und dabei ein Mensch getötet) wird, nicht als Fahrlässigkeit (過) gelten."[209] Irrelevant ist der Unterschied der Schuldformen jedoch, wenn ein Mitglied einer Fünf-Familien-Gemeinschaft (同伍), in der das Prinzip der Kollektivhaftung herrscht, Landesverrat begeht.[210] Nach einer alten Tradition, die im *Zhouli* erwähnt wird[211] und im *Julü* 具律 („Gesetz über Strafzumessung") des Han-Kodex von 186 v. Chr. (二年律令) einen Niederschlag gefunden hat[212], genießen Alte (ab 70), Junge (unter 10) und Geistesgestörte (蠢愚) wegen verminderter Schuldfähigkeit (三赦/„drei Entschuldbarkeiten") Strafermäßigung oder Strafnachlass.[213] Auch Zhang Fei stellte (Mitte des 3. Jh.) fest: „Erleichtert (wurden die Strafen) für Fahrlässigkeit und Irrtum, für Alte Jugendliche und Frauen."[214] Ebenfalls nach dem *Zhouli* kann der soziale Status eines Täters bei der Strafzumessung eine Rolle spielen, wenn der Täter einer der durch Herkunft, Rang oder Verdienst gekennzeichneten acht privilegierten Gruppen angehört (Verwandte des Herrschers, hohe Beamte etc.).[215] Die „Acht Erwägungen" (八議) figurieren zwar (wohl ausdrücklich) nicht in den Qin- und Han-Fragmenten, sind aber seit Ende der Han-Zeit wieder präsent und haben in den Tang-Kodex Eingang gefunden.[216] Das frühe

207 *Ibid.*, S. 350.
208 Heuser, *Jin-Shu*, *op. cit.* (Anm. 20), S. 39, 112.
209 *Ibid.*, S. 114.
210 *Ibid.*, S. 114.
211 *Zhouli*/Biot, *op. cit.* (Anm. 14), 2. Bd., S. 356; Hulsewé, *Remnants of Han Law*, *op. cit.* (Anm. 19), S. 298 ff.
212 Zhangjiashan etc., *op. cit.* (Anm. 7), Ziff. 83 (keine Anwendung von Verstümmelungsstrafen bei Alten ab dem 70. und Jungen bis zum 17. Lebensjahr), Ziff. 86 (Straffreiheit für Kinder bis zum 10. Lebensjahr, außer bei Tötungsverbrechen).
213 Was Geistesgestörte anbetrifft, so hat Karl Bünger die Ansicht vertreten, "that the exemption of lunatics from punishment is a fundamental notion of ancient China and a principle of the Chinese law from the Cou dynasty until nowadays" ("The Punishment of Lunatics and Negligents According to Classical Chinese Law", in: *Studio Serica*, vol. 9, 1950, S, 1 ff., 8 f.), was allerdings nicht unbestritten geblieben ist, vgl. Marta Li Chiu, "Insanity in Imperial China: A Legal Case Study", in: Arthur Kleinman, Tsung-Yi Lin (ed.), *Normal and Abnormal Behaviour in Chinese Culture*, Dordrecht etc., 1981, S. 75 ff.
214 Heuser, *Jin-Shu*, *op. cit.* (Anm. 20), S. 39, 112. Spezifischer heißt es anschließend: „Ein Achtzigjähriger begeht kein Verbrechen, was immer er auch tun, es sei denn, er tötet oder verletzt einen anderen Menschen."
215 *Zhouli*/Biot, *op. cit.* (Anm. 14), S. 320; Hulsewé, *Remnants of Han Law*, *op. cit.* (Anm. 20), S. 286.
216 Wallace Johnson, *op. cit.* (Anm. 8), vol. 1, S. 83 ff.

Han-Recht kennt aber die Möglichkeit der Strafbefreiung (免) und des Freikaufs (贖) bei Tätern, die sich (als Beamte) Verdienste erworben hatten.[217]

8. Prozessrecht

Eine staatliche Monopolisierung der Gerichtsbarkeit hat sich parallel mit der Herausbildung der Einzelstaaten und der Strafgetzgebung seit Mitte des ersten Jahrtausend v. Chr. entwickelt. Mit Errichtung der Qin-Dynastie waren Formen privater Gerichtsbarkeit fast gänzlich überwunden. Ein Rest davon bestand, wie den Qin-Shuihudi- und Han-Zhangjiashan-Materialien entnommen werden kann, lediglich für innerhalb der Familie begangene Straftaten, sofern ein bestimmtes Maß kriminellen Tuns – wie z.B. durch schwere Körperverletzung oder die Familienhierarchie verletzende Sexualbeziehung – nicht überschritten war.[218]

Basierend auf der Untersuchung epigraphischer Texte trifft Schunk schon zum Justizsystem der West-Zhou-Zeit folgende Feststellung: „Der König ist in seiner Funktion als oberstes Organ der Staatsverfassung zugleich oberstes Justizorgan. Persönlich tritt der König in den behandelten Quellen nicht als Gerichtsherr auf. Seine jurisdiktive Gewalt erschließt sich aber aus der Tatsache, dass er Personen in Ämter mit jurisdiktiver Gewalt einsetzt."[219] Es ist vielleicht das markanteste Kennzeichen schon der ältesten Quellen zum chinesischen Staatswesen, dass dem – weitgehend rational ausgestalteten – Strafverfahren eine intensive Aufmerksamkeit zuteil wird. Als ältester Text (West-Zhou), der Fragen der Strafjustiz betrifft, gilt die „Mitteilung an Kang" (*Kangao*) im *Shujing*.[220] Sie enthält Ratschläge angeblich des Herzogs von Zhou (um 1050 v. Chr.) an einen jüngeren Prinzen Kang, anlässlich von dessen Einsetzung als Lokalfürst oder als Justizminister (司寇).[221] Danach soll mit der Strafgewalt, besonders mit der Verhängung von Todesstrafen, sorgfältig umgegangen, Beweise in Strafprozessen wenn nötig monatelang erwogen und das Auferlegen von Strafen nicht von Vorurteilen beeinflusst werden.[222]

---

217 *Ernian Lüling/Julü*,, Zhangjiashan etc., *op. cit.* (Anm. 7), Ziff. 119; Lau, *op. cit.* (Anm. 7), S. 263.
218 Dazu Ulrich Lau, „The Scope of Private Jurisdiction in Early Imperial China. The evidence of newly excavated legal documents", in: *Asiatische Studien*, Bd. 59 (2005), S. 333 ff.
219 L. Schunk, *op. cit.* (Anm. 5), S. 175.
220 Legge, *op. cit.* (Anm. 10), S. 381 ff.
221 Auf West-Zhou-zeitlichen Bronzeinschriften erscheint diese Amtsbezeichnung. Schunk, *op. cit.* (Anm. 5), S. 72 f.
222 Legge, *op. cit.* (Anm. 10), S. 390 f.

Ein ebenfalls im *Shujing* aufgenommener, aber wohl später zu datierender Text, das *Lüxing* 呂刑, „Strafen des Lü"[223], der Äußerungen des Königs Mu (1001-947 v. Chr.) gegenüber Prinz Lü, seinem Justizminister, enthält, thematisiert die korrekte Anwendung von Strafen als zentrales Element „guter Regierung". Danach sind die Strafen gemäß der einzelnen Tat zu bemessen, und sie sind auch gegen Mächtige und Reiche heranzuziehen.[224] Voraussetzung korrekter Anwendung ist die Auswahl geeigneter Beamter; es sollen nicht bloß redegewandte, sondern charakterstarke Personen sein.[225] Sie sollen Standfestigkeit besitzen, also in der Lage sein, ihren eigenen Einsichten zu folgen, auch wenn diese von der Meinung des Königs abweichen.[226] Im Rahmen von Strafprozessen sind „fünffachen Darlegungen" (五辭) [227] Aufmerksamkeit zu schenken; die Richter müssen beide Seiten anhören und dürfen keine eigenen Vorteile suchen.[228] Wenn dann eine Schuld ermittelt wurde, ist eine der „fünf (Körper-)Strafen" (五刑) oder – sollte keine passend sein – eine der „fünf (Geld-)Bußen" (五罰) anzuwenden.[229] Ist die Anwendung jeglicher Strafen oder Bußen zweifelhaft, wurde also eine Schuld nicht zweifelsfrei ermittelt, erfolgt keine Sanktion. „Wenn Du bei der Falluntersuchung nichts Relevantes findest, schließe den Fall ab. Sei Dir immer der strengen Autorität des Himmels (天) bewusst."[230] Liegen mildernde Umstände vor, ist die nächstniedere Strafe anzuwenden; bei erschwerenden Umständen die nächst höhere.[231] Die Fälle sind stets mit Mitleid und Respekt zu behandeln, der Strafkodex (刑書) ist dabei genau zu berücksichtigen, und die von den Prozessen anzufertigenden Berichte müssen detailliert und vollständig sein.[232]

Von Ordalen (Gottesurteilen) ist in diesen das Justizwesen unmittelbar betreffenden Textpassagen nicht die Rede. In anderen vor- und nach-Qin-zeitlichen Quellen werden aber gewisse magische Prozesspraktiken erwähnt. So findet sich im *Mozi*, einem philosophischen Werk aus der frühen Zhanguo-Zeit, ein Bericht

---

223 Legge, *op. cit.* (Anm. 10), S. 588 ff. Creel (*Origins of Statecraft in China, op. cit.*, Anm. 10, S. 161, 463) siedelt ihn in der Zhanguo-Zeit an; ebenso G. MacCormack, "The Lü Hsing: Problems of Legal Interpretation", *MS*, vol. 37 (1986/87), S. 35. Hulsewé (*Legalists and Law of Ch'in*, S. 3) datiert ihn in die Endphase der West-Zhou (um 800).
224 Legge, *ibid.*, S. 597.
225 *Ibid.*, S. 607.
226 *Ibid.*, S. 600.
227 *Ibid.*, S. 602.
228 *Ibid.*, S. 609 f. Für unterschiedliche Interpretationen der Wortbedeutungen vgl. MacCormack, *op. cit.* (Anm. 203), S. 36ff. Ähnlich heißt es in *Liji/Wangzhi* ("The Royal Regulations"), Legge, *op. cit.* (Anm. 13), S. 235: "If a party had the intention, but there were not evidence of the deed, the charge was not listened to."
229 *Ibid.*, S. 602.
230 *Ibid.*, S. 604.
231 *Ibid.*, S. 606 f.
232 *Ibid.*, S. 608. Zu allem auch Liang Fengrong, "'呂刑' 在中国法律史上的地位与影响" (Stellung und Einfluss des *Lüxing* in der chinesischen Rechtsgeschichte), *FXYJ*, 2009, Nr. 1, S. 166 ff.

über einen Prozess im Staate Qi der Chunqiu-Zeit, wonach zur Bekräftigung einer Aussage ein Schafbock am Altar der Erdgötter geopfert wurde und den Meineidigen ins Bein gestoßen habe.[233] Die Stelle im *Mozi* lautet wie folgt: „Unter den Beamten des Fürsten Zhuang von Qi waren zwei mit Namen Wang Liguo und Zhouli Jiao. Diese beiden hatten drei Jahre lang miteinander prozessiert, und der Prozess war noch nicht entschieden. Der Fürst von Qi erwog, sie beide hinrichten zu lassen, befürchtete aber, dass einer von ihnen unschuldig sein könnte; er erwog, sie beide frei zu lassen, befürchtete aber, einer von ihnen könnte schuldig sein. Deshalb hieß er sie beide, einen Schafbock zu opfern und am Altar der Erdgötter einen Unschuldseid zu leisten. Beide stimmten zu. Vor dem Altar wurde dann ein Loch gegraben, die Kehle des Schafbocks wurde durchschnitten und sein Blut spritzte heraus. Wang Liguo las seine Darlegungen in einem durch bis zum Schluss, Zhongli Jiao jedoch war damit noch nicht zur Hälfte gelangt, als der (tote) Bock sich erhob und den Zhongli Jiao ins Bein stieß. Als er stürzte, stieß er den Altar um und wurde am Ort des Eides getötet." Auch deutet die schon erwähnte Ethymologie des Zeichens für *Fa* (Gesetz) auf den Glauben, dass der Unschuldige oder Gerechte von einer höheren Macht – als der Hüterin des Rechts – geschützt werde: Nach dem auf Orakelknochen eingeritzten Zeichen setzte es sich ursprünglich aus dem „Einhorn", dem Radikal „Wasser" und dem Zeichen für „weggehen", „ausstoßen" zusammen.[234]

Prozessschilderungen auf West-Zhou-zeitlichen Bronzegefäßen sind solche Irrationalismen ebenso wenig zu entnehmen[235] wie den Qin- und Han-Fragmenten. Was die Qin-Fragmente anbetrifft, „one is struck by the care bestowed on the investigation of criminal suits."[236] Zwar sind auch insoweit im Wortlaut keine Rechtsvorschriften überliefert; verschiedene, im Shuihudi-Material verstreute In-

---

233 Vgl. Alfred Forke, *Me Ti, des Sozialethikers und seiner Schüler philosophische Werke*, Berlin, 1922, S. 350 f.; Ian Johnston, *The Mozi. A Complete Translation*, Hong Kong 2010, S. 287. Vgl. auch die Erwähnung dieses Berichts bei Lau, *Vom Schaf zur Gerechtigkeit, op. cit.* (Anm. 26), S. 43.
234 Vgl. oben unter II, 1. Ein ähnliches, nicht von den Quellen, sondern allein von der Volkslegende gekanntes Wesen ist das *Xiechai* 獬豸, das M. 2541 wie folgt erläutert: "A fabulous monster, described as being like a unicorn; its habitat is the wilds, it can discriminate between right and wrong, and it destroys the wicked when it meets them. It is said to be fire-eating even to ist own desruction." In der Qing-Zeit scheint als Emblem für die Robe des Gerichtsbeamten oder zur Ausstattung des Gerichtsraumes gedient zu haben.
235 Vgl. den Aufweis epigraphischer Quellen bei U. Lau, *op.cit.* (Anm. 5), 5. Teil: „Zu Prozessen um Besitzansprüche an Grund und Boden", woraus sich ergibt, „dass es spätestens seit dem Ende des 10. Jahrhunderts v. Chr. in China zu Rechtsstreitigkeiten um den Grundbesitz kam" (*ibid.*, S. 386), auch Creel, *The Birth of China, op. cit.* (Anm. 29), S. 354.
236 Hulsewé, *Remnants of Ch'in Law, op. cit.* (Anm. 6), S. 6. Ders., "The Ch'in Documents Discovered in Hubei in 1975", *TP*, vol. 65 (1978), S. 175 ff., 216: "In the Ch'in strips we are confronted with a well-developed system, of which especially the forms of procedure are quite striking."

formationen ermöglichen aber eine gewisse Rekonstruktion des Verfahrens.[237] Der Denunzierte oder durch Beamte Angeschuldigte wurde in Haft genommen und im Gefängnis verhört. Dies geschah anhand einer Frageliste, erst in einem späteren Stadium unter Einsatz von Folter. Alle Äußerungen des Angeklagten waren niederzuschreiben. Beweismittel waren neben dem Geständnis Augenschein, Zeugenaussagen und Sachbeweise. Nachdem die Niederschrift dem Angeklagten vorgelesen worden war, kam es zu Verurteilung und Auferlegung einer der Tat angemessenen, dem Kodex zu entnehmenden Strafe.

Die von den Herausgebern des Shuihudi-Materials als „Muster für Versiegelung und Untersuchung" (封診式) betitelten fünfundzwanzig Prozessdokumente[238] enthalten Informationen zu dem bei der Durchführung von strafprozessualen Untersuchungen zu beachtenden Verfahren und über die Art und Weise der Abfassung von Anzeigenprotokollen und Untersuchungsberichten an die übergeordneten Behörden.[239] Danach wurde das Vermögen des Angeklagten versiegelt und seine Hausangehörigen wurden arrestiert; Tatsachenfeststellungen sollten möglichst ohne Anwendung von Folter und Einschüchterung erfolgen, da eine Tatermittlung mit Hilfe solcher Zwangsmittel als fragwürdig galt. Der Untersuchungsbeamte hatte bei der Befragung mit Geduld und Umsicht zu verfahren und keine voreiligen Fragen zu stellen und Schlussfolgerungen zu ziehen; erst wenn deutlich geworden war, dass der Angeklagte sich in Lügen verstrickte, konnte Folter angewandt werden, worüber dann ein eigenes Dokument zu erstellen war. Sämtliche Prozesshandlungen, wie z.B. die Selbstbezichtigung (自告) eines Räubers, waren in bestimmter Weise aktenkundig zu machen. Die Bemühung um ein sorgfältiges Strafverfahren kommt verstärkt im *Zouyanshu* 奏讞書 („Vorlage und Bescheide zu zweifelhaften Rechtsfällen")[240] der Westlichen Han zum Ausdruck.[241] Großes Gewicht legen die Qin- und die Han-Materialien auf Verhinderung und Sanktionierung falscher Anschuldigung. Das *Qinlü da wen* 秦律答問 weist eine Reihe von Erörterungen diesbezüglicher Fragen auf[242], und das *Gaolü* 告律 („Anzeigegesetz") des *Ernian Lüling* (Han-Kodex) bietet fünf Vorschriften über die Anzeige

---

237 Was Liu Hainian, "秦的诉讼制度" (Das Prozesssystem der Qin), *ZGFX*, Jahrgänge 1985-1987, ausführlich unternimmt; auch enthalten in Liu Hainian, *战国秦代法制观窥* (Aufsätze zum Rechtssystem der Zhanguo- und Qin-Zeit), Beijing, 2005, S. 161 ff.

238 Hulsewé, *Remnants of Ch'in Law, op. cit.* (Anm. 6), S. 183 ff.

239 Ausführlich dazu Katrina McLeod, Robin Yates, "Forms of Ch'in Law: An Annotated Translation of the *Feng-Chen-Shih*", *HJAS*, vol. 41 (1981), S. 111 ff.

240 Chinesische Edition der auf 228 Bambustäfelchen geschriebenen Texte, *op. cit.* (Anm. 5), S. 89-112. Es handelt sich um eine Sammlung von 22 Fällen, die während des Zeitraums von der Chunqiu- bis zur West-Han-Zeit aufgetreten sind. Sechs dieser Fälle übersetzt und kommentiert Ulrich Lau, *op. cit.* (Anm. 204).

241 Zum Ablauf des Strafverfahrens (unter Einbezug auch des *Shuihudi*-Materials) vgl. Lau, *ibid.*, S. 356 ff. Besonders deutlich wird hier der Instanzenzug bei zweifelhaften Fällen.

242 Hulsewé, *Remnants of Ch'in in Law, op. cit.* (Anm. 6), S. 131 ff. (D 30 – D 40).

von Straftaten.[243] Danach sind z.B. Anzeigen von Kindern unter zehn Jahren und von Sträflingen unbeachtlich; Kindern und Sklaven ist es nicht erlaubt, ihre Eltern resp. Herren anzuzeigen. Falsche Anschuldigung wird mit derselben für die angezeigte Straftat vorgesehene Strafe geahndet. Zeigt ein Täter sich vor Entdeckung der Tat selbst an (先自告), so wird die Strafe um einen Grad ermäßigt.[244]

VI Verhältnis des Prozessrechts zum materiellen Recht sowie von Zivil-, Straf- und öffentlichem Recht innerhalb des materiellen Rechts

Die frühesten Hinweise auf geschriebenes Recht (刑書/Strafkodizes) der späten Chunqiu- und der Zhanguo-Zeit deuten auf materielles Strafrecht, d.h. ausformulierte Straftatbestände, daneben vielleicht auch auf Verfahrensrecht. Von den Titeln der sechs Kapitel des angeblichen *Fajing* (um 400 v. Chr.) betrafen wohl zwei den Strafprozess.[245] Im Qin- und Han-zeitlichen Material (Qin- und Han-Kodex) ist sowohl materielles wie prozessuales Strafrecht anzutreffen. Das materielle Recht betrifft Tötungs-, Körperverletzungs- und Vermögensdelikte, Rebellion gegen die kaiserliche Familie, Landesverrat, Urkunden- und Siegelfälschung, falsche Anschuldigung u.a. Das Verfahrensrecht enthält Regeln zur Festnahme, Befragung, Zeugenaussage, Strafzumessung, Instanzenzug, Wiederaufnahme u.a. Dieses legislatorische Mischsystem setzte sich über den Tang-Kodex bis zum Ende der Kaiserzeit fort.

Das materielle Gesetzesrecht betrifft durchweg öffentliches Recht, neben Straf- und Strafprozessrecht in umfänglicher Weise Verwaltungsrecht. Das Shuihudi-Material und das *Ernian Lüling* enthalten eine große Anzahl von Vorschriften, die die Pflichten von Beamten in diversen Verwaltungszweigen (Landwirtschaftsaufsicht, Steuerwesen, Geldwesen, Lagerhaltung, Marktaufsicht, Fronarbeit, Beförderungswesen u.a.) normieren. Ein Bewusstsein dergestalt, dass es sich bei Ver-

---

243 Zhangjiashan etc., vgl. *op. cit.* (Anm. 7), S. 26f. Ausführlich dazu Yan Xiaojun, "张家山 汉简'告律'" (Das „Anzeigegesetz" der Han-Bambustäfelchen von Zhangjiashan), *FXYJ*, 2007, Nr. 6, S. 152 ff.

244 *Ernian lüling/ Gaolü*, Zhangjiashan, *op. cit.* (Anm. 7), Ziff. 131.

245 Im Rechtskapitel des *Jinshu* heißt es dazu: „Li Kui stellte die Gesetze der verschiedenen Feudalstaaten zusammen und verfasste den Rechtskodex. Da er der Ansicht war, dass für den Staat nichts wichtiger sei als das Ergreifen von Räubern und Wegelagerern, leitete er den Kodex mit den Abschnitten über Raub und Tötung bzw. Körperverletzung ein. Zum Thema Dingfestmachung und Arrestierung von Räubern verfasste er zwei Abschnitte mit dem Titel ,Ergreifen wie mit Netzen' und ,Arrestierung'. Für leichtfertiges und raffiniertes Verhalten, Überschreiten der Stadtgrenzen, Geldspiele und Vergnügungen, Obszönitäten, Verschwendung und andere Übertretungen wurde das Gesetz ,Verschiedene Straftatbestände' in einem Kapitel geschaffen. Ferner wurden in einem Gesetz Regeln zur Verschärfung oder Verringerung des Strafmaßes aufgestellt. Somit bestand das Werk aus sechs Kapiteln." (Heuser, *op. cit.* Anm. 20, S. 80 f.).

mögens- und Familiensachen einerseits, Strafsachen andererseits um sachlich verschiedene und sanktionsmäßig zu trennende Bereiche handelt, hat sich noch nicht entwickelt.

VII Bedeutung der mündlichen oder schriftlichen Fixierung von Recht und seiner Publikation

Ob die Anwendung von Strafen, von der in den ältesten Texten die Rede ist (*Shujing/Kanggao*), auf oralen Tradition oder schriftlicher Fixierung beruhte, kann nicht verlässlich beurteilt werden. Wenn in einer epigraphischen Untersuchung das Schriftzeichen für Strafe (刑) auf einer Inschrift aus dem 9. Jh. v. Chr. als schriftlich fixiertes Strafgesetz gedeutet wird[246], so ist dies ebenso Spekulation wie Creels Vermutung, dass es in einer derart „schreibbegeisterten Zivilisation" wie die der Westlichen Zhou schon im Übergang von Shang zu Zhou geschriebenes Recht gegeben haben könnte.[247] Überliefert ist andererseits, dass die Publikation von Strafgesetzen noch im 6. Jh. v. Chr. auf Widerstand gestoßen ist, was aber als Rückzugsgefecht zu werten ist. Spätestens mit dem *Fajing* 法經 von rd. 400 v. Chr. ist, ohne Rücksicht darauf, ob es gerade dieses Gesetzbuch tatsächlich gegeben hat, Gesetzgebung eine Selbstverständlichkeit. Für die Legisten (法家), die neben dem Konfuzianismus für das Recht wirksam gewordene Zhou-zeitliche philosophische Richtung, ist die Publikation wesentlicher Teil ihres Gesetzesbegriffs. So heißt es im *Hanfeizi*: „Gesetz ist, was niedergeschrieben, in den Behörden niedergelegt und dem Volk bekanntgemacht wurde."[248] Da Schriftkunde aber die Ausnahme darstellte, wandten sich die Gesetze primär an die Beamtenschaft, denen es dann oblag, die Bekanntmachung durch andere Mittel als das geschriebene Wort zu bewerkstelligen.[249] Gemäß der Jin-Historie wandte sich in der zweiten Hälfte des 3. Jh. n. Chr. ein Beamter mit dem Anliegen an den Kaiser, dass „die Vorschriften des neuen Gesetzbuchs (泰始律) betreffend mit dem Tode bedrohter Verbrechen abgeschrie-

---

246 Schunk, *op. cit.* (Anm. 5) S. 62 f.

247 *The Birth of China, op. cit.* (Anm. 29), S. 350; ebenso ders., *The Origins of Statecraft in China, op. cit.* (Anm. 9), S. 165, 192. Auch Chang We-Jen, "Traditional Chinese Legal Thought", in: 臺灣大學法學論叢 / *National Taiwan University Law Journal*, vol. 20, no. 2 (June 1991), S. 12: "It is more probable than not that, after writing was invented, laws were among the first things to be written down."

248 Wilma Mögling, *op. cit.* (Anm. 19), S. 465 (Übersetzung leicht abgewandelt). Ähnlich *Shangjunshu, op. cit.* (Anm. 17), S. 330.

249 Dieser an sich naheliegende Hinweis auf die doch eher die Regel als die Ausnahme darstellende Schriftunkundigkeit kommt in der sinologischen Literatur nicht vor. So heißt es z.B.: "It is then the objective, normative standards of *fa*, clearly prescribed and promulgated, that the general public as well as the officials, the noble as well as the 'mean, must take as the model for their behavior'" (Wang Hsiao-po, "The Significance of the Concept of *Fa* in Han Fei's Thought System", in: *Philosophy East and West*, 1977, S. 35 ff., 40).

ben und an den Poststationen ausgehängt werden sollen, damit das Volk in Kenntnis gesetzt werde", worauf ein entsprechender Befehl erging, dem auch entsprochen worden sei.[250]

VIII Staatliche Normgebung als Fixierung von Gewohnheiten oder innovative Gestaltung des Rechts?

Gesetzgebung während der Chunqiu-/Zhanguo-Zeit ist Ausdruck einzelstaatlichen Selbständigkeitsstrebens, der Distanzierung von dem wenn auch zunehmend nur symbolisch-sakralen Herrschaftsanspruch der Zhou-Könige. Es ist anzunehmen, dass im Hinblick auf die Ausformulierung von Straftatbeständen und Verfahrensrecht an früheres Gewohnheitsrecht (oder früher bestehendes Gesetzesrecht) angeknüpft wurde, bezüglich der Setzung von Verwaltungsrecht aber weitgehend neue Inhalte geschaffen wurden. Die umfängliche Gesetzgebungstätigkeit der das ganze Land vereinigenden Qin-Dynastie (221-207 v. Chr.) reflektiert die gewaltige durch die Vereinigung aufgegebene Politikplanung. Zum Teil wurden Gesetze des großen Neuerers Shang Yang aus dem 4. Jh. v. Chr. übernommen. Auf präexistierende Gewohnheiten nahm die unter dem Einfluss der philosophischen Legisten stehende Gesetzgebung wenig Rücksicht.

IX Außerrechtliche Einflüsse auf die Entstehung und den Inhalt von Rechtsnormen

1. Natürliche Umwelt

Dass die ungeheuren Ausmaße des seit 221 v. Chr. geeinten Landes spezifische Probleme der Kommunikation und des Infrastrukturbaus mit sich brachten, schlägt sich in den Vorschriften des Qin- und Han-Kodex über Fronarbeit, Post- und Geldwesen nieder. Auch wegen der großen heterogenen Bevölkerung musste der Gesetzgeber der Kontrolle (Registrierung) und Ernährung der Bevölkerung besondere Aufmerksamkeit schenken.[251] Natürlich standen auch mit der Landwirtschaft als Grundlage sowohl der Ernährung als auch der Staatseinnahmen einhergehende Kontrollaufgaben (von der Weltbeobachtung bis zur Steuererhebung) im Zentrum der Gesetzgebung. Ob die jedenfalls für die Tang-Zeit nachgewiesene Regel der

---

250 *Jinshu* 晉書, Kap. 30. Heuser, *op. cit.* (Anm. 20), S. 125.
251 Dazu Li Junming, "张家山汉简所见规范人口管理的法律" (Das Recht der Bevölkerungskontrolle nach den Han-Bambustäfelchen von Zhangjiashan), *ZFLT,* 2002, Nr. 5, S. 18 ff.

Suspendierung von Prozessen während der Saison der Landbestellung"[252] schon vorher existiert hat, ist nicht nachweisbar. Deutlich ist aber, dass Qin- und Han-zeitliche Gesetze Vorschriften vorsahen, die auf den Schutz der Umwelt zielten. So untersagte das gleichermaßen im Qin- und Han-Kodex enthaltene „Feldge-setz" (田律) zu gewissen Jahreszeiten Holz zu fällen, Gras abzubrennen, zu jagen oder zu fischen.[253]

2. Handel und Wirtschaft

In der Westlichen Zhou kamen erstmals formalisierte Verbote gegen das Speku-lantentum auf. Es gab auch eine Regel, Preise mittels fairen Handels und maßvollen Gewinns zu bestimmen.[254]

3. Religion

Für die Rechtsprache der West-Zhou- und Chunqiu-Epochen[255] und noch der Shui-hudi-Texte[256] werden zwar Konnotationen religiöser Sprache aufgewiesen, von der Vorstellung eines transzendenten Gesetzgebers kann aber seit Beginn der Zhou-Zeit nicht mehr ausgegangen werden. Dennoch sind Einwirkungen religiös-ideo-logischer Natur auf das Sozialleben vielfältig. Der Einfluss religiös-ideologischer Kategorien auf das Recht betrifft zunächst den Kern des Staatsrechts, die Legiti-mation von Herrschaft. Die Einführung einer überparteilichen obersten Himmels-gottheit (天) durch die Zhou bedeutete die Schaffung einer religiösen Instanz, die den göttlichen Auftrag zum Herrschen (命) von der Shang-Familie abziehen und auf die (im Gegensatz zu den Shang tugendhaften) Zhou übertragen konnte.[257] Die für das Verhalten innerhalb der Familie einflussreiche „konfuzianische" Ideologie,

---

252 Dazu Zheng Xianwen, "中国古代'农忙滞讼'制度形成时间考述" (Untersuchung über die Entstehungszeit der Regel „Suspendierung von Prozessen während der Saison der Landbestellung"), *FXYJ*, 2005, Nr. 3, S. 152 ff.

253 Ausführlich dazu Charles Sanft, "Environment and Law in Early Imperial China: Qin and Han Statutes Concerning Natural Resources", in: *Environmental History*, vol. 15 (2010), S. 701-721.

254 *Zhouli*: Biot, *op. cit.* (Anm. 14), 1.Bd., S. 309 ff.

255 So Ulrich Lau, „Vom Schaf zur Gerechtigkeit – Der sakrale Hintergrund einiger frühchi-nesischer Rechtstermini", in: Christiane Hammer, Bernhard Führer (Hrsg.), *Tradition und Moderne – Religion, Philosophie und Literatur in China*, Dortmund, 1997, S. 37 ff.

256 Mark E. Lewis, *Writing and Authority in Early China*, *op. cit.* (Anm. 2), S. 23; Katarina McLeod, Robin Yates, *Forms of Ch'in Law*, *op. cit.* (Anm. 233), S. 131 f. (note 59).

257 H.G. Creel, *The Birth of China*, *op. cit.* (Anm. 29), S. 367 ff. Yang Zebo, „The Religions' Function of Confucian Morality as Seen from the Practice of Judging Virtue by Heaven", *SSC*, Winter 2006, S. 16 ff.

klingt an in *Shujing/Kanggao*, wonach respektloses Verhalten innerhalb der Familienverhältnisse (不孝不友) streng bestraft werden soll.[258] Eine Saktionierung des bis zum Ende des 19. Jh. anzutreffenden Tatbestands des „unehrerbietigen Verhalten" (不孝) wird durch die Qin- und Han-Fragmente bestätigt. Dies zeigt, dass auch dem Qin-Recht „konfuzianischer" („konservativer") Geist nicht fremd war.[259] Damit eng verbunden ist das aus der religiösen Funktion der Familie (宗族) resultierende Gewohnheitsrechtsinstitut der Nachfolge in die Ahnenverehrung, die sog. Sakralerbfolge, eine „seit der Shang-Zeit nachweisbare Konstante der chinesischen Glaubenswelt."[260] Es bestand die Vorstellung, dass die Seelen der Toten – sollten sie nicht als „hungrige Geister" umherirren – der „Ernährung" durch die lebenden Deszendenten bedurften, was in Form der durch den ältesten Sohn der Hauptfrau (oder dessen Nachkommen) periodisch durchzuführenden Opferzeremonien im Familientempel oder an Grabesstätten erfolgte.[261] Der älteste Sohn („Ahnensohn") verwaltete das „Ahnenvermögen" als ein nicht der Nachlassteilung unterliegendes Sondervermögen.

Religiöser Gehalt eignet auch die Vorstellung, dass sich die Sozialordnung an der kosmischen Ordnung auszurichten hat. In Anlehnung an die Darlegung des *Liji*, wonach „der Kaiser im zweiten Monat des Herbstes, (in dem sich plötzliche und gewalttätige Stürme erheben), seine Beamten anweist, die Todesurteile zu vollstrecken"[262], hat die frühe Han-Gesetzgebung die Regel festgelegt, dass die Vollstreckung von Todesurteilen auf die Herbst- und Wintermonate – den Zeiten des Absterbens in der Natur – zu beschränken ist.[263] Gemäß diesem Naturalismus

---

258 Legge, *op. cit.* (Anm. 10), S. 392 f.
259 Vgl. Cui Yongdong, "张家山汉简中的法律思想" (Rechtsdenken in den Han-Bambustäfelchen von Zhangjiashan), *FXYJ*, 2003, Nr. 5, S. 139 ff. Die Qin-Regel („Antworten auf Fragen zum Qin-Kodex", Hulsewé, *op. cit.*, Anm. 6, D 85) ist sogar schärfer gewesen als die nach dem *Zeilü* 贼律 des *Ernian Lüling*.
260 Herbert Franke, *Sinologie*, Bern 1953, S. 94. Weder die Qin-Han-Gesetzesfragmente, noch der Tang-Kodex greifen es auf. Dies scheint erst durch den Ming-Kodex von 1397 geschehen zu sein, in dem es in § 87 heißt, dass die rechtswidrige Einsetzung eines Sakralerben mit 80 Stockschlägen bestraft wird. (Jiao Zuhan, 中國歷代法典考輯 [Untersuchung und Zusammenstellung der Rechtskodizes der aufeinanderfolgenden chinesischen Dynastien], Taibei 1969, S. 368).
261 Ch'ü, *op. cit.* (Anm. 94), S. 30 f.
262 *Liji, yueling*/Legge, *op. cit.* (Anm. 13), S. 288.
263 Hulsewé, Remnants of Han Law, *op. cit.* (Anm. 20), S. 104. Etwas anders Hsu Daolin, „Crime and Cosmic Order", *HJAS*, vol. 30 (1970), S. 111 ff. Unter dem Einfluss des Buddhismus wurden die für Exekutionen tabuisierten Tage erheblich vermehrt, was sich im Tang-Kodex niedergeschlagen hat. Dort heißt es in § 496: „Wird die Todesstrafe im Zeitraum zwischen Frühlingsanfang und dem Herbst-Äquinoktium vollstreckt, so (werden die verantwortlichen Beamten) mit einem Jahr Zwangsarbeit bestraft. – Auch darf ein Strafvollzug, für den eine bestimmte Jahreszeit nicht abzuwarten ist, nicht während eines Monats vonstatten gehen, für den das Schlachten von Tieren und an Tagen, an denen Töten verboten ist (buddhistische Festtage). Zuwiderhandlungen werden mit 60 Stockschlägen bestraft." (Johnson, *op. cit.*, Anm. 8, vol. II, S. 569).

weist das Recht Eigenschaften und Funktionen auf, die denen der natürlichen (objektiven) Welt entsprechen, weshalb der Gesetzgeber „dem Weg des Himmels" (天道) zu folgen hat. So heißt es in der Han-Historie (漢書): „Da die Weisen (聖人) über eine tiefe Einsicht in das Wesen der Dinge verfügten, begriffen sie das Herz von Himmel und Erde (天地之心). Bei der Festlegung von Ritualregeln (禮) zur Unterweisung (教) und von Gesetzen (法) zur Bestrafung (刑) beachteten sie stets die Gefühle der Menschen und folgten Himmel und Erde als ihrem Modell. Daher heißt es, dass die Frühen Könige (先王) bei der Festlegung von Ritualregeln (禮) , die Klarheit des Himmels zu ihrem Vorbild nahmen und der Natur der Erde entsprachen'. Strafen (刑罰) setzen sie fest und furchterregende Prozesse führten sie durch, indem sie das Töten und Zerstören des Himmels durch Donner und Blitz nachahmten... Daher etablierten die Weisen die Fünf Ritenregeln (五禮)[264] in Übereinstimmung mit der Ordnung des Himmels (天秩) und die Fünf Strafen (五刑)[265] in Übereinstimmung mit den Strafen des Himmels (天討)."[266] Diesem „Gesetzgebungsprinzip" wird auch im Vorspruch des Tang-Kodex Ausdruck verliehen: „Im *Yijing/Buch der Wandlungen* heißt es: ‚Die Weisen folgten den Zeichen des Himmels.' Sie beobachteten Donner und Blitz und schufen furchterregende Strafen; sie sahen den Herbstfrost und führten Hinrichtungen durch."[267]

4. Herrschaftsformen

Das gesamte geschriebene Recht wurde als Emanation des königlichen/fürstlichen/ kaiserlichen Willens begriffen. Die in der Staatsphilosophie seit der frühen Zhou-Zeit angelegte Vorstellung, dass der Staat nach dem Prinzip der Familie organisiert ist[268], führte dazu, dass Gesetze als Ausdruck der absoluten Gewalt des patriarchalischen Herrschers sich in Abschreckungs-, Unterwerfungs- und Disziplinierungszwecken erschöpfen und jedenfalls nicht primär mit dem Ziel erlassen wurden, Gerechtigkeit zwischen den Menschen sicherzustellen, d.h. ihre gegenseitigen zivilrechtlichen Beziehungen zu ordnen.

---

264 Riten betreffend Tempelopfer für gute Vorzeichen (吉), Trauerangelegenheiten (凶), Gästebehandlung (宾), Militärangelegenheiten (军), Freudiges, wie Beamtenernennung, Eheschließung (嘉).

265 Vgl. oben S. 7.

266 *XFZ*, S. 5; Hulsewé, *op. cit.* (Anm. 20), S. 321 f.

267 Liu Junwen, *op. cit.* (Anm. 8), S. 1; W. Johnson, *op. cit.* (Anm. 8), vol. I, S. 50. Zu dem Zusammenhang von „Himmel/Natur" und menschlicher Gesellschaft vgl. Zhu Yong, "The Naturalistic Character of Traditional Chinese Law", *SSC*, Summer 1993, S. 120 ff.

268 Nach *Shujing/Hongfan* (Legge, *op. cit.*, Anm. 10, S. 333) „ist der Sohn des Himmels (天子) Vater und Mutter des Volkes und regiert so die Welt (天下王)."

5. Sozial- und Familienstruktur

Zwar propagierten die Legisten eine unterschiedslose Anwendung der Strafen[269], jedoch zeigen die (unter legistischem Einfluss stehenden) Qin-Fragmente, dass der soziale Status des Täters berücksichtigt wurde, dass es also nicht selten war, Höherstehende weniger streng zu bestrafen als Untergebene, Aristokraten weniger streng als das gemeine Volk.[270] Das (der konfuzianischen Werteordnung verbundene) *Zhouli* systematisierte diese Differenzierung in den „Acht Erwägungen" (八議) privilegierter Strafanwendung[271]; in der frühen Han-Gesetzgebung (二年律令) wurden sie noch nicht berücksichtigt.

Das jeweils unterschiedliche Schutzniveau der Rechtsgüter älterer bzw. jüngerer Familienmitglieder, das im Tang-Kodex detailliert zum Ausdruck gelangt ist[272], wird bereits im *Shangshu* angedeutet. König Wen, der Gründer der Zhou-Dynastie, erläutert dem Prinzen Feng, dass respekloses Verhalten gegenüber Eltern und älteren Brüdern abscheulicher sei als Raub und Mord und daher streng bestraft werden müsse.[273] Grundlage der unterschiedlichen Schutzintensität wurde der u.a. im (Zhanguo-zeitlichen) *Yili* 儀禮[274] beschriebene alte Brauch, fünf unterschiedliche Trauergrade zwischen drei Jahren und drei Monaten (五服) für nahe und fernere Verwandte der jeweils älteren oder jüngeren Generation zu beachten.[275] Das im Tang-Kodex zur vollen Ausprägung gelangte System nahm die fünf Trauergrade zum Maßstab für den Unwertgehalt einer Straftat unter Verwandten: Je länger die Trauerperiode für den Geschädigten, desto strenger die Strafe. So wurde z.B. eine Körperverletzung, die Eltern einem Kind zufügten, gar nicht oder nur sehr leicht bestraft, während ein umgekehrtes Tatgeschehen extrem strenge Strafen nach sich zog. Auch wenn in den Gesetzesfragmenten der Qin und Han diesbezügliche Regeln nicht ersichtlich sind, so ist angesichts des tief verwurzelten sozialen Brauchtums spätestens seit der West-Zhou-Zeit von ihrer ungebrochenen Existenz auszugehen. Dies ist auch für weitere Erscheinungen des rechtlich relevanten Familienstatus anzunehmen. Zum ersten für die von Konfuzius geschätzte Regel, dass

---

269 *Shangjunshu*/Duyvendak, *op. cit.* (Anm. 17), S. 89, 278.
270 Hulsewé, *Remnants of Qin Law, op. cit.* (Anm. 6), S. 8.
271 Dazu oben unter V/7 am Ende. Die bekannte Feststellung des *Liji*, wonach „禮不下庶人, 刑不上大夫"/ „die *Li* nicht hinab zu den einfachen Leuten, die Strafen nicht hinauf zu den hohen Herren reichen" (Legge, *op. cit.*, Anm. 13, S. 90) umschreibt nach Creel keinen authentischen konfuzianischen Grundsatz, sondern nur den Ausdruck eines frommen Wunsches der Beamtenklasse (*The Birth of China, op. cit.*, Anm. 28, S. 354).
272 Dazu Geoffrey MacCormack, *The Spirit of Traditional Chinese Law*, Athens and London, 1996, S. 69 ff.: "The Fundamental Family Roles."
273 *Shujing, Kanggao*/Legge, *op. cit.* (Anm. 10), S. 392 f.
274 Vgl. oben Anm. 120.
275 Dazu P. Chao, "The Mourning Ritual Within the Chinese Kinship System", *CC*, vol. XIII, no. 2 (June 1972), S. 49 ff.

Familienmitglieder Straftaten von Verwandten nicht zur Anzeige bringen.[276] Der Tang-Kodex (§ 46) orientiert sich hier wieder an den Trauergraden[277]: Bis zum dritten Grad ist das Verbergen des Täters strafrechtlich überhaupt nicht relevant, ab dem vierten Grad wird die (bei Nicht-Hausgenossen auszuwerfende Strafe) reduziert.[278] Zum zweiten für die Kollektivstrafe (緣坐). Nach dem Tang-Kodex wurden im Falle von Rebellion (謀反大逆) an der Tat Unbeteiligte bestraft, wenn sie zu den Tätern in einer Familienbeziehung standen (§§ 18, 248). Zum dritten für die Erscheinung der Strafbefreiung oder des Strafaufschubs, wenn die Eltern des Täters der Pflege bedurften. Dazu heißt es im Tang-Kodex im Artikel über „Mit dem Tode bedrohte Verbrechen, die nicht zu den ‚Zehn unverzeihlichen Verbrechen' gehören" (§ 26): „Täter, die ein mit dem Tode bedrohtes Verbrechen, das nicht zu den ‚Zehn schändlichen Verbrechen' gehört, begangen haben, können, wenn ihre Großeltern väterlicherseits oder ihre Eltern alt oder schwach sind und der Pflege bedürfen und in der Familie kein Verwandter innerhalb des zweiten Trauergrades ist, einen Antrag (auf Nichtanwendung der Gesetze) stellen. Solche Täter, die ein mit Verbannung bedrohtes Verbrechen begangen haben, erhalten (unter solchen Verhältnissen) die zeitlich begrenzte Erlaubnis, zu Hause zu bleiben und ihre Verwandten zu pflegen."[279]

6. Bildung und kulturelle Traditionen (z.B. Weltbild, Schriftkunde)

An der Wurzel der Gesetzgebung seit der Chunqiu-Zeit liegt das die philosophische Schule der Legisten prägende pessimistische oder illusionslose Menschenbild, wonach der Mensch von Natur aus zum Schlechten neigt und deshalb auch durch

---

276 In *Lunyu XIII*/18 heißt es: „Der Herzog von She unterhielt sich mit Konfuzius und sagte: ‚Hier sind die Menschen wahrhaft aufrichtig. Der eigene Sohn wird Zeugnis ablegen, wenn sein Vater ein Schaf gestohlen hat.' Konfuzius erwiderte: ‚Bei uns ist Aufrichtigkeit etwas anderes. Der Vater verbirgt das Fehlverhalten des Sohnes, und der Sohn verbirgt das Fehlverhalten des Vaters. Eben darin liegt Aufrichtigkeit!'" (Legge, *op. cit.*, Anm. 15, S. 270).

277 Vgl. dazu Han-Yi Feng, "The Chinese Kinship System", *HJAS*, vol. 2 (1937), S. 141 ff., 178 ff.

278 Die Shuihudi-Fragmente scheine Anklänge an dieses System aufzuweisen, wenn es dort heißt: „Zeigen Kinder ihren Vater oder ihre Mutter an, oder zeigt ein Sklave oder eine Sklavin ihren Herren an (告), so sind dies nichtoffizielle Anzeigen; sie werden nicht angenommen" (Hulsewé, *Remnants of Qin Law, op. cit.*, Anm. 6, D87). Dies ist aber eher als eine Regel des Prozessrechts zu verstehen (siehe oben V/8 am Ende) und nicht als Ausdruck des Verbergungsprivilegs. So auch Song Daqi, "亲属容隐制度非出秦律说" (Das System, wonach Verwandte einander Straftaten gegenseitig verbergen, entstammt dem Qin-Kodex), in: *内蒙古大学学报*, 2005, Nr. 6, S. 80 ff.). Er ist der Ansicht, dass diese Regel am frühesten im 4. Jahr des Han-Kaisers Xuan (69 v. Chr.) erwähnt wurde. Sie ist aber schon im *Gaolü* 告律 des *Ernian Lüling* von 186 v. Chr. enthalten. Vgl. Zhangjiashan, *op. cit.* (Anm. 7), S. 27.

279 W. Johnson, *op. cit.* (Anm. 8), 1. Bd., S. 152 f.

Gesetze, d.h. äußeren Zwang, beschränkt werden muss, „Gesetze dazu dienen, der Selbstsucht zu begegnen"[280], ein Menschenbild, das auch der *Xunzi*-Richtung des Konfuzianismus nicht fremd ist.[281] Zusammen mit der von allen philosophischen Schulen (mit Ausnahme des für die Sozialordnung unergiebigen Daoismus) als selbstverständlich angesehenen Notwendigkeit einer streng hierarchischen, an der Familie orientierte Ordnung und die damit einhergehende Einordnung des Individuums in kollektive Körper, hat dieses Menschenbild dazu geführt, dass das Recht (*Fa* und *Li*) allein als Regel einer objektiven Ordnung, eines vertikal regelnden Herrschaftsinstruments, als Staats- und Familienordnung, als Medium gesellschaftlicher, gar kosmischer „Harmonie", in Erscheinung trat und die Dimension des subjektiven Rechts nicht hervorgebracht hat.

Die Erfindung und Verbreitung der Schrift (14.-12. Jh. v. Chr.) führte über Jahrhunderte nicht dazu, das Gewohnheitsrecht oder novellierende Gesetze niederzuschreiben. Schriftkunde kann also auch angesichts der chinesischen Entwicklung nicht als eine vorrangige Ursache für die Entstehung schriftlich fixierten Rechts angesehen werden.[282]

X Effektivität des Rechts (Vergleich von Rechtsnormen und Rechtspraxis)

Sowohl das Shuihudi-Material („Antworten auf Fragen zum Recht"/法律答問), als auch die Fälle des *Zouyanshu* 奏讞書 zeigen, dass Urteile und Rechtsfragen unter Hinweis auf das jeweils relevante Gesetz gesprochen resp. behandelt wurden. Richterliche Ermessenspielräume waren eng. Die Legisten, in deren Tradition dieses Material steht, betonten stets die Notwendigkeit genauester Anwendung der Gesetze, sie maßen ihnen ein hohes Maß an Effektivität bei. Dies scheint aber in erster Linie für das eigentliche Kriminalrecht zutreffend zu sein, während spätere (Tang-zeitliche) Fälle nahelegen, dass jedenfalls im Bereich des „Zivilrechts" (Vertrag, Ehe, Erbrecht) das Gesetzesrecht nicht durchweg Beachtung gefunden hat.[283] Im übrigen zeigt das Shuihudi-Material, dass Analogie in der Gesetzesan-

---

280 *Hanfeizi*/W. Mögling, *op. cit.* (Anm. 19), S. 507. Dazu auch Geng Wu, *Die Staatslehre des Han Fei. Ein Beitrag zur chinesischen Idee der Staatsräson*, Wien und New York, 1978, S. 45 ff.

281 Vgl. oben S. 11.

282 Während Henry Maine eben von dieser Annahme ausging (*Ancient Law*, Everyman's Library, London, New York 1972, S. 8f.), stellt William Seagle fest, dass es „niemals eine unmittelbare Kausalbeziehung zwischen Kenntnis der Schrift und ihrem Gebrauch für die Zwecke der Gesetzgebung gegeben hat" (*Weltgeschichte des Rechts*, München 1967, S. 151).

283 So ermittelt Jörg-Michael Scheil, *Die chinesischen Vertragsurkunden aus Turfan*, Stuttgart 1995, S. 24, 89, sowohl Übereinstimmungen wie auch Abweichungen (etwa bei der Zinshöhe) der Vertragspraxis vom Gesetzesrecht.

wendung vorkam, im Gesetz nicht ausdrücklich Geregeltes in Anlehnung (Vergleichung *bi* 比) an ähnlich Geregeltes beurteilt werden konnte[284]; es scheint auch so gewesen zu sein, dass die gerichtliche Praxis neue Normen – *contra legem* – schaffen konnte, was Existenz von Fallrecht nahelegt.[285]

XI Reflexion über Rechtsnormen

1. Systematisierung, Interpretation

Das früheste bekannte Gesetzesmaterial (Qin und Han) zeigt die Gesetzestechnik auf einem hohen Niveau. Das Wissen um Systematisierung des Rechtsstoffes, Begriffsbildung und Gesetzesanwendung lässt erkennen, dass der Umgang mit gesetztem Recht als Herrschaftstechnik schon früher begonnen haben muss. Zwar ist als erste Interpretation eines Gesetzbuches erst die des „Gesetzerläuterungsbeamten" (明法員) Zhang Fei bekannt, der im Jahre 268 n. Chr. den Jin-Kodex erläutert hat[286], jedoch kann vermutet werden, dass es sich hierbei bereits um eine seit langem übliche – wohl durchweg amtliche – Tätigkeit gehandelt hat. Dieses zeigen schon die Hinweise in der Jin-Chronik, wonach es in der Ost-Han-Zeit zahlreiche gelehrte Kommentare großen Umfangs zum Han-Kodex gegeben hat.[287] Zhang Fei geht es vor allem um begriffliche Klärung: „Vertrauen zu verletzen, Unehrlichkeit zu hegen, wird „Falschheit" (詐) genannt. Verletzen sich zwei (Personen) in friedlichem Tun, so wird das „derbes Spiel" (戲) genannt. Besprechen sich zwei oder mehr Personen (über ein Verbrechen), so wird das „Komplott" (謀) genannt. Nichts (von Angeklagten) verlangen, aber das unverlangt Gegebene annehmen, nennt man „passive Bestechung" (受賕). Werden Vermögensgegenstände, die durch Hervorkehrung der Amtsautorität erlangt wurden, zurückbehalten, so nennt man dies „un-

---

284 *Shuihudi Qinmu zhujian, op. cit.* (Anm. 6), S. 220; Hulsewé, *op. cit.* (Anm. 6), D142.

285 *Shuihudi Qinmu zhujian, op. cit.* (Anm. 6), S. 179f.; Hulsewé, *op. cit.* (Anm. 6), D 53, wo auf Präzedenzien des Gerichts Bezug genommen wird. In der rechtshistorischen Literatur ist dies allgemeine Ansicht. Etwa Shen Guofeng, "论判例法在我国古代法律源远中的" (Die Stellung des Fallrechts in den Rechtsquellen des chinesischen Altertums), *FXPL*, 1986, Nr. 6, S. 18 ff. und Wang Shirong, "中国古代的判例研究:一个学术考察" (Untersuchung zum Fallrecht des chinesischen Altertums), *ZGFX*, 2006, Nr. 1, S. 82 ff.

286 Vgl. *Jinshu* 晉書, Kap. 30, Heuser, *op. cit.* (Anm. 20), S. 109 ff. Auch Benjamin E. Wallacker, "Chang Fei's Preface to the Chin Code of Law", *TP* 1986, S. 229 ff., wo es heißt: "Zhang Fei was interested in law as a technical extended practice. His essay is the earliest disquisition on the law as viewed by a juridical specialist of the Chinese state."

287 *Jinshu* 晉書, Kap. 30, Heuser, *op. cit.* (Anm. 20), S. 84 f. Doris Heyde, „Der von Zhang Pei (d.i. Fei) verfasste Kommentar zum Gesetzeswerk der Jin", in: *Altorientalische Forschungen*, 11. Jg. (1984), S. 353 ff., führt dazu S. 354 aus, dies zeige „die Bemühungen des Konfuzianertums, sich den Gegebenheiten eines zentralstaatlich verfügten Rechts anzupassen, darauf zu reagieren und Einfluss zu nehmen."

berechtigtes Behalten" (留難)" u.a.[288] Ziel des Kommentars war die Einheitlichkeit der Gesetzesauslegung, „denn der Bedeutungsinhalt des Gesetzes ist sehr weit, seine Sätze sind subtil, seine Begriffe oft unklar und komplex, die es betreffenden Angelegenheiten höchst vielfältig."[289]

2. Recht und Gerechtigkeit (Rechtsphilosophie, Rechtskritik)

Die ältesten existierenden Texte, die Reflexion über ein geordnetes, gerechtes Rechtssystem enthalten, sind die bereits erwähnten *Shujing*-Kapitel im *Lüxing* („Strafen des Lü") und *Kanggao* („Mitteilung an Kang"). Sie umreißen die Grundsätze einer gerechten Strafanwendung.[290] Rechtskritik ging von vornherein mit der Gesetzgebung einher, sei es aus der Sicht konservativer Zhou-Kreise (Kritik von Shu Xiang, Konfuzius), die das Gesetzesinstrument zu Erreichung ihrer Auffassung von Sozialordnung überhaupt ablehnten, sei es aus der Sicht von mit der Anpassung der Gesetze an die Zeiterfordernisse (z.B. die intensive Erörterung über die Wiedereinführung der Verstümmelungsstrafen nach deren Abschaffung unter dem Han-Kaiser Wendi im Jahre 165 v. Chr.)[291] permanent befasster Beamter, von denen seit der Darstellung in der Chronik der Han-Dynastie[292] später immer wieder berichtet wird. Die Entstehung dieses Typs von „Gesetzesrevisoren" geht natürlich auf den Spät-Zhou-zeitlichen Legismus (besonders Shang Yang) zurück, für den die Ausformulierung möglichst reibungslos implementierbarer Gesetzesnormen zum Herrschaftsprogramm zählte.[293] Sie sind die Träger der sog. „Gesetzeskunde" (律學), die „Gesetzesgelehrten" (律博士), die mit der Staatsgründung unter Qin und Han eine wichtige Stellung erlangten und für die Erläuterung der Intentionen und Prinzipien der Gesetze, deren begriffliche Präzisierung und für Revisionsvorschläge verantwortlich waren.[294] Die in den Shuihudi-Materialien enthaltenen Erörterungen über „Fragen und Antworten zum Recht" (法律答問)[295] sind Ausdruck der Qin-zeitlichen Gesetzeskunde.[296]

---

288 *Jinshu* 晉書, Kap. 30, Heuser, *op. cit.* (Anm. 20). S. 112 ff.
289 Ibid., S. 123.
290 Vgl. oben unter V/8. Dort auch zur Datierung.
291 *Jinshu* 晉書, Kap. 30, Heuser, *op. cit.* (Anm. 20), S. 75 ff.
292 Vgl. Hulsewé, *op. cit.* (Anm. 20).
293 Zhang Jinfan, "中华法文化园中的奇葩" (Eine außergewöhnliche Blume im Garten der chinesischen Rechtskultur – Gesetzeskunde), in: Mi Jian (Hrsg.), *中德法学学术论文集* (Sammlung von Beiträgen zur chinesisch-deutschen Rechtswissenschaft), 2. Band, Beijing, 2006, S. 130 ff.
294 He Qinhua, 秦汉律学考 (Untersuchung zur Gesetzeskunde der Qin- und Han-Dynastie), *FXYJ*, 1999, Nr. 5, S. 123 ff.
295 Hulsewé, *Remnants of Qin Law, op. cit* (Anm. 5), Group D.
296 He Qinhua, *op. cit.* (Anm. 292), S. 125.

Versteht man Rechtsphilosophie in einem umfassenden Sinne als Reflexion „guter (gerechter) Ordnung", so ist sie das Programm der Spät-Zhou-zeitlichen Philosophie überhaupt. Nachdem mit dem Niedergang der West-Zhou zunächst eine große Anzahl kleiner und kleinster Staatsgebilde entstanden war, bildeten sich im immerwährenden Kampf einige wenige um die Vorherrschaft ringende Groß-Staaten heraus. Dieses Zeitalter der „Kämpfenden Staaten" (*Zhanguo*) hat die chinesische Philosophie als eine Reflexion der Methoden zur Errichtung und Bewahrung gesellschaftlicher Stabilität hervorgebracht.[297] Der Kern der vorgebrachten Positionen kommt in jeweils unterschiedlicher Wertschätzung und Priorisierung unterschiedlicher Normenkreise zum Ausdruck. Verschließt sich der Daoismus als ein sich gegen jede Kulturnorm wendender Naturalismus (im *Zhuangzi* auch Individualismus) einer Annäherung an rechtsphilosophisches Denken, so sind die Normentheorien des Konfuzianismus (*Lunyu*, *Mengzi*, *Xunzi*) und des Mohismus (*Mozi*) naturrechtlich verankert. Für den Konfuzianismus ist die – in der menschlichen Natur/*Xing* 性 angesiedelte – Primärnorm *Ren-Yi* 仁義 (Menschlichkeit/ Gerechtigkeit), fassbarer verkörpert in *Li* 禮 (Sittlichkeit); nach *Xunzi* bauen die *Li* das gesamte menschliche Zusammenleben hierarchisch auf, indem sie auf Begrenzung der Wünsche zielen.[298] Primärnormverletzungen werden durch die sekundäre Norm der *Fa* 法 (Gesetze) sanktioniert. Im *Mozi* ist *Tian* 天 (Himmel) die den Richtigkeitsmaßstab für die Herrschergesetze (*Fa*) liefernde Primärnorm: die auf ihrer Grundlage erlassenen *Fa*, die Privilegien nicht anerkennen, verkörpern *Yi* 義 (Gerechtigkeit), die sich als *Jian'ai* 兼愛 (verbindende Liebe) und *Xiang li* 相 利 (gegenseitiger Vorteil) ausdrückt. Als eine rein positivistische Lehre wird in aller Regel der Legismus (法家) begriffen. Nach *Hanfeizi* „gibt es für eine klugen Herrscher nur einen rechten Weg des Regierens. Er vereinheitlicht die Gesetze und verliert sich nicht in der Suche nach Weisheit" und „wer einen Staat regiert,... sorgt sich nicht um die Tugend, sondern befasst sich mit dem Gesetz."[299] Dieses gilt ihm aber nur als legitim, wenn es sich darum sorgt, dass „die Starken die Schwachen nicht misshandeln und die Mehrheit der Minderheit keine Gewalt antut, dass die Alten in Frieden sterben und die Jungen ungestört aufwachsen können."[300] Nur innerhalb dieses Zwecks scheint der Herrscher frei, seinem Belieben der Normsetzung zu entsprechen. Insofern mag in der Vorstellung eines Gemeinwohls der

---

297 „Elemente einer Rechtsphilosophie" können – der konfuzianischen Geisteswelt angehörenden – Bambus-Texten entnommen werden, die 1986 am Baoshan in Wangchangcun/ Hubei aus dem Grab des 316 v. Chr. verstorbenen Shao Tuo, eines hohen Beamten von Chu, des größten der „Kämpfenden Staaten", geborgen wurden. Vgl. Susan Roosevelt Weld, "Grave Matters. Warring States Law and Philosophy", in: C. Stephen Hsu (ed.), *Understanding China's Legal System. Essays in Honour of Jerome A. Cohen*, New York and London, 2003, S. 122 ff.

298 Vgl. oben S. 11.

299 *Op. cit.* (Anm. 19), S. 557, 572.

300 *Ibid.*, S. 121.

Horizont einer beschränkenden Norm sichtbar werden. Im *Shangjunshu* heißt es dagegen wohl eher zynisch: „Das Gesetz ist das, wodurch man das Volk liebt."[301] Gesetzesinhalte werden in legistischen Schriften nicht angesprochen; die Erörterung beschränkt sich auf die Instrumentalisierung der Gesetze für ein effizientes Regierungshandeln durch Zuteilung von Belohnungen und Strafe durch eine unparteiische Bürokratie und ohne Rücksicht auf sozialen Status (法治).

XII Zusammenfassung und Ausblick

Die Kapitelüberschriften des *Fajing* von etwa 400 v. Chr. sowie die Gesetzesfragmente der Qin- und West-Han-Dynastien aus den folgenden rund zweieinhalb Jahrhunderten zeigen – anders als die in etwa zeitgenössischen römischen zwölf Tafeln – eine auf Straf- und Strafprozessrecht sowie Verwaltungsrecht beschränkte Rechtsordnung. Das vornehmliche Interesse des Staates an diesen Materien wird auch durch in fernere Vergangenheit zurückreichende epigraphische und literarische Quellen bestätigt. Dort sind darüber hinaus auch Informationen zu Inhalten des Familien- und Vermögensrechts anzutreffen, Rechtsmaterien, die auf der Stufe des Gewohnheitsrechts verharrten und in die Gesetzgebung kaum Eingang gefunden haben. Die sich so darstellende Gestalt der frühzeitlichen chinesischen Rechtsordnung bleibt für die weitere chinesische Rechtsgeschichte bis in die ersten Jahre des 20. Jh. im Grundsatz erhalten.

In den Darlegungen des Presseamts des Staatsrats der VR China vom Februar 2008 über den „Aufbau der chinesischen Rechtsherrschaft" heißt es: „Der chinesische Rechtskreis (中华法系) ist wie ein langer Fluss mit ferner Quelle. Schon im 21. Jh. v. Chr. wurde in China ein Gewohnheitsrecht des Sklavensystems hervorgebracht. Zur Zeit der Streitenden Reiche (770-221) begann man damit, Gesetze schriftlich festzuhalten und Kodizes zu erlassen. Mit der Tang-Dynastie (618-907) war schließlich ein komplettes Gesetzbuch des Feudalsystems entstanden, das die späteren Dynastien übernahmen und fortentwickelten. Das chinesische Recht bildet einen eigenen Rechtskreis unter den Rechtsfamilien der Erde; das alte China hat einen wichtigen Beitrag zu der Rechtszivilisation der Menschheit geleistet."[302] Im folgenden Kapitel soll der Entwicklungsgang der Gesetzgebung während der Kaiserzeit nachgezeichnet werden.

---

301 *Op. cit.* (Anm. 17), S. 169 (Übersetzung leicht abgewandelt). Hu Shih, *The Development of the Logical Method in Ancient China*, Shanghai 1922, S. 176, erklärt diese Hinwendung zu einer positivistischen Theorie nicht allein mit Zeitumständen, sondern ist der Auffassung, dass "the conscious and articulate formulation of a philosophy of law and policy such as that of *Han Fei*, would be impossible without the gradual change in logic which had taken place since the time of Confucius."

302 中国的法治建设, in: 光明日报 vom 29.2.2008.

2. Kapitel
Gesetzgebung und Strafrechtssystem während der Kaiserzeit

„Die Gesetze (律) und Verordnungen (令) des Staates (國家) sind mit großer Behutsamkeit formuliert... und der Allgemeinheit (天下) zur ewigen Beachtung bekannt gemacht worden. Alle Beamten (官) und Gehilfen (吏) haben sie eifrig zu studieren und sich mit ihrer Bedeutung vertraut zu machen..., worüber sie an jedem Jahresende zu überprüfen sind. Sollte sich dabei herausstellen, dass sie die Gesetze nicht zu erklären, deren Sinn nicht zu begreifen vermögen, so wird ein Beamter mit Entzug eines Monatsgehalts, ein Gehilfe mit vierzig Stockschlägen bestraft" (Art. 61 *Qing-Kodex*, ähnlich Art. 67 *Ming-Kodex*).[1]

Nach einer Formulierung des deutschen Rechtslehrers Gustav Radbruch (1878-1949) ist „die Sicherheit des Rechts die Voraussetzung aller Kultur."[2] Die besten der Herrscher und hohen Beamten, die das alte China hervorgebracht hat, haben die Klarstellung des Strafrechts im Sinne der autoritativen Festlegung und zweifelsfreien Feststellung der Gesetze als ein hohes Gut geachtet und zu verwirklichen gesucht.[3] Diese sich durch die gesamte kaiserliche Epoche hinziehende Anstrengung ist Bestandteil des umfassenden Zusammenhangs von Konfuzius' Forderung nach „Richtigstellung der Bezeichnungen" (正名) „la première des obligations gouvernementales".[4] Nach *Lunyu* XIII/3 fragte sein Schüler Zilu den Konfuzius, was er vorrangig unternähme, vertraute der Herrscher ihm die Regierung an. Konfuzius erwiderte, dass er „unbedingt die Bezeichnungen richtigstellte". Denn, so erläutert er dies weiter, „sind die Bezeichnungen nicht korrekt, stimmt auch die Sprache nicht. Stimmt aber die Sprache nicht, so können die (staatlichen) Angelegenheiten nicht gelingen. Gelingen die Angelegenheiten nicht, verlieren die Normen der Riten und die Ritualmusik (禮樂) ihre Wirkkraft. Verlieren die Riten und die Ritualmusik ihre Wirkkraft, so werden Strafen ohne Maß erteilt (刑罰不中). Werden Strafen ohne Maß erteilt, so weiß das Volk nicht, was es tun oder lassen soll. Darum bezeichnet der edle Mensch (君子) die Dinge so, dass er zu

---

1 Jeweils unter der (vom Herausgeber hinzugefügten) Überschrift „Erklärung und Studium der Gesetze" (講讀律令). Vgl. Jiao Zuhan, 中國歷代法典考輯 (Sammlung der Gesetzesbücher chinesischer Dynastien mit Kommentar), Taibei, 1969, S. 473, resp. 362.
2 *Der Geist des englischen Rechts*, Göttingen 1956, S. 48.
3 „Es gab Zeiten, in denen die Rechtsidee stark war, und solche, in denen die Kabinettjustiz oder gar Willkür vorherrschte... Bemerkenswert ist, dass Zeiten des Rückgangs der Rechtsidee vom politischen Verfall und staatlicher Schwäche begleitet sind..." (Karl Bünger, Die Rechtsidee in der chinesischen Geschichte, in: Saeculum, Bd. 3, 1952, S. 192 ff., 208). Brian McKnight, *Law and Order in Sung China*, Cambridge/England etc. 1992, kritisiert eine sinologische Tendenz, "to belittle the impact of state rules in traditional China", da von einem hohen Grad an Normentsprechung auszugehen sei (S. 393 f.).
4 Marcel Granet, *La Pensée Chinoise*, Paris, 1950, S. 49.

Recht davon reden und dass er das, wovon er redet, auch zu Recht durchführen kann."[5] „Le bon ordre", fasst Marcel Granet die zentrale Aussage dieser Anekdote zusammen, „dépend entièrement de la correction du langage."[6]

Einen Eindruck von der Gesetzgebung (Kodifikation) als eines zentralen Elements der chinesischen Rechtsgeschichte vermitteln die „Aufzeichnungen über Strafgesetze" (刑法志) – in der westlichen Literatur meist als „Strafrechtskapitel" oder „Rechtskapitel" apostrophiert – von 13 der 25 dynastischen Geschichtswerke. Diese Sachabschnitte („Monographien"), deren erster der von Ban Gu (32-92) u. a. verfassten Han-Historie (*Hanshu* 漢書) angehört und deren letzter drei Kapitel der 1928 veröffentlichten, von Zhao Erxun (1844-1927) u. a. verfassten Qing-Historie (*Qingshigao* 清史稿) ausmachen, spiegeln ein zweitausendjähriges Bemühen um eine rechte Anpassung der Gesetze an die vom Monarchen selbst oder seinen leitenden Beamten artikulierten Zeitbedürfnisse.[7] Sie schildern die Erörterungen der Beamten über Missstände wie zu extreme oder zu lasche Bestrafung, über leichtfertiges Fällen von Todesurteilen und Rechtsbeugung, auch über Rechtsinstitute wie Körperstrafen, kaiserliche Überprüfung von Todesurteilen, Blutrache, Prozessfristen u.a. und geben Zusammenfassungen der als Resultate von Vorschlag und Gegenvorschlag schließlich zustande gekommenen Kodizes und sonstigen Gesetzesakten. Unterlegt sind diesen Schilderungen kursorische Hinweise zu den Grundsätzen und dem Ziel der Gesetzgebung, zu Funktion und – gelegentlich – Durchführung der Gesetze.

„Gesetze und Erlasse" (法令) dienen dazu, „die Gewalttätigen zu beschränken und die Schwachen zu stützen"[8], sie sind „korrekte Mittel für geordnetes Regieren, indem sie die Gewalttätigen beschränken und die Guten beschützen".[9] *Xing zhong* 刑中 herbeizuführen, wo „Strafen (den Umständen) angepasst" sind, Gesetze weder zu detailliert noch zu generell, Strafen weder zu milde noch zu streng sind, auf dass so zum gesellschaftlichen Frieden, zur Ruhigstellung der Bevölkerung, beigetragen wird, ist das schon im *Hanshu*[10] und dann oft betonte Ziel von Gesetzgebung und Gesetzesrevision. „Schätzenswert sind Gesetze, die das mittlere Maß wahren."[11] Dafür ist Schriftlichkeit unverzichtbar. „Für wichtige Angelegenheiten des Staates ist nichts von größerer Bedeutung, als dass sie niedergeschrieben werden. Denn das Niedergeschriebene dient der Klarheit, der Klärung von Richtig und

---

5 Übersetzung in Anlehnung an Ernst Schwarz, *Konfuzius. Gespräche des Meisters Kung (Lun Yü)*, dtv klassik, München 1985.
6 Granet, *op. cit.*, S. 446.
7 Zur Textgattung *Xingfazhi* vgl. auch **Anhang 1**.
8 *Hanshu* 漢書-„Rechtskapitel", *XFZ*, S. 35; A.F.P. Hulsewé, *Remnants of Han Law*, Leiden, 1955, S. 339.
9 *Hanshu* 漢書-„Rechtskapitel", *XFZ*, S. 37; Hulsewé, *op. cit.*, S. 341.
10 *XFZ*, S. 46; Hulsewé, *op. cit.*, S. 339, 349.
11 *Jinshu* 晉書-„Rechtskapitel", *XFZ*, S. 86; Robert Heuser, *Das Rechtskapitel im Jin-Shu. Ein Beitrag zur Kenntnis des Rechts im frühen chinesischen Kaiserreich*, München, 1987, S. 102.

Falsch, der korrekten Anwendung von Belohnung und Strafe."[12] Das Prinzip der Schriftlichkeit und damit eng verbunden das Prinzip der Genauigkeit wurden immer wieder hervorgehoben. Schriftliche Fixierung des Strafrechts war Folge der Einsicht, dass ein „Regieren durch (tugendhafte) Menschen" allein nicht realitätsnah ist, in der Verwaltungspraxis vielmehr davon auszugehen war, dass „die Gefühle der durchaus mittelmäßigen Beamten leicht zu beeinflussen sind, weshalb man sich (nicht auf Charaktereigenschaften, sondern) auf feste Regeln verlassen können muss".[13] Klarheit bedeutete vor allem, dass die Gesetze die Entsprechung von Tat und Strafe gut zum Ausdruck bringen. Exaktheit der Tatbestandsumschreibung wird in Throneingaben immer wieder gefordert. Ebenso Systematisierung und Vereinheitlichung der Gesetzesakte. Weil es dem Gesetzgeber aber an der Gabe der Abstraktion ermangelte, wurde darüber geklagt, dass „der Inhalt des Strafkodex (notwendigerweise) begrenzt ist, die gesetzeswidrigen Handlungen aber sehr zahlreich sind."[14] Das Bestreben nach möglichst erschöpfender Erfassung und Umschreibung der strafwürdigen Sachverhalte geriet immer wieder in Konflikt mit einem anderen Grundsatz: dem der Kürze und Einfachheit der gesetzlichen Regelungen. So wird für die Regierungszeit des Jin-Kaisers Wu positiv vermerkt: „Obwohl Regeln und Prinzipien sehr zahlreich etabliert waren, so waren sie doch einfach und wohlwollend. Nach oben entsprachen sie der Absicht des Himmels, nach unten trafen sie die Herzen des Volkes. Die Sittlichkeit (道) war durch Gesetze (法) geschützt und scheiterte nicht, die Tugend (德) war durch Strafe (刑) verstärkt und nachhaltig errichtet."[15] Der Niedergang einer Dynastie ist immer wieder dadurch gekennzeichnet, dass die Gesetze zu zahlreich und häufig verändert werden, die Übersicht verloren geht, was Beamte zum eigenen Vorteil auszunutzen wissen, wenn „sie das Recht nach Gutdünken handhaben."[16] Mit dem Gedanken des mittleren Maßes geht der Grundsatz einher, dass das Volk in der Lage sein muss, dem Recht Vertrauen entgegenzubringen: „Das Vertrauen (des Volkes in die Gesetze) sollte (dem Vertrauen) in die vier Jahreszeiten gleichen"[17], was voraussetzt, dass „der Herrscher zur Kontrolle des Volkes nicht solche Gesetze anwendet, denen das

---

12 *Ibid.*, S. 71.
13 *Ibid.*, S. 132.
14 *Ibid.*, S. 136.
15 *Ibid.*, S. 54; *XFZ*, S. 57.
16 „Strafrechtskapitel" der gegen Ende der Yuan-Zeit (Mitte des 14. Jh.) verfassten Song-Historie, dem *Songshi* 宋史, *XFZ*, S. 372; Peter Seidel, Studien zur Rechtsgeschichte der Sung-Zeit. Übersetzung und Kommentierung des ersten Strafrechtskapitels aus den Sung-Annalen, Frankfurt a. M., 1983, S. 61 f.
17 Heuser, *op. cit.*, S. 54.

Volk nicht vertraut"[18], und Vertrauen kann es nur erwerben, wenn die Gesetze stabil sind, auf lange Zeit durchgeführt werden.[19]

Was die Durchführung der Gesetze anbetrifft, so wird stets der Erwartung Ausdruck verliehen, dass, „sind die Gesetze einmal festgelegt, sie minutiös durchzuführen sind", dass „die Handhabung der Gesetze so unbeeinflussbar sein sollte wie Metall und Stein".[20] Man schöpft aus der Erfahrung, wenn festgestellt wird, dass in „einem Land, das dem Untergang entgegen geht, die Gesetze nicht ordentlich angewandt, sondern in nervöser Weise neue Regeln gesetzt werden, was das Netz der Strafen zunehmend unübersichtlich macht".[21]

Dauernd Anlass zur Reflexion gab auch die Frage nach den Gründen für das periodische Auftreten zahlreicher und besonders scheußlicher Straftaten auf: Ist dies die Folge von zu geringer Abschreckungswirkung der Strafgesetze oder von unzureichender moralischer Unterweisung? „Heutzutage", erwägt ein Beamter der Song-Dynastie, „sind die Menschen, die gegen das Gesetz verstoßen (犯法者) sehr zahlreich. Liegt das daran, dass die Strafen nicht ausreichen, um den Übeltätern Einhalt zu gebieten oder daran, dass Ermahnungen es nicht vermochten, die Menschen zum Besseren zu führen?"[22]

Die Geschichte der Gesetzgebung ist die Geschichte von *Fa* 法, *Lü* 律, *Ling* 令, *Ke* 科, *Xingtong* 刑統, *Li* 例 und anders bezeichneter staatlicher Gesetzeserlasse[23] in ihrem Verhältnis zu *Li* 禮, den Moralnormen, Gewohnheiten, Üblichkeiten. Der Qin-Staat erließ viele Gesetzesnormen *Fa* zur Durchführung seiner Reformprogramme: Zentralisierung, Vereinheitlichung, Standardisierung markierten die Zielrichtung. Doch schon kurz darauf wurden die früheren Üblichkeiten wieder lebendig (wie weit zurückgedrängt sie tatsächlich waren, bleibt ungeklärt): Unterschiedlichkeit und Privileg erlangten neue Anerkennung; die *Li* wurden wieder zur wünschbaren und primären Sozialnorm und die Gesetzesnormen wurden von ihnen her ausformuliert, die Gesetzbücher wurden „exemplifications of *Li*".[24]

---

18 *Ibid.*, S. 142.
19 „Strafrechtskapitel" des *Xin Tangshu* 新唐書, der in der frühen Song-Zeit verfassten „Neuen Tang-Historie", *XFZ*, S. 323; Karl Bünger, *Quellen zur Rechtsgeschichte der T'ang-Zeit*, Peiping, 1946 (erweiterte Neuausgabe, Nettetal 1996), S. 159.
20 Heuser, *op. cit.* (Anm. 11), S. 141.
21 *Ibid.*, S. 52.
22 „Rechtskapitel" des *Songshi* 宋史, *XFZ*, S. 416; Seidel, *op. cit.*, S. 121.
23 Diese diversen „Sources of Law" erörtert ausführlich Geoffrey Mac Cormack, *Traditional Chinese Penal Law*, Edinburgh, 1990, S. 48 ff. Zur Terminologie und Arten der Gesetzesakte zur frühen Kaiserzeit vgl. Heuser, *op. cit.*, S. 14 ff. Shen Jiabens diesbezügliche Untersuchungen fasst Jean Escarra, *Le Droit Chinois*, Pékin et Paris, 1936, S. 88 ff. zusammen.
24 Derk Bodde, Clarence Morris, *Law in Imperial China. Exemplified by 190 Ch'ing Dynasty Cases*, Cambridge/Mass., 1967, S. 29. MacCormack, *op. cit.*, S. 40 spricht von "embodiments of *li* in the sense that (the codes) incorporated and enforced the fundamental values of Confucian society."

Chronologie

- Qin 221-206 v. Chr.
- Han 206 v.-220 n. Chr.
- San Guo (Drei Reiche) 220-280
  - (Cao)Wei 221-265
  - Shu 221-264
  - Wu 222-280
- Jin 265-420
  - Westliche 265-317
  - Östliche 317-420
- Süd- und Nördliche Dynastien 420-581
  - Nördliche Wei (Tuoba/Xianbei) 386-550
  - Nördliche Qi 550-577
  - Nördliche Zhou 557-582
  - (Liu) Song 420-479
  - Südl. Qi 479-502
  - Liang 502-556
  - Chen 557-589
- Sui 581-618
- Tang 618-907
- Fünf Dynastien (Spätere Liang, -Tang, -Jin, -Han und -Zhou) 907-960
- Song 960-1279
- Liao (Kitan) 947-1125
- Jin (Jurchen) 1122-1234
- Yuan (Mongolen) 1271-1368
- Ming 1368-1644
- Qing (Mandschus) 1644-1911

I Die Realisierung des Legistenkonzepts unter der Qin-Dynastie

1. Von Fa 法 zu Lü 律

Das *Lüxing* 呂刑-Kapitel im *Shujing* kann als die älteste Nachricht über einen Rechtskodex in China angesehen werden.[25] Es stammt aus der Zhou-Zeit, seine

---

25 Vor schriftlicher Fixierung mag das Strafrecht als „orales Recht" in mehr oder weniger ausgeprägter Form existiert haben. Vgl. etwa Kwang-Chih Chang, *Shang Civilization*, New Haven, London, 1980, S. 200 f.

genaue Datierung ist aber ungewiss.[26] Der älteste Rechtskodex wird im *Zuozhuan* auf das Jahr 535 v. Chr. datiert, das ist der Kodex, den man im Staate Zheng auf Bronzegefäße eingraviert hat. Etwa 400 v. Chr. folgte angeblich ein *Fajing* 法經 (in sechs Kapiteln) eines angeblichen Li Kui. Shang Yang hatte 350 v. Chr. im Staate Qin Strukturreformen nach legistischem Grundmuster durchgeführt (商鞅變法), insbesondere die Macht der feudalen Familienherrschaften gebrochen und eine straffe Zentralverwaltung eingerichtet sowie an die Stelle des durch das „Brunnenfeldsystem" gekennzeichneten Bodenrechts Privateigentum mit freier Verfügbarkeit gesetzt. Ihn interessierten nicht der durch Konfuzius interpretierte Staatsgedanke der Zhou-Tradition, *Li*-Herrschaft, sondern, wie es Otto Franke ausgedrückt hat, „statt auf dem Grundgedanken des ethisch-religiösen Gefühls, baute er seine Gesellschaft auf dem Recht der vom Herrscher verordneten Norm auf..."[27]

Er ersetzte den Ausdruck *Fa* 法 durch *Lü* 律; die über die Jahrhunderte bis ins 19. Jh. von den Dynastien ausgearbeiteten Gesetzbücher heißen stets *Lü*. Schon dieser terminologische Wandel kann als bleibendes legistisches Erbe angesehen werden. Der neue Ausdruck *Lü*, den das Han-zeitliche Wörterbuch *Shuowen* (1. Jh. n. Chr.) mit „gleichmäßigem Zuteilen" (均布也) erklärt,[28] sollte gegenüber dem überlieferten Begriff *Fa* (vom *Shuowen* als „eben wie Wasser" 平如水 gedeutet) das Wesen der Gesetze nicht nur als unparteiische, sondern auch allgemeine (universale) und strikt durchzusetzende Verhaltensnorm hervorheben.[29]

2. Der Qin -Kodex

Hundert Jahre nach Shang Yang machte Li Si (280-208) als Chefminister des Ersten Kaisers sich diese traditionsfeindliche,[30] ganz rational vorgehende Methode der Gesetzgebung zunutze, um die Einzelstaaten zu einer einzigen politischen Einheit zusammenzufassen. Der König von Qin nannte sich nun *Qin Shi Huangdi* 秦始皇帝, „Erster Kaiser von Qin".[31] Unsere Kenntnis über diese Vorgänge bezogen wir

---

26 Vgl. 1. Kapitel, Anm. 24.
27 Otto Franke, *Geschichte des chinesischen Reichs*, Bd. 1, Berlin etc. 1930, S. 183.
28 Vgl. auch Joseph Needham, Human Law and the Laws of Nature in China and the West, in: Science and Civiliasation in China, vol. 2 (History of Scientific Thought), Cambridge 1956, S. 518 ff., 550 f.
29 Vgl. etwa Zhang Jinfan, 中国法制史 (Chinesische Rechtsgeschichte), Beijing, 1982, S. 74 f.
30 In Folge des kaiserlichen Edikts von 213 v. Chr. wurden konfuzianische Schriften verbrannt, ohne sie jedoch „ausrotten" zu können.
31 Über Li Si und den Ersten Kaiser vgl. Derk Bodde, *China's First Unifier*, Leiden 1938. Ferner Helwig Schmidt-Glintzer, „Qin Shihuangdi – Der Erste Gottkaiser von China", in: Lothar Ledderose und Adele Schlombs (Hrsg.), *Jenseits der Großen Mauer. Der Erste Kaiser von China und seine Terrokotta-Armee*, Gütersloh/München, 1990, S. 58 ff.

lange allein aus dem *Shiji* 史記 („Historische Aufzeichnungen") des Sima Qian (etwa 145 – etwa 80 v. Chr.) und den beiden Han-Historien. Über das Gesetzessystem wurde nur wenig mitgeteilt und wenn, dann nur allgemeine Angaben, etwa über die Grausamkeit der Strafen. Als Cheng Shude, einer der Begründer der modernen chinesischen rechtshistorischen Wissenschaft 1927 sein für die Kenntnis des chinesischen Rechts der Prä-Tang-Zeit (vor dem 6. Jh. n.Chr.) grundlegendes Werk, „Untersuchungen zur Gesetzgebung von Neun Dynastien" (九朝律考), veröffentlichte, war darin kein Kapitel über das Qin-Recht; die Quellenlage war damals nicht ausreichend.

Dies änderte sich grundlegend mit dem Fund, den man Ende 1975 im Grab eines Beamten der Qin-Lokalverwaltung im heutigen Kreis Yunmeng der Provinz Hubei gemacht hat. Man fand 1150 beschriebene Bambustäfelchen, davon zwei Drittel mit rechtlich relevanten Texten. Erst nach diesem archäologischen Fund lässt sich nachvollziehen, in welchem Umfang das Regieren durch Gesetze das Qin-System geprägt hat. Die chinesischen Herausgeber dieses Materials haben es in sechs Dokumentensammlungen eingeteilt:

(1) Ein „Achtzehnteiliger Qin-Kodex" (秦律十八種) mit primär verwaltungsrechtlichen Materien auf 201 Täfelchen.

(2) „Überprüfungs-Gesetz" (效律), d.h. Vorschriften zur Kontrolle der Getreide-Speicher (und Sanktionierung von Normverletzungen auf 60 Täfelchen.

(3) Eine „Verschiedene Auszüge aus dem Qin-Kodex" (秦律雜抄) bezeichnete Dokumentensammlung zu diversen verwaltungs- und strafrechtlichen Materien auf 42 Täfelchen.

(4) Dokumente über „Antworten auf Fragen zum Recht" (法律答問), d.h. Interpretation zum Strafrecht und zu prozessualen Normen in 187 Artikeln auf 23 Täfelchen.

(5) 25 Prozessdokumente (meist Untersuchungsprotokolle) unter dem Titel „Muster für Versiegelung und Untersuchung" (封診式) auf 98 Täfelchen.

(6) Eine „Wie wird man guter Beamter" (為吏之道) betitelte Dokumentensammlung von Verhaltensregeln für Beamte auf 51 Täfelchen.

Zu diesem Material nur einige Anmerkungen:[32]

Die von den Herausgebern des Yunmeng-Materials als „Achtzehnteiliger Qin-Kodex" bezeichnete Dokumentensammlung bietet eine große Zahl verwaltungsrechtlicher Vorschriften. Folgende achtzehn Gesetze (*Lü*) werden mit ihrer Bezeichnung aufgeführt und durch eine jeweils unterschiedliche Anzahl von Artikeln inhaltlich näher bestimmt: das „Gesetz über Felder" (田律) normiert u.a. die Pflicht der zuständigen Beamten über Wetterverhältnisse und Naturkatastrophen an die

---

32 Ausführlich A. F. P. Hulsewé, *Remnants of Ch'in-Law*, Leiden, 1985. Für einen Überblick vgl. R. Heuser, „Verwaltung und Recht im Reich des Ersten Kaisers", in: Ledderose, Schlombs (Hrsg.), *op. cit.*, S. 66 ff.

Zentralregierung zu berichten und enthält Normen über die Heu- und Strohsteuer. Das „Gesetz über Stallungen" (廄苑律) regelt die staatliche Überwachung der Gesundheit von Vieh und insbesondere der Kurierpferde. Mit der Kontrolle der Getreidevorräte, der Art und Weise der Lagerhaltung, der Menge des Saatgutes etc. befasst sich das „Gesetz über Getreidelager" (倉律). Das „Gesetz über Geldwesen" (金布律) regelt die Rückzahlung von Darlehen an die Regierung, die Beträge der Strafablösung, die Funktion von Tuchballen (布) als Geldmittel, aber auch die Art der Dienerschaft, die den verschiedenen Beamten zustand. Das „Handwerks-Gesetz" (工律) normiert Markierungs- und Standardisierungspflichten für Produkte. Regeln über die Bewertung und Bemessung von Zwangs- und Sklavenarbeit enthält das „Gesetz über Verfahren bei Handarbeitern" (工人程律) sowie das „Gesetz über Arbeitsaufseher" (司空律) enthält Regelungen über Zwangsarbeit leistende Strafgefangene. Das „Überprüfungs-Gesetz" (效律) enthält Vorschriften zur Überprüfung von Getreidespeichern und des dazugehörigen Personals; Fragen des Postverkehrs und der Art und Weise der Beförderung werden vom „Gesetz über den Schriftverkehr" (行書律) geregelt. Regelungen zu Beamtenernennung, Schriftverkehr u.a. sind im „Gesetz über Diverses zum Finanzministerium" (內史雜) enthalten. Zu den Gesetzen über „Verpflegungsrationen für postreisende Beamte", „Diverses zum Justizsekretariat" u.a. sind jeweils nur wenige spezifische Regelungsinhalte aufgewiesen. Weitere verwaltungsrechtliche Gesetze höchst unterschiedlicher Thematik (häufig mit strafrechtlichen Sanktionen) werden in den „Verschiedenen Auszügen aus dem Qin-Kodex" aufgewiesen, u.a. Gesetze über „umherreisende Gelehrte", „Arbeitspflicht in Grenzgebieten" und „Jagdwesen", ferner Gesetze zu „Bewertung von Kühen und Ziegen", "Bericht und Register" und „Grenzverteidigung". Zu sämtlichen Gesetzestiteln erscheinen Ausschnitte der betreffenden Regelungsinhalte, einzelne Artikel, der volle Wortlaut ist weder hier noch in den achtzehn vorgenannten Gesetzen gegeben. Entsprechend der Struktur und den sich aus ihr ergebenden Aufgaben des Qin-Reiches beziehen sich diese Gesetze vornehmlich auf Landwirtschaft, Getreidelager, Arbeits(Fron)verwaltung (für die zahlreichen Bauprojekte), Militär und Beamtenwesen.

Vor Entdeckung der Yunmeng-Texte galt das Qin-Recht im wesentlichen als eine Summe grausamer Strafnormen. Man hielt sich an die Berichte des *Shiji*, der beiden Han-Historien, der schriftlichen Überlieferung der Legisten-Schule u.a. klassische Texte, damit im wesentlichen an die Information über das *Fajing* und die Reformen des Shang Yang. Kern der strafrechtlichen Tatbestände waren die dem *Fajing* zugeschriebenen "Sechs Gesetze": Diebstahl/Raub (*Dao* 盜), Tötung/Körperverletzung (*Zei* 賊), Einkerkerung (*Qiu* 囚), Arrestierung (*Bu* 捕), Verschiedenes (Straftaten außer Diebstahl/Raub und Tötung/Verletzung, etwa Betrug) (*Za* 雜) und Strafverschärfung oder -verringerung (*Ju* 具). Eigentlich Straftatbestände boten nur *Dao*, *Zei* und *Za*; die anderen waren eher verfahrensrechtlichen

Inhalts. Shang Yang scheint an den Straftatbeständen nicht viel verändert zu haben; die wichtigste Neuerung war die Einführung strafrechtlicher Kollektivhaftung der Fünfer- und Zehnergemeinschaften (Pflicht zur Denunziation), und die berüchtigte Vervielfältigung grausamer Bestrafungen. Auch das nach den Reformen des Shang Yang fortlaufend neu gesetzte Recht scheint weniger die eigentlichen Straftatbestände, sondern mehr das Verwaltungs- und Prozessrecht betroffen zu haben. Dies ergibt sich aus den unter dem redaktionellen Titel „Antworten auf Fragen zum Recht" zusammengefassten Dokumenten des Yunmeng-Fundes. Die dort gegebenen Interpretationen betreffen weitgehend die überlieferten Tatbestände, wenn auch einige im *Fajing* nicht genannte neue Tatbestände auftauchen. Aus den Dokumenten wird deutlich, dass es bereits zur Qin-Zeit ausgeprägte Vorstellungen zum Schuldprinzip, zur Schuldfähigkeit, zum Legalitätsprinzip, zur Unterscheidung von Täterschaft und Teilnahme gegeben hat, der Überlagerung des staatlichen Strafmonopols durch die *patria potestas* deutliche Grenzen gesetzt waren. Einige Beispiele seien im Wortlaut aufgeführt:

„A stiehlt Gegenstände im Wert von 1000. B, der die Herkunft der Gegenstände kennt, nimmt einen Bruchteil von ihnen entgegen. Wie ist B zu bestrafen? Er ist genauso zu bestrafen wie A." „A stiehlt Geld und kauft dafür Seide, die er B, der (die Vorgeschichte) nicht kennt, übergibt. Wie ist B zu bestrafen? Er ist nicht zu bestrafen." „Unerlaubtes Töten eines (eigenen) Kindes wird durch Brandmarkung und Zwangsarbeit bestraft. Handelt es sich um ein Neugeborenes... das deformiert ist, so ist dessen Tötung keine Straftat. Ist es aber unversehrt, und wird es allein deshalb getötet, weil man schon viele Kinder hat, so handelt es sich um (den Tatbestand) der Kindestötung."

Besondere Beachtung finden Fragen im Zusammenhang mit *Dao* 盜, was sowohl „Diebstahl" als auch „Raub" bedeutet. Das Strafmaß hing von zwei Faktoren ab: Vom Wert des gestohlenen Gegenstandes und davon, ob die Tat von einem Einzeltäter oder von mehreren Tätern begangen wurde. Das Strafmaß konnte sich so zwischen dreißig Tagen Fronarbeit und die härteste Form der Zwangsarbeit, verbunden mit Amputation des linken Fußes und Brandmarkung auf der Stirn bewegen. Im Bereich der Verletzung der körperlichen Integrität führte die Beachtung des Schuldprinzips zur Unterscheidung von Körperverletzung oder Tötung bei nicht von Verletzungsabsicht getragener Rauferei (斗) einerseits und durch auf Verletzungserfolg gerichtetes Handeln andererseits (賊). Es wird auch deutlich, dass schon das Qin-Recht das Prinzip der Schuldfähigkeit im Sinne der Strafmündigkeit enthält. Kinder oder Jugendliche unterlagen keiner oder einer reduzierten Strafe. Ob im Qin-Recht bereits die verschiedenen Formen der Fahrlässigkeit – wie jedenfalls im Han-Recht – bekannt waren, muss dahin gestellt bleiben. Aus dem Material ergibt sich auch nicht, ob die sog. „heimtückischen Verbrechen", die im Han-Recht (und später) „ruchlose/pietätslose" (大逆無道) und „schändliche" (大

不敬) Verbrechen bezeichnet wurden (Handlungen gegen die Person des Kaisers sowie Sexualstraftaten), bereits in der Qin-Zeit als solche existierten. Gemessen an den vom *Fajing* her bekannten Inhalten scheint der Qin-Gesetzgeber besonders im Bereich der Beamtendelikte neue Tatbestände hervorgebracht zu haben. So wird die „Verletzung/Missachtung von Dekreten" (反令/非令) erwähnt, was im Sinne der Existenz des Grundsatzes „Verwaltung im Rahmen der Gesetze" gedeutet wird. Ferner wird ein Tatbestand über „Verlust von Dokumenten, Siegeln etc." erwähnt.

Zwar wird seit den Reformen des Shang Yang die unterschiedslose Anwendung des Strafrechts als ein Kernelement des Qin-Rechts angesehen, die Yunmeng-Texte zeigen jedoch, dass der soziale Status des Täters weithin einen Einfluss auf die Rechtsanwendung ausgeübt haben muss. Jedenfalls scheint ein Adelstitel zu einer Privilegierung auch im Strafrecht geführt zu haben.[33]

Zahlreiche Interpretationen befassen sich mit dem Institut der Denunziation. Zwar bestand eine diesbezügliche Pflicht; jedoch war der Denunziant gehalten, wahrheitsgetreu Anzeige zu erstatten. Zeigte er einen Gelddiebstahl in Höhe von 110 an, obwohl er wusste, dass es nur 100 waren, so wurde dies mit Geldstrafe geahndet. Hatte er aber unabsichtlich einen höheren Geldbetrag angegeben oder eine sonstige fälschliche Tatbeschreibung geliefert, so wurde er nicht bestraft, erhielt aber auch keine Belohnung für seine Denunziation. Auch hier wird ein Fortwirken konfuzianischer Anschauung insofern deutlich, als auch nach dem Qin-Kodex Straftaten innerhalb der Familie (家罪) von den Staatsbeamten nicht untersucht, entsprechende Anzeigen nicht angenommen wurden. So wenn ein Familienoberhaupt ein Familienmitglied verletzte oder tötete, oder z.B. ein Sohn Vermögensgegenstände des Vaters stahl oder Diener der Familie tötete oder verletzte. Stets bestand eine Pflicht der Familienmitglieder, solche Vorfälle zu verheimlichen.[34]

---

33 Auch sonst weist das Qin-Recht Regeln auf, die üblicherweise als "konfuzianisch" charakterisiert werden. So enthielt das *Qinlü* den Tatbestand „Unehrerbietigkeit (gegenüber Eltern)" (不孝罪). In „Antworten auf Fragen zum Recht" heißt es: „Alte Leute (der Familie) anzuzeigen, ist unehrerbietig, was mit dem Tode zu bestrafen ist. Kann dabei gemäß dem Verfahren der drei Gegebenheiten Nachsicht geübt werden? Nein, es ist keine Nachsicht zu üben, sondern die Todesstrafe sofort zu vollziehen." Was deutlich macht, dass die Qin-Herrscher *buxiao*-Handlungen genau so negativ beurteilt und streng bestraft haben wie später die ausdrücklich konfuzianischen Kodizes. Vgl. Cui Yongdong, "儒家刑法思想对秦律影响之管见" (Meine Ansicht zum Einfluss des konfuzianischen Strafrechtsdenkens auf den Qin-Kodex), *ZGFX*, 1997, Nr. 5, S. 97 ff.

34 *Ibid.*, S. 99, *Locus classicus* ist *Lunyu* (XIII/18): „Der Präfekt von She unterhielt sich mit Konfuzius. Dabei sagte er: `Hier sind die Menschen wahrhaft aufrichtig. Der eigene Sohn bringt es zur Anzeige, wenn sein Vater ein Schaf gestohlen hat.' Dazu bemerkte der Meister: `Bei uns ist das anders. Bei uns deckt der Vater den Sohn, und der Sohn deckt den Vater. Darin liegt Aufrichtigkeit'." (Konfuzius, *Gespräche*, Übers. Ralf Moritz, Leipzig, 1991, S. 103).

Bekannt sind Variantenvielfalt und Schwere der Strafarten. Sind diese auch nicht sämtlich erst unter der Qin-Herrschaft aufgekommen, so ist ihre enorme Vielfalt doch auf Qin beschränkt gewesen. Das *Shiji*, die Chronik der Frühen Han-Dynastie und das Yunmeng-Material erwähnen u.a. folgende Strafarten: Geldstrafe (貲); Amtsentlassung (廢錮); Frondienst (徭); Prügel (棒掠); Brandmarkung auf der Stirn und Verschickung zur Zwangsarbeit (黥城旦); Verbannung in ferne Gebiete (遷); Versklavung, schwere Zwangsarbeit (隸臣); Zwangsarbeit ohne Verstümmelung (完城旦); Familien- und Gruppenverantwortlichkeit für begangene Straftaten (連坐); öffentliche Hinrichtung und Ausstellung der Leiche auf dem Marktplatz (棄市); Zweiteilung ab der Taille (腰斬); Auseinanderreißen durch Wagen (車裂 oder 磔); lebendig begraben werden (坑); Enthauptung und Aufhängen des Kopfes an einem Pfahl (梟首); schließlich als schwerste Strafe die Ausrottung der Familie in drei Generationen (夷三族, d.h. der Eltern, Brüder und Ehefrau sowie der Kinder des Täters). Daneben finden auch die überlieferten „Fünf Strafen" (五刑) Erwähnung: Brandmarkung der Stirn (黥), Abschneiden der Nase (劓) oder der Füße (刖), Kastration (宮) sowie Enthauptung mit anschließender Ausstellung von Kopf und Körper auf dem Marktplatz (棄市). Unklar bleibt, welche Strafe auf welche konkrete Straftat Anwendung fand. Die Yunmeng-Texte geben sporadisch Auskunft, z.B. dahingehend, dass Unzucht unter Halbgeschwistern" durch Enthauptung und Ausstellung auf dem Marktplatz, gemeinschaftlicher Raub von Sachen eines bestimmten Wertes mit Brandmarkung, Fußamputation und Zwangsarbeit, Diebstahl von Maulbeerbaumblättern geringerer Menge mit dreißig Jahren Frondienst bestraft wurden.

Unter in den Texten nicht näher bestimmten Voraussetzungen konnten Strafen durch Geldleistung abgelöst werden (贖).

Zum Strafprozess sind keine Rechtsvorschriften im Wortlaut überliefert (wie sie sich eventuell in den den Kapiteln *Qiu* 囚 und *Bu* 捕 des *Fajing* befunden haben); verschiedene in den übernommenen Texten verstreute Informationen ermöglichen aber eine gewisse Rekonstruktion des Verfahrens. Der Angezeigte (告) oder durch Beamte Angeschuldigte (劾) wurde arrestiert (捕) und in Haft genommen, als Gefängnisinsasse (囚) von Beamten (吏) verhört (告問). Dies geschah anhand einer Frageliste (布問), evtl. unter Einsatz von Folter, d.h. Prügel (掠). Alle Äußerungen waren niederzuschreiben und die Niederschrift wurde dem Angeschuldigten vorgelesen. Es kam dann zur Verurteilung (決 *oder* 論) und zur Zuweisung von *dang* 當, d.h. einer der Tat angemessenen Strafe.

Die von den Herausgebern als „Muster für Versiegelung und Untersuchung" betitelten Dokumente enthalten Informationen zum bei der Durchführung von strafprozessualen Untersuchungen zu beachtenden Verfahren und über die Art und Weise der Abfassung von Anzeigenprotokollen und Untersuchungsberichten für die übergeordneten Behörden. Die wichtigsten diesbezüglichen Angaben seien stichwortartig zusammengefasst: Vermögen und Hausangehörige des Verdächtigen wurden versiegelt oder arrestiert; Tatsachenfeststellung ohne Anwendung von Folter und Einschüchterung war vorzuziehen, Tatermittlung mit Hilfe solcher Zwangsmittel galt als fragwürdig; der Untersuchungsbeamte hatte bei der Befragung mit Geduld und Umsicht zu verfahren, keine voreiligen Fragen zu stellen und Schlussfolgerungen zu ziehen; erst wenn deutlich geworden war, dass der Verdächtige sich in Lügen verstrickte, konnte Folter (d.h. Stockschläge) angewandt werden, worüber ein bestimmtes Dokument zu erstellen war. Sämtliche Prozesshandlungen wie z.B. die Selbstbezichtigung (自告) eines Räubers, waren in bestimmter Weise aktenkundig zu machen.

3. Triumph und Scheitern

Die Rechtsetzung der Qin-Herrscher war Teil der systematischen Bemühungen, das staatliche und gesellschaftliche (wirtschaftliche) Leben im Dienste effizienter Herrschaft durch gültige Standards zu vereinheitlichen. Es ist unumstritten, dass die Einigung Chinas „auf der Grundlage des Gesetzessystems des Qin-Staates vonstatten ging."[35] Umfang und Inhalt der Gesetzesnormen deuten auf eine enorme Regelungsdichte, auf einen umfänglichen, durch eine Beamtenhierarchie gehandhabten Corpus verwaltungs- und strafrechtlicher Normen. "It was by their means", führt Hulsewé aus, "that the government attempted to extend its authority over the whole population, including the highest strata of society."[36] Das Rezept war *Fazhi* 法治, „Gesetzesherrschaft." „Nichts war ohne Gesetz" (Zhang Jinfan).[37] Die Kontrolle der Lebensbereiche war jedoch zu extrem, die Rücksichtnahme auf überkommene Lebensverhältnisse („Sittlichkeit", „Üblichkeiten") zu gering. Ban Gu, der Verfasser der Chronik der Frühen Han-Dynastie (漢書), drückte dies Mitte des 1. Jh. im „Rechtskapitel" so aus: Die Qin-Dynastie „zerstörte die Methoden der Frühen Könige und beseitigten die auf den Regeln der überlieferten Sozialnormen (禮)... gegründeten Funktionen... ,Alles unter dem Himmel' verfiel in Trauer und sann auf Rache, bis es schließlich zum Aufstand gegen die Qin kam."[38]

---

35 So z.B. Lin Jianmin, "秦代法律制度" (Das Rechtssystem der Qin-Periode), in: 中国法律史协会 (Hrsg.), *法律史论丛*, Bd. 1, Beijing, 1981, S. 124.
36 Hulsewé, "Law as One of the Foundations of State Power in Early Imperial China", in: Stuart S. Schram (ed.), *Foundations and Limits of State Power in China*, London, Hong Kong, 1987, S. 19.
37 "Administration and Administration Law in Ancient China", *SSC*, 1986, Nr. 3, S. 169 ff., 184.
38 *XFZ*, S. 1 ff., 25; Hulsewé, *op. cit.* (Anm. 8), S. 332 f.

II Die Han-Gesetzgebung als Beginn der Ethisierung der Gesetze

1. Die neuen Lü 律

Zentralstaatliche Gesetzgebung liegt am Anfang des chinesischen Staats, sie ist von Beginn an ein grundlegendes Element der staatlichen Einheit, nicht geschwächt und in Frage gestellt durch die intermediären Gewalten von mehr oder weniger unabhängigen Territorien und „freien Städten", wie sie in der europäischen, besonders deutschen und italienischen Geschichte wirksam waren und die zentralstaatliche Gesetzgebung in den Hintergrund drängten.[39] Der Niedergang der Qin hat aber deutlich gemacht, dass Han Fei mit seinem Ratschlag fehlgegangen war, dass "ein kluger Herrscher... sein Volk durch Gesetze im Zaum hält und nicht versucht, es durch *Li* zu zügeln."[40]

Mit der nachfolgenden Han-Dynastie (206 v.-220 n. Chr.) gewann das auf „Sittlichkeit" (*Li*) gegründete konfuzianische Ordnungsmodell allmählich an Einfluss. Der Qin-Grundsatz von der Gleichheit vor dem Gesetz wich einer „Konfuzianisierung der Gesetze", d.h. die Strafrechtsnormen sollten nun die konfuzianische Moral reflektieren, sich damit an dem vorgegebenen Bild einer hierarchisch geordneten Privilegiengesellschaft orientieren. Needham sieht in dem Sieg des Han-Konfuzianismus über die „exzessive Männlichkeit" der Qin-Legalisten teilweise eine Übernahme taoistischer Vorstellungen, wonach ein vorgefasstes Gesetzbuch abgelehnt und den Strafbeamten die Freiheit eingeräumt wurde, das „weibliche" Billigkeitsprinzip des Entscheidens von Fall zu Fall anzuwenden.[41] Das Volk sollte für den Wandel der Herrschaftsform durch eine Reduzierung des Strafrechts gewonnen werden. Im Jahre 207 v. Chr. wurden die Qin-Strafgesetze gemäß dem „Rechtskapitel" der Han-Historie (漢書)[42] auf drei Gesetze reduziert: (1) Todesstrafe für Mord, (2) Bestrafung von Körperverletzung und Diebstahl je nach der Schwere der Straftat, (3) Abschaffung aller anderen Qin-Strafgesetze. Im Jahre 179 v. Chr. wurde die Kollektivstrafe, im Jahre 167 v. Chr. jede Art von Verstümmelungsstrafe noch einmal ausdrücklich abgeschafft. Die auf die Reichseinheit zielenden Verwaltungsinstitutionen der Qin blieben aber erhalten. "Die Han-Dynastie übernahm die gesamten Einrichtungen der Qin, und was sie davon allmählich änderte, war unwesentlich."[43] Auch die Reduzierung der Strafgesetze blieb Episode. So weist das 1983 aus einem Grab in Zhangjiashan (Hubei) geborgene *Ernian Lüling* 二年律令 („Gesetzesvorschriften des 2. Jahres") von 186 v. Chr. 27 Kapitel

---

39 Vgl. etwa Wilhelm Ebel, *Geschichte der Gesetzgebung in Deutschland*, Göttingen, 1958.
40 J. Thiel, Die Staatsauffassung des Han Fei-Tzu, in: *Sinologica,* Bd. VI (1959) S. 171 ff., 187.
41 *Science and Civilization in China*, vol. II, S. 532.
42 *XFZ*, S. 26; Hulsewé, *op. cit.* (Anm. 8), S. 333.
43 Vgl. Otto Franke, *Geschichte des chinesischen Reichs*, Bd. 1, S. 231.

Lü 律 (und ein *Ling* 令) auf.[44] Schon um 100 v. Chr. bestand das Han-Gesetzbuch dann aus 60 Kapiteln.[45] Im 2. Jh. n. Chr. wurden zahlreiche Kommentare zum Han-Kodex verfasst;[46] er stellte das Material dar, das durch die systematische und dogmatische Leistung der Tang-Gesetzgebung im Tang-Kodex (7. Jh.) einen sich auf die ganze ostasiatische Welt auswirkenden Ausdruck gefunden hat. Die Vergesetzlichung der *Li* erfolgte allmählich. Die beiden Han-Dynastien machten den Anfang, die Dynastien zwischen Han und Tang bedeuten weitere Schritte in dieser Entwicklung, die in der Tang-Dynastie ihre Reife fand und von den Dynastien Song, Ming und Qing fortgeführt wurde.[47]

2. Verschmelzung von Li 禮 und Fa 法

Wie haben wir uns das sich „konfuzianisierende" oder „ethisierende" Gesetzessystem[48] der Han-Zeit – was ja gleichzeitig eine „Vergesetzlichung" des Konfuzianismus in sich barg – vor dem Hintergrund des dargelegten legistischen Systems der Qin vorzustellen?

a) Zum einen als einen enormen Detailreichtum, einer völlig übertriebenen Kasuistik. Zwar waren nach Eroberung der Qin in Reaktion auf deren allzu große Reglementierungsfreudigkeit zunächst sämtliche Strafgesetze bis auf die erwähnten drei abgeschafft worden. Angesichts der wachsenden Macht neuer Territorialherrschaften wurde doch sehr schnell wieder auf umfänglichere Reglements zurückgegriffen. Der Kanzler Xiao He (gest. 193 v. Chr.)[49] – ein weiterer berühmter Gesetzesrevisor in der chinesischen Geschichte – übernahm das alte *Fajing*, dem er drei Kapitel hinzufügte: ein „Haushaltsgesetz", ein „Steuergesetz", ein „Gesetz über Stallungen und Transportwesen", so dass das Ganze nun "Kodex in Neun

---

44 Text in 张家山 247 号汉墓竹简整理小组 (Hg.), 张家山汉墓竹简（二四七号墓）(Bambusleisten aus dem Han-Grab von Zhangjiashan, Grab Nr. 247), revidierte Ausgabe, Beijing (文物), 2006, S. 5-88. Die ersten acht Kapitel sind dem eigentlichen Strafrecht zuzuordnen, die anderen 19 sind verwaltungsrechtlicher Natur. Die Kapitelüberschriften sind weitgehend identisch mit denen des Qin-Kodex.

45 Gemäß dem Bericht im „Strafrechtskapitel" der Jin-Historie (晉書), *XFZ*, S. 49 ff., 74; Heuser, *op. cit.* (Anm. 11), S. 83.

46 *Ibid.*, S. 84 f.

47 Vgl. etwa Yu Jinglin, "论中国封建正统法律思想及其法律化" (Die orthodoxe Rechtsidee des feudalen China und ihre Vergesetzlichung), *ZFLT*, 1996, Nr. 1, S. 71 ff.

48 John C. H. Wu spricht von „Legalization of Confucianism" (*The Legal System of Old and New China*, 1930).

49 Giles Nr. 702; Burton Watson, *Records of the Grand Historian of China. Translated from „Shih Chi" of Ssi-ma Ch'ien*, vol. 1, New York 1961, S. 125 ff.

Kapiteln" (九章律) hieß.[50] Doch bald schon wurde das Gesetzesrecht in so unge-heurer Weise ausgeweitet, dass man es nun mit 60 Kapiteln zu tun hatte. Zu diesem Triumph der Kasuistik heißt es im *Hanshu*: „Die Gesetze beliefen sich auf 359 Kapitel; auf Todesstrafe entfielen dabei 409 Paragraphen mit 1882 Fallvarianten. Die Gesetzestexte füllten Tische und Regale, und die zuständigen Beamten waren außer Stande, sie alle durchzusehen."[51]

b) Obwohl es nun so viele Gesetze gab, schienen sie doch nicht die einzige Grundlage für die Fallentscheidung gewesen zu sein. Für die Han-Zeit wird beri-chet, daß auch die *Jing* 經, die klassischen Schriften und hier insbesondere das *Chunqiu* 春秋 die sog. „Frühlings- und Herbst-Chronik" Entscheidungsgrundlage gewesen sein soll, eine Methode, die von Dong Zhongshu (170-ca.104 v. Chr.)[52], dem damals einflussreichsten Konfuzianer, entwickelt worden war. Überliefert ist z.B. der folgende Fall:

„A hat keinen Sohn. Auf der Straße findet er ein ausgesetztes Kind, den B. Er zieht ihn als seinen eigenen Sohn groß, und nachdem B herangewachsen war, begeht er einen Mord und gesteht diesen A. A versteckt B. Wie soll man über das Verhalten von A urteilen? Dong Zhongshu entschied: A hatte keinen Sohn. Er hat B gefunden und großgezogen. Wenn B auch nicht durch ihn, A, geboren wurde, welchen Unterschied macht das [zwischen dem gefundenen und einem eigenen Sohn]? Im *Shijing* heißt es: 'Die Maulbeerraupe hat Junge, doch die Wespe zieht sie groß.' Nach den Grund-sätzen des *Chunqiu* versteckt der (Bluts)-Vater seinen Sohn. A hat das Recht (es ist schicklich für ihn) [auch als Pflegevater], B zu verstecken, ist nicht strafbar."[53] Auf diese Weise entstand das (als solches nicht überlieferte) *Chunqiu jue(duan) yu* 春秋決(斷)獄, eine Sammlung von Ent-scheidungen auf der Grundlage der Klassiker.

Warum nun solch ein Durcheinander der Entscheidungsgrundlagen? Es sind im wesentlichen zwei Gründe: (1) Gesetzesrecht entwickelte sich in der Han-Zeit zu stürmisch; niemand kam mehr damit nach, sich mit den Inhalten ausreichend vertraut zu machen. (2) Der Han-Hof betrieb zunehmend die Stärkung der konfuzianischen Methoden, und nach Ansicht der Konfuzianer kam den *Jing* 經 (Klassikern) eine höhere Autorität zu als den *Ling* 令 (Gesetzen), deren „Konfuzianisie-rung" eben erst begonnen hatte, und das *Chunqiu* hielten die Konfuzianer für den Gipfel von Konfuzius' Gelehrsamkeit, als Ausdruck des „Kerngehalts von *Li*" (禮之大總)[54].

c) Ein drittes Merkmal liegt im Blühen der Gesetzeskunde (律學). In den Quellen, insbesondere der Jin-Historie, heißt es dazu[55]: Wegen der konfusen Lage der Ge-setzgebung bemühten sich die Rechtsbeamten um in sich geschlossene Auslegun-

---

50 So der Bericht im *Jinshu*-„Rechtskapitel". Heuser, *op. cit.*, S. 82. Diese „Neun Kapitel" haben in der chinesischen Rechtsgeschichte eine fundamentale Vorbildfunktion erlangt. Noch fünf-zehn Jahrhunderte später heißt es (zu Beginn der Ming-Dynastie), dass „die Gesetze, die im Laufe der Geschichte gegolten haben, durchweg die *Neun Kapitel* der Han zum Vorbild nahmen" (*XFZ*, S. 843).

51 Hulsewé, *op. cit.* (Anm. 8), S. 338.

52 Giles Nr. 2092.

53 Nach Cheng Shude, 九朝律考 (Untersuchungen zur Gesetzgebung von neun Dynastien), 2. Aufl., Taibei 1973, S. 198; Jean Escarra, *Le Droit Chinois*, Pékin, Paris, 1936, S. 279 f.

54 So Xu Daolin, 中國法制史論略 (Grundriss der chinesischen Rechtsgeschichte), Taibei, 1953, S. 12 f.

55 Vgl. Heuser, *op. cit.* (Anm. 11), S. 85.

gen. „Sie verfassten alle ihre eigenen Kommentare. Die Gelehrten Shusun Xian, Guo Lingping, Ma Rong, Zheng Xuan und andere schufen mehr als zehn Kommentierungen. Jede von ihnen enthielt mehrere 100.000 Zeichen... Es gab zusammen mehr als 7.732.000 Zeichen, eine Zahl, die immer noch zunahm. Dies machte es für den Lesenden immer schwieriger, durchzukommen. Der Kaiser befahl daher, nur die Erläuterungen des Zheng Xuan zu benutzen; die verwirrende Anwendung der vielen anderen Richtungen verbot er."[56]

d) Das zentrale Merkmal der Rechtsentwicklung der Han-Zeit liegt aber in dem Bemühen um „Konfuzianisierung" des Gesetzesrechts selbst.[57] In seinem Aufsatz über „Die Konfuzianisierung des chinesischen Rechts" (中國法律之儒家化), der im Dezember 1948 in der Festschrift zum 50. Jahrestag der Peking-Universität veröffentlicht wurde, weist Qu Tongzu auf dreierlei:

(1) Die Akzeptanz von Gesetzen und Strafen für die Zwecke von Regierung und Sozialordnung durch die Han-Regierung, also die prinzipielle Kontinuität dieses Instruments auch nach Ende der Qin,

(2) die Rechtsquellenqualität von klassischen Schriften und

(3) die Übernahme der *Li*-Regeln in das Gesetzbuch, also die gesetzliche Sanktionierung der konfuzianisch geprägten Verhaltensregeln.

Die Gesetze der Streitenden Staaten, der Qin und der frühen Han waren durch Legisten formuliert worden. Unter Kaiser Han Wendi (reg. 179-157 v. Chr.) jedoch propagierte der strenge Konfuzianer Jia Yi (200-168 v.Chr.)[58] in einer Throneingabe die Einführung des alten, von den Legisten bekämpften, Brauchs, hohe Beamte nicht der Bestrafung zu unterwerfen, die legistische Gleichheit vor dem Ge-

---

56 Xu Daolin (*op. cit.,* S. 16) sieht hier eine Parallele zu dem von dem oströmischen Kaiser Theodosius II und dem weströmischen Kaiser Valentinian III im Jahre 425 verkündeten „Auslegungsgesetz", wo die Gesetzesauslegung, d.h. die Kommentierung bestimmter römischer Juristen für maßgeblich erklärt wurde. (In dem Gesetz heißt es u.a.: „Wir bestätigen die Geltung sämtlicher Schriften von Papinian, Paulus, Gaius, Ulpian, so dass also Gaius dasselbe Ansehen genießt wie Paulus, Ulpian und die übrigen und dass Belegstellen aus seinem ganzen Werk angeführt werden können... wo aber unterschiedliche Ansichten vorgebracht werden, dort soll die größere Zahl der Autoren maßgeblich sein..."). (*Exempla Juris Romani. Römische Rechtstexte*, Manfred Fuhrmann und Detlev Liebs Hrsg., dtv-Ausgabe, S. 17 f.).

57 Zum Folgenden insbesondere Hua Yougen, 西汉的礼法结合及其在中国法律史上的地位 (Die Verbindung von *Li* und *Fa* während der Westlichen Han und ihre Stellung in der chinesischen Rechtsgeschichte), in: 复旦学报, 1995, Nr. 6, 59 ff.

58 Giles Nr. 321. Ausführlich (allerdings nicht zur gesetzesrevisorischen Tätigkeit) zu dessen Person und Werk Reinhard Emmerich, *Untersuchungen zu Jia Yi* (200-168 v. Chr.), noch unveröffentlichte Habilitationsschrift von 1991. In seinem Essay *Guo Qin Lun* 過秦碖 (Wm. Theodore de Bary et al. [ed.] *Sources of Chinese Tradition*, New York and London, 1960, S. 150-153) hatte er dargelegt, dass die Qin-Dynastie trotz ihrer gewaltigen Machtmittel wegen des Mangels an Menschenliebe (仁) und Gerechtigkeit (義) untergegangen ist, womit konfuzianische Wertkategorien aufgegriffen wurden.

setz also abzuschaffen.[59] Der Wen-Kaiser entsprach dieser Anregung und gestattete den hohen Beamten, an Stelle einer verwirkten Strafe Selbstmord zu begehen. Ungeachtet seiner kriegerischen Innen- und vor allem Außenpolitik[60] förderte der Wu-Kaiser (reg. 140-86 v. Chr.) die Anregung des Philosophen Dong Zhongshu (170-ca.104 v. Chr.), die von den Legisten unterdrückten „Fünf Klassiker" (*Wu Jing* 五經)[61] zum zentralen Bildungsinhalt zu machen.

Ein weiteres Beispiel für das Aufgreifen von in den klassischen Schriften anzutreffenden Ordnungsvorstellungen durch den Han-Gesetzgeber ist der Einfluss kosmologischer Vorstellungen auf das Strafrechtssystem: Das *Yueling* 月令, die „Monatlichen Befehle", ein im allgemeinen dem dritten vorchristlichen Jh. zugeordnetes Werk, das klassischen Rang durch seine Einfügung in das *Liji*, den "Aufzeichnungen der Riten", erhielt, weist für den Kaiser die monatlich durchzuführenden Aktivitäten und Rituale auf. Es heißt dann auch wie folgt: „Im ersten Herbstmonat... weist der Kaiser seine Beamten an, die Gesetze zu revidieren und die Gefängnisse instand zu setzen... Im letzten Monat des Herbstes weist der Kaiser seine Beamten an, alle Todesurteile zu vollstrecken...". Der Gesetzgebungsbeamte der frühen Han, Xiao He (gest. 193 v. Chr.), setzte die Regel fest, dass die Vollstreckung von Todesurteilen auf den letzten Herbstmonat zu beschränken ist.[62] Dies wurde zur ständigen Praxis. (Der Tang-Kodex von 653 enthält eine ganze Liste mit tabuisierten Monaten und Tagen für die Durchführung von Todesurteilen). Die Praxis der herbstlichen Gerichtssitzungen und Strafvollstreckung (秋審), wurde bis zum Ende der Kaiserzeit beibehalten.

Die Tendenz der „Konfuzianisierung" verstärkte sich nach der Han-Zeit. Unter den Dynastien von (Cao)-Wei und Jin wurden die Strafen z.B. bei Verletzung eines älteren Bruders oder einer älteren Schwester deutlich schwerer als zur Han-Zeit. Und besonders: Der Neue Kodex (新律) der Wei führten erstmals und dauerhaft die *Bayi* 八議 in das Gesetzesrecht ein, die dem *Zhouli* („Riten der Zhou") entnommenen „Acht Erwägungen", die für bestimmte Personenkreise (kaiserliche Familie, hohe Beamte und deren Familien) Strafprivilegien vorsahen.[63] Eine wich-

---

59 *Hanshu*, Kap. 98.
60 Vgl. etwa Dieter Kuhn, *Status und Ritus. Das China der Aristokraten von den Anfängen bis zum 10. Jahrhundert nach Christus*, Heidelberg, 1991, S. 316 ff.
61 *Yijing* 易經 (Buch der Wandlungen), *Shujing* 書經 (Buch der Dokumente), *Shijing* 詩經 (Buch der Lieder), *Liji* 禮記 (Aufzeichnungen der Riten) und *Chunqiu* 春秋 (Frühlings- und Herbstannalen).
62 Gemäß der Biographie „Chen Chong" im *Houhanshu* 後漢書 (Historie der Späten oder Östlichen Han-Dynastie), Kap. 36.
63 Zhang Jinfan, 中国法制史 (Chinesische Rechtsgeschichte), Beijing, 1991, S. 247. Nach einer neuen, vornehmlich auf biographischem Material des *Shiji* und der beiden Han-Historien beruhenden Untersuchung erfolgte diese Einführung bereits während der frühen Han-Zeit. So Long Daxuan, "八议成制于汉论考" (Untersuchung zur systematischen Konstituierung der *Bayi* in der Han-Zeit), *FXYJ*, 2012, Nr. 2, S. 179 ff.

tige Reform, die der Jin-Kodex mit sich brachte, bestand darin, die Strafgrade gemäß den fünf Graden des Trauersystems (五服)[64], auszurichten, was seither fester Bestandteil aller Gesetzbücher wurde. Die Kodizes der Nach-Han-Dynastien gestatteten es auch den Eltern, der Regierung die Tötung eines pietätslosen Sohnes anzutragen.[65] Die Nördliche Qi-Dynastie (zweite Hälfte des 6. Jh.) führte erstmals die *Shi-e* 十惡, die „Zehn Übel" („Zehn schändlichen Verbrechen") ein, deren Kriterien für „Übel" ganz auf konfuzianischer Ethik beruhen, insbesondere die Tatbestände der „Verletzung von Loyalität und Kindespietät" (不忠不孝) und „Rebellion und Respektlosigkeit" (大逆不道)[66].

Alltäglichere Beispiele dieser Ethisierung sind folgende: Gemäß *Li*-Regeln dürfen Kinder kein eigenes Vermögen besitzen. „Privates Vermögen zu haben" wurde also strafbar. Gemäß *Li*-Regeln hatte ein Sohn den Tod seine Eltern drei Jahre lang zu betrauern. Strafbar war, während dieser Periode zu heiraten, eine Beamtenstelle auszufüllen oder an Musikveranstaltungen teilzunehmen. Konfuzius forderte, dass ein Vater die Straftaten seines Sohnes, ein Sohn die des Vaters verheimlichen sollte. Folglich war ein solches Tun erlaubt, und die Gesetze verlangten von den Kindern eines Täters nicht, dass diese gegen ihn als Zeugen auftraten. Kindern war es nicht erlaubt, gegen ihre Eltern Anzeige zu erstatten. Ferner: Gemäß *Li*-Regeln gab es sieben Gründe, weswegen sich ein Mann von seiner Frau scheiden lassen konnte und drei Gegebenheiten, die eine Scheidung ausschlossen, was dann zur Grundlage der Scheidungsgesetze wurde. Die *Li* lieferten überhaupt die Grundlage für die Gesetze über Familie, Ehe und Erbschaft.

Escarra bemerkte daher zutreffend, dass „trotz aller Bemühungen der Legisten, es konfuzianische Vorstellungen waren, von denen die Gesetzgebung dominiert wurde."[67] Das sich mit der Han-Zeit entwickelnde Gesetzgebungsprinzip bestand also darin, dass die *Li* die Gesetze durchdrangen oder wie chinesische Autoren es ausdrückten, dass *Li ru yu Xing* 禮入於刑, *Li Fa heliu* 禮法合流, *Li* und *Fa* miteinander verschmolzen. Die Kaiser zollten so den Lehren des Konfuzius Tribut, brachten aber auch legistisch gesonnene Beamte in hohe Positionen. Damit ergab sich eine Situation, die häufig auf die Formel „Konfuzianismus im Äußeren, Legismus im Inneren" (阳儒阴法) gebracht wird.

---

64 Vgl. oben, S. 61.
65 Gemäß Song-Historie (宋史), Kap. 64.
66 Die Bezeichnung „Zehn Übel" ist nach Zhou Dongqing,"随‘开皇律’十恶来源新谈" (Neue Erörterung zur Herkunft der Zehn Übel des *Kai-Huang-Kodex*), *FXYJ*, 2005, Nr. 4, S. 133 ff. auf die in buddhistischen Sutras gebrauchte und in der Gesellschaft geläufige Wendung von „Zehn guten und zehn üblen Taten" (十善十惡) zurückführen.
67 *Op. cit.* (Anm. 23), S. 435 f.

III Positionen auf dem Weg der Ethisierung: Kodizes zwischen Han und Tang

1. „Debatte über Salz und Eisen"

Mit der Han-Zeit begann der Konfuzianismus das Gesetzessystem zu prägen: Dies geschah insbesondere durch ein „Zusammenfließen von *Li* und *Fa*", also durch die Aufhebung des legistischen Gegensatzes von Li und Fa dergestalt, dass *Li* zur Regelungsmaterie von *Fa* wurde. In der Han-Dynastie wurde diese Entwicklung nur angestoßen, nicht zur Vollendung gebracht. Für die Han-Zeit, so heißt es bei Jacques Gernet „ist es nicht richtig, von einer Vorherrschaft des 'Konfuzianismus' zu sprechen, vielmehr muss der eklektische Charakter des geistigen Lebens der Han-Zeit unterstrichen werden."[68]

Dies zeigt auch eine während der frühen Han-Zeit (genau: 81 v. Chr.) und somit nach dem Tode des Wu-Kaisers, der als Begründer des „Staats-Konfuzianismus" angesehen wird, geführte Debatte, die ganz im Zeichen der Auseinandersetzung zwischen legalistischem und konfuzianischem Verwaltungskonzept stand: *Yantielun* 鹽鐵論, die „Debatte über Salz und Eisen". Der Übersetzer eines Teils dieser Debatte[69] bemerkt in seinem Vorwort, dass es sich dabei um "one of the most significant works of the time" handelt, "dealing as it does with fundamental problems, social, political, economic, which confronted the administrators of the expanding Chinese empire of two milleniums ago." Neben Getreide waren Salz und Eisen die wichtigsten Güter im chinesischen Altertum. In der Debatte ging es um die Frage, ob die Produkte – ihre Herstellung und Verteilung – staatlich kontrolliert oder dem privaten Markt überlassen sein sollen. Die Gelehrten (die Konfuzianer) vertraten letztere Position, während die die Legisten repräsentierenden Beamten staatliche Eingriffe und Monopolisierung befürworteten. Die Gelehrten traten also für eine Art Wirtschaftsliberalismus ein, beschränkt nur durch *Li* 禮, einer Art auf Usancen gegründetem Handelsrecht, die Beamten wollten den Verwaltungsstaat, die staatliche Kontrolle der Wirtschaft durch Monopolbildung.[70] Dabei ist es typisch, dass die Beamten die Wirtschaftskontrolle mit dem Hinweis auf die Notwendigkeit von Finanzeinnahmen für die Landesverteidigung gegen die innerasiatischen Völkerschaften rechtfertigten, die Literaten aber die beste Verteidigung in der Überlegenheit der chinesischen Kultur, der Befriedung durch wohlwollendes Regieren, sahen.

---

68 *Die chinesische Welt*, Frankfurt a.M. 1979, S. 140.
69 Esson Gale, *Discourses on Salt and Iron*, Leyden 1931.
70 Eine etwas andere Sicht dieser Debatte bei Dieter Kuhn, *op. cit.* (Anm. 60), S. 333 ff.

2. Debatte über Körperstrafen

Eine andere in der Han-Zeit einsetzende Debatte betrifft das Strafsystem. Wie schon erwähnt, waren in der beginnenden Han-Zeit Vielfalt und Härte der Strafen zurückgedrängt worden. Eine der augenfälligsten Maßnahmen war die Abschaffung der Verstümmelungsstrafen (肉刑) im Jahre 165 v. Chr. durch den Wen-Kaiser, wozu Werner Vogel,[71] der sich als erster (1923) mit dem Han-Recht befasst hat, bemerkte: „Die Beseitigung der verstümmelnden Strafen ist eine Errungenschaft, die allein genügen würde, um den kulturellen Ruhm der Han-Dynastie für alle Zeiten sicherzustellen. Mit Beschämung sieht der Europäer in so ferner Vergangenheit eine Höhe der Entwicklung erreicht, die das Abendland erst vor anderthalb Jahrhunderten mühsam zu verwirklichen vermochte." Dies ist insofern richtig, als die bis ins 18. Jh. angewandte Carolina (die Peinliche Gerichtsordnung Karls V) von 1532 zahlreiche Formen der Körperstrafen vorsah. Jedoch überträgt Vogel allzu leichtfertig moderne westliche Humanitätsvorstellungen auf den *Wen*-Kaiser, den er als eine „Christusnatur auf dem Thron Chinas" bezeichnet. Die Maßnahme war von einer Ausweitung der Anwendung der Todesstrafe begleitet, im übrigen setzte schon bald die Diskussion über ihre Wiedereinführung ein. Ja, wir können sagen, dass die Auseinandersetzung um diese Frage im Mittelpunkt der rechtspolitischen Erwägungen während der ganzen Epoche von Han bis Tang stand. Sie sei, auch um die Art und Weise der Argumentation aufzuweisen, wie folgt zusammengefasst:[72]

In der Throneingabe des Liang Tong zu Beginn der Späteren Han-Dynastie, (1. Jh. n. Chr.), wird die Abschaffung der Verstümmelungsstrafen unter Han Wendi als für die damalige Zeit zu verantwortende Maßnahme gewertet. Der Kaiser war nicht nur „weitherzig und großzügig, mild und selbstbeherrscht", sondern „er hatte es auch mit einer friedlichen Zeit zu tun."[73] Die zahlreichen Eingaben, die mit dem Ziel der Restitution der Verstümmelungsstrafen dem Thron vorgelegt wurden, stießen jedoch selten auf entsprechende Bereitschaft bei den Kaisern und ihren Beratern, so dass es nicht zu der angeregten Gesetzesänderung kam. Die Auseinandersetzung bestand aus straf- wie aus bevölkerungspolitischen Elementen. In Zeiten stärkeren Bevölkerungsrückgangs – wie dies wegen der Unruhen seit dem Ausgang der Han-Dynastie im hier betrachteten Zeitraum der Fall war – wurden die Stimmen für die Restauration der Verstümmelungsstrafen lauter. Diese sollten die Todesstrafe zurückdrängen. Als abschreckend galten allein Todes- und Ver-

---

71 Die historischen Grundlagen des chinesischen Strafrechts mit einer Übersetzung der Geschichte des Strafrechts (*hing-fa tschi*) aus den Büchern der frühen Han-Dynastie, *ZVgl-RWiss*, 40. Bd. (1923), S. 37 ff., 96.
72 Nach *Jinshu* 晉書-„Rechtskapitel" (Heuser, *op. cit.,* Anm. 11, S. 75 ff.).
73 *Ibid.*, S. 62.

stümmelungsstrafen. War eine Reduzierung der Todesstrafe bevölkerungspolitisch ratsam, so war strafpolitisch auf die Verstümmelungsstrafen zurückzugreifen. Der Justizminister Liu Song (gest. 301) führte aus: „Heute betont man die Todesstrafe, weswegen viele (Verbrecher) ihr Leben verlieren; die Lebensstrafen (das sind alle außer der Todesstrafe) sind zu leicht, weshalb sie die Leute nicht vom Übeltun abhalten. Das ist deshalb so, weil die Verstümmelungsstrafen nicht angewandt werden."[74] Wei Zhan stellte zu Beginn der Östlichen Jin-Dynastie (ab 317) fest: „Heute hat die Bevölkerung stark abgenommen, unter hundert (Menschen) kann man auch nicht einen erübrigen, aber das Strafrecht ist immer noch äußerst hart (d.h. statt der Verstümmelungsstrafen wird Todesstrafe angewandt)."[75] Liu Song sah in dieser Strafart auch Grundsätze der Humanität durchscheinen. Denn die Delinquenten „kehren, nachdem sie die Verstümmelungsstrafe erhalten haben, sofort in ihre jeweilige Heimat zurück (und werden nicht auf Jahre hinaus verbannt). Väter und Mütter, Ehefrauen und Kinder, sie alle nähren Mitleid und lassen sie nicht auf der Straße im Stich."[76] Des Weiteren wies er auf die spezial- und generalpräventive Wirkung dieser Strafart hin. Die (sich durchsetzenden) Gegner einer Wiedereinführung der Verstümmelungsstrafen ließen sich eben aufgrund von Humanität, Spezial- und Generalprävention nicht überzeugen. Der Minister Kong Rong lehnte das Ansinnen auf Wiedereinführung mit dem Hinweis auf die Grausamkeit dieser Strafen ab: „Ein solcher Delinquent erwägt nicht mehr seine Lebensumstände (weil er ob seiner Entstellung depriminiert ist), er denkt nur ans Sterben, meistenteils verfällt er dann auf Schlechtes, findet nicht mehr auf den rechten Weg zurück."[77] Auch habe diese Strafe gegenüber zum Verbrechen Entschlossenen keine ausreichende Abschreckungswirkung. Im übrigen sei sie ungerecht, weil sie die Menschen brandmarke, zu Verstümmelten reduziere und frühere Verdienste damit auslösche.

Elemente dieser Strafen scheinen später wieder eingeführt, dann wieder zurückgenommen worden zu sein. So wird von dem zweiten Tang-Kaiser, Taizong (Li Shimin), berichtet, dass er zur Vermeidung zu vieler Todesurteile das Abhacken des rechten Fußes wieder eingeführt, sich dann aber wie folgt beklagt hätte: „Während der früheren Dynastien sind die Verstümmelungsstrafen schon lange nicht mehr angewandt worden; es ist mir unerträglich, dass heute auf einmal wieder die Strafe des Abhackens des rechten Fußes angewandt wird."[78]

---

74 *Ibid.*, S. 126.
75 *Ibid.*, S. 154.
76 *Ibid.*, S. 128 f.
77 *Ibid.*, S. 76.
78 Gemäß „Rechtskapitel" der zur Wu-Dai-Zeit (Mitte des 10. Jh.) verfassten Alten Tang-Historie (舊唐書), *XFZ,* S. 235 ff., 245; Bünger, *op. cit.* (Anm. 19), S. 80.

3. Vom Xin Lü 新律 zum Daye Lü 大業律. Die Leistung der Sui

Der Entwicklungsgang der Prä-Tang-Kodifikationsgeschichte[79] – die vier Jahrhunderte dauernde Periode vom Niedergang der Han-Dynastie bis zur Schaffung des zweiten Einheitsstaats unter den Dynastien Sui und Tang – spiegelt in der Vielzahl der hervorgebrachten – durchweg nicht überlieferten – Kodizes und sonstigen Gesetzgebungsakten die durch politische Wirren gekennzeichneten Zeitumstände.[80] Nach dem 九章律, dem „Neun-Kapitel-Gesetz" der Frühen Han (201 v. Chr.) und nachfolgender Han-Gesetzgebung, erließ die (Cao)Wei-Dynastie im Jahre 234 n. Chr. das 新律 („Neuer Kodex") in achtzehn Kapiteln.[81] Hier tauchen, wie aus dem „Rechtskapitel" der Jin-Historie, hervorgeht zum ersten Mal und seither stets die dem *Zhouli* entnommenen Herkunft, Rang und Verdienst berücksichtigenden „Acht Erwägungen" (八議) in einem *Lü* auf: Privilegien der Mitglieder der kaiserlichen Familie und der hohen Beamten, fällig gewordene Strafen zu mildern oder sie durch Geld abzulösen. Die Jin-Dynastie erließ im Jahre 268 das *Taishi Lü* 泰始律 mit 620 Artikeln in zwanzig Kapiteln[82]. Mit dem zu Beginn des 4. Jh. (Verlegung der Jin-Hauptstadt nach Nanjing im Jahre 318) einsetzenden Niedergang der Jin bildeten sich zahlreiche Herrschaften im Norden wie im Süden, wobei die Kontinuität der Rechtsentwicklung den nördlichen Dynastien zufiel, während die südlichen gleichsam ins Leere liefen.[83] So wirkte das gemäß den Kapitelüberschriften ganz dem Jin-Kodex nachgebildete, 2529 Artikel umfassende Gesetzbuch

---

79 Einen knappen Überblick geben Henri Maspero et Étienne Balazs, *Histoire et Institutions de la Chine Ancienne*, Paris, 1967, S. 124 ff.

80 Dass es gleichzeitig eine „der reichsten und komplexesten Perioden der chinesischen Geistesgeschichte" gewesen ist, z.B. Eindringen und Anpassung des Buddhismus, weist Jacques Gernet, *Die chinesische Welt*, Frankfurt a. M. 1979, S. 174 ff. aspektreich auf. Instruktiv auch Dieter Kuhn, *op. cit.* (Anm. 60), S. 435–480: „Kultur und Geistesleben in Zeiten des Chaos".

81 Die (Cao)Wei-Gesetzgebung ist Gegenstand des „Rechtskapitels" der Mitte des 7. Jh. verfassten Jin-Historie (晉書), wo auch – als dem frühesten aller Kodizes – die Überschriften der Kapitel des „Neuen Kodex" vollständig mitgeteilt werden, *XFZ*, S. 49 ff., 78 ff. Dazu Heuser, *op. cit.* (Anm. 23), S. 31 ff., 86 ff.

82 Dessen Zustandekommen wird im „Rechtskapitel" des *Jinshu* detailliert aufgewiesen, *XFZ*, S. 87 ff.; Heuser, *op. cit.*, S. 104 ff. Zu den Kapitelüberschriften vgl. *ibid.*, S. 34. Im „Rechtskapitel" des in der zweiten Hälfte des 6. Jh. verfassten *Weishu* 魏書 heißt es „zwanzig Kapitel mit zusammen über 2900 Artikeln" (*XFZ*, S. 142). Nach dem „Rechtskapitel" des *Jinshu* bezieht sich diese Zahl auf die Summe von *Lü* und *Ling*, *XFZ*, S. 88; Heuser, *op. cit.*, S. 108.

83 Nach Otto Franke, *Geschichte des Chinesischen Reiches*, 2. Bd., Berlin, 1930, S. 530 waren die staatlichen Einrichtungen „infolge der unablässigen Kriege vielfach stark im Verfall." Immerhin war das gesamte Verwaltungs-Gerüst, wie es besonders im nördlichen Wei-Reiche sich herausgebildet hatte...lückenlos vorhanden, und die Sui-Kaiser konnten es im Jahre 582 übernehmen." Auch die die Reichseinheit wieder herstellenden Herrscherfamilien der Yang (Sui) und Li (Tang) entstammen nördlichen, assimilierten Völkerschaften.

der in Nanjing residierenden Liang-Dynastie, das *Liang Lü* 梁律 von 503[84], ebenso wenig in die Zukunft wie der Kodex der ihr in Nanjing nachfolgenden Chen-Dynastie, die ungeachtet ihrer Dauer von lediglich drei Dekaden neben einem Gesetzbuch (律) in dreißig Kapiteln weiter vierzig Kapitel an Einzelgesetzen (令) hervorbrachte.[85] Eine Fernwirkung blieb der Nördlichen Wei(Tuoba)-Dynastie überlassen. Unter dem *Xiaowen*-Kaiser, der die chinesische Kultur, namentlich auch die Verehrung des Konfuzius, intensiv förderte, übernahm sie in der Gesetzgebung nach und nach die Ergebnisse der Rechtsentwicklung von Qin/Han bis Wie/Jin[86] und erließ im Jahre 495 das *Bei Wei Lü* 北魏律, ebenfalls in zwanzig Kapiteln. Da der Nördlichen Wei in Zeiten des Zerfalls der staatlichen Einheit so die Rolle zufiel, die Rechtstradition zu wahren, nimmt sie in der chinesischen Rechtsgeschichte einen besonderen Rang ein.[87] Das 564 von der Nördlichen Qi-Dynastie erlassene *Qi Lü* 齊律 setzte mit einem Kodex von 949 Artikeln in zwölf Kapiteln[88] diesen Entwicklungsgang fort. Zum ersten Mal in einem *Lü* und seither stets finden sich hier unter den vorangestellten „Allgemeinen Regeln" (名例) die „Zehn schändlichen Verbrechen" (十惡), welche die Loyalität gegenüber der Obrigkeit und die Pietät gegenüber Großeltern und Eltern unter einen spezifischen Schutz stellen[89], Verbrechen, bei denen ein Täter weder in den Genuss von Strafprivilegien (Anwendung der „Acht Erwägungen"), noch von pekuniärer Strafablösung (贖) kommt. Am Ende dieser unruhigen Epoche, im Jahre 563, erließ die ebenfalls dem Xianbei-Volk entstammende Nördliche Zhou-Dynastie den mit 1537 Artikeln in fünfundzwanzig Kapiteln wieder sehr umfangreichen „Großen Kodex", *Da Lü* 大律.[90] In ihm hat sich die – nicht weiter wirksam gewordene – Besessenheit der im übrigen durch ein besonderes Maß an Intrige und Grausamkeit aufgefallenen Herrscherfamilie, die Institutionen des angeblich die Verhältnisse im frühen Altertum widerspiegelnden *Zhouli* 周禮 zu imitieren, niedergeschlagen, Bestrebun-

---

84 Zu den Titelüberschriften der 20 Kapitel vgl. *XFZ*, S. 194 und Étienne Balazs, *Le Traité Juridique du „Souei-Chou"*, Leiden 1954, S. 36 f.

85 *XFZ (Suishu)*, S. 205; Balazs, ibid., S. 50.

86 Die diesbezügliche Rechtsgeschichte wird im *Weishu* 魏書, der unter der Nördlichen Qi-Dynastie (zweite Hälfte des 6. Jh.) von Wei Shou (506-572) – einem der „Drei Genies der Nördlichen Dynastien" (北朝三才) (Giles 2291) – verfassten, die Nördliche Wei-Dynastie betreffenden Wei-Historie zusammengefasst. *XFZ (Weishu)*, S. 142/144.

87 So auch Zhang Jinfan (Hrsg.), 中国法制史 (Chinesische Rechtsgeschichte), Beijing, 1982, S. 178 f. Zuerst aufmerksam gemacht auf diese Tatsache hat Cheng Shude, 九朝律考 (Untersuchungen zum Recht von neun Dynastien), 2. Aufl., Taibei, 1973 (1. Aufl., Peking, 1927), S. 399.

88 Zu den Titelüberschriften der Kapitel vgl. Balazs, *op.cit.*, S. 58 f. (*XFZ*, S. 210 f.).

89 Es handelt sich dabei um Rebellion (反逆), Majestätsbeleidigung (大逆), Hochverrat (叛), Übergabe von Territorium an den Feind (降), abscheulichen Ungehorsam (惡逆), scheußliche Verbrechen (不道), Respektlosigkeit (不敬), Pietätslosigkeit (不孝), Illoyalität (不義) und Inzest (內亂). *XFZ*, S. 211; Balazs, *op. cit.*, S. 62 f.

90 Zu den Titelüberschriften der Kapitel vgl. *ibid.*, S. 65 (*XFZ/Suishu*, S. 214).

gen, denen der Schwiegervater des letzten Zhou-Kaisers und Gründer der Sui-Dynastie, Yang Jian, ein Ende setzte. Im Jahre 581 erließ die die Reichseinheit wieder herstellende Sui-Dynastie auf der Grundlage der Entwicklungslinie Nördliche Wei – Nördliche Qi den *Kaihuang*-Kodex 開皇律 mit fünfhundert Artikeln in zwölf Kapiteln, der (und nicht der 607 von derselben Dynastie erlassene *Daye*-Kodex (大業律) zum unmittelbaren Vorbild für den Tang-Kodex von 624 wurde, des (in der Fassung von 737) frühesten uns vollständig überlieferten chinesischen Gesetzbuchs.[91]

Bevor wir uns mit diesem stets als Höhepunkt der Entwicklung der chinesischen Gesetzgebung apostrophierten Tang-Kodex befassen, ist ein Blick auf die der Tang-Dynastie vorangegangene Sui-Dynastie zu werfen. Diese hatte zwar nur für knapp 27 Jahre – von 581 bis 618 – die Herrschaft inne, unter ihr wurden jedoch sämtliche Reformen und Neuerungen teils realisiert, teils vorbereitet, die dann von dem zweiten chinesischen Imperium nach der Han, der Tang-Dynastie, aufgegriffen und konsolidiert wurden.[92] Nach allgemeiner Auffassung trifft dies in besonderem Maße für das Rechtssystem zu.[93]

Der Beitrag der Sui-Rechtsreformer liegt in zweierlei: Zum einen in der Systematisierung der Gesetzesmaterien, ihre Reduzierung auf fünfhundert Artikel. Zum anderen in der Humanisierung der Strafen. Der Sui-Kaiser hatte gleich im ersten Jahr seiner Herrschaft (581) die Konzeption eines neuen Kodex in Auftrag gegeben, das erarbeitete Werk erschien ihm aber als zu streng in den Strafen und zu detailliert in den Tatbeständen, weshalb er nun forderte, dass das Gesetzbuch nicht mehr als fünfhundert Artikel haben dürfte und beauftragte eine Beamtengruppe unter Niu Hong (545-611), einem der herausragenden Gelehrten der Epoche[94], mit einer Neukonzeption. Vorgelegt wurde im Jahre 583 der sog. *Kaihuang*-Kodex, der – wie sein Vorbild, der Kodex der Nördlichen Qi (齊律) von 565 – sich in zwölf Kapitel gliederte, dem es aber gelang, die Artikelzahl weiter und beinahe um die Hälfte zu reduzieren. Nach dem „Rechtskapitel" der Sui-Historie handelte es sich um folgende zwölf Kapitel:[95] Einem ersten Kapitel mit „Allgemeinen Grundsätzen" (名例) folgen Kapitel mit Regelungen zu „Palastwachen und Verbote" (衛禁), „Beamtenwesen" (職制), „Familie und Ehe" (戶婚), „Marstall und Magazine" (廄庫), „nicht autorisierte Fronerhebung" (擅興), „Gewalttaten und Diebstahl" (盜賊), „Streit und Anschuldigung" (鬥訟), „Betrug und Fälschung" (詐偽), „vermischte Straftaten" (雜律), „Ergreifung flüchtiger Verbrecher" (捕亡),

---

91 Die Gesetzgebungsgeschichte des gesamten 6. Jh. von Liang bis Sui wird im „Rechtskapitel" der zu Beginn der Tang-Dynastie (Mitte des 7. Jh.) verfassten Sui-Historie (隋書) zusammenfassend geschildert, *XFZ*, S. 183 ff., 192 ff.; Balazs, *op. cit.*, S. 33 ff.
92 Vgl. insbesondere Arthur Wright, *The Sui Dynastie*, New York, 1978.
93 Xu Daolin, *op. cit.* (Anm. 54), S. 32 f.
94 Giles 1573.
95 *XFZ (Suishu)*, S. 223; Balazs, *op. cit.*, S. 79.

„Strafverfahren und Haft" (斷獄). Auf diese Weise war, wie betont wurde „das Netz der Strafen einfach aber wesentlich, nicht überladen, sondern klar"[96], die „Mitte" gefunden.

Wurde so eine wichtige Systematisierungsarbeit geleistet, so brachte der *Kaihuang*-Kodex ferner gewisse „humanisierende Reformen".[97] Abgeschafft wurden besonders grausame oder entehrende Strafen, wie das *Xiaoshou* 梟首, eine Strafe, bei der der Kopf des Enthaupteten öffentlich ausgestellt wurde und das *Huanlie* 轘 裂 das Fünfteilen des Delinquenten, desweiteren die Kastrationsstrafe (宮刑), (die bei der Abschaffung der Verstümmelungsstrafen ausgespart geblieben war). Des Weiteren erfolgte Abschaffung der auch die Kinder des zum Tode Verurteilten umfassenden Kollektivstrafe (孥戮相坐). Der Kodex beschränkte die Zahl der beim peinlichen Verhör anwendbaren Stockschläge auf höchstens zweihundert, die Verbannungsstrafe wurde reduziert usw. Da, wie es im „Rechtskapitel" der Sui-Historie heißt, „der Kodex häufig widersprüchlich und fehlerhaft angewandt wurde, für dieselbe Straftat unterschiedliche Urteile gefällt wurden"[98], erging ein kaiserliches Edikt, wonach „die Präfekturen (州) die Todesstrafe nicht gleich nach der Urteilsverkündung vollstrecken dürfen, sondern die Akten dem Obersten Gericht (大理) zur Revision übermitteln müssen". Xu Daolin führt aus: „Das mehr als tausend Jahre nach der Tang-Dynastie praktizierte chinesische Bestrafungssystem geht in seinen Grundlagen gänzlich auf das zu Beginn der Sui-Zeit Festgelegte zurück."[99] Die Humanisierung der Strafen wird teils auf die buddhistische Orientierung des *Wen*-Kaisers (Yang Jian), teils – und dies mit größerer Berechtigung – auf die politische Klugheit dieses Kaisers, der die verheerenden Folgen eines zu strengen Strafrechts unter der Nördlichen Zhou-Dynastie selbst erlebt hatte, gesehen. Der zweite Sui-Kaiser, *Yangdi* (Yang Guang), führte die Systematisierung des Kodex weiter. Im Jahre 607 wurde der wieder unter Niu Hong ausgearbeitete neue Kodex veröffentlicht. Dieselbe Artikelzahl von fünfhundert wurde nun in achtzehn Kapitel gegliedert. Er ist als „*Daye*-Kodex" in die Rechtsgeschichte eingegangen[100], ohne jedoch und anders als der *Kaihuang*-Kodex für die Zukunft wirksam geworden zu sein. Schon in der äußeren Form dieser Gesetzbücher bemerken wir den Fortschritt in der Gesetzgebungstechnik. Der Han-Kodex soll aus 4900 Artikeln mit 7,7 Millionen Schriftzeichen bestanden haben, der auf dem Sui-Kodex beruhende Tang-Kodex besteht aus 502 Artikeln mit rund 136.000 Zeichen.

96 Xu Daolin, *op. cit.* (Anm. 53), S. 33.
97 *Ibid.*
98 *XFZ*, S. 225; Balazs, *op. cit.*, S. 83.
99 *Ibid.*
100 Zu den Titelüberschriften der Kapitel vgl. Balazs, *op. cit.*, S. 91 f. (*XFZ*, S. 223 f.).

IV Der Tang-Kodex: Das geschriebene Bild des vormodernen Strafrechts

Nach allgemeiner Ansicht erfuhr das chinesische Recht mit der Tang-Zeit (618-906) seine vollkommenste Entwicklung. Die juristischen Ideen und Institute der vergangenen Qin, Han, Wei und Jin flossen zusammen. Dass der Tang-Kodex sich ganz bewusst als Erbe dieser Tradition sieht, zeigt sich schon in den rechtshistorischen Resümees, die er den einzelnen Kapiteln als „Kommentar" voranstellt und wo der jeweilige Entwicklungsgang eventuell seit Li Kuis *Fajing* über Qin/ Han, Cao-Wei, Jin, die Nördlichen Dynastien Wei, Qi und Zhou und mit dem *Kaihuang*-Kodex der Sui bis an die Schwelle der Tang-Dynastie stichwortartig aufgewiesen wird. Die überragende und nachhaltige Bedeutung des Kodex lag darin, dass er den Staat mit einer definitiven Summe von Werten und sozialen Normen versah. Für die weitere Entfaltung des Gesetzesrechts während der anschließenden Dynastien Song, Yuan, Ming und Qing blieb der Tang-Kodex das direkte Vorbild oder doch – wie im Falle der mongolischen Yuan-Dynastie – ein in Fall- und Erlassrecht einfließendes Referenzmaterial. „Später pflegte man zu sagen, dass die Gesetze der nachfolgenden Dynastien die der Tang-Dynastie an Qualität nicht übertrafen. Oder man sagte, dass von allen Gesetzen, den früheren wie den gegenwärtigen, nur der Tang-Kodex die richtige Mitte erreicht habe."[101] Des Weiteren ist festzustellen, dass der Einfluss des chinesischen Rechts auf das Recht Koreas, Japans, Okinawas, Annams und anderer ostasiatischer Länder und die Ausprägung eines selbständigen chinesischen Rechtskreises im Tang-Recht seinen Ausgang nahm.

1. Zustandekommen und Aufbau

Der (erste) Tang-Kaiser *Gaozu* (Li Yuan, 565-635)[102] ließ auf der Grundlage des *Kaihuang*-Kodex ein neues Gesetzbuch ausarbeiten.[103] Nach diversen Entwürfen, auch unter dem nachfolgenden *Taizong*-Kaiser (Li Shimin) (597-649)[104] und dessen Schwiegersohn, dem leitenden Staatsmann Changsun Wuji (gest. 659)[105] wur-

---

101 Xu Daolin, *op. cit.*, S. 35.
102 Giles Nr. 1239.
103 Zum Ablauf der Gesetzgebung ausführlich Bünger, *op. cit.* (Anm. 19), S. 21 ff.
104 Seit 627 Kaiser; Giles Nr. 1196.
105 Giles Nr. 142. Im Jahre 654 widersetzte er sich den Bestechungsversuchen der kaiserlichen Nebenfrau Wu Zetian (625-705), die (mit Erfolg) die Position als Kaiserin anstrebte; 659 wurde er nach Sichuan verbannt und mit seiner ganzen Familie ermordet. Nur wenige Jahre nach seiner Leistung als „Gesetzgeber" wurde er selbst Opfer des totalen Zusammenbruchs des „Rechtsstaates". Vgl. die Eingabe des Dichters Chen Zi'ang (661-702) vom März 686: "I have seen hundreds and thousands of cases. In not one case out of hundred was the accused guilty. But Your Majesty has encouraged these rapacious judges, with the result that a

de der Kodex im Jahre 651 kaiserlich genehmigt. Wegen der damaligen Regierungsdevise wurde er als *Yonghui* (永徽)-Kodex bezeichnet. Zwei Jahre später wurde er mit einem von neunzehn Beamten unter Leitung des Changsun Wuji ausgearbeiteten amtlichen Kommentar der Art versehen, dass den einzelnen Artikeln – oft sehr umfangreiche – Erläuterungen, neben 議 „Kommentar" auch 問 „Frage" und 答 „Antwort", beigefügt wurden. Ihnen kam dieselbe Rechtskraft wie den Gesetzesparagraphen zu. Beruht der Kodex weit umfänglich auf den Leistungen der Nördlichen Qi und besonders der Sui, so ist in den einbezogenen Erläuterungen der eigentliche schöpferische Beitrag der Tang-Gesetzgeber zu sehen.

Der Kodex hat 502 Artikel[106] und gliedert sich in zwölf Kapitel mit den folgenden, sich von denen des *Kaihuang*-Kodex nicht unterscheidenden Überschriften: (1) „Allgemeine Grundsätze" (名例) mit 57 §§; (2) "Palastwache und Verbote" (衛禁) (Schutz des Kaisers, des Hofes, der kaiserlichen Grabesstätten etc.) mit 33 §§; (3) „Beamtenwesen" (職制) mit 58 §§ (Amtsdelikte); (4) "Familie und Ehe" (戶婚) mit 46 §§ (Delikte gegen das Ehe- und Familiensystem); (5) „Marstall und Magazine (廄庫) mit 28 §§ (Delikte gegen das öffentliche Transportwesen u.a.); (6) „nicht autorisierte Steuererhebung, Fron und Militäraushebung" (擅興)mit 24 §§; (7) „Gewalttaten und Diebstahl" (賊盜) mit 54 §§ (wie Rebellion/謀反 und Hochverrat/大逆, Grabschändung/發塚, Diebstahl/盜, gewalttätiger Raub/強盜 und heimlicher Raub/竊盜, vorsätzliche Brandstiftung/故燒 etc.); (8) „Streit und Anschuldigung" (鬥訟) mit 59 §§ (Totschlag, Körperverletzung, falsche Anschuldigung u.a.); (9) „Betrug und Fälschung" (詐偽) mit 27 §§[107]; (10) „Vermischte Straftaten" (雜律) mit 62 §§ (neben Straftaten, die anderen Kapiteln nicht zugeordnet wurden, wie z.B. Geldfälschung, unabsichtliche Brandentfachung und illegale Sexualbeziehungen, sind hier auch Tatbestände aufgewiesen, denen nach modernem Verständnis ein privatrechtlicher Sachverhalt zugrunde liegt, wie die

gang of self-seeking officials are having free hand to destroy those they want for their private ends..." (zitiert in: Lin Yutang, *Lady Wu*, Taibei 1957, S. 148). Diese Vorfälle werden im „Strafrechtskapitel" der in der Wu-Dai-Zeit, Mitte des 10. Jh., verfassten Alten Tang-Historie, des *Jiu Tangshu* 舊唐書 ausführlich berichtet, *XFZ*, S. 267 ff.; Bünger, *op. cit.* (Anm. 19) S. 105-121.

106 Eine Ausgabe des *Tanglü shuyi* 唐律疏議 mit durchnumerierten Artikeln und Anmerkungen ist 1983 in Peking (*Zhonghua shuju*), Liu Junwen (ed.) erschienen. Ein nur die *Lü* 律 umfassender Text findet sich bei Jiao Zuhan, op.cit. (Anm. 1), S. 93-191. Der Nanjinger Rechtshistoriker Qian Daqun hat eine annotierte Übertragung der *Lü* 律 ins moderne Chinesisch vorgelegt (*唐律译注*, Nanjing 1986). Eine englische Übersetzung ist von Wallace Johnson: The T'ang Code, vol. I: General Principles, Princeton 1979; vol. II: Specific Articles, Princeton 1997.

107 Diese Vorschriften sowie der dazu gehörende Kommentar wurden von Liu Mao-Tsai, Walter Fenn, Philip Kunig, Günter Schucher und Franciscus Verellen ins Deutsche übersetzt und einer detaillierten Analyse unterzogen. *OE*, 25. Jg. (1978), S. 123 ff.

rechtsgrundlose Entgegennahme von Vermögenswert/坐贓[108], Vertragsverletzung durch Nichtzahlung/負債違契不償, Versklavung zur dinglichen Sicherung/良人 為奴婢質債 [109], diverse Methoden unlauteren Wettbewerbs); (11) „Ergreifung flüchtiger Verbrecher" (捕亡) mit 18 §§ (z.B. Tötung des Flüchtigen bei der Verfolgung, Ergreifen durch Passanten, Flucht zu Exil Verurteilter, Verbergung flüchtiger Straftäter, Desertion etc.); (12) „Strafverfahren und Haft" (斷獄) mit 34 §§ (wie z.B. unterlassene Einkerkerung/Fesselung von Personen, die einzukerkern/zu fesseln sind; Nichtversorgung von Gefängnisinsassen mit der gebotenen Nahrung, Kleidung, Medizin und diversen Erleichterungen; Verzögerung des Abtransports von Gefangenen; Verstoß gegen das Gebot der Nichtanwendung von Prozessfolter gegenüber Privilegierten, Alten, Jungen und Behinderten; Verletzung der Regel, wonach in allen Urteilen die Vorschriften, auf denen das Urteil beruht, zu zitieren sind).

Da die Kommentierung stets mit den Worten *Yi yue* 議曰 – wörtlich: „der Kommentar sagt" – beginnt, nennt man das Werk *Tanglü shuyi* 唐律疏議, Tang-Gesetzbuch mit knappem Kommentar.

Betrachten wir den äußeren Aufbau des Gesetzbuches, so ist zunächst die Existenz des *Minglilü* 名例律 genannten ersten Kapitels bemerkenswert. Es zeugt vom Sinn für und der Fähigkeit zur Systematik der Gesetzgebungsbeamten, dass den Kodizes von alters her, und nicht erst seit dem Tang-Gesetzbuch, ein Allgemeiner Teil vorangestellt wurde. Im Wei-Gesetzbuch von 234 hieß dieser Teil *Xingming* 刑名 „Strafenbezeichnung", im Jin-Kodex kurz darauf kam noch ein *Fali* 法例 „Maßstäbe für die Gesetzesanwendung" hinzu; im Tang-Kodex wurden beide Elemente zusammengezogen und *Mingli* 名例 genannt, was Wallace Johnson mit *General Principles* übersetzt. In einer wörtlichen Übersetzung „Bezeichnung (der Strafen) und Maßstäbe (für deren Anwendung)" kommt der Charakter als „Allgemeiner Teil" deutlicher zum Ausdruck.

Der Inhalt dieses Allgemeinen Teils ist sieben Abschnitten zugewiesen. Im ersten Abschnitt geht es um die Strafarten: Prügel mit dem leichten und dem schweren Bambus (笞,杖) und Zwangsarbeit (徒), jeweils in nach der Zahl der Hiebe bzw. der Dauer der zu leistenden Arbeit abgestuften fünf Graden, lebenslange Verbannung (流) in drei, nach der Entfernung vom Wohnort bemessenen Graden und Todesstrafe (死) in zwei Graden, als Erdrosselung (絞) und Enthauptung (斬), was

---

108 Vgl. dazu Peter Seidel, „Die Sanktion der ungerechtfertigten Bereicherung im chinesischen Recht der T'ang-Zeit", *OE*, 22. Jg. (1975), S. 137 ff.

109 Lin Pen-Tien, *Vergeiselung und dingliche Sicherungsrechte im chinesischen traditionellen Privatrecht*, Münchner Jur. Diss., 1976, legt S. 83 f. dar, dass es sowohl in der Tang- wie in der Song-Zeit gesetzlich verboten war, Menschen als Objekt von Sicherheitsleistung einzusetzen, dass der diesbezüglich Impuls der Konfuzianer sich jedoch nicht gegen das fortexistierende – die Not des realen Lebens widerspiegelnde – Gewohnheitsrecht durchsetzen konnte.

sich zu einem in zwanzig Grade strukturierten Strafsystem summiert.[110] Verstümmelungsstrafen, einschließlich der Brandmarkung (墨), sind nicht mehr Teil des offiziellen Strafensystems. Es folgt dann die Auflistung der „Zehn schändlichen Verbrechen" (十惡), bei denen es sich um Taten gegen den Kaiser und seine Repräsentanten sowie gegen die Eltern handelt, d. h. um eine Verletzung der grundlegenden Schutzgüter von Loyalität und Pietät, Taten, für die jegliche Milderung und Amnestie ausgeschlossen war, schließlich eine Aufzählung der *Bayi* 八議, der „Acht Erwägungen", wonach für bestimmte der kaiserlichen Familie nahestehende oder besonders verdienstvolle Personen Minderung oder Erlass der Strafe bzw. pekuniäre Strafablösung (贖) gewährt werden konnte (Art. 7-17). Die Abschnitte 2 und 3 sehen nähere Regeln zu den „Zehn schändlichen Verbrechen" vor und die Abschnitte 4 bis 7 Regeln über Schuldfähigkeit (auch bezüglich der Strafmündigkeit von Alten, Minderjährigen und Behinderten)[111], über den Strafnachlass bei Geständnis vor Entdeckung der Tat (Selbstanzeige 自首)[112], über Mittäterschaft, Tatmehrheit (Konkurrenzlehre) und über die Behandlung von durch Ausländer begangene Straftaten. Art. 48 beinhaltet die erste chinesische Stellungnahme zu dem, was wir „Kollisionsrecht" (Internationales Privatrecht) nennen. Er sei hier im Wortlaut zitiert, da in ihm das später berühmt-berüchtigt gewordene System der Exterritorialität seinen eigen-chinesischen Ausdruck findet. Während der Tang-Zeit blühte der Außenhandel (insbesondere mit Arabern, Persern und Koreanern), woraus sich für den Konfliktfall ein Bedürfnis nach Regelung der Rechtsanwendung ergab. In einer merkwürdigen Verbindung von Personal- und Territorialitätsprinzip legt der Kodex folgendes fest: „Alle Fälle, in denen Ausländer derselben Nationalität... beteiligt sind, werden nach deren Heimatrecht behandelt; sind Personen verschiedener Nationalität beteiligt, so wird chinesisches Recht angewandt". Hinsichtlich der ersten Konstellation heißt es im „Kommentar": „Haben Angehörige derselben Nationalität unter sich Straftaten begangen, so muss (das Gericht) sich über die Regelungen des Heimatstaates erkundigen (問本國之制) und gemäß dessen Gewohnheiten und Gesetzen (俗法) entscheiden."

Zur äußeren Gestalt der Tang-Gesetzgebung ist noch folgendes anzumerken: Was uns überliefert ist, ist der Kodex *Lü* 律. Daneben gab es drei weitere Formen des gesetzten Rechts: die *Ling* 令 oder „Einzelgesetze", die *Ge* 格 oder „Dekre-

---

110 Zu späteren – nicht grundsätzlichen – Änderungen vgl. MacCormack, *op. cit.* (Anm. 23), S. 100 ff.

111 Dazu Karl Bünger, "The Punishment of Lunatics and Negligents According to Classical Chinese Law", in: *Studia Serica*, vol. IX (1950), S. 1 ff. (Nachdruck in: Ders., *op. cit.*, Anm. 19, S. 377 ff.), wo Bünger auf eine Kritik von M. H. van der Valk (in *TP*, 1948, S. 341 ff.), worin Büngers Ansicht, dass Straffreiheit für Geisteskranke ein Grundzug des chinesischen Rechts sei, bestritten wird, erwidert.

112 Die diesbezüglichen Vorschriften des Tang-Kodex (einschließlich des Kommentar-Teils) hat George A. Kennedy, *Die Rolle des Geständnisses im chinesischen Gesetz*, Berliner Diss., 1939, übersetzt.

te" und die *Shi* 式 oder „Regulationen", „Formvorschriften". Im „Strafrechtskapitel" des *Xin Tangshu* 新唐書, der „Neuen Tang-Historie", findet sich eine wenig erhellende Charakterisierung: „Zur Tang-Zeit gab es vier Arten geschriebener Strafvorschriften (刑書): Das Gesetzbuch (律), die Einzelgesetze (令), die Dekrete (格) und die Regulationen (式). Die *Ling* enthalten (Vorschriften über) die Ordnung zwischen Alt und Jung und zwischen Hoch und Niedrig sowie das Staatssystem; die *Ge* regeln die von den Beamten kontinuierlich auszuübende Tätigkeit, und die *Shi* enthalten die von den Beamten regelmäßig zu beobachtenden Vorschriften". Es heißt dann weiter: „Jeder Staat muss sich bei der Erledigung der Regierungsgeschäfte dieser Arten von Rechtsvorschriften bedienen. Diejenigen, die gegen sie verstoßen, ebenso wie die Bürger, die durch böse Taten straffällig werden, werden sämtlich nach den Vorschriften des Kodex bestraft."[113]

2. Li-Jiao 禮教 als charakteristisches Merkmal

Das charakterisierende Merkmal der vom Tang-Kodex repräsentierten chinesischen juristischen Ideen und Institute ist das „die gesamte politische Ideenwelt Chinas beherrschende" (Xu Daolin) Konzept des *Li-Jiao* 禮教-Rechts, worunter die Integration konfuzianischer Moralvorstellungen in die Gesetze, kurz: die Ethisierung der Gesetz zu verstehen ist. Das *Li-Jiao*-Konzept bedeutet also, dass die Funktion der Gesetze in der Unterstützung und Ergänzung der Regeln des guten Verhaltens (*Li Jiao*, „Sitte und Lehre") besteht, und der Inhalt der Gesetze aus den *Li-Jiao*-Regeln hergeleitet wird. Dieses Grundkonzept kommt im Gesetzbuch in folgender (vierfacher) Weise zum Ausdruck:

a) Der Tang-Kodex enthält zahlreiche Straftatbestände, die besonders zur Sicherung der *Li-Jiao*-Normen ausformuliert wurden. Beispiel: Im Kapitel über „Beamtenwesen" (職制) gibt es den Paragraphen über „Versäumnis, ein großes Opfer rechtzeitig anzukündigen" (大祭不預申期) (Art. 98). Im Kommentar heißt es: Während der *Sanzhai* 散齋 (Fastentage) „kann der Beamte seinen Geschäften wie üblich nachgehen, während der Nacht jedoch muss er im offiziellen Raum seines Hauses übernachten. Wenn er nicht in dem offiziellen Zimmer übernachtet, wird er mit 50 Stockschlägen für die erste Nacht bestraft..." Das Kapitel über „Familie und Ehe" (戶婚) enthält den Paragraphen über „Verbot der Verheiratung, wenn Vater oder Mutter im Gefängnis sind" (父母囚禁嫁娶), worin es heißt: „Wer wäh-

---

113 *XFZ*, S. 305; Bünger, *op. cit.* (Anm. 19), S. 142. Ein andere Art der Charakterisierung findet sich im „Strafrechtskapitel" der Song-Historie (宋史): „Etwas bereits Geschehenes verbieten, heißt Erlass (敕); etwas noch nicht Geschehenes verbieten, heißt Einzelgesetz (令); etwas so festzusetzen, dass andere Fälle entsprechend behandelt werden können, heißt Dekret (格); für entsprechende Fälle Modelle vorgeben, heißt Regulation (式)." *XFZ*, S. 379; Seidel, *op. cit.* (Anm. 16), S. 68 f.

rend der Zeit, wo Großeltern oder Eltern im Gefängnis sind, seine Verheiratung durchführt, wird, wenn sie ein mit Todesstrafe bedrohtes Verbrechen begangen haben, mit eineinhalb Jahren Zwangsarbeit, wenn sie ein mit Verbannung bedrohtes Verbrechen begangen haben, mit einer um einen Grad ermäßigten Strafe belegt." Und im „Kommentar" wird hinzugefügt: „Falls Großeltern oder Eltern ein todeswürdiges Verbrechen begangen haben (und noch nicht verurteilt sind) und ein Sohn oder Enkel sich in dieser Zeit verheiratet, dann erhält er eineinhalb Jahre, im Falle eines Verbannungsverbrechens ein Jahr Zwangsarbeit."

b) Der Kommentar zieht bei der Auslegung von *Lü*-Artikeln häufig die klassischen *Li*-Schriften heran. So heißt es im „Allgemeinen Teil" im Paragraphen über die „Zehn schändlichen Verbrechen" unter „7. Unehrerbietigkeit gegenüber den Eltern" (不孝) über die Fallvariation „den Tod seiner Großeltern väterlicherseits oder den seiner Eltern erfahren, dies verbergen und nicht trauern" wie folgt: „Gemäß dem Buch der Riten (*Liji* 禮記) begegnet man, hört man vom Tod seiner Eltern, dem Überbringer (dieser Nachricht) sofort mit lautem Schluchzen und überlässt sich ganz seinem Kummer und erkundigt sich nach den Ursachen. Der Tod der Eltern ist der größte aller Schmerzen... Wenn man dies jedoch verbirgt und ihren Tod nicht (sofort durch lautes Wehklagen) betrauert oder erst an einem bestimmten Tag mit dem Trauern beginnt, so ist das eine wie das andere 'Unehrerbietigkeit gegenüber den Eltern."[114]

c) *Li-Jiao*-Normen konnten Lücken der Gesetze ausfüllen und wie Gesetzesparagraphen herangezogen werden. Beispiel: Im Paragraphen über „Alte, Minderjährige und Behinderte" der „Allgemeinen Prinzipien" (名例), wonach deren auf mit höchstens lebenslanger Verbannung bedrohten Straftaten durch Geld abgelöst werden konnten, wird im Kommentar folgende Frage aufgeworfen: „...Wie ist zu entscheiden, wenn jemand (aus dieser Personengruppe) seinen eigenen Vater oder seine eigene Mutter schlägt?" Die Antwort: „Auch Minderjährige und Behinderte sind, wenn sie es wagen, ihre Eltern zu schlagen, von scheußlicher Bosheit (惡逆). Ob sie nun ihre Tat aus Beschränktheit oder aus Berechnung begehen, in jedem Fall sind sie, auch wenn das Gesetz keine Strafe dafür vorsieht, doch gemäß den

---

114 Es sei hier eine Bemerkung angeführt, die Montesquieu in „Vom Geist der Gesetze" im 19. Kapitel des 19. Buches unter „Wie diese Einheit von Religion, Gesetzen, Sitten und Lebensstil bei den Chinesen zustande kam" unterbreitet: „Dieses Reich ist nach dem Leitbild einer Familie geformt. Wenn die väterliche Autorität beeinträchtigt wird, ja schon wenn die Zeremonien abgeschafft werden, in denen diese Hochachtung Ausdruck findet, wird die Achtung vor den Beamten geschwächt, die ja als Väter angesehen werden...Wird eine dieser Gepflogenheiten aufgegeben, so erschüttert man den ganzen Staat. Ob sich eine Schwiegertochter jeden Morgen erhebt, um ihrer Schwiegermutter Dienstpflichten zu leisten, ist an und für sich vollkommen gleichgültig. Diese Äußerlichkeiten wecken aber unaufhörlich wieder ein Gefühl, das unbedingt allen Herzen eingepflanzt werden muss und den Geist, der das Reich regiert, aus allen Herzen aufsteigen lässt. Richtet man darauf sein Augenmerk, so versteht man, dass diese oder jene nebensächliche Handlung unerlässlich ist."

Li-Regeln unehrerbietig (不孝). In solchen Fällen ist bei der höheren Behörde an-
zufragen und die kaiserliche Entscheidung abzuwarten."

d) Kennzeichnend war auch das Bestreben des Gesetzgebers, die Gesamtheit
der ethischen Regeln strafrechtlich zu sanktionieren, ein „ethisches Maximum" mit
Kriminalstrafe zu bedrohen. Um dies zu gewährleisten, stellt das Gesetz zwei Mechanismen zur Verfügung. Zum einen findet sich im Tang-Kodex die Vorschrift
(Art. 450, unter „Verschiedene Straftaten") über „Tun, was nicht getan werden
darf," der *bu ying de wei er wei* 不應得為而為-Tatbestand: „Handlungen, die man
nicht begehen darf, aber dennoch begeht, werden mit vierzig Schlägen mit dem
leichten Bambus bestraft (Kommentar: Angelegenheiten, die der Kodex und die
Erlasse nicht ausdrücklich bestimmen, die aber nach den Regeln des menschlichen
Verhaltens nicht verletzt werden dürfen). Sind die Tatumstände schwerwiegend,
wird durch achtzig Schläge mit dem schweren Bambus bestraft".[115] Des Weiteren
sieht der Kodex (in den „Allgemeinen Prinzipien", Art. 50) eine Analogie-Bestim-
mung vor. Sie lautet: „In allen Fällen, bei denen es um die Entscheidung von Straftaten geht, für die es keine ausdrückliche gesetzliche Vorschrift gibt, begründet
man entweder die Straflosigkeit dieser Tat, indem man aus dem Gesetz darlegt,
dass nur der schwere Fall im Gesetz mit Strafe bedroht ist, oder man begründet die
Strafbarkeit der Tat, indem man die Strafbarkeit schon des leichteren Falles im
Gesetz nachweist."[116] Auf diese Weise wurde der im Tang-Kodex zur Unterbin-
dung von Willkür angelegte Legalitätsgrundsatz – nach einer Vorschrift im Kapitel
Duan-yu 斷獄 (Strafverfahren und Haft) muss in allen Urteilen die relevante Vorschrift des *Lü* oder einer anderen positiven Rechtsquelle zitiert werden – im Dienste
einer lückenlosen Sanktionierung von als unmoralisch empfundenem Verhalten
durchbrochen.

3. Sozialbeziehungen

Die *Li-Jiao*-Normen beruhen auf der Basis der „fünf zwischenmenschlichen Beziehungen" (五倫), d.h., dass dieses Beziehungsgefüge Vorgabe für den Gesetzgeber ist. Folge ist die „Konfuzianisierung der Gesetze". Die Beziehungen der

---

115 Eine fast gleichlautende Vorschrift ist Art. 386 des Qing-Kodex. Bünger (*Die Rechtsidee
in der chinesischen Geschichte, op. cit.*, S. 207) misst dieser Regel keine praktische Bedeutung bei, was die Praxis jedoch nicht bestätigt (vgl. Bodde/Morris, *Law in Imperial
China*, Cambridge/Mass. 1967, S. 214 f., 440 ff.).
116 Ähnlich § 44 *Qinglü*: „Da es unpraktisch ist, für jede mögliche Straftat eine Norm vorzusehen, mag es Fälle geben, auf kein Gesetz oder Edikt, *Lü* oder *Li*, anwendbar ist. Solche
Fälle sollen auf der Grundlage eines genauen Vergleichs mit anderen Fällen, für die eine
Regelung vorgesehen ist und die der fraglichen Tat am nächsten kommen, entschieden
werden...."

Menschen untereinander wurden vollständig von dem Status der an diesen Beziehungen Beteiligten beherrscht. Folgende diesbezügliche Merkmale lassen sich feststellen:

a) Die besondere Ausprägung der Persönlichkeit des Monarchen im Kodex. Unter den 502 Paragraphen des Tang-Gesetzbuches ist das schwerste Verbrechen *Moufan* 謀反, Rebellion gegen den Monarchen: Der Täter wird stets enthauptet (斬); der Vater des Täters und seine Söhne von wenigstens sechzehn Jahren werden alle erdrosselt (絞). Der Kodex enthält achtzehn sich auf den Kaiser beziehenden, mit Todesstrafe bedrohten Handlungen, wie etwa nach Art. 122 die verletzende Kritik des Kaisers.

b) Der spezifische Status der Beamten. Bei Strafurteilen weist der Tang-Kodex den Beamten und dem einfachen Volk unterschiedliche Positionen zu. Für sämtliche Beamte mit einem Rang über den „Neun Rängen" (九品) konnten, sofern sie nicht eine mit Verbannung (流) oder Todesstrafe bedrohte Tat begingen, die gesetzlichen Strafen um einige Grade reduziert werden oder gar eine Ablösung durch Geld erfolgen.

c) Die wichtige Funktion des Familienstatus im Recht[117] zeigt sich in der Erscheinung der Kollektivstrafe (緣坐). Im Fall von „Rebellion" wurden an der Tat Unbeteiligte dafür bestraft, weil sie zum Täter in einer Familienbeziehung standen (Art. 18), etwa der Vater für die Taten des Sohnes. Umgekehrt konnten straffällig gewordene Personen in den Genuss einer Reduzierung oder pekuniären Ablösung ihrer Strafe gelangen, weil sie zu einer bestimmten Person in familiärer Beziehung standen, das Privileg der *Bayi* 八議 kam also der ganzen Familie zugute. – Die Strafbemessung konnte bei gleicher Tathandlung je nach Status des Täters verschieden ausfallen. So unterschied sich z.B. bei der Körperverletzung einer Person die Strafe für einen Verwandten von der von einem außerhalb der Familie Stehenden. Unter besonderen Umständen konnte aus familiären Gründen von der Gesetzesanwendung überhaupt abgesehen werden. So heißt es z.B. in dem Artikel (des Allgemeinen Teils) über „Mit dem Tode bedrohte Verbrechen, die nicht zu den ‚Zehn schändlichen Verbrechen' gehören" (Art. 26): „Täter, die ein mit dem Tode bedrohtes Verbrechen, das nicht zu den ‚Zehn schändlichen Verbrechen' gehört, begangen haben, können, wenn ihre Großeltern väterlicherseits oder ihre Eltern alt oder schwach sind und der Pflege bedürfen und in der Familie kein Verwandter innerhalb des zweiten Trauergrades ist, einen Antrag auf Nichtanwendung des Gesetzes stellen. Solche Täter, die ein mit Verbannung bedrohtes Verbrechen begangen haben, erhalten (unter solchen Verhältnissen) die Erlaubnis, zu Hause zu bleiben und ihre Verwandten zu pflegen..." – Aus der Familienbeziehung resultierte schließlich das Privileg, „Straftaten anderer Haushaltsangehörigen verbergen zu

---

117 Ausführlich dazu Geoffrey MacCormack, *The Spirit of Traditional Chinese Law*, Athens and London, 1996, S. 69 ff. („The Fundamental Family Roles").

dürfen" (Art. 46), von der sonst bestehenden Pflicht zur Denunziation also befreit zu sein, solange es sich bei der betreffenden Straftat nicht um Rebellion oder Hochverrat handelte.

Die „Ethisierung der Gesetze" ist damit im Tang-Kodex vollendet und bis zu Beginn des 20. Jh. kaum hinterfragt worden und unverändert geblieben. Zusammenfassend können wir insofern feststellen: Das *Lü* schützte zwar auch eine Güter-, vorrangig jedoch eine Moralordnung. Dieselben Straftaten galten als verschieden schwer, je nachdem wem gegenüber sie begangen wurden. Eltern oder Großeltern zu schlagen, wurde mit dem Tode, das Schlagen anderer Personen mit einer bestimmten Anzahl von Stockhieben bestraft. Eine Beschimpfung von Eltern und Großeltern konnte mit Tod durch Erdrosseln geahndet werden, während man andere Menschen straflos beschimpfen konnte. Bei Körperverletzung war eine ganze Skala von Strafen je nach dem Grad der verwandtschaftlichen oder sozialen Beziehungen vorgegeben. Die im „Allgemeinen Teil" und damit dem ganzen Kodex vorangestellten „Zehn schändlichen Verbrechen" (十惡) machen deutlich, dass Loyalität gegenüber der Obrigkeit und Gehorsam gegenüber den Älteren in der Familie dem Gesetzgeber als vorrangig schutzwürdig erschienen.

4. Prozess

Hat das traditionelle materielle Strafrecht schon früh ein Maß an Systematisierung und inhaltlicher Bestimmtheit erreicht, das bis in die Neuzeit hinein „den Rest der Welt weit hinter sich ließ"[118], so gilt dies auch für das Verfahrensrecht.[119] Alle Prozesse begannen als Folge der Anzeige eines Geschädigten oder eigenbehördliche Kenntnisnahme eines Verbrechensbei der Kreisbehörde. Deren Chef, der Kreismagistrat, fungierte als Herr des Verfahrens, der den Sachverhalt erforschte, Beweise erhob (Bereich der Tatsachenfeststellung), die für den Fall einschlägige Vorschrift(en) des Kodex identifizierte und die Strafe festsetzte (Bereich der Rechtsanwendung). Ein Urteil konnte dort aber nur ergehen, wenn nicht mehr als Prügelstrafe ausgesprochen wurde; im Übrigen durfte nur ein Urteilsvorschlag unterbreitet werden, woraufhin die Akten der Provinzbehörde zum Urteilsspruch zuzuleiten waren. In Fällen der Bestrafung mit permanenter Verbannung oder einer noch strengeren Strafe hatte der Provinzgouverneur die Ermittlungen des Strafmi-

---

118 Shiga Shuzo, "Criminal Procedure in the Ch'ing Dynasty", in: *Memories of the Research oft the Toyo Bunko*, no.33 (1975), S. 126. Um dies zu bestätigen, genügt ein Blick in das Strafrecht des „Sachsenspiegels" des 13. Jh. und die "Constitutio Criminalis Carolina" (Peinliche Halsgerichtsordnung Karls V) des 16. Jh.

119 Es wird von MacCormack, *op. cit.* (Anm. 23), S. 73 ff. auch für die späteren Dynastien ausführlich dargestellt.

nisteriums (刑部) abzuwarten. Bei Todesstrafe war stets die Zustimmung des Ministeriums und des Kaisers erforderlich.

Das *Tanglü* traf vielfältige Vorkehrungen gegen ein willkürliches Strafverfahren. Das Verfahren begann mit einer Anklage, meist durch einen Privatkläger (Tatopfer oder dessen Verwandten). Die Ermittlungen waren auf den Anklagegegenstand zu beschränken: „Sämtliche Befragungen müssen sich im Rahmen des gegen den Angeklagten gerichteten Gegenstandes der Anklage halten. Stellt ein beteiligter Beamter Fragen, die nicht mit der Anklage zu tun haben, um den Angeklagten so zusätzlich zu belasten, ist er (gemäß dem entsprechenden Artikel im Kodex) zu bestrafen" (Art. 480). Diese Form des Strafverfahrens unterscheidet sich also vom europäischen Inquisitionsprozess, bei dem der Richter ohne öffentliche oder private Klage stets von Amts wegen ermittelt. Um leichtfertigen Anschuldigungen vorzubeugen, enthält der Kodex die Regel, dass ein Ankläger mit derselben Strafe zu belegen war, die für die Tat angedroht war, die er anzeigte. Dies hieß „vergeltende Strafe für falsche Anschuldigung" (誣告反坐). Ein weiteres Schutzmittel gegen falsche Anschuldigungen war die „vergeltende Folter" (反拷): Legte der Angeklagte trotz Anwendung der – gesetzlich streng geregelten – peinlichen Befragung (拷訊)[120] kein Geständnis ab, wurde dem Anschuldigenden die gleiche Anzahl von Stockhieben appliziert Folter, um zu ermitteln, ob er vorsätzlich eine falsche Anschuldigung vorgebracht hat (Art. 478). Zur Verdeutlichung des Risikos von Anschuldigungen diente die „Dreifachbefragung" (三審): Der Kläger wurde dreimal auf die *fankao* 反拷-Vorschrift hingewiesen, und der Beamte gab zu bedenken, ob der Fall den eindeutig genug sei, um das Risiko solcher Konsequenzen einzugehen.[121]

Dass ein Geständnis des Angeklagten als Urteilsvoraussetzung (nicht als Beweismittel) vorliegen musste, war ein selbstverständliches Grundprinzip.[122] Nicht Beamte, Richter oder Geschworene sollten die Wahrheit ermitteln, sondern der Täter selbst, der mehr als jeder andere von der Angelegenheit wusste. Vor Anwendung der Folter musste der Magistrat aber die seit alters her bekannten „Fünf Verhörweisen" (五聽) – Erforschung der Aussagen, des Ausdrucks, des Atems, der Reaktion auf die Worte des Richters und der Augen des Angeklagten – mehr-

---

120 Diesbezüglich besteht allerdings eine Parallelität zum europäischen Inquisitionsprozess, den Goethe im „Egmont" (4. Aufzug) treffend als ein Verfahren charakterisiert, „wo nichts heraus zu verhören ist, da verhört man hinein."

121 Ausnahmen von der Regel der Anwendung der „vergeltenden Strafe" und der „vergeltenden Folter" betreffen insbesondere Privilegierte („Acht Erwägungen"), Alte, Junge und Behinderte, (sofern es nicht um eines der „Zehn schändlichen Verbrechen" geht).

122 Der Tang-Kodex sah zwei Ausnahmen vor: Fälle, in denen es um Personen ging, die von der Anwendung der Folter befreit waren, wie hohe Beamte, Alte, Junge und Behinderte. Sie konnten durch das Zeugnis von wenigstens drei Zeugen verurteilt werden, ferner Fälle, in denen der sachliche Beweis ganz offensichtlich war, so dass es überhaupt keinen Zweifel gab (Art. 474, 476).

fach durchführen und die Sachbeweise würdigen. Voreilige Anwendung der Folter wurde mit Verwaltungsstrafe (Degradierung, Gehaltsreduzierung) geahndet. „Gottesurteile" (Ordale) und den Eid kannte das Verfahren bereits in den entferntesten Stadien der Rechtsentwicklung nicht (mehr).[123] Der „konfuzianische Rationalismus" führte demgegenüber zu einer frühen Entwicklung der Gerichtsmedizin.[124]

Die zivilrechtliche Verantwortlichkeit eines Straftäters und die als zivilrechtlich zu begreifende Ausgleichsleistung an das Opfer einer Straftat wurden im Rahmen des Strafverfahrens berücksichtigt. In Anlehnung an das moderne Strafprozessrecht kann man *mutatis mutandis* von einem „zivilprozessualen Anschluss- oder Nebenverfahren" des Strafprozesses sprechen. [125] Beide Teile des Verfahrens – Strafsache und Schadensersatz – wurden aber nicht getrennt und unter Anwendung unterschiedlicher Prozessordnungen, sondern gleichzeitig und unter einheitlichen Vefahrensgrundsätzen behandelt. So sind nach Art. 33 des Kodex rechtswidrig erlangte Gegenstände, *Zang* 贓, an den Eigentümer zurückzugeben; wurden sie durch Raub erlangt, ist der doppelte Wert der betreffenden Gegenstände zu erstatten. Nach Art. 434 ist bei vorsätzlicher Verursachung eines Schadens durch Feuer oder Wasser „der Wert zu ersetzen". Straf- und vermögensrechtliche Sanktion gehen hier Hand in Hand.

V Song, Yuan, Ming

Der Tang-Kodex gilt als ein Kulminationspunkt in der chinesischen Gesetzgebungsgeschichte. Zum einen in formaler Hinsicht: Die Strukturierung des Regelungsgehalts in zwölf Kapiteln mit 502 knapp und präzise formulierten Artikeln. Zum andern in materieller Hinsicht: Die konsequente Vergesetzlichung der *Li* 禮, die Vollendung der Ethisierung des gesetzten Rechts, die konsequente Integration des Trauersystems in das Strafsystem, damit die konsequente Ungleichheit der Sanktionen: Bestrafung in Ansehung der Person. Der Tang-Kodex besitzt aber auch deshalb seinen Ruf und hohen Rang, weil er das früheste erhaltene chinesische Gesetzbuch ist. Unser gesetzgebungshistorischer Überblick hat gezeigt, dass die

---

123 Vgl. 1. Kapitel, V/8.

124 Die in der Kulturgeschichte früheste Darstellung ist das 1247 fertiggestellte „Handbuch" über die „Reinwaschung unschuldig Verurteilter" (洗冤錄) des Song-Beamten Song Ci (1181-1249, vgl. Herbert Franke (ed.), *Sung-Biographies*, Wiesbaden 1976, S. 990): Herbert A. Giles, *The Hsi Yuan Lu or Instructions to Coroners*, Cambridge, 1923 und Brian E. McKnight, *The Washing Away of Wrongs: Forensic Medicine in Thirteenth-Century China*, Ann Arbor, 1981. Dazu auch Erhard Rosner, "Zur Praxis der forensischen Medizin im traditionellen China", in: *Ostasienwissenschaftliche Beiträge zur Sprache, Literatur, Geschichte, Geistesgeschichte, Wirtschaft, Politik und Geographie*, Wiesbaden, o.J., S. 337 ff.

125 So auch Wang Shirong, "汉唐民事诉讼制度" (Das Zivilprozesssystem der Han- und Tang-Dynastie), *FLKX*, 1996, S. 75 ff.

Kaiser und Beamten von Sui und Tang „schöpferische" Gesetzgeber nur aber doch insoweit waren, als sie das Material einer tausendjährigen Überlieferung zu überschauen und zu formen wussten. Es war eben diese Leistung der Systematik, die dem *Tanglü* eine Wirkung in zwei Richtungen verschaffte: Zum einen in die innerchinesische gesetzgeberische Zukunft, zum anderen als Grundlage eines ostasiatischen Rechtskreises.[126]

Die weitere Entwicklung der chinesischen Gesetzgebung blieb in materieller Hinsicht den im *Tanglü* konsolidierten Rechtsanschauungen und ihren sozio-kulturellen Grundlagen verbunden. Für den Ming-Kodex wurde festgestellt, dass von seinen 460 Artikeln 356 aus dem Tang-Kodex übernommen worden sind, was dann auch für den Qing-Kodex gilt, der seinerseits eine Übernahme des Ming-Kodex ist. Allerdings hat es während dieses langen Zeitraums Veränderungen hinsichtlich der Bedeutung einzelner Gesetzestypen gegeben.

1. Song: Vom Gesetzbuch zu Präzedenzien?

So ist das Rechtssystem der Song-Dynastie (960-1279) zum einen durch die so gut wie wörtliche Übernahme des *Tanglü* – im Wege der Übernahme des Gesetzbuchs der kurzlebigen (951-960) Späteren Zhou-Dynastie, dem *Da-Zhou Xingtong* 大周刑統 von 958, das seinerseits auf dem Tang-Gesetzbuch beruhte[127] –, zum anderen aber durch den Erlass neuer Einzelgesetze (令), Dekrete (格), Formvorschriften (式)[128], ferner durch die Rolle der Präzedenzien, d.h. den höchstrichterlichen Rechtssprüchen des Kaisers (例), gekennzeichnet. Der Kodex, entsprechend dem unmittelbaren Vorbild als *Song Xingtong* 宋刑統, „Song Straftradition" bezeichnet,

---

126 Dazu Yang Honglie, 中國法律在東亞諸國之影響 (Der Einfluss des chinesischen Rechts in Staaten Ostasiens), erste Taiwan-Ausgabe 1971, wo die Übernahme des Tang-Rechts in Korea, Japan, Ryukyu und Annam aufgewiesen wird. Siehe auch Carl Steenstrup, *A History of Law in Japan until 1968*, Leiden etc. 1991, S. 30 ff.; Pyong-choon Hahm, *The Korean Political Tradition and Law*, Seoul 1967; William Shaw, *Legal Norms in a Confucian State*, Berkeley 1981; Ta Van Tai, "Vietnam's Code oft the Le Dynasty (1428-1788)", *AJCL*, vol. 30 (1982), S. 499 ff. – Zu dem Einfluss des Tang-Rechts noch in den Strafrechtsreformen der frühen Meiji-Zeit (siebziger Jahre des 19. Jh.) vgl. Petra Schmidt, Die Todesstrafe in Japan, Hamburg 1996, S. 120 ff. – Noch Anfang der 1970er Jahre hat sich das japanische Oberste Gericht in einer Entscheidung über die Frage der Verfassungsmäßigkeit einer Vorschrift des Strafgesetzbuches über den Aszendentenmord mit dem Tang-Kodex befassen müssen (vgl. John O. Haley, in: *Law in Japan*, vol. 6/1973, S. 173 f.; Miyazawa Toshiyoshi, *Verfassungsrecht/Kempo*, Köln etc. 1986, S. 88).

127 Im „Rechtskapitel" der *Alten Historie der Fünf Dynastien* (舊五代史) heißt es, dass die *Lü* weitestgehend aus dem *Tanglü* übernommen wurden, dass man aber den Kommentar (疏) bei schwer verständlichen *Lü* ergänzt, bei leicht verständlichen gekürzt hätte. *XFZ*, S. 345.

128 Dazu Brian E. McKnight, "Patterns of Law and Patterns of Thought: Notes on the Specifications (*shih*) of Sung China", in: *Journal oft the American Oriental Society*, vol. 102 (1982), S. 323 ff.

wurde 963 verkündet.[129]Die Namensänderung deutet, wie das „Rechtskapitel" der *Wudai*-Historie berichtet, auf eine systematisierende Leistung der Späteren Zhou dergestalt, dass einschlägige Einzelgesetze (令), Edikte (敕) und Formvorschriften (式) dem *Lü*-Text angefügt wurden,[130] was als „eine hochwissenschaftliche Kompilationsmethode" bezeichnet wurde.[131] Durchweg nicht erhalten gebliebene Kompilationen neuer Edikte (敕), Einzelgesetze (令) und Präzedenzien (例), d.h. höchstrichterlicher Rechtssprüche des Kaisers, die neuen gesellschaftlichen und wirtschaftlichen Herausforderungen Rechnung tragen sollten, folgten nichtdestotrotz bald nach. Von Zhu Xi (1130-1200), dem führenden neokonfuzianischen Philosophen der Epoche, ist die These überliefert, dass das Gesetzbuch obsolet geworden sei und Kaiserliche Edikte (敕) sowie Präzedenzien (例) an seine Stelle getreten seien.[132] In der rechtshistorischen Forschung ist die Frage aufgeworfen worden, ob darüber hinaus ein Übergang von einem System kodifizierten positiven Rechts zu einem Fallrecht (auf der Grundlagen von Präzedenzien) stattgefunden hat.[133] Zwar sind in der Song-Zeit immer wieder Sammlungen von Präzedenzfällen angefertigt worden.[134] Manche betrafen Entscheidungen der Song-Kaiser und der höchsten Justizbehörden; andere verfolgten mehr literarische Zwecke und umfass-

129 Dazu Karl Bünger, „Über die Kodifikation in der Sung-Dynastie", in: D. Eikemeier u.a. (Hrsg.), *Ch'en-yüeh chi. Tilemann Gimm zum 60. Geburtstag*, Tübingen 1982, S. 11-29. Chinesischer Text bei Jiao Zuhan, op. cit. (Anm. 1), S. 193-261. Brian McKnight hat in *Law and Order in Sung-China*, Cambridge/England etc. 1992 auf der Grundlage einer Fülle Song-zeitlicher Quellen das gelebte Strafrecht detailliert aufgewiesen und einen Eindruck davon vermittelt, wie sehr dieses System der „Vormoderne" in seinem Maß an Legalität, Ordnungssinn und Effizienz, aber auch an Humanität und permanenter kritischer Überprüfung und Fragestellung "modern" anmutet und dem meisten überlegen war, was Europa an einer Kultur der Strafrechtspflege bis zum Ende des 18. Jh. hervorgebracht hat.
130 *XFZ*, S. 345, so dass der Kodex 與律疏令式通行 „sämtliche Gesetzesnormen durchgängig aufweist".
131 So Xu Daolin, *op. cit.* (Anm. 54), S. 141. Diese Methode der Integration kommt in der weiteren Entwicklung (späte Ming, Qing) bei dem Einbezug der *Li* 例 genannten Ergänzungsgesetze in den Kodex zur Anwendung.
132 Nach Ichisada Miyazaki, "The Administration of Justice During the Sung Dynasty", in: Cohen, Edwards, Cheng Chen (Edts.), *Essays on China's Legal Tradition,* Princeton 1980, S. 56 ff., 57.
133 Vgl. Brian E. McKnight, "From Statute to Precedent: An Introduction to Sung Law and its Transformation", in: Brian E. McKnight (ed.), *Law and the State in Traditional East Asia,* Hawaii 1987; He Weifang, "The Style and Spirit of Traditional Chinese Judicial Decisions – Based Mainly on Song Dynasty Cases, and Compared to Court Decisions in England", *SSC*, Autumn 1991, S. 74 ff.
134 Drei Fälle aus einer Urteils (書判)-Sammlung der Späten Song (13. Jh.) bietet Christian de Pee, "Cases oft the New Terrace: Canon and Law in three Southern Song Verdicts", in: *Journal of Sung-Yuan Studies*, vol. 27 (1997), S. 27 ff. In ihnen zeigt sich, dass der einem neokonfuzianischen moralischen Fundamentalismus huldigende Richter von gesetzlichen Regelungen und überlieferter Gerichtspraxis abweicht: "The Confucian canon replaces casebooks, courtromm moralility replaces fieldwork in deciding a doubtful case" (ibid., S. 49).

ten berühmte Fälle aus vielen Jahrhunderten, wie das von Robert van Gulik über-setzte *T'ang Yin Bishi* (堂陰比事)[135], eine 1211 von Gui Wanrong, einem Beamten-Gelehrten der Südlichen Song, zusammengestellte Sammlung von 144 Fällen aus vorkaiserlicher Zeit bis etwa zum Jahre 1100. Authentische Rechtsstreitigkeiten zu Vermögens- und Familienangelegenheiten aus der ersten Hälfte des 13. Jh. enthält die „Sammlung von Reinheit und Klarheit in Form schriftlicher Entscheidungen berühmter Richter" (名公書判清明集).[136] Hier wird deutlich, dass „der Verweis auf den Kodex (律) im Vergleich zu anderen Gesetzgebungsakten relativ selten erscheint"[137], der Kodex hinter Einzelgesetzen (令) und Edikten (敕) in den Hin-tergrund getreten ist. Gudula Linck hat in den von ihr untersuchten Fallberichten des Weiteren eine „rechtsschöpferische Bedeutung der richterlichen Praxis" er-mittelt.[138] Es wird angenommen, dass die Aufwertung des Fallrechts durch die Unsicherheit und Unübersichtlichkeit begünstigt worden ist, die sich durch die vielen Reformen, die in der Song-Zeit versucht worden waren[139], eingestellt hatte. Jedoch wäre es übertrieben, von einem Übergang zu einem Fallrechtssystem zu sprechen. Erste Grundlage der Rechtsprechung waren die kaiserlichen Edikte (敕), die Verbreitung der Präzedenzien wurde von amtlicher Seite als eher schädlich für die Rechtsordnung empfunden. Mehrfach ergingen kaiserliche Anordnungen, Prä-zedenzien nicht mehr heranzuziehen oder nur die besonders zugelassenen Fallbei-spiele zur Grundlage von Entscheidungen zu machen.[140]

---

135 *Parallel Cases From Under The Pear-Tree*, Leiden 1956. Diesem Interesse der Song am Fallrecht verdanken die Detektivgeschichten der *Bao-gong* 包公-Literatur ihre Existenz. Dazu Wolfgang Bauer, "The Tradition of the Criminal Cases of Master Pao ,Pao-Kung-An'" (Lung-T'u Kung-An), in: Oriens (Leiden) 1974, S. 433 ff. Zu der Bibliographie des Bao Zheng in der Song-Historie vgl. Herbert Franke (ed.), *Sung Biographies*, Wiesbaden 1976, S. 823-832 und die rechtshistorische, auf Throneingaben beruhende Studie von Bernd Schmoller, *Bao Zheng (999-1062) als Beamter und Staatsmann*, Bochum, 1982.

136 Dazu die instruktive und in vielem faszinierende Studie von Gudula Linck, *Zur Sozialge-schichte der chinesischen Familie im 13. Jahrhundert. Untersuchungen am „Ming-Gong Shu-Pan Qing-Ming Ji"*, Stuttgart, 1986, wo die 132 nicht allein das Strafrecht und Pro-zessrecht, sondern vornehmlich Vermögens- und Familienrecht betreffenden Fallberichte der Sammlung im Umfeld der sozio-kulturellen Umwelt auf ihren rechtlichen Gehalt ana-lysiert werden.

137 *Ibid.*, S. 60. So befand sich, wie Gudula Linck, *op. cit.*, S. 94 darlegt, eine Regelung über das Recht von Witwen, über das Familienvermögen testamentarisch zu verfügen, zwar nicht im Kodex, existierte aber in Einzelgesetzen. Es wird dort (S. 61 f.) auch gezeigt, welche Gesetzesart bei welchen zu entscheidenden Rechtsfragen Priorität genoss. Erfolgte z.B. eine Regelung auf der Grundlage des Kodes (律), so scheint dies auf Traditionsgebundenheit des fraglichen Regelungsbereichs (Heirat und Scheidung) zu deuten.

138 *Ibid.*, S. 60.

139 Vgl. James T.C. Liu, *Reform in Sung China. Wang An-Shih (1021-1086) and His New Policies*, Cambridge/Mass. 1959.

140 Vgl. Seidel, *op. cit.* (Anm. 16), S. 71 f., 76 f., Bemühungen, die schon in früherer Zeit un-ternommen wurden, vgl. Heuser, *op. cit.* (Anm. 11), S. 41 f. Wie sehr die gerichtliche Ur-teilspraxis sich am Gesetz orientierte, zeigen auch die Gutachten sowohl des Sima Guang

2. Yuan: Zusammenprall der Kulturen

Die Yuan-Dynastie (1271-1368) hatte als Fremddynastie kein spontanes Verhältnis zum Tang- und Songrecht. Zunächst wurde auf der Basis von Edikten regiert. Orientierung scheint man anfänglich und bis zu seiner Aufhebung im Jahre 1271 unter Kublai Khan auch am Gesetzbuch der von den Mongolen eroberten, vom Volk der mandschurischen Jurchen getragenen nordchinesischen Jin-Dynastie (1115-1234), dem gemäß einer Feststellung der Jin-Historie *Jinshi* 金史 vom *Tanglü* beeinflussten *Taihelü* 泰和律 von 1201, genommen zu haben.[141] Bekanntlich war das Territorium Chinas zu dieser Zeit extrem ausgeweitet, die ethnische und religiöse Zusammensetzung der Bevölkerung und damit die Zugehörigkeit zu Gesellschaftsklassen besonders komplex. Auch dies hat die Erstellung eines einheitlichen Kodex erschwert. „Da die mongolischen Rechtsgewohnheiten", erläutert Paul Ratchnevsky das aufgegebene Problem, „auf chinesische Verhältnisse nicht übertragbar waren, mussten die Rechtsvorschriften des Gesetzgebers, sofern sie für China bestimmt waren, chinesisches Recht verkörpern, andererseits war aber auch die Mongolei der Verwaltung des kaiserlichen Hofes unterstellt und die chinesischen Rechtsnormen konnten dort ebenso wenig Anwendung finden."[142] Eine solche Situation mußte zur umfänglichen Entstehung von Präjudizienrecht führen. So entstand z.B. 1320/1322 das *Yuan Dian Zhang* 元典章, eine umfangreiche, gänzlich erhaltene Sammlung von Präzedenzien, Erlassen und sonstigen Dokumenten, aus denen Aspekte des (chinesischen) Strafrechts dieser Epoche zu ersehen sind und die deutlich machen, dass die Kontinuität des Tang-Song-Rechts in der Substanz gewahrt wurde.[143]

Erst einige Dekaden nach Herrschaftsantritt wurde (1291) ein von He Rongzu ausgearbeitete Gesetzessammlung – „Die neuen Dekrete der Großen Yuan" (至元新格) – erlassen, deren Inhalt nur teilweise überliefert ist.[144] Wie sich in ihm

---

(1019-1086) wie auch seines Gegenspielers Wang Anshi (1021-1086) in einem berühmten Fall der Song-Zeit. Vgl. Hellmut Wilhelm, „Der Prozess der A Yün", *MS,* vol. 1 (1935/36), S. 338 ff.

141 Vgl. unten Anm. 164.

142 Die Mongolische Rechtsinstitution der Buße in der chinesischen Gesetzgebung der Yüan-Zeit, in: *Studia Sino-Altaica. Festschrift für Erich Haenisch zum 80. Geburtstag,* hrsgg. von Herbert Franke, Wiesbaden 1961, S. 169.

143 Erhard Rosner hat in *Die "Zehn schimpflichen Delikte" im chinesischen Recht der Yüan-Zeit,* Münchner Philos. Diss., 1964 auf der Grundlage dieser Sammlung verschiedene Aspekte des „Allgemeinen Teils" – Strafmündigkeit, Schuldformen, Täterschaft und Teilnahme sowie die „Zehn schändlichen Verbrechen" – herausgearbeitet.

144 Unsere Kenntnisse über das Recht der Yuan-Dynastie beruhen in erster Linie auf dem „Strafrechtskapitel" der zu Beginn der Ming-Zeit verfassten Yuan-Historie (元史), *XFZ,* S. 613 ff. Vgl. dazu (das missverständlich betitelte Werk von) Paul Ratchnevsky, *Un Code des Yuan,* Paris 1937; drei Fortsetzungsbände erschienen ebendort 1972, 1978 und 1985. Es handelt sich um eine kommentierte Übersetzung des das Präzedenzienrecht dieser Epo-

chinesische Rechtsinstitute und mongolisches Gewohnheitsrecht[145] vermischen, hat Paul Chen in seiner aus diversen in den Quellen auffindbaren Fragmenten erstellten Rekonstruktion aufgewiesen.[146] Dienten diese Gesetze den pragmatischen Bedürfnissen der Kontrolle der Beamtenschaft und der Verwaltungsordnung, so näherten sich die 1323 erlassenen „Institutionen der Großen Yuan" (大元通制) dem überlieferten Gliederungsschema und auch dem chinesischen Recht wieder an.[147] Jedoch zeigt bereits der Umfang von 1080 Artikeln in 21 Kapiteln, dass man es hier nicht mit einem Kodex in der Tang-Song-Tradition zu tun hat, sondern mit in Paragraphenform gegossenen Entscheidungen und Dekreten. Auf das erste Kapitel *Mingli* 名例, in dem die „Fünf Strafen", „Fünf Trauergrade", „Zehn schändlichen Verbrechen"[148] und „Acht Erwägungen" in von den Tang- und Song-Vorgängern teilweise abweichender Weise aufgewiesen werden, folgen ein Kapitel „Palastwache und Verbote" (衛禁), zwei höchst umfangreiche Kapitel „Beamtenwesen" (職制), des weiteren Kapitel über „Vorschriften für Opferhandlungen" (祭令), „Gelehrtenregeln" (學規), „Militärgesetze" (軍律), „Familie und Ehe" (戶婚), „Nahrungsmittel und Güter" (食貨), ein die „schändlichen Verbrechen" substantiierendes Kapitel „Große Übel" (大惡), schließlich acht weitere Kapitel, die den eigentlichen Straftatbeständen und Prozessregeln in der üblichen Terminologie gewidmet sind und zuletzt je ein Kapitel über „Straferleichterung" (恤刑) und „Wiedergutmachung bei Fehlurteil" (平反).

In allem zeigt sich – angesichts der kurzen Zeit, die der Dynastie zur Verfügung stand – ein zum Scheitern verurteiltes Bestreben, chinesische und mongolische Rechtsanschauungen in einem einheitlichen Kodex zu „versöhnen". Man mußte sich stattdessen mit Präzedenzien und *ad hoc*-Regelungen begnügen. Es mag daher kein Zufall sein, dass das zu dieser Zeit blühende Musiktheater häufig Gerichtsszenen zum Gegenstand hat.[149] In ihnen wird von Richtern gehandelt, „denen das

---

che zusammenstellenden „Strafrechtskapitels" der Yuan-Historie. Vgl. Erhard Rosner, *op. cit.* (Anm. 143), S. 3 ff.: „Das Verhältnis von Rechtsnorm und Entscheidung".

145 Das innermongolische Stammesrecht – „based on a nomadic pastoral culture" – behandelt Valentin A. Riasanovsky, *Fundamental Principles of Mongol Law*, Tientsin 1937, Neuausgabe Bloomington und The Hague 1965.

146 Paul Heng-chao Chen, *Chinese Legal Tradition Under the Mongols. The Code of 1291 As Reconstructed*, Princeton, New Jersey, 1979. Eine englische Übersetzung des Kodex findet sich dort auf S. 107 ff.

147 Chinesischer Text (Rekonstruktion auf der Basis des „Strafrechtskapitels") bei Jiao Zuhan, *op. cit.* (Anm. 1), S. 263-345.

148 Dazu Erhard Rosner, *op. cit.* (Anm. 143), S. 54 ff.

149 Vgl. Ernst Wolff, Law Court Scenes in the Yüan Dramas, MS, vol. 29 (1970/71), S. 193 ff. Übersetzte Stücke finden sich bei George A. Hayden, *Crime and Punishment in Medieval Chinese Drama: Three Judge Pao Plays*, Cambridge/Mass., 1978. Viel Beachtung fand Guan Hanqings (ca. 1240 – ca. 1320) *Dou E Yuan* 竇娥冤 („Unrecht an Dou E"/"Snowfall in June"). Dazu H. Schmidt-Glintzer, *Geschichte der chinesischen Literatur*, Darmstadt, 1990, S. 381 f.

Recht unbekannt war und die nicht in der Lage waren, die Sprache der Prozess-
parteien zu verstehen",[150] was als "Anklage gegen die Dunkelheit des Rechts- und
Justizsystems der Yuan-Zeit" verstanden werden kann.[151]

3. Ming: Gesetz und ad hoc Regelung

Als Überwindern der Mongolen-Herrschaft war es für die Ming-Dynastie
(1368-1644) naheliegend und alternativlos, sich an der Song-Tang-Tradition auszurichten. Der aus Südchina stammende Gründungskaiser, in dessen Vorstellung
die Mongolenherrschaft durch einen Mangel an Disziplin und Strenge gekennzeichnet war, widmete sich mit ausgeprägtem Interesse und persönlichem Einsatz
der Neuordnung des Rechtssystems, unterwanderte dies aber in der weiteren Entwicklung durch eine der Willkür Vorschub leistende *ad hoc* Gesetzgebung.[152] Nach
einer verbreiteten Darstellung ist die Ming-Zeit „one of the great eras of orderly
government and social stability in human history. A population of averaging
around 100 million lived during 276 years in comparative peace."[153] Ist Letzteres
zutreffend, so kann von „orderly government" nach den Maßstäben früherer Herr-
schaftsperioden nicht die Rede sein, denn die Ming-Dynastie ist durch extremen
Despotismus und hochgradige Willkürherrschaft gekennzeichnet.[154] Neben dem
Erbe der Yuan wird der Dynastiegründer Zhu Yuanzhang (1328-1398)[155], der unter
der Devise *Hongwu* 洪武 („Gewaltige Militärmacht") von 1368 bis 1398 regierte,
von den Historikern dafür verantwortlich gemacht, dass sich die traditionell mehr
oder weniger ausbalancierte Monarchie zu einem autokratischen Absolutismus
wandelte.[156] Das herkömmlich und seit der Qin-Han-Epoche einen Gegenpol zur
Kaisermacht darstellende Amt des Kanzlers (宰相) wurde, nachdem es allerdings
schon zur Song-Zeit geschwächt worden war, abgeschafft, die Beamtenschaft zu

---

150 So Wolff, *op.cit.*, S. 198.
151 So Zhang Shoudong, The Legal Systems in the Song, Yuan, Ming and Qing Dynasties, *CL*
  1995, Nr. 2, S. 88 ff., 89.
152 Zu diesem, die ganze Ming-Periode überschattenden Widerspruch vgl. John D. Langlois,
  „The Code and *ad hoc* Legislation in Ming Law", *AM*, vol. 6 (1993), S. 85 ff.
153 Fairbank, Reischauer, Craig, *East Asia Tradition and Transformation*, Boston, 1973, S. 177.
154 Der Dynastiegründer schuf eine Geheimpolizei (die „brokatgekleidete Garde") zur Untersuchung und Vollstreckung von nach Gutdünken zu entscheidenden Fällen. Grundlegend
  dazu Peter Greiner, *Die Brokatuniform-Brigade (chin-i wei) der Ming-Zeit von den Anfängen bis zum Ende der T'ien-shun-Periode (1368-1464)*, Wiesbaden, 1975. Das dritte Kapitel
  des *Xingfazhi* der Ming-Historie (明史) ist der Darstellung der mit Eunuchen besetzten
  geheimpolizeilichen Organisation und ihrer Methoden (sog. „Osthalle" 東廠) gewidmet.
  Es heißt dort, dass diese Organisation „Menschen in äußerst grausamer Weise tötete und
  bar jeder Gesetzesbindung war" (*XFZ*, S. 961).
155 Giles Nr. 483.
156 Dazu F. W. Mote, "The Growth of Chinese Despotism", *OE*, 8. Jg. (1961), S. 1 ff.

einem dem Kaiser persönlich dienenden Lakaientum degradiert und die Gesetzesordnung stellte nur eine Fassade dar, hinter der den Bedürfnissen des Augenblicks dienende Beliebigkeit herrschte. Noch in der späten Mingzeit (1568) beklagte sich ein Vizepräsident des Obersten Gerichts (大理寺): „Die Beamten, die Straffälle bearbeiten, kümmern sich nicht um Gesetzbuch und Ergänzungsbestimmungen (律 例) und entscheiden nach Belieben."[157] Selbst im Gesetzesrecht wurde das politische Strafrecht noch strenger ausgestaltet als es ohnehin schon war. So konnte gemäß dem höchst dehnbaren Tatbestand "verderbte Cliquenbildung" jeder Beamte hingerichtet werden, der mit anderen politischen Fragen erörterte und sich dabei nicht im Sinne des Regimes äußerte.[158]

In der Gesetzgebung knüpfte man beim Tang-Kodex an. Wie das erste „Rechtskapitel" der Ming-Historie (明史) berichtet, befahl der *Taizu*-Kaiser (d. i. Zhu Yuanzhang) bereits 1367, dem Jahr vor der Gründung der Dynastie, seinem wichtigsten Mitstreiter Li Shanchang (1314-1390)[159], einer zwanzigköpfigen Kommission zur Abfassung von Gesetzbuch (律) und Einzelgesetzen (令) vorzustehen und im Geist der kaiserlichen Anordnung, wonach „bei den Gesetzen auf Knappheit Wert zu legen ist, um den Leuten das Verständnis der Gesetze zu erleichtern," Kodex und Einzelgesetze festzulegen.[160] Im darauffolgenden Jahr (1368) wurden *Lü* mit 285 und *Ling* mit 145 Artikeln fertiggestellt, verkündet und in Kraft gesetzt.[161] Dieses Gesetzgebungswerk ist nur im *Ling*-Teil erhalten geblieben.[162]Im Jahre 1373 beauftragte der mit dem bisherigen Gesetzgebungsresultat offensichtlich unzufriedene Kaiser – es erschien ihm zu kompliziert – den Justizminister (刑 部尚書) Liu Weiqian mit der Überprüfung und Neufestlegung der Gesetze, was innerhalb von sieben Monaten geschah. „Jedes Mal, wenn ein Abschnitt in einer

---

157 *Mingshi* 明史, Kap. 93 (erstes von drei „Strafrechtskapiteln" der Ming-Historie); *XFZ*, S. 873; Frank Münzel, *Strafrecht im alten China nach den Strafrechtskapiteln in den Ming-Annalen*, Wiesbaden, 1968 (mit einer annotierten Übersetzung des ersten „Strafrechtskapitels"), S. 54.

158 Nach Münzel, *op. cit.,* S. 12 f. und Xu Daolin, "明太祖與中國專制政權" (Der erste Ming-Kaiser und chinesischer Despotismus), in: *Tsing Hua Journal of Chinese Studies,* New Series, vol. VIII (1971).

159 Giles Nr. 1186.

160 *Mingshi* 明史, Kap. 93 (erstes von drei „Strafrechtskapiteln" der Ming-Historie); *XFZ*, S. 839 ff., 846.

161 Münzel, *op. cit.,* S. 36; *XFZ* S. 846. Zur Gesetzgebungsgeschichte vgl. auch Edward L. Farmer, „Social Order in Early Ming China: Some Norms Codified in the Hung-wu Periode", in: Brian E. McKnight (ed.), *Law and the State in Traditional East Asia*, Hawai, 1987, S. 1 ff., 6 ff.

162 Übersetzung bei Edward L. Farmer, *Zhu Yuanzhang and Early Ming Legislation*, Leiden etc. 1995, 2. Anhang. Das *Da Ming Ling* 大明令, „The Great Ming Commandement" ordnet die 145 Artikel in sechs Abschnitte: 20 Beamtenregeln, 23 Steuerregeln, 16 Ritualregen, 10 Militärregeln, 70 Strafregeln und zwei Arbeitsregeln, womit der 1389 auch für den Kodex gewählte Aufbau, was wohl bereits für die nicht überlieferten *Lü* von 1368 der Fall gewesen ist, zugrunde gelegt wurde.

Throneingabe eingereicht worden war, wurde befohlen, diesen in den beiden Seitenhallen zu präsentieren, und der Kaiser selbst entschied dann darüber, und so wurde (das Werk) vollendet."[163] Die Gegenstände des 606 Artikel aufweisenden Gesetzbuchs in der Fassung von 1374 und die äußere Form der Einteilung in zwölf Kapiteln entsprachen weitgehend dem Tang-Kodex; „sechsunddreißig Artikel sind in *Lü* umgewandelte alte *Ling*; einunddreißig Artikel wurden entsprechend den Zeiterfordernissen neu bestimmt."[164]

1389 kam es zu einer grundlegenden Revision. Dem so zustande gekommenen „Kodex der Großen Ming" (大明律)[165] kommt in der Entwicklungsgeschichte der chinesischen Gesetzbücher eine wichtige Bedeutung zu. Bleibt er inhaltlich dem Tang-Kodex stark verbunden, so ist er in der Form eine Neuschöpfung. In seinem Bestreben, die Effizienz der Verwaltung zu stärken und der kaiserlichen Macht durch wirksamere Zentralisierung optimalen Ausdruck zu verleihen, erfolgte sein Aufbau in Anlehnung an die „Sechs Ministerien" (六部) der Zentralregierung, wie sie unter der Yuan-Dynastie im Rahmen umfassender institutioneller Innovationen etabliert worden waren.[166] Die nun 460 Artikel des Kodex wurden sieben Abschnitten mit zusammen dreißig Kapiteln – gegenüber nur zwölf Kapiteln des *Tanglü* – zugeordnet, womit eine intensivere Gliederung und logische Kategorisierung erreicht wurde.

Der Abschnitt „Allgemeine Prinzipien" *Mingli* 名例 mit seinen herkömmlichen Gegenständen – „Fünf Strafen", unter Einschluss der von den Mongolen übernommenen Strafe der Zerstückelung *Lingchi* 凌遲 im Falle von Hochverrat und besonders schwerwiegende Verbrechen innerhalb der Familie[167]; „Zehn schändliche Verbrechen"; „Acht Erwägungen" – wurde an den Anfang gestellt. Es folgten sechs Abschnitte über „Beamtengesetze" (吏律), „Haushaltsgesetze" (戶律), „Ritengesetze" (禮律), „Militärgesetze" (兵律), „Strafgesetze" (刑律) und "Gesetze über öffentliche Arbeiten" (工律). Der Abschnitt „Allgemeine Prinzipien" besteht aus einem Kapitel mit 47 Artikeln; die „Beamtengesetze" aus zwei Kapiteln, eines über „Beamtenordnung" (職制) mit 15 Artikeln und eines über „amtliche Formen" (公式) mit 18 Artikeln; der Abschnitt über „Haushaltsgesetze" weist sieben Kapitel auf: „Haushalte und Fronarbeit" (戶役) mit 25 Artikeln, "Felder und Häuser" (田宅) mit elf Artikeln, „Ehe" (婚姻) mit 18 Artikeln, „Speicher und Schatzhäuser" (倉庫) mit 24 Artikeln, „Monopoleinkünfte" (課程) mit 19 Artikeln,

---

163 Münzel, *op. cit.,* S. 37; *XFZ,* S. 848.
164 *Ibid.*
165 Text bei Jiao Zuhan, *op. cit.* (Anm. 1), S. 347-458. Titel der 460 Artikel bei Farmer, op. cit. (Anm. 154), 4. Anhang. Eine komplette englische Übersetzung bietet Jiang Yonglin, *The Great Ming Code/Da Ming Lü,* Seattle and London, 2005.
166 Dazu Charles O. Hucker, *The Censorial System of Ming China,* Stanford, 1966, S. 25 ff.
167 Über „Lingchi in the Ming Dynasty" vgl. ausführlich Timothy Brook, Jérôme Bourgon, Gregory Blue, *Death by a Thousand Cuts,* Cambridge/Mass. and London, 2008, 4. Kapitel.

„Geldschulden" (錢債) mit drei Artikeln, „Märkte und Läden" (市廛) mit fünf Artikeln; der Abschnitt über „Ritengesetze" umfasst zwei Kapitel: eines über „Opfer" (祭祀) mit sechs Artikeln und eines über „Ordnung des Zeremoniells" (儀制) mit 20 Artikeln; der Abschnitt zu den „Militärgesetzen" hat fünf Kapitel: „Palastschutz" (宮衛) mit 19 Artikeln, „Heeresleitung" (軍政) mit 20 Artikeln, „Pässe und Furten" (關津) mit sieben Artikeln, „Viehhaltung" (廄牧) mit elf Artikeln, „Postdienst" (郵驛) mit 18 Artikeln; der Abschnitt „Strafgesetze" gliedert sich in elf Kapitel: „Raub und Diebstahl" (盜賊) mit 28 Artikeln, „Delikte gegen das Leben" (人命) mit 28 Artikeln[168], „Angriff und Handgreiflichkeit" (鬥毆) mit 22 Artikeln, „Beschimpfungen" (罵詈) mit acht Artikeln, „Klagen bei Behörden" (訴訟) mit zwölf Artikeln, „Bestechlichkeit" (受贓) mit elf Artikeln, „Fälschung und Täuschung" (詐偽) mit zwölf Artikeln, „Unzucht" (犯姦) mit zehn Artikeln, „Verschiedene Delikte" (雜犯) mit elf Artikeln, „Ergreifung Flüchtiger" (捕亡) mit acht Artikeln, „Strafverfolgung und Haft" (斷獄) mit 29 Artikeln; der Abschnitt zu „Gesetzen über öffentliche Arbeiten" umfasst zwei Kapitel: „Bauten" (營造) mit neun Artikeln sowie „Flüsse und Deiche" (河防) mit vier Artikeln.[169]

Was den Inhalt anbetrifft, so hat man festgestellt, dass von den 460 Artikeln 356 aus dem Tang-Kodex übernommen worden sind, dessen Kontinuität also gewahrt wurde. Die von Gernet geäußerte Ansicht, wonach das Gesetzbuch der Ming „stark von der mongolischen Gesetzgebung geprägt ist"[170], ist – wie oben dargelegt – zutreffend für das Verwaltungssystem, für das Strafrecht aber, sieht man ab von gewissen Einflüssen auf das Strafsystem, nicht so offensichtlich.[171] Im Jahre 1397, ein Jahr vor seinem Tod, ließ der Gründungskaiser den Kodex durch eine „Große Erklärung" (大誥) ergänzen. Dies nicht, um so seine langjährige Praxis der Anwendung außergesetzlicher – im Kodex nicht vorgesehener – und höchst grausamer Strafen (wie Ausrottung ganzer Familien- und Beziehungskreise eines Straftäters, extreme Formen der Hinrichtung durch Zerstückelung 凌遲, Kastration 宮 u.a.) zu legalisieren, wozu er keine Notwendigkeit gesehen hätte, sondern um gegenüber der Beamtenschaft den Abschreckungseffekt der Strafe ins Grenzenlose zu steigern.[172]

Es verwundert daher, dass nach der Schilderung des von Jiang Chenying (1628-1691), einem Gelehrten der frühen Qing-Zeit, verfassten „Rechtskapitels"

---

168 Im Tang-Kodex sind die entsprechenden Vorschriften auf mehrere Kapitel verteilt. Der Ming-Kodex brachte auch insoweit einen Zuwachs an Systematik, darüber hinaus eine neue Prioritätensetzung der Schutzgüter. Vgl. Geoffrey MacCormack, "The T'ang and Ming Law of Homicide", *RIDA*, 1988, S. 27 ff.

169 Angaben alle aus *Mingshi*, Kap. 93, Münzel, *op. cit.*, S. 38.

170 Jacques Gernet, *Die chinesische Welt*, Frankfurt a. M, 1979, S. 334.

171 Selbst für die Yuan-Dynastie hat Rosner (*op.cit.*, Anm. 139) eine Einwirkung des mongolischen auf das chinesische Strafrecht nicht feststellen können.

172 Vgl. F. W. Mote, *op. cit.* (Anm. 156), S. 27 f.

der Ming-Historie die Herrscher bemüht gewesen seien, konfuzianische Grundsätze zu wahren und dass dies ausgerechnet an der angeblichen Reaktion des Gründungskaisers auf die unter Hinweis auf das Han-Recht vorgebrachte Eingabe der Beamtenschaft, bei Hochverrat die Strafe der Ausrottung dreier Stämme der Familie des Täters (夷三族) einzuführen exemplifiziert wird. Der *Taizu*-Kaiser habe sich wie folgt geäußert: „In alter Zeit wurde bei Vater und Sohn, älterem und jüngerem Bruder der eine durch Straftaten des anderen nicht betroffen. Die Han-Dynastie hatte das alte Recht der Qin übernommen, was allzu streng war." Auch die direkt in höchster Instanz, beim Strafministerium (刑部), vorgebrachte Klage eines Sohnes, dessen Vater wegen falscher Anschuldigung verhaftet worden war und den die Justizbehörden wegen Sprungklage (越訴) belangten, sei vom Kaiser „konfuzianisch" beurteilt worden: „Erhebt ein Sohn wegen eines seinem Vater geschehenen Unrechts Klage, so tut er das, weil sein innerstes Gefühl ihn dazu treibt. Man kann ihn deshalb nicht bestrafen."[173] Konfuzianismus und die „fürsorgliche" Despotie des Ming-Systems mögen sich zwar gegenseitig unterstützt haben,[174] die obige Schilderung dürfte aber ebenso Legende sein wie die aus der *Yongle*-Zeit mitgeteilte Episode: Im Jahre 1431 erklärte der Präsident des Obersten Gerichts (大理寺), dass „nach den Betrugs-Vorschriften des Kodex (律) Täter mit Prügel (杖) und Verbannung (流) zu bestrafen sind, sie heute jedoch durch ‚Hinrichtung mit Ausstellung des Kopfes auf dem Marktplatz' (棄市) bestraft werden, was dem vom Kaiser erlassenen Gesetzestext widerspricht." Daraufhin habe der Kaiser befohlen, gemäß dem Gesetz zu entscheiden.[175]

---

173 *XFZ*, S. 866; Münzel, *op.cit.*, S. 48.
174 Vgl. dazu Charles O. Hucker, *The Traditional Chinese State in Ming Times (1368-1644)*, Tucson/Arizona, 1961, S. 60 ff.
175 *XFZ*, S. 868; Münzel, *op. cit.,* S. 50.

Die Neueinteilung des Kodex reflektiert das Bestreben nach rationalerer Zuständigkeitsaufteilung.[176] Obwohl alle 460 Artikel in strafrechtlichem Gewand erscheinen, der gesamte Kodex im weiteren Sinne also Strafrecht ist, nimmt das eigentliche Kriminalrecht mit seinen 117 Artikeln in elf Titeln gut ein Drittel des Kodex ein. Im Jahre 1500 wurde unter dem *Xiaozong*-Kaiser (Zhu Youtang) eine später mehrfach ergänzte Sammlung von „Einzelvorschriften über die Untersuchung in Strafsachen" (問刑條例) erlassen, wo die seit der Dynastiegründung zur Ergänzung der *Lü* ergangen, als „*Li*" 例 bezeichneten, zunächst knapp dreihundert „Auslegungs- oder Ergänzungsbestimmungen" – man mag sie auch als „kodifizierte Präzedenzien" bezeichnen – systematisch „zur Handhabung, nicht zur Zerstörung der *Lü*" (例以輔律非以破律也)[177] aufgewiesen wurden. Im Wege eines *Li* fand z.B. die Prozessregel Eingang in das Rechtssystem, wonach bei Todesurteilen auf sofortige Vollstreckung (立決) oder auf Aufschub der Vollstreckung und endgültige Entscheidung nach den Herbstgerichtstagen (秋審) zu unterscheiden ist.[178] Auch wurden hier neue Regeln für eine nicht – wie zur Song-Zeit – auf die Gruppen der „Acht Erwägungen" beschränkten, sondern umfänglich und anders als durch Geld – nämlich durch Arbeitsleistung oder Hingabe von Sachgütern – anzuwendenden Strafablösung (贖) aufgestellt.[179] Beide Gesetzeselemente – *Lü*

---

176 Angesichts des Aufbaus des Kodex gemäß dem Aufbau der Zentralverwaltung mag sich die sich vorher nicht so unmittelbar aufdrängende Frage nach den Adressaten stellen. Handelte es sich um Gesetzbücher, die sich direkt an die Untertanen wandten (Gesetzesbefehl: „Begehst du einen Mord, wirst du mit dem Tode bestraft") oder um Verwaltungshandbücher, mit denen sich der Kaiser an die lokalen Magistrate mit Befehlen z.B. der Art wandte, „begeht einer meiner Untertanen in deinem Amtsbezirk einen Mord, so hast du ihn mit Verbannung zu bestrafen?" (William C. Jones, "Studying the Ch'ing Code – The Ta Ch'ing Lü Li", *AJCL*, vol. 22 (1974), S. 330 ff., 338 f.) Die Frage, ob die Gesetze dem Volk bekannt oder ihm Gegenteil verborgen bleiben sollten, ist dahingehend zu beantworten, dass zu unterschiedlichen Zeiten jeweils die eine – wie zu Tang-Song-Zeiten – („konfuzianische") oder die andere – wie zu Ming-Qing-Zeiten – („legistische") Politik dominierte. In dem von Konfuzius geschätzten *Zuozhuan* wird die üblicherweise den Konfuzianern zugeschriebene Haltung wie folgt ausgedrückt: „Kennen die Leute die Gesetze, fürchten sie nicht länger ihre Vorgesetzten. Sie verfallen dann leicht in Streitsucht und berufen sich auf die geschriebenen Vorschriften, um mit ihren Argumenten durchzudringen. So können sie nicht länger regiert werden" (vgl. oben 1. Kapitel, S. 25). Andererseits scheint in dem von Konfuzius so verehrten Altertum die Publikation von Gesetzen üblich gewesen zu sein. So wies der Jin-Beamte Liu Song Ende des 3. Jh. zur Stärkung seiner eigenen diesbezüglichen Argumentation darauf hin, dass „zur Zeit der Dynastien Xia, Yin und Zhou die Gesetze niedergeschrieben und am Stadttor angeschlagen" worden seien. Vgl. Heuser, *op. cit.* (Anm. 11), S. 142.

177 *XFZ*, S. 863.

178 Nach M. J. Meijer, "The Autumn Assizes in Ch'ing Law", *TP*, LXX (1984), S. 1 ff., 13 ist dies eine „Erfindung" des Ming-Rechts.

179 In *XFZ*, S. 877-896; Münzel, *op. cit.*, S. 58-75, also äußerst detailliert erörtert, was auf eine umfängliche Vergesetzlichung und enorme Bedeutung dieses Rechtsinstituts für den Staatshaushalt hindeutet.

und *Li* – wurden in der 1585 erstellten Fassung des Ming-Kodex erstmals in einem Text zusammengefügt, „so dass die *Lü* den Haupttext bildeten und die *Li* den Kommentar dazu" (律為正文, 例為附注)[180], womit das seither so bezeichnete „Gesetzbuch nebst Ergänzungsvorschriften der Großen Ming-Dynastie" (大明律例) zustande kam. Jedenfalls in seinen Hauptbestandteilen, den *Lü*, sollte es so gut wie unverändert auch in der nachfolgenden und letzten Dynastie in Kraft bleiben.

VI Der Qing-Kodex

Anders als die Mongolen waren große Teile der 1644 das Ming-Reich (zunächst den Norden) erobernden Mandschus, deren Vorfahren, die Jurchen (chin. *Nüzhen*), schon einmal – zur Zeit der Song-Dynastie – in Nordchina eine sich in der Verwaltung weit mehr als die von ihr verdrängte Liao-Dynastie (947-1125) des *Qidan*-Volkes dem chinesischen Muster anpassende Dynastie – die Jin (1122-1234) – errichtet hatten[181], zu einem Ackerbau treibenden Volk geworden und hatten sich auch in anderer Hinsicht der Lebensweise der Chinesen angenähert. Zur Sicherung und Legitimierung ihrer Fremdherrschaft waren sie bestrebt, auf den Grundlagen der Institutionen und der Ideologie (Konfuzianismus) der Ming-Dynastie, zu der ihre Fürsten in einem Vasallenverhältnis gestanden hatten, eine mandschurisch-chinesische Mischverwaltung zu schaffen. Die Leitung der Sechs Ministerien und andere hohe Posten der Zentralverwaltung wurden jeweils doppelt, mit einem Mandschu und einem Chinesen, besetzt, Gesetze und Verwaltungsdokumente

---

180 Münzel, *op. cit.*, S. 48; *XFZ*, S. 864.
181 Wie das „Rechtskapitel" der 1344 zur Yuan-Zeit verfassten Jin-Historie (金史) berichtet, wurde unter der Jin-Dynastie 1145 ein auf dem *Tanglü* beruhendes, aus Gesetzesvorschriften der Song und Liao berücksichtigendes Gesetzbuch, das *Huang Tong Zhi* 皇統制, erlassen (*XFZ*, S. 582). Ebenfalls auf dem *Tanglü* beruhte das 1201 erlassene *Taihe Lüyi* 泰和律義, dessen zwölf Kapitel(überschriften) mit denen des Tang-Kodex identisch sind. Gleichzeitig ergingen eine Reihe von Einzelgesetzen (令), ferner Edikte (敕) und Formvorschriften (格式) (*XFZ*, S. 608). Der Jin-Kaiser *Shizong* (1161-1189), der sich um das Rechtssystem besonders verdient gemacht hat, wurde ob seines ausgeprägten Gerechtigkeitsgefühls, das ihn die „Acht Erwägungen" (acht privilegierten Gruppen) (八議) ablehnen ließ, als „kleiner Yao-Shun" bezeichnet. Im Zusammenhang mit einem Rechtsfall äußerte er sich wie folgt: „Wenn das unverständige Volk die Gesetze nicht begreift und die Beamten es unterlassen, es immer wieder zu belehren, wie kann man dann ein Todesurteil fällen?!" (*XFZ/Jinshi*, S. 580, 583). Zum Rechtssystem der Jin-Dynastie als einer Verbindung von auf dem Tang-Recht beruhenden traditionschinesischen mit gewohnheitsrechtlichen nicht-chinesischen Elementen sowie einer allmählichen im *Taihe*-Kodex von 1201 kulminierenden Sinisierung vgl. Herbert Franke, „Jurchen Customary Law and the Chinese Law oft he Chin Dynastie", in: Dieter Eikemeier, Herbert Franke (ed.), *State and Law in East Asia. Festschrift Karl Bünger*, Wiesbaden 1981, S. 215 ff.

zweisprachig abgefasst.[182] Bereits 1646, knapp zwei Jahre nach Herrschaftsantritt der Qing-Dynastie (1644-1911), wurde unter dem ersten Qing(*Shunzhi*)-Kaiser zunächst der Ming-Kodex als *Da Qing Lü Ji Jie Fu Li* 大清律集解附例, „Gesetzbuch der Großen Qing-Dynastie mit gesammelten Erläuterungen und angefügten Ergänzungsvorschriften" – bestehend aus 459 *Lü* und 434 *Li* – neu in Kraft gesetzt.[183] In der die Einigung des Landes herbeiführenden *Kangxi*- und *Yongzheng*-Epoche (zwischen 1662 und 1723) revidiert, gewann es 1740 seine definitive Form als *Da Qing Lü Li* 大清律例, „Gesetzbuch nebst Ergänzungsvorschriften der Großen Qing-Dynastie", als welches es bis zum Beginn des 20. Jh. angewandt wurde.[184]

1. Aufbau und Regelungsgehalt

Der Qing-Kodex folgt in seiner Gliederung der grundlegenden Neuordnung, die durch den Ming-Kodex von 1389 vorgenommen worden war: Nach dem *Mingli* 名例, den „Allgemeinen Regeln", mit 46 *Lü* folgen *Libu* 吏部, *Hubu* 戶部, *Libu* 禮部, *Bingbu* 兵部, *Xingbu* 刑部 und *Gongbu* 工部, also Abteilungen mit den *Lü* 律 und *Li* 例 für das Beamtenministerium mit 27 *Lü*, das Abgaben- und Bevölkerungsministerium mit 81 *Lü*, das Ritenministerium mit 25 *Lü*, das Militärministerium mit 70 *Lü*, das Strafenministerium mit 169 *Lü* und das Ministerium für öffentliche Arbeiten mit zwölf *Lü*, zusammen 436 *Lü*, was gegenüber dem Ming-Kodex mit seinen 460 *Lü* eine geringfügige Verringerung mit sich brachte. Die Anzahl der *Li* 例 variierte im Laufe der Zeit; im letzten Drittel des 19. Jh. beliefen sie sich auf tausend plus einige hundert. Am zahlreichsten waren sie im Jahre 1863 mit 1892, was zur Folge hatte, dass die Rechtspraxis von den *Li* beherrscht und damit unübersichtlich wurde, die *Lü* wenig angewandt wurden.[185] Das Verhältnis von *Lü* und *Li* war somit durchaus gemäß der Regel, wonach der zeitlich spätere Gesetzesakt dem früheren vorgeht. *Lü* und *Li* standen also keineswegs in einem Über- und Unterordnungsverhältnis, der Satz *lex superior derogat legi inferiori* konnte keine Rolle spielen, da der Zweck der *Li* ja gerade darin bestand, die *Lü* zu

---

182   Zur Bedeutung des Manjurischen im Regierungssystem der Qing-Dynastie vgl. Chieh-hsien Chen, *The Manchu Palace Memorials*, Taipei, 1987.

183   Nach dem Bericht im „Rechtskapitel" der Qing-Historie (清史稿), *XFZ*, S. 1002 f.

184   Über das für diese Dynastie reichlich vorhandene Archivmaterial informieren Nancy Park und Robert Antony, "Archival Research in Qing Legal History", *LIC*, vol. 14 (1993), S. 93-137. Speziell zu den ebenfalls zahlreichen lokalen Gesetzessammlungen Fu-mei Chang Chen, "Provincial Documents of Laws and Regulations in the Ch'ing Period", *CSWT*, vol. 3, no. 4, (Dec. 1975), S. 28 ff.

185   *XFZ* (清史稿), S. 1010.

ergänzen (aber nicht zu zerstören, wie zur Ming-Zeit im Hinblick auf die Gefahr für die Einheitlichkeit des Rechtsystems betont worden war).[186]

Die 436 *Lü* repräsentieren überlieferte Gesetzesnormen, ein Großteil lässt sich auf den Tang-Kodex zurückführen. Der „Allgemeine Teil" (名例律) enthält die traditionellen Regeln über die Fünf Strafen (五刑): Todesstrafe, Verbannung auf Lebenszeit[187], Verschickung zur Zwangsarbeit, große und kleine Prügelstrafe, jeweils in verschiedenen Graden, was, wie schon Jahrhunderte zuvor, ein zwanzigstufiges Strafensystem ergibt. Außerhalb dieses Systems ist die im Falle von Diebstahl öffentlichen Eigentums (Art. 264 des Kodex) angedrohte Zusatzsstrafe der Brandmarkung (墨).[188] Es werden dann die „Zehn schändlichen Verbrechen" (十惡) aufgeführt, d.h. Handlungen, in denen sich eine als besonders verwerflich geltende Missachtung staatlicher und familiärer Autorität konstituiert, des Weiteren die „Acht Erwägungen" (八議), die Privilegierung bei Status und Verdienst. Es folgen Vorschriften über Teilnahme (Unterscheidung von Haupt- und Nebentäter) (§ 30), über Begnadigung und Amnestie (§ 16), verschiedene Situationen der Strafmilderung und geldlichen Strafablösung,[189] insbesondere bezüglich alter, junger und schwacher Menschen[190] und das Institut der Selbstanzeige. § 32 enthält die alte Regel, wonach die Mitglieder eines Haushalts von ihnen begangene Straftaten verheimlichen dürfen, sich also nicht wegen unterlassener Anzeige strafbar machen. § 34 bestimmt, dass „alle in China lebenden Ausländer im Falle der Begehung von Straftaten gemäß den etablierten Gesetzen bestraft werden." Im zweiten Absatz wird hinzugefügt, dass „die jeweiligen Entscheidungen des *Lifanyuan*" 理藩院

---

186 Ein auf die *Lü* beschränkter chinesischer Text findet sich in Jiao Zuhan, *op. cit.* (Anm. 1), S. 459-563. Eine keineswegs (wegen zu freier Übersetzung) "essentially useless" (William Jones) frühe Übersetzung ist George Thomas Staunton, *Ta Tsing Leu Lee, Being The Fundamental Laws and a Selection from the Supplementary Statutes oft he Penal Code of China*, London 1810 (Reprint Taibei 1966), eine neuere (mit instruktiver Einleitung und Berücksichtigung der sog. Interlinear-Kommentars) ist William C. Jones, *The Great Qing Code*, Oxford 1994. Beschränken sich diese weitgehend auf die *Lü* 律, so bietet Guy Boulais, *Manuel du Code Chinois (Da Qing lü li bianlan)*, Shanghai 1924 (Reprint Taibei 1966) auch zahlreiche *Li* 例.

187 Dazu Joanna Waley-Cohen, „Banishment to Xinjiang in Mid-Qing China, 1758-1820", *LIC*, vol. 10, no. 2 (Dec. 1989), S. 44 ff.

188 Für eine auch andere Kulturkreise berücksichtigende Untersuchung vgl. Yuvoon Chen, *Probleme der Strafe der Brandmarkung im Lichte von rechtsvergleichenden Quellen*, Berlin, 1948.

189 Darunter eine Privilegierung der – offenbar nicht leicht zu ersetzenden – Hofastronomen dergestalt, dass eine von ihnen verwirkte Verbannungsstrafe in hundert Stockschläge und Geldablösung umgewandelt wurde (§ 19).

190 Dazu Derk Bodde, „Age, Youth, and Infirmity in the Law of Ch'ing China", in: *University of Pennsylvania Law Review*, vol. 121 (1973), S. 437 ff.; Vivien W. Ng, Ch'ing "Laws Concerning the Insane: An Historical Survey", *CSWT*, vol. 4 (1980), S. 55 ff.; Erhard Rosner, „Zur Straffreiheit Geistesgestörter im chinesischen Recht der Ch'ing-Zeit", *OE*, 34. Bd. (1991), S. 37 ff.

(Büro für Angelegenheiten zentralasiatischer Völker) sich an den für die Mongolenstämme erlassenen Regeln orientieren sollen." § 44 enthält schließlich den Analogie-Grundsatz: Ist keine direkt passende Norm vorhanden, so erfolgt Anwendung der nächst ähnlichen, allerdings ist stets kaiserliche Bestätigung erforderlich.[191]

Die Regeln für das Beamtenministerium (*Libu*-Abteilung) gliedern sich in die Unterabschnitte Zentralregierung und lokale Magistrate. Hier wird etwa vom Verbot von Beamtenernennungen durch jemand anderes als den Kaiser (§ 48) gehandelt, von unkorrekter Weitergabe von Dokumenten (§ 54), Parteilichkeit bei Untersuchungen (§ 52), vom Gebot der Stellenbesetzung genau gemäß dem Stellenplan (§ 50), dem Gebot der Gesetzeskenntnis (§ 61) u.a.

Von besonderem Interesse sind die sieben Unterabschnitte der *Hubu*-Abteilung, die die an das Abgaben- und Bevölkerungsministerium gerichteten Gesetze aufweisen. Neben Normen zur Bevölkerungskontrolle und zum Steuerrecht sind hier auch Materien enthalten, die als zivil- rechtlich begriffen werden können. So ist der dritte Unterabschnitt mit „Ehe" (婚姻) überschrieben. Es werden die Voraussetzungen von Eheschließung und Ehescheidung aufgeführt und Verletzungen dieser Regeln strafrechtlich sanktioniert (§§ 101 ff.). In anderen Unterabschnitten sind Regeln zum Erbrecht (§§ 78, 88), zur Adoption (§ 78) sowie zum Landkauf und zum Pfandrecht (§ 95) enthalten.

Die *Libu*-(Ritenministerium)-Abteilung führt in zwei Unterabschnitten die Normen zur Bestrafung der für das Ritenwesen zuständigen Beamten auf. Verfehlungen wie das Versäumnis der Anzeige eines Tages, an dem ein Opfer durchzuführen war (§ 157), unzureichende Sorge für die kaiserlichen Grabesstätten (§ 160), Verhaltensfehler bei kaiserlichen Audienzen (§§ 168, 169), der Durchführung von Begräbnissen (§ 181) oder bei Feierlichkeiten (§ 167), versäumte Berichterstattung über verbotene religiöse Aktivitäten (§ 162) werden detailliert definiert und in der Regel mit Stockschlägen bestimmter Anzahl sanktioniert.

In der *Bingbu*-Abteilung (Kriegsministerium) werden in fünf Unterabschnitten Regeln zum Palastschutz (§§ 183-193), zur Armeeverwaltung (§§ 194-219), zum Grenzschutz (§§ 220-226), zur Kavallerie (§§ 227-237) und zum Postwesen (§§ 238-253) aufgeführt; auch werden Tatbestände wie Desertion (§ 217) und Dienstverfehlung (§§ 205, 207) bestimmt.

Am umfangreichsten sind die Regelungen für das Strafministerium (*Xingbu*), die in elf Unterabschnitten das eigentliche Strafrecht umfassen: Gewalttat und

---

191 Dazu Derk Bodde and Clarance Morris, *Law in Imperial China. Exemplified by 190 Ch'ing Dynasty Cases*, Cambridge/Mass. 1967, S. 175 ff., 517 ff. und Fu-Mei Chang Chen, "On Anology in Ch'ing Law", *HJAS*, vol. 30 (1970), S. 212 ff.

Diebstahl (賊盜)[192], Tötung (人命)[193], Rauferei und Schlägerei (鬪毆), respektloses Reden (罵詈), Anklage und falsche Anschuldigung (訴訟)[194], Bestechlichkeit (受贓), Fälschung (詐偽), Unzucht (犯姦),[195] diverse Straftaten (雜犯)[196], Arrest und Flucht (捕亡), Aburteilung und Gefängnisinsassen (斷獄), wo § 396 Vorkehrungen trifft gegen willkürliche Behandlung von sich in Untersuchungshaft befindlichen Straftätern[197] und § 409 vorsätzlich oder fahrlässig gefällte Fehlurteile, seien sie zu milde oder zu streng, hart und exakt kalkuliert bestraft.[198]

---

192 Zur Praxis der Diebstahlsstrafe vgl. Fu-mei Chang Chen, "Local Control of Convicted Thieves in Eighteenth-Century China", in: Frederic Wakeman, Carolyn Grant (ed.), *Conflict and Control in Late Imperial China*, Berkeley, 1975, S. 121 ff. Zur Einstellung gegenüber Vermögensdelikten vgl. Robert J. Antony, "Scourges on the People: Perceptions of Robbery, Snatching, and Theft in the Mid-Qing-Period", *LIC*, vol. 16, no. 2 (Dec. 1995), S. 98 ff.

193 Zur Komplexität des bei Mord zu beachtenden materiellen und Verfahrensrechts vgl. die auf Prozessberichten von Kreismagistraten an die höheren Instanzen beruhende Studie von Thomas Buoye, "Suddenly Murderous Intent Arose: Bureaucratization and Benevolence in Eighteenth-Century Homicide Reports", *LIC*, vol. 16, no. 2 (Dec. 1995), S. 62 ff.

194 § 336 weist die seit alters bekannte äußerst strenge Vorkehrung gegen falsche Anschuldigung auf, wonach der Anschuldigende stets um einige Grade schärfer bestraft wird als der Angeschuldigte, hätte er der Tat überführt werden können, bestraft worden wäre.

195 Zu Gewalt- und Sexualdelikten hat M. J. Meijer eine Reihe von Studien vorgelegt: *Murder and Adultery in Late Imperial China*, Leiden etc. 1991; "An Aspect of Retribution in Traditional Chinese Law", *TP*, vol. LXVI (1980), S. 199 ff.; "Homosexual Offences in Ch'ing Law", *TP*, vol. LXXI (1985), S. 109 ff.; "The Price of a P'ai-Lou", *TP*, LXVII (1981), S. 288 ff.; "Criminal Responsibility for the Suicide of Parents in Ch'ing Law", in: W. L. Idema (Edt.), *Leyden Studies in Sinology*, Leiden, 1981, S. 109 ff.; "Self-Defense" (behandelt vor allem Qing-Recht), in: W.L. Idema, E. Zürcher (ed.), *Thought and Law in Qin and Han China. Studies dedicated to Anthony Hulsewé on the occasion of his eightieth birthday*, Leiden etc., 1990, S. 225 ff. Für eine ausführliche Besprechung von vier Werken japanischer Autoren zum Qing Strafrecht vgl. *TP*, vol. LXVI (1980), S. 348 ff. Vgl. ferner Vivien W. Ng, "Ideology and Sexuality: Rape Laws in Qing China", *JAS*, vol. 46 (1987), S. 57 ff. und Bernard Hung-kay Luk, "Abortion in Chinese Law", *AJCL*, vol. 25 (1977), S. 372 ff. Dazu auch Matthew H. Sommer, "The Uses of Chastity: Sex, Law, and the Property of Widows in Qing China", *LIC*, vol. 17, no. 2 (Dec. 1996), S. 77 ff. und ders., "The Penetrated Male in Late Imperial China. Judicial Constructions and Social Stigma", in: *Modern China*, vol. 23 (1997), S. 140 ff. Aus archivalischen Prozessprotokollen übersetzte Fallberichte präsentiert Robert E. Hegel, *True Crimes in Eighteenth-Century China. Twenty Case Histories*, Seattle and London, 2009.

196 Neben Straftaten wie Brandstiftung und verbotene Theateraufführung erscheint hier (§ 386) der Tatbestand „Tun, was nicht getan werden sollte" 不應為 mit der seit Tang-Zeiten unveränderten Strafandrohung von vierzig Hieben mit dem leichten, im schwereren Fall achtzig Hieben mit dem schweren Bambus.

197 Dazu Judy Feldman Harrison, "Wrongful Treatment of Prisoners: A Case Study of Ch'ing Legal Practice", *JAS*, vol. 23 (1964), S. 227 ff., wo dreißig Fälle aus dem 60. Abschnitt des *Xing'an Huilan* (aus den Jahren zwischen 1736 und 1834) aufgewiesen werden. Die Autorin kommt u.a. zu dem Ergebnis, dass "the scale of punishment for misbehavior (of officials) was higher in imperial China than in the United States today" (S. 241).

198 Zu Justizbürokratie und Strafprozess vgl. Bodde und Morris, *op. cit.* (Anm. 190), S. 113-143 und T'ung-tsu Ch'ü, *Local Government in China under the Ch'ing*, Cambridge/Mass. 1962, S. 116-129. Zur Qing-zeitlichen Prozesspraxis in Taiwan vgl. in **Anhang 1**, S. 269 ff.

Die *Gongbu*-Abteilung schließlich enthält in zwei Unterabschnitten Regeln, die von den für öffentliche Bauten (§ 424-32) und Wege (§§ 433-36) zuständigen Beamten zu beachten waren.

Auch in der Qing-Zeit entstand eine umfängliche amtliche und private Kommentarliteratur.[199] Wie schon die Ausgabe des Kodex von 1646 mit – wie der Kodex selbst von der Ming-Dynastie übernommenen – Erläuterungen versehen war, so wurden auch in allen späteren Ausgaben die einzelnen *Lü*-Vorschriften durch Interlinear-Kommentierungen ergänzt. Sie waren stets amtlicher Natur und ihnen kam dieselbe Rechtskraft zu wie den Gesetzesvorschrift. Da sie im Kleindruck in den Gesetzestext eingestreut erschienen, wurden sie 小註 „Kleinkommentar" genannt.[200] Davon zu unterscheiden waren die sog. „allgemeinen Kommentare" (總註), die sich nicht mit einzelnen Paragraphen, sondern mit einem Gesamtabschnitt des Kodex befassten. Sie konnten sowohl amtlicher wie privater Natur sein. Von herausragender Bedeutung war insofern ein sog. "Sammelkommentar" – eine Mischung aus amtlichem und eigenem, aus langjähriger juristischer Praxis erwachsenem, Kommentar – eines Beamten namens Shen Ziqi 沈之奇 vom Beginn des 18. Jh., der in zahlreiche Ausgaben des Kodex bis zum späten 19. Jh. Eingang gefunden und die Rechtsprechung nachhaltig beeinflusst hat, wie sich aus dem *Xing'an huilan* 刑案彙覽, einer entsprechend dem Aufbau des Kodex gegliederten Fallsammlung aus dem 19. Jh. mit rd. 7600 Fällen aus der Zeit von 1736 bis 1885, ergibt.[201]

2. Einschätzung und Reform

Im 19. Jh. wurde der Qing-Kodex von in China tätigen Europäern meist als primitiv angesehen. Sie sahen (auf offener Straße)[202] seine grausamen Konsequenzen, waren mit seiner inneren Struktur aber selten vertraut. Der Eindruck der Grausamkeit resultierte aus der im Strafverfahren angewandten Folter (Stockschläge u.a. Me-

---

199 Dazu Bodde/Morris, *ibid.*, S. 68 ff. und Zhang Jinfan, "清代律学兴起缘由探析" (Untersuchung zu den Ursachen des Aufschwungs der Gesetzeskommentierung in der Qing-Zeit), *ZGFX*, 2011, Nr. 4, S. 155 ff.

200 Art und Weise dieses „in den Zeilen" stehenden Kommentars kommt in Jones' Übersetzung, *op. cit.,* (Anm. 186), wo die Kommentarpassagen in Kursivdruck erscheinen, gut zum Ausdruck.

201 Vgl. die intensive Untersuchung von Fumei Chang Chen, "The Influence of Shen Chih-Ch'i's Commentary Upon Ch'ing Judicial Decisions", in: Cohen, Edwards Chang Chen, *Essays on China's Legal Tradition*, Princeton, 1980, S. 170 ff.

202 Vgl. die Schilderung eines britischen Konsuls aus dem Jahre 1851, in: Bodde/Morris, *op. cit.* (Anm. 190), S. 110 f.

thoden)[203] und den trostlosen Zuständen der Untersuchungsgefängnisse[204], dem Brauch, zu Verbannung Verurteilte im Gesicht zu brandmarken (黥面) und dem berüchtigten „Lingering" (*Lingchi* 凌尺), dem sog. „langsame Tod" durch Zerstückelung.[205] Als Form der Todesstrafe im *Mingli*-Abschnitt des Kodex nicht enthalten, wurde diese hochgradig der Abschreckung dienende Strafe – wie schon im Ming-Kodex – im ersten Artikel der *Xingbu*-Abteilung (§ 254) als "Tod durch langsame und schmerzhafte Hinrichtung" für Hochverrat (謀反大逆) angedroht.[206] Nach § 34 des Kodex waren "alle in China lebenden Ausländer im Falle der Begehung von Straftaten nach den etablierten Gesetzen zu bestrafen." Durch völkervertragliche Zusicherung hatten die Ausländer nach 1850 den Ausschluss dieser Regel sichergestellt, waren also "exterritorial", nur der Strafgewalt ihrer Konsulargerichte unterworfen.

Die frühen ausländischen Kenner des Qing-Kodex kamen jedoch zu einer eher positiven Beurteilung. Überschwänglich pries ihn Ernest Alabaster, ein britischer Beamter, der Ende des 19. Jh. in der chinesischen Zollverwaltung tätig war. In der Einleitung seiner *Notes and Commentaries on Chinese Criminal Law... With Special Relations to Ruling Cases* legt er dar:[207] "...The Code... is infinitly more exact and satisfactory than our own system, and very far from being the barbarous cruel abomination it is generally supposed to be." Oder: "In general, then, the Chinese system may be characterized as less Draconian than our own." Oder: "On the whole, however, the Chinese system, both of law and its administration, may be safely regarded with considerable admiration." Und selbst in einer Zeit sozialer und politischer Wirren konnte er beobachten, dass "there is far grater security for life and

---

203 In Europa nicht lange zuvor überwunden, in Preußen 1740, in Baden 1767, in Österreich 1776, in Bayern 1806, in Sachsen-Weimar 1819.
204 Vgl. in **Anhang 1**, S. 271.
205 Wie sich diese erst 1905 abgeschaffte Hinrichtungsart in der späten Qing-Epoche „darstellte", schildern Timothy Brook, Jérôme Bourgon und Gregory Blue in den ersten beiden Kapiteln von *Death by a Thousand Cuts*, Cambridge/Mass. and London, 2008.
206 Ferner in § 287 für die Ermordung von drei oder mehr Mitgliedern einer Familie und in § 319 für Aszendentenmord. Während sie erstmals zur Wudai-Zeit erwähnt wurde, wurde sie unter der mongolischen Liao-Dynastie (907-1168) zu einer offiziellen Strafart. Vgl. erstes „Rechtskapitel" der gegen Ende der Yuan-Zeit (Mitte des 14. Jh.) verfassten Liao-Historie (遼史), *XFZ*, S. 547 f.; Herbert Franke, "The Treatise on Punishment in the Liao History. An annotated translations", in: *Central Asiatic Journal*, vol. 27 (1983), S. 9 ff., 14. Gemäß einer Throneingabe der Beauftragten für Gesetzesreform Shen Jiaben und Wu Tingfang vom April 1905 (dazu unten, 3. Kapitel) war diese Straftat bis einschließlich der Tang-Zeit unbekannt; seit der Song-Dynastie wurde sie fortlaufend angewandt (vgl. M.J. Meijer, *The Introduction of Modern Criminal Law in China*, Batavia, 1949, S. 165), was auch im zweiten "Rechtskapitel" der Qing-Historie (清史稿) zitiert wird; *XFZ*, S. 1030 ff. Zu "The Origin of Lingchi and Problems of its Legitimacy" ausführlich Brook, Bourgon, Blue, *op. cit.*, S. 68 ff.
207 London 1899.

property in the majority of towns and villages than in our metropolis."[208] Auch die anderen westlichen Übersetzer des Kodex zeichneten ein differenziertes Bild. 1810 erschien in London eine Übersetzung der *Lü* durch George Thomas Staunton unter dem Titel: *Ta Tsing Leu lee; Being the Fundamental Laws, and a Selection from the Supplementary Statutes of the Penal Code of China*. Staunton war der erste Europäer, der ernsthaft und gründlich versucht hat, sich ein Bild vom chinesischen Recht zu verschaffen. 1924 erschien in Shanghai eine Übersetzung (auch vieler *Li*) durch den Jesuitenpater Guy Boulais als *Manuel du Code Chinois*; schon 1876 hatte der Marineoffizier und französische Kolonialbeamte in Cochin-China, P.L.F. Philastre, die vietnamesische Version des Qing-Kodex – mit diesem so gut wie identisch – vollständig übersetzt.[209]

Doch auch der Reformer der Späten Qing, Shen Jiaben (1840-1913), wusste, dass das europäische Strafrecht nicht zu allen Zeiten dem chinesischen überlegen gewesen war. In einer Throneingabe vom April 1905 stellte er fest: „Die Strafgesetze der westlichen Staaten wiesen früher nicht weniger an Grausamkeiten auf als die Chinas.[210] Während der vergangenen etwa hundert Jahre jedoch wurde das westliche Recht... allmählich gemildert..., was dazu führte, dass die rigorosen chinesischen Gesetze von den Ausländern als inhuman (不仁) eingeschätzt werden... " Weiter führte er aus: „Statt an unseren alten Strafgesetzen festzuhalten und den Ausländern so einen Vorwand zu liefern, sich dem chinesischen Recht nicht zu unterwerfen, sollten wir uns zu Änderungen entschließen, und dabei Gesetze anderer Länder berücksichtigen..."[211].

Die späte Qing und Shen Jiaben markieren das Ende einer rein chinesischen Gesetzgebungsgeschichte. Shen ist der erste chinesische Rechtsreformer, der sich mit europäischem Recht bekannt gemacht hat; er ist des weiteren der erste chinesische Rechtsvergleicher und der erste chinesische Rechtshistoriker; mit ihm beginnt die systematische Durchsicht der historischen Quellen (insbesondere der 24 dynastischen Chroniken) unter dem Gesichtspunkt juristischer Forschung. Dabei

---

208 *Ibid.*, S. 5.
209 *Le Code Annamite. Nouvelle Traduction Complète*, 2 Bände.
210 Dies wird im wörtlichen Sinn anschaulich bei Richard van Dülmen, Theater des Schreckens. Gerichtspraxis und Strafrituale in der frühen Neuzeit, 4. Aufl., München, 1995. Noch im Strafrechtsteil des Preußischen Allgemeinen Landrechts (ALR) von 1794 heißt es (§ 102): "Ein Landesverräter soll zum Richtplatz geschleift, mit dem Rade von unten herauf getötet, und der Körper auf das Rad geflochten werden." Andere Arten der Todesstrafe waren der Strang, Feuertod, Enthauptung (Strafe des Schwerts). Alle Arten der Todesstrafe konnten (nach § 47) "durch Schleifung zur Richtstätte oder durch öffentliche Ausstellung des Leichnams geschärft werden." "Wie dem Königsmörder (Mordversuch) Damiens 1757 in Paris der Prozess gemacht wurde," schildert Horst Karasek in *Die Vierteilung*, Berlin 1994. Zu dieser Hinrichtung und dem „Verschwinden der Martern" im europäischen Strafrecht am Ende des 18. Jh. vgl. das erste Kapitel von Michel Foucaults *Überwachen und Strafen*, Frankfurt a. M. 1976.
211 M. J. Meijer, *The Introduction of Modern Criminal Law in China*, Batavia 1949, S. 164.

stieß er auf den auch in diesem Kapitel angeklungenen Widerspruch, dass einerseits eine unablässige Bemühung um eine den gesellschaftlichen Verhältnissen adäquate Rechtssetzung stattfand, andererseits die Gleichmäßigkeit der Gesetzesanwendung immer wieder durch der Opportunität des Augenblick geschuldete Sonderregelungen und schlichte Machtanmaßung geopfert wurde, die „Gesetzeslehre" also allzu oft wirkungslos blieb. In einer seiner kürzeren Schriften mit dem Titel „Darlegung zu Blüte und Verfall der Gesetzeslehre"[212] heißt es: „Studiert man die Geschichtsbücher, so sind die Beispiele der Missachtung der Gesetze durch die, die sie erlassen haben, zu zahlreich, als dass sie alle aufgeführt werden könnten. Gesetze zu erlassen, sie aber nicht zu befolgen, um dann allgemein zu behaupten, dass die Gesetze nicht des Respekts würdig seien, dies ist mit Sicherheit die größte Krankheit vom Altertum bis heute (固古今之大病也). Von jeher wussten die Mächtigen und Einflussreichen, die jedoch oft arm an Wissen waren, nicht, was es mit der Gesetzeslehre (法學) auf sich hatte... Darum waren die Gesetze schwer in die Praxis umzusetzen und die Lehre entfaltete sich nicht. Von der Förderung unserer Schulrichtung hängt es ab, ob möglichst viele Gelehrte sich darüber auseinandersetzen können und jeder eine Vorstellung von der Gesetzeslehre erlangen kann. Werden die Gesetze, sobald sie erlassen sind, allgemein befolgt, so wird die Situation unserer Generation der Gesetzeslehre folgend sich zum Besseren wenden. Ein Erblühen der Gesetzeslehre wünsche ich von ganzem Herzen."

---

212 法學盛衰說, *ZLXB*, S. 885-887.

Abbildung zur Abfolge der Kodizes

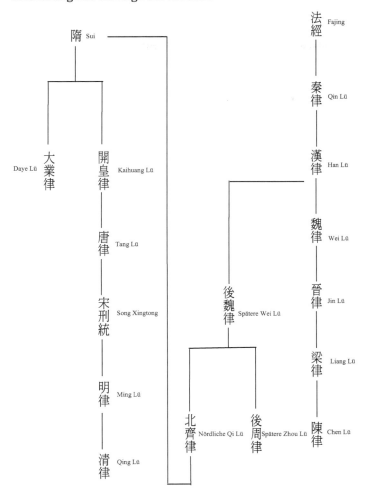

Abbildung zum chinesischen Rechtssystem

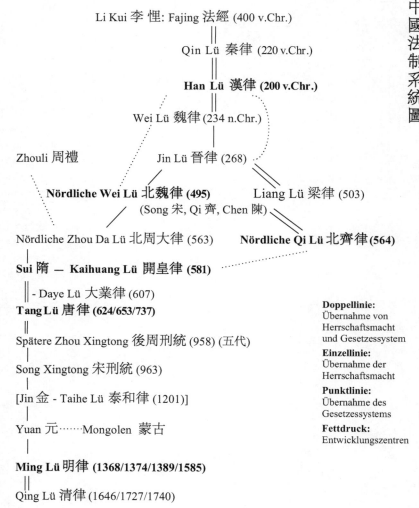

Li Kui 李 悝: Fajing 法經 (400 v.Chr.)

Qin Lü 秦律 (220 v.Chr.)

Han Lü 漢律 (200 v.Chr.)

Wei Lü 魏律 (234 n.Chr.)

Zhouli 周禮   Jin Lü 晉律 (268)

Nördliche Wei Lü 北魏律 (495)   Liang Lü 梁律 (503)

(Song 宋, Qi 齊, Chen 陳)

Nördliche Zhou Da Lü 北周大律 (563)   **Nördliche Qi Lü 北齊律 (564)**

Sui 隋 — Kaihuang Lü 開皇律 (581)

- Daye Lü 大業律 (607)

Tang Lü 唐律 (624/653/737)

Spätere Zhou Xingtong 後周刑統 (958) (五代)

Song Xingtong 宋刑統 (963)

[Jin 金 - Taihe Lü 泰和律 (1201)]

Yuan 元······Mongolen 蒙古

Ming Lü 明律 (1368/1374/1389/1585)

Qing Lü 清律 (1646/1727/1740)

Doppellinie:
Übernahme von
Herrschaftsmacht
und Gesetzessystem

Einzellinie:
Übernahme der
Herrschaftsmacht

Punktlinie:
Übernahme des
Gesetzessystems

Fettdruck:
Entwicklungszentren

(nach Xu Daolin, 中國法制史論略, Taibei 1953)

中國法制系統圖

3. Kapitel
Hundert Jahre Rechtsreform

I Grundlegung am Ende der Qing-Dynastie (1903-1911)

Es charakterisiert die Modernisierung des chinesischen Rechts während des 20. Jh., dass am Anfang und am vorläufigen Ende dieses Vorgangs ein völkerrechtliches Vertragswerk steht: 1902 ein britisch-chinesischer Handelsvertrag, 2001 der Beitritt Chinas zu einem multilateralen Vertragssystem, den WTO-Abkommen. Beider Anliegen geht dahin, das chinesische Recht im Wege der Rechtsrezeption oder -transplantation (法律移植) auf das „internationale Gleis" (国际接轨) zu bringen. Art. XII des Vertrages von 1902 enthält das Versprechen Großbritanniens, der chinesischen Regierung bei der von ihr beabsichtigten Reform des Rechts- und Gerichtswesens zu assistieren – „to bring it into accord with that of Western nations"/ "期與各西國律例改同一律 " – und bei erfolgreicher Durchführung dieser Reform auf gewisse die Souveränität China beschränkende Vorrechte zu verzichten.[1] Das WTO-Beitrittsprotokoll enthält hundert Jahre später die chinesische Verpflichtung, das eigene Rechtssystem den von der WTO gesetzten Standards anzupassen, was insbesondere bedeutet, dass die chinesischen Gesetze die in modernen Staaten üblichen Rechtsverhältnisse und Schutzmechanismen klar zum Ausdruck bringen und Vorkehrungen vorsehen, um streitige Rechtspositionen fair und zügig abzuklären, seien es Konflikte unter Privaten oder solche zwischen Privaten und staatlichen Behörden.

Daraus erhellt, dass hundert Jahre chinesische Rechtsreform mit internationalen Kontakten und Impulsen einhergehen, dass es sich um einen Aspekt der Geschichte des Einflusses des industrialisierten Westens auf China handelt, um einen Teil der Vorgänge von „China's Response to the West", wie dieses Agieren und Reagieren seit der von Teng/Fairbank 1954 herausgegebenen Materialsammlung[2] gerne formelhaft zusammengefasst wird. Die der WTO verbundenen Reformimpulse zeigen weiter, dass die Reformbewegung heute nicht abgeschlossen ist. Vielleicht kann man sagen, dass ein formaler Abschluss mit dem Erlass eines Zivilgesetzbuchs eintreten wird. Die gesellschaftliche Einwurzelung der vielfach aus dem Ausland rezipierten Rechtssysteme kann sich dann erst richtig entfalten und wird lange

---

1 Text in J. MacMurray, *Treaties and Agreements with and Concerning China,* vol. 1, New York, 1921, S. 351.
2 Ssu-Yu Teng, John K. Fairbank (ed.), *China's Response to the West. A Documentary Survey 1939-1923*, New York (Atheneum-Ausgabe), 1973.

Zeiträume, während denen das Recht im Sinne der lokalen Bedingungen richtig verstanden und entsprechend angepasst wird, in Anspruch nehmen. So wie man seit den 1970/80er Jahre eine „Japanisierung des westlichen Rechts"[3] beobachtet, so wird eine Sinisierung den rezipierten Normen das ihnen angemessene Gepräge verleihen. Schon Franz Wieacker, der Historiker des neuzeitlichen Privatrechts, kam zu dem unabweisbaren Schluss: „Soweit auch der Einfluss des europäischen Rationalismus und Legalismus heute reichen mag – alle diese neuen Länder (Japan, China, Indien, islamische Welt) werden auf die Dauer ein Recht entwickeln, das sich immer weiter von den Modellen der entsprechenden europäischen Rechtsfamilien entfernt."[4]

In diesem Kapitel werden Vorgang und Ergebnisse der diversen Phasen der Rechtsreform aufgewiesen. Dazu ist es erforderlich, zunächst die zentralen Merkmale des am Vorabend der Reform existierenden Rechtssystems zu skizzieren.

1. Das Rechtssystem am Vorabend der Reform

a) Gesetzes- und Gewohnheitsrecht

In China bestand das Recht seit Jahrhunderten aus zwei heterogenen Bestandteilen: Den Regeln einer rationalisierten Bürokratie (profanes Verwaltungsrecht unter Einschluss des Strafrechts) und den Regeln eines patriarchalreligiösen Gewohnheitsrechts. Erstere waren das vom Kaiser nach Opportunität – wenn auch unter Beachtung der von den überlieferten moralischen Anschauungen gesetzten Grenzen – erlassene, schriftlich fixierte Gesetzesrecht, das zusammenfassend *Fa* 法 bezeichnet wurde und in zahlreichen Erscheinungsformen – Kodex, Einzelgesetz, Dekret, Ergänzungsregel u.a. – auftrat; letztere die im Volk seit alters gelebten und nur ausnahmsweise – etwa als Satzungen von Familienverbänden – schriftlich festgelegten Sozial- und Kulturnormen. Trat einem in *Fa* das staatliche Recht gegenüber, so hatte man es angesichts der Sozial- und Kulturnormen mit „Volksrecht" zu tun.

Der Qing-Kodex/„Gesetzbuch der Großen Qing-Dynastie nebst Ergänzungsbestimmungen" (大清律例) beinhaltete die von der Obrigkeit erlassenen Gesetzesbefehle. In Fortsetzung einer hyperstabilen, über zweitausendjährigen Tradition enthielten sie im Sinne ihrer eigentlichen *ratio legis* Strafandrohungen. Die Gesetzesnorm umfasste nicht eine Regelung der Ordnungsstruktur selbst. Zum Beispiel regelte sie nicht das Zustandekommen von Verträgen (ein Vertragsgesetz,

---

3 So der Titel der veröffentlichten Beiträge eines japanisch-deutschen Symposiums von 1988, hrsg. von Helmut Coing u.a., Tübingen, 1990.
4 *Privatrechtsgeschichte der Neuzeit*, 2. Aufl., Göttingen, 1967, S. 513.

eine Regelung des „Schuldrechts" enthalten sie nicht), sie regelte auch nicht die Voraussetzungen des Eigentumsübergangs oder die Frage, wann eine Person rechtsfähig ist, wie eine Partnerschaft haftet oder eine Erbauseinandersetzung vonstatten geht. Alles, was die *Lü* 律 oder *Li* 例 bieten, sind Sanktionen für den Fall, dass ein Vertrag z.B. durch Betrug verletzt wird, dass Vermögen unterschlagen oder gestohlen wird, sie sind „Sekundärnormen". *Lü* 律 und *Li* 例 sind – wie alles Strafrecht – technische Normen oder Sekundärnormen. In der Einleitung zum Tang-Kodex wird der Zusammenhang ohne viele Worte verdeutlicht: „Verstößt man gegen Regeln der Sittlichkeit (禮), tritt man ein in die Straf(刑)-Regeln." *Fa* 法, *Lü* 律 und anders bezeichnete staatliche Willensäußerungen bedeuteten für die Chinesen also durch die Zeitalter hindurch Strafnormen, peinliche Eingriffe der Obrigkeit, „öffentliches Recht".

Um die Primärnormen, die eigentlichen Ordnungsnormen, hat sich der chinesische Gesetzgeber wegen seiner Staatsauffassung nicht gekümmert. Sie war hochgradig „liberalistisch" insofern, als die Beamten die Steuern einzogen und die Gesellschaft ansonsten sich selbst überließen. Auch Schulbildung, Straßenbau, Armenfürsorge übernahmen die gesellschaftlichen Gruppen in eigener Regie, natürlich auch Ackerbau, Handwerk und Handel. Die Kreisbehörde griff nur ein, wenn die öffentliche Ordnung – z.B. durch schwere Kriminalität – gestört wurde. Auf der Grundlage einer solchen Staatsauffassung wurde eine Notwendigkeit, die Voraussetzung für – um bei unseren Beispielen zu bleiben – die Entstehung einer vertraglichen Bindungswirkung, eine Eigentumsübertragung, Grundstücksbelastung oder Verbandshaftung durch staatliches Gesetz (eine Privatrechtskodifikation) oder staatliche Rechtsprechung zu definieren, nicht gesehen. Die Entstehung von Primärnormen wurde der Gewohnheit, Familien- und Handelsbräuchen überlassen. Dieses Gewohnheitsrecht entwickelte sich aus den Sittlichkeits-, den Anstandsregeln, den Kulturnormen die man *Li* 禮 nannte. *Li* betrifft „Ehrlichkeit" (诚) und „Vertrauen" (信), was westlichen Konzepten wie „Treu und Glauben" und *Pacta sunt servanda* entspricht. Bei Otto Franke heißt es daher sehr treffend, dass *Li* 禮 und *Fa* 法 „die beiden Begriffskreise sind, in denen wir die Quellen des gesamten Rechtslebens der Chinesen bis in die neueste Zeit hinein zu suchen haben."[5] Das Gewohnheitsrecht enthielt z.B. für den Bereich von Kauf und Verkauf von Immobilien die Regeln, dass „Grundeigentum vom Verkäufer zunächst der eigenen Sippe, dann den Grundstücksnachbarn, schließlich dem vorherigen Eigentümer zum Kauf angeboten wird", dass die „Sippengenossen ein Vorkaufsrecht besitzen", dass „Wohnbauten dem Ackerland folgen", bei verpfändetem Ackerland also die sich darauf befindlichen Gebäude als Zubehör gelten und ebenfalls dem Pfandgläubiger zu übergeben sind, dass bei einem verpfändeten Wohnhaus sämtliche Ausbesse-

---

5 „Chinesisches Recht", in: Stier-Somlo, Elster (Hrsg.), *Handwörterbuch der Rechtswissenschaft*, 1. Bd., Leipzig und Berlin, 1926, S. 867.

rungen, die bis drei Jahre nach der Verpfändung nötig werden, zu Lasten des Eigentümers gehen, nach Ablauf von drei Jahren kleine Ausbesserungen vom Pfandgläubiger zu übernehmen sind, größere aber weiterhin zu Lasten des Eigentümers gehen u.a.[6] Eine Initiative, wie sie der Verfasser des *Sachsenspiegels* (zwischen 1220 und 1235) entfaltet hat, ist dem chinesischen Gewohnheitsrecht nicht zuteil geworden. Sollte es Aufzeichnungen gegeben haben, so sind sie in der Rechtsordnung nicht wirksam geworden.[7]

Das *Lü* 律 etc. enthielt (nur) einen strafrechtlich ausgestalteten Schutz von Vermögensverletzungen (Deliktsrecht), es enthielt kein Körperschaftsgesetz, keine beschränkte Haftung, kein Insolvenzgesetz, kein Wechselgesetz, auch kein Zivilprozessgesetz[8]; und das auf den *Li* 禮 beruhende chinesische Handelsrecht war den in China tätigen europäischen Kaufleuten weder erkennbar, noch ausreichend. „The Chinese", heißt es in einem Bericht aus den 1860er Jahren, „possess a code of moral but none of civil law; all disputes concerning property or commercial obligations are decided by them according to crude pueril notions of equity, and their officials are rarely free from at least the suspicion of bribary."[9] Chinesische Gerichte konnten zur Lückenfüllung ebenso wenig beitragen, wie die sog. *Lüxue* (律學) die (vornehmlich) beamtete Gesetzesannotierung, die sich nur mit *Lü*-Normen (und anderem Gesetzesrecht) befasste. Die ausländische Kaufmannschaft war daher bestrebt, bei handelsrechtlichen Streitigkeiten das eigene Handelsrecht heranzuziehen.

Andererseits war das in den *Lü* enthaltene Strafrecht zwar einigermaßen deutlich, jedoch wegen seiner rechtsstaatlich unvollkommenen Gestalt und seinen – nach der mit der Aufklärung allmählich eingetretenen Humanisierung des europäischen Strafrechts – als extrem und grausam empfundenen Sanktionen unakzep-

---

6 Nach Harald Kirfel, *Das Gewohnheitsrecht bei Kauf und Verkauf von Immobilien in China und Mandschuko*, Bonner Phil. Diss., 1940, S. 19, 22, 43, 44. Vgl. auch Li Li, "清代法律制度中的民事习惯法" (Das zivile Gewohnheitsrecht im Rechtssystem der Qing-Zeit), *FXYJ*, 2004, Nr. 2, S. 107 ff. – Zur Rolle des Gewohnheitsrechts in Vertragsbeziehungen (Aufteilung von Familienvermögen, Pacht, Darlehen und Grundpfandrecht, Landtransaktion, Brautkauf u.a.) vgl. Fu-mei Chang Chen und Ramon H. Myers, „Customary Law and the Economic Growth of China during the Ch'ing Period", *CSWT*, vol. III, no.5 (Nov. 1976), S. 1-32 (mit übersetzten Vertragsdokumenten aus dem 18. und 19. Jh.).

7 Die in der Reimvorrede des *Sachsenspiegels* zum Ausdruck kommende Vorstellung des „guten alten Rechts" ist auch für das chinesische Gewohnheitsrecht zutreffend: „Dies Recht habe ich mir nicht selbst ausgedacht. Es ist uns vielmehr seit alters von unseren rechtschaffenen Vorfahren überliefert worden." (Eike von Repgow, *Der Sachsenspiegel*, hrsg. von Clausdieter Schott, Zürich, 1984, S. 17/19).

8 Die wenigen Zivilprozesse, die in Familien- und Grundstücksangelegenheiten (戶婚田土) vor dem Magistraten stattfanden, endeten in einer vermögensrechtlichen Entscheidung (z.B. die auf dem fremden Grundstück gezogenen Früchte herauszugeben) und einer Strafsanktion (z.B. einer gewissen Anzahl von Stockschlägen).

9 *Memorial of Jardine's, Nov. 28, 1867*, zitiert in: Mary Clabaugh Wrigt, *The Last Stand of Chinese Conservatism. The T'ung-Chih Restoration, 1862-1874*, Stanford, 1957, S. 257.

tabel.[10] Auch das fehlende oder stark durchlöcherte Legalitätsprinzip trug zu dieser Ablehnung bei. Der chinesische Kodex war mit seinen 436 Hauptgesetzen (律) und rund 1900 Ergänzungsbestimmungen (例) detailliert und einigermaßen systematisch, so wurde das durch sorgfältige Ausformulierung der Tatbestände weit voran getriebene Legalitätsprinzip („keine Strafe ohne Gesetz") doch durch zwei im Kodex vorgesehene Mechanismen aufgehoben: den Analogiegrundsatz und den *catch-all*-Paragraphen. So heißt es in § 44 des Kodex wie folgt: „Da es unpraktikabel ist, für jede denkbare Tat eine Vorschrift vorzusehen (die Kodizes vor der Tang-Zeit hatten genau dies versucht), kann es vorkommen, dass Fälle auftreten, für die es keine genau passenden *Lü* oder *Li* gibt..." In einem solchen Fall ist die nächstähnliche Vorschrift anzuwenden, allerdings unter der Voraussetzung, dass dies vom Kaiser bestätigt wird. Kleinere Übertretungen konnten mit einem „Auffangtatbestand" in die Strafbarkeit einbezogen werden. So heißt es im Kodex unter der Überschrift „(Tun), was nicht getan werden sollte" (不應為): „Wer eine ungehörige Handlung begangen hat, die zwar dem Geist der Gesetze widerspricht, aber keinen Verstoß gegen eine spezifische Vorschrift beinhaltet, wird mit vierzig Stockschlägen bestraft..." (§ 386).

b) Exterritorialität

Diese beiden Regeln bedeuteten potentiell eine beträchtliche Rechtsunsicherheit und machten es den Ausländern unzumutbar, sich dem chinesischen Kodex zu unterwerfen. Dieser sah zwar vor, dass „alle in China lebenden Ausländer im Falle der Begehung von Straftaten nach den etablierten Gesetzen zu bestrafen sind" (§ 34)[11], genau von dieser staats- und völkerrechtlichen Grundregel der Territorialhoheit befreiten sich die Ausländer durch die in der zweiten Hälfte des 19. Jh.

---

10 Noch der französische *Code Pénal* von 1810 sah die Strafe der Brandmarkung vor. Victor Hugo hat noch in den 1820er Jahren Hinrichtungen auf der Place de Grève in Paris miterlebt. 1829 erschien seine Erzählung „Der letzte Tag eines Verurteilten", wo auch die Galeerenstrafe erwähnt wird. War sie lebenslänglich, so wurden dem Sträfling drei Buchstaben in die Schulter gebrannt. Vgl. auch die rechtsvergleichende Untersuchung von Yuvoon Chen, *Probleme der Strafe der Brandmarkung im Lichte von rechtsvergleichenden Quellen*, Berlin, 1948, S. 17.

11 Nach Gustavus Ohlinger, "Extra-Territorial Jurisdiction in China", in: *Journal of the American Asiatic Association*, vol. VI, no. 5 (June, 1906), S. 137, wurde diese Vorschrift "modified by subsequent imperial rescripts", d.h. durch *Li*, wobei die Strafgewalt für Kapitalverbrechen aber vorbehalten blieb. Ohlinger weist Strafrechtsfälle aus dem frühen 19. Jh. auf, in denen Ausländer wegen zufälliger (nicht einmal fahrlässiger) Tötung eines Chinesen von chinesischen Behörden gemäß dem Kodex zum Tode verurteilt und hingerichtet wurden. "No European Government could consent to its subjects remaining the victims of such a system". Zu dem ganzen Komplex vgl. R. Randle Edwards, Ch'ing Legal Jurisdiction over Foreigners, in: Cohen, Edwards, Chang Chen (Edts.), *Essays on China's Legal Tradition*, Princeton, 1980, S. 222 ff.

mit China geschlossenen Verträge, indem sie sich „Exterritorialität", d.h. Freistellung von der chinesischen Hoheitsgewalt (治外法权), namentlich die strafprozessuale Zuständigkeit der eigenen diplomatischen Vertretungen, sog. Konsulargerichtsbarkeit (领事裁判权), zusichern ließen.[12]Trotz der ausdrücklichen Verankerung des Territorialitätsprinzips im Kodex fiel es den chinesischen Behörden zunächst leicht, dem Verlangen der Ausländer zu entsprechen.[13] Wie andere Länder des Altertums und des Mittelalters (Ägypten, Rom, Byzanz, Osmanisches Reich) hatte auch China seit der Tang-Zeit eine gewisse Gewohnheit darin, die wenigen innerhalb seiner Grenzen lebenden Ausländer nach ihrem eigenen Recht leben zu lassen, sie „exterritorial" zu stellen. Jetzt jedoch ging der ausländische Druck allmählich weit über die historischen Verhältnisse hinaus und frühere Großzügigkeit – gepaart mit einem Gefühl der Sicherheit und Überlegenheit – wich einem Gefühl der Bedrohung, so dass der Wert des Prinzips der Territorialhoheit neue Relevanz erlangte, das entstehende Nationalbewusstsein einen „Wechsel von der Personalität zur Territorialität des Rechts" (Otto Franke) gebot. Als Großbritannien wie im Vertrag von 1902 den Verzicht auf die die chinesische Territorialhoheit beschränkenden Privilegien in Aussicht stellte, wenn China sein Rechtswesen gemäß dem Muster des modernen Westens modernisiert, wurde dies für die chinesische Seite zum vorrangigen Motiv für die Anfang des 20. Jh. einsetzenden Bemühungen um ein neues Rechtssystem. Das einzige Motiv war es aber nicht. Aufgeschlossenere Mitglieder der Elite waren sich der Reformnotwendigkeit bewusst, nicht um zu „verwestlichen", sondern um das überlieferte System fortzuentwickeln, und den Zustand zu überwinden, den ein Jurist der Republik-Epoche so beschrieben hat: „Das Gesetzesrecht des alten China war ein Fall psychologischer Missbildung. Eine Funktion war extrem überentwickelt, die anderen Funktionen gänzlich verkümmert."[14] Dazu bedurfte es Veränderungen nicht nur im Strafrecht, sondern auch

---

12 Eine Aufstellung aller 34 zwischen 1843 (Großbritannien) und 1918 (Schweiz) mit 19 Staaten geschlossenen Verträge, die eine diesbezügliche Regelung vorsehen, findet sich bei Dong Mei, "中国近现代史上领事裁判权述论" (Zur Konsulargerichtsbarkeit in der neueren Geschichte Chinas), in: Ye Xiaoxin, Guo Jian (Hg.), *中国法律史研究*(Studien zur chinesischen Rechtsgeschichte), Shanghai, 2003, S. 605 ff.

13 Vgl. Otto Franke, „Zur Geschichte der Exterritorialität in China", in: *Forschungen und Fortschritt*, 12. Jg., Nr. 5 (10. 2. 1936), S. 63 ff.

14 John C. H. Wu, *The Legal System of Old and New China: A Comparison, Rosenthal Foundation Lecture,* Law School of Northwestern University, 1929/30, S. 6. Ganz ähnlich trifft der amerikanische Wirtschaftshistoriker Ray Huang in seinem den Blick für die aktuelle Relevanz der Geschichte schärfenden Buch über die späte Ming-Zeit (*1587. Ein Jahr wie jedes andere. Der Niedergang der Ming,* Frankfurt a. M., 1986) S. 248 f. die Feststellung, dass „das kodifizierte Recht der Dynastie…für geschäftliche Transaktionen kaum Vorkehrungen getroffen hatte. Riesige Bereiche, insbesondere solche, die mit Verschuldung, Bankrott, Nichteinhaltung von Verträgen und Bildung von Handelsgesellschaften zu tun hatten, waren überhaupt nicht erfasst", was eine „unvermeidliche Folge dessen war, dass das Recht moralisches Verhalten statt Eigentumsrechte betonte."

einer – bisher nicht gekannten – Ausdehnung der staatlichen Gesetzgebung im Bereich von Handel und Industrie, also des Wirtschaftslebens. Das Bedürfnis, vom Staat mehr als nur eine Familienwirtschaftsordnung zu fordern, von ihm den Schutz von Eigentum und Besitz zu verlangen, war im wirtschaftlichen Verkehr mit dem Westen erwacht. Um 1900 begann das Zeitalter der chinesischen Rechtsmodernisierung.

2. Hinwendung zur Reform

Im Jahre 1903 erließ die Regentin Cixi-*Taihou* (1834-1908), die seit den 1860er Jahren die Staatsgeschäfte kontrollierte, ein Edikt, in dem sie eine Politik ankündigte, die sie vor kurzem noch als Verrat an der konfuzianischen Basis von Regierungs- und Gesellschaftssystem bekämpft hatte:

> „Handel und die Förderung von Industrie sind seit jeher und besonders in der Gegenwart für die Regierungen von großer Bedeutung. Einer alten Tradition verhaftet, haben Wir diese Angelegenheiten jedoch für völlig unwichtig erachtet.[15] Dass die Politik der Regierung und die Arbeit des Volkes nur in täglich wachsende Armut einmünden, kann keinen anderen Grund haben, als eben diese Missachtung von Handel und Industrie. Es ist deshalb höchste Zeit, Änderungen herbeizuführen...“[16]

Dieses Edikt greift Anregungen auf, die seit Ende der 1880er Jahre, besonders seit 1895 – als mit der Niederlage im Krieg gegen Japan die seit Niederschlagung des Taiping-Aufstandes andauernde sog. Selbststärkungsbewegung mit dem Konzept „konfuzianische Basis und westliche Technik"/中学为体西学为用 gescheitert war – und bis zu der sog. „Hundert-Tage-Reform" des Sommers 1898 (戊戌变法) in dem Kreis um den kantonesischen Literaten Kang Youwei (1858-1927) erörtert und Regierungsstellen unterbreitet worden waren. In seinen Denkschriften hatte Kang Pläne zur Förderung von Landwirtschaft, Gewerbe und Handel entwickelt, Anregungen für eine systematische Bildungs-, Gesundheits- und Wohlfahrtspolitik gegeben und auf die Notwendigkeit der Förderung der Fachwissenschaften hinge-

---

15 Die „alte Tradition", von der hier die Rede ist, bezieht sich auf die überlieferte Sozialstruktur und ihre Rangfolge als *Shì Nóng Gòng Shàng* 士农工商, „Beamten-Gelehrte, Bauern, Handwerker und Händler" und der hier ausgedrückten niederen Position von „Industrie und Handel." Nach Mary C. Wright, *op. cit.* (Anm. 8). S. 3 ist eine konfuzianische Gesellschaft „of necessity an agrarian society: trade, industry, economic development in any form are its enemies." Zur Wirksamkeit dieser Tradition in der Person eines der einflussreichsten chinesischen Politiker des 19. Jh., vgl. Kuo-chi Lee, „Tseng Kuo-Fans Vorstellungen zur chinesischen Staatsphilosophie", in: Peter M. Kuhfus (Hrsg.), *China-Dimensionen der Geschichte, Festschrift für Tilemann Grimm*, Tübingen 1990, S. 133 ff.

16 Zitiert bei E.T. Williams, *Recent Legislation Relating Commercial Railway and Mining Enterprises*, Shanghai 1904, S. 1.

wiesen.[17] Er vertrat auch die Ansicht, dass „unter den Gesetzessammlungen verschiedener Staaten Vorbilder zur Gestaltung des öffentlichen und privaten Rechts ausgewählt werden sollen", womit in China zum ersten Mal die Vorstellung zum Ausdruck gekommen war, dass man in ausländischen Rechtsystemen geeignete Instrumente für die anzustrebenden wirtschaftlichen und politischen Neuerungen finden könne.

Für hundert Tage zwischen Juni und September 1898 wurden Schritte in Richtung dieser Anregungen und Forderungen eingeleitet. In einem langen Gespräch im Juni 1898 hatte Kang dem *Guangxu*-Kaiser (reg. 1875-1908) erläutert, dass „von Reform nur gesprochen werden kann, wenn alle Gesetze und politische und soziale Systeme geändert und neu bestimmt werden."[18] Der Kaiser erließ vierzig Dekrete, die sich auf Verwaltung, Schulwesen, Technik, Wirtschaft, Polizei und Gesetzgebung bezogen. Dies alles blieb jedoch unausgeführt, da die konservative Gegenbewegung, die die *Li* 禮-Lehre, d.h. den Konfuzianismus als Grundlage von Regierungs- und Gesellschaftssystem betonende Partei (禮教派) um die Cixi-*Taihou* obsiegte, das Reformprogramm für tabu erklärte und Kang nach Japan fliehen musste. Otto Franke hat 1903 in einem Vortrag vor der Berliner Kolonial-Gesellschaft – wohl etwas selbstgerecht – auf Kangs Unfähigkeit verwiesen, „mit den gegebenen Verhältnissen zu rechnen". Kang sei ganz naiv der Ansicht gewesen, dass „ein vom Kaiser erlassenes Edikt wie ein Weckruf durchs Land ginge und die Geister der Gebildeten fortreißt und überall Streben und Hoffen entfacht".[19]

Der Kaiserhof bedurfte nach dem chinesisch-japanischen Krieg von 1895 einer weiteren Niederlage, bevor er Kangs Reformprogramm ernsthaft nähertrat. Nach dem Boxerkrieg von 1900 und der Rückkehr der nach Xi'an geflohenen Cixi-*taihou* wurden die Kang'schen Reformideen nun als letztes Mittel zur Rettung der Dynastie aufgegriffen und es kam zu dem zitierten Edikt von 1903. Die in der Folge sichtbarsten Reformen waren die Abschaffung des traditionellen Examenssystems, die Errichtung eines Handelsministeriums, die Gründung westlich orientierter Lehranstalten und die Entsendung von Auslandsstudenten.[20]

17 Vgl. die „Eingabe der Prüfungskandidaten" – Ein Dokument der Reformbewegung, *OE*, 27. Jg. (1980), S. 33 ff., insbes. S. 155 ff.

18 Ssu-Yu Teng, John K. Fairbank, *op. cit.* (Anm. 2), Dokument 46, S. 177 ff.

19 Otto Franke, „Der Ursprung der Reformbewegung in China", in: Ders. *Ostasiatische Neubildungen. Beiträge zum Verständnis der politischen und kulturellen Entwicklungs-Vorgänge im Fernen Osten*, Hamburg, 1911, S. 20 ff., 33 f.

20 Einen Überblick zu einzelnen Aspekten gibt M.E. Cameron, *The Reform Movement in China, 1898-1912*, Stanford, 1931.

Die Abschaffung des 1300 Jahre alten Examenssystems (科举) im Jahre 1905[21] war die Voraussetzung für die Neuorientierung des Bildungswesens durch die Einbeziehung sog. „westliches Wissens" (洋为中用). Zwar hatte man schon 1902 damit begonnen, die Staatsprüfungen inhaltlich zu modifizieren. Bisher waren sie vornehmlich literarischer Natur: Die Kandidaten hatten sich darüber auszuweisen, dass sie gewisse als grundlegend betrachtete Werke des konfuzianischen Kanons auswendig wussten. Dazu hatte die Bearbeitung der ausschließlich schriftlichen Prüfungsaufgaben in vorgeschriebenen Formen des Satzbaus zu geschehen, was im wesentlichen auf eine komplizierte Stilprobe hinauslief (八股文/achtgliedrige Schrift); eine inhaltliche Auseinandersetzung war dabei weniger von Belang. Der Appell des ersten Satzes im *Lunyu* „Lernen und immer wieder üben" war zu Gedächtnistraining und Formalismus erstarrt. Dieses System wurde seit Beginn der 1860er Jahre[22] in zweierlei Hinsicht zu ändern versucht: Überwindung des Formalismus und Einbeziehung „westlichen Wissens", also Methode und Inhalt des Lernens. So wurde z.B. in dem im September 1902 in Peking abgehaltenen Examen folgende Aufgabe gestellt: „Die heftige Konkurrenz des Handels der westlichen Länder wird Handelskrieg genannt. Welche Methode sollte China anwenden, um darauf zu reagieren?"[23]

Trotz einer solchen Öffnung für neue Fragestellungen war aber im Rahmen des überlieferten Examenssystems nicht daran zu denken, die Dominanz des auf die konfuzianischen Klassiker ausgerichteten Prüfungsstoffs zu ändern. So entschied man sich 1905 zu dem radikalen Schritt der Abschaffung und der Einrichtung eines Erziehungsministeriums (学部) unter Zhang Zhidong. Erst dadurch wurde nicht nur modernen Natur- und Geisteswissenschaften, sondern auch ausländischen politischen und sozialen Ideen das Tor geöffnet.[24] An die Stelle einer negativen, abwehrenden Haltung gegenüber westlichen Konzepten trat nun eine aktive Ausein-

---

21 Besonders unter dem Einfluss von Zhang Zhidong (1837-1909), der in verschiedenen Provinzen als Gouverneur gedient und sich nicht nur mit technischen Innovationen (Eisenbahn- und Industrieprojekten), sondern auch intensiv mit der Reform des Erziehungswesens befasst hatte. Vgl. Arthur W. Hummel, *Eminent Chinese of the Ch'ing Period*, Washington, 1943, S. 26 ff. und Kuo-chi Lee, "Chang Chih-tungs Vorstellungen zur Modernisierung Chinas", *OE*, 15. Jg. (1968), S. 1 ff. Otto Franke bewertete die Beseitigung des staatlichen Prüfungssystems als „die wichtigste Tat, die die chinesische Regierung seit dem Abschluss der Verträge mit dem Ausland, also seit einem halben Jahrhundert, unternommen hat. Sie bedeutet einen grundstürzenden Wandel in der Verfassung des chinesischen Staates und lässt sich daher auch nicht mit einer Erziehungsreform in abendländischen Verhältnissen vergleichen, sondern nur mit einer durchgreifenden Verfassungsänderung" (*op. cit.*, S. 111).
22 Zu den Anfängen vgl. Mary C. Wright, *op. cit.* (Anm. 8), S. 79 ff.
23 Nach *North China Herald* vom 8.10.1902.
24 Vgl. Gan Chunsong, "The Decline of Imperial China's Examination System and the Disintegration of Institutionalized Confucianism", *SSC*, Autumn 2002, S. 18 ff.; Wolfgang Franke, „Die Beseitigung des staatlichen Prüfungssystems in China im Jahre 1905. Ihre Bedeutung für den Zusammenbruch des traditionellen chinesischen Staates", in: *Saeculum*, Bd. X (1959), S. 103 ff.

andersetzung mit der abendländischen Kultur, auch mit westlichem Recht und Justizeinrichtungen.

3. Motive

Die Tätigkeit der Rechtsreform begann im Mai 1904, als die Qing-Regierung eine besondere Behörde für diese Aufgabe etablierte. Sie wurde zuerst als „Amt für die Zusammenstellung der Gesetze" (法律編纂館), seit 1907 als „Amt für Revision und Festlegung von Gesetzen" (修訂法律館) bezeichnet. Zu Direktoren (修訂法律大臣) wurden zwei sich ergänzende Persönlichkeiten ernannt: Shen Jiaben (1840-1913)[25] war als altgedienter Beamter im Strafministerium (刑部), ein Kenner der chinesischen Rechtstradition und Rechtspraxis. Mit Hilfe japanischer Mitarbeiter eignete er sich Kenntnisse des europäischen Rechts an und wurde so zu dem ersten chinesischen Rechtsvergleicher. Wu Tingfang (1842-1922)[26], war in Singapur geboren, hatte die englische Schule in Hongkong besucht, dann in London ein Rechtsstudium absolviert und als erster Chinese die Qualifikation eines *Barrister* erworben. Nach seiner Rückkehr wurde er in Hongkong der erste chinesische Rechtsanwalt. 1882 trat er in chinesische Dienste, arbeitete unter Li Hongzhang, nahm 1895 an den Vertragsverhandlungen in Shimonoseki teil, organisierte Schulen und war 1897-1901 und noch einmal von 1907-1909 Gesandter in Washington.[27]

Die Aufgabe der neuen Behörde bestand darin, Straf-, Zivil- und Prozessgesetze Japans und westlicher Länder ins Chinesische zu übersetzen[28] und Gesetzentwürfe unter Verwendung dieses ausländischen Materials auszuarbeiten. Die leitende Absicht war darauf gerichtet, die exterritorialen Rechte der Ausländer zu beseitigen, entsprechend dem knapp zwei Jahre zuvor im britisch-chinesischen Handelsvertrag von 1902 gemachten Versprechen. Das unmittelbare oder primäre Motiv der Rechtsreformbemühungen der Späten Qing war also außenpolitischer Natur. Die-

---

25 *BDRC*, 3. Bd., S. 95 ff.
26 *Ibid.*, S. 453 ff.
27 Mit seiner Mithilfe begann die Library of Congress in Washington D.C. damit, chinesisches Material systematisch zu sammeln und zu katalogisieren.
28 Shen hatte geschrieben: „Will man die Absichten und Zwecke westlichen Rechts erkennen, muss man die Lehren der Westler studieren und westliche Bücher übersetzen." Über die Übersetzung westlicher völkerrechtlicher, verfassungs-, zivil-, straf- und verwaltungsrechtlicher Lehrwerke informieren Tian Tao und Li Zhuhuan, „清末翻译外国法学书籍评述 " (Erläuterungen zu der Ende der Qing-Dynastie übersetzten ausländischen rechtswissenschaftlichen Literatur), *ZWFX*, 2000, Nr. 3, S. 355 ff., wo rd. 220 Werke aufgelistet sind. Speziell zu (nicht nur in der Späten Qing-Zeit) übersetzten Werken zum Strafprozessrecht vgl. He Qinhua, "中国近代刑事诉讼法学的诞生与成长" (Geburt und Wachstum der modernen chinesischen Strafprozessrechtswissenschaft), *ZFLT*, 2004, Nr. 1, S. 14 ff.

ses Motiv wurde auch von Shen Jiaben unterstrichen, wenn er im April 1905 in
einer Throneingabe ausführte:

> „Die Strafgesetze der westlichen Staaten wiesen früher mehr Grausamkeiten auf als die Chinas.
> Während der vergangenen etwa hundert Jahre jedoch wurde das westliche Recht allmählich ge-
> mildert, was dazu führte, dass die rigorosen chinesischen Gesetze von den Ausländern als inhuman
> (不仁) eingeschätzt werden.... Statt an unseren alten Strafnormen festzuhalten und den Ausländern
> so einen Vorwand zu liefern, sich dem chinesischen Recht nicht zu unterwerfen, sollten wir uns
> zu Änderungen entschließen und dabei Gesetze anderer Länder berücksichtigen."[29]

Wichtigste Übermittler dieser ausländischen Gesetze waren von Shen berufene
japanische Gelehrte, wie der Strafrechtler Okada Asaturo und der Zivilrechtler
Matsuoka Yoshimasa. Zwar hatten, nachdem seit 1896 und verstärkt ab 1905 das
Studium im Ausland (besonders Japan)[30] gefördert wurde,[31] bis 1908 bereits über
1100 chinesische Studenten mit staatlichen (chinesischen) Stipendium an japanischen, europäischen und US-amerikanischen Universitäten Rechtswissenschaft
studiert[32], und auch in Peking konnte man seit 1906 an der auf Shens und Wus
Initiative hin gegründeten ersten modernen Rechtschule (法律学堂) entsprechende
Studien betreiben. Die so ausgebildeten jungen Chinesen konnten aber erst in späteren Perioden der Rechtsreform einflussreich werden; für Shen Jiaben waren sie
noch nicht verfügbar[33]. Dass Shen auf japanische Berater zurückgriff[34], lag in naheliegender Weise darin begründet, dass Japan – bei aller Verschiedenheit eine
verwandte Nation – seit 1868 (erstes Jahr Meiji) sein chinesisch beeinflusstes
Rechtssystem durch ein System kontinentaleuropäischen Gepräges ausgetauscht
hatte, und zwar aus dem nämlichen außenpolitischen Motiv wie es nun China be-
wegte. Shen hoffte auf Wiederholung: „Das alte japanische System hatte viel vom
Tang-Recht (唐法) übernommen; seit der Meiji-Restauration nutzt man westliches

---

29 Übersetzung von M.J. Meijer, *The Introduction of Modern Criminal Law in China*, Batavia,
1949, (second edition, Hong Kong, 1967), S. 164.
30 Dazu Magnus Kriegeskorte, „Chinesische Studenten in Japan 1896-1911 und ihre staatliche
Überwachung", in: Karl-Heinz Pohl, Dorothea Wippermann (Hrsg.), *Brücke zwischen Kulturen. Festschrift für Chiao Wei zum 75. Geburtstag*, Münster, 2003, S. 24 ff.
31 Durch chinesische Regierungsstipendien; die USA verwandten Teile der Reparationen aus
dem „Boxerprotokoll" von 1901 dazu.
32 So Hao Tiechuan, "中国近代法学留学生与法治近代化" (Juristische Auslandsstudenten
und die Modernisierung des Rechtssystems des modernen China), *FXYJ*, 1997, Nr. 6, S. 3ff.
33 Zu dieser ersten Phase moderner juristischer Ausbildung Xu Biao, "论清末新式法学教育
对中国近代法学的影响" (Zum Einfluss der neuartigen juristischen Ausbildung in der Späten
Qing-Dynastie auf die moderne chinesische Rechtswissenschaft), in: 环球法律评论, 2005,
Nr. 3, S. 362 ff.
34 Li Guilian, "晚清立法中的外国人" (Mitwirkung von Ausländern in der Gesetzgebung der
Späten Qing), *JCCL* vol. 1 (1995), 145 ff., auch in *ZWFX*, 1994, Nr. 4, S. 59 ff.; ders., „近代
中国法律的变革与日本影响" (Rechtsreform im modernen China und japanischer Einfluss),
BJFYJ, 1994, Nr. 1, S. 24 ff. und Gao Haifeng, "论日本对清末法制改革的影响" (Der Einfluss Japans auf die Rechtsreform der Späten Qing), in: Ye Xiaoxin, Guo Jian, Hrsg., 中国
法律史, Shanghai, 2003, S. 527 ff.

Recht (西法), und (Japan) wurde binnen weniger Jahrzehnte zu einem starken Staat. "[35]

Es war also nicht nur ein isoliert außenpolitisches Anliegen. Shen Jiaben hatte der Hoffnung Ausdruck verliehen, dass die „Revision der Gesetze" sich als „Scharnier zwischen Reform und Selbststärkung" (变法自强的枢纽) erweise.[36] Neuere Untersuchungen zu dieser Epoche sehen ebenfalls das Modernisierungsmotiv. Seit der zweiten Hälfte des 19. Jh. waren immer mehr Unternehmen in Erscheinung getreten, die nicht mehr als reine Familieneinrichtungen qualifizieren werden konnten und deshalb ein vorher unbekanntes Bedürfnis nach „Rechtssicherheit" entwickelt hatten, auch der Schutz des Publikums vor Phantasiegesellschaften trat als Problem in Erscheinung. Um die Wende zum 20. Jh. gab es rd. 570 „moderne" Unternehmen mit einem Gesamtkapital von 70 Millionen Yuan. Gegenwärtige chinesische Autoren, die sich mit der Handelsgesetzgebung der Späten Qing befassen, legen dar, dass der damalige „sozio-ökonomische Wandel dringend nach neuer Gesetzgebung verlangte."[37]

4. Reforminhalte

Angesichts dieser die Reformen antreibenden Motive bestand die Aufgabe in nichts Geringerem als in einem Neuaufbau des gesamten Rechtssystems. Dabei stellten sich die Bereiche von Strafrecht, Zivil- und Handelsrecht sowie Prozessrecht aus chinesischer wie aus ausländischer Sicht als vordringlich dar, während das Bewusstsein für den Wert des Verfassungsrechts und seiner Bedeutung für die Funktionstüchtigkeit der gesamten Rechtsordnung erst allmählich Geltung gelangte.[38]

35 Zitiert in Tian Tao, "沈家本,董康与法制改良的悲剧" (Shen Jiaben und Dong Kang und die Tragödie der Reform des Rechtssystems), in: Konferenz über das rechtswissenschaftliche Denken Shen Jiabens (Hangzhou 1990), 沈家本法学思想研究 (Forschungen zum rechtswissenschaftlichen Denken Shen Jiabens), Beijing, 1990, S. 71 ff., 73.
36 Vgl. Jiang Bixin, "沈家本法制改革述论" (Abhandlung zur Rechtsreform von Shen Jiaben), *BJFYJ*, 1988, Nr. 2, S. 18 ff.
37 Xu Lizhi, "清末的商事立法及其特点" (Die Handelsgesetzgebung der Späten Qing und ihre Merkmale), *FXYJ*, 1989, Nr. 3, 89. Zhu Ying, "The Economic Laws and Regulations of the Late Qing", *SSC*, Summer 1995, S. 121 ff., zitiert eine zeitgenössische chinesische Stellungnahme, wonach "soziale und wirtschaftliche Armut das Ergebnis unterentwickelten Handels ist, das wiederum aus dem Mangel an gesetzlichen Regeln resultiert", *ibid.*, S. 123.
38 Dazu **4. Kapitel**.

a) Strafrecht

In Schriften und Throneingaben führt Shen Jiaben aus, was Strafrechtsreform für ihn bedeutete: Die Trennung von Recht und Ethik durch Begrenzung des Strafrechts auf den Schutz eines „ethischen Minimum", mit anderen Worten: die Geltung des fundamentalen Grundsatzes des alten Rechts „die Sphäre der Moralnormen zu verlassen heißt in die Sphäre der Strafe einzutreten" (出礼則入刑) zu reduzieren und die Sicherstellung des Legalitätsprinzips durch Abschaffung von Analogie und Auffangtatbestand.[39] Überfällig erschien ihm auch, das überkommene „Täterstrafrecht" durch ein Tatstrafrecht zu ersetzen, die Schwere einer Straftat nach dieser selbst und nicht länger auch nach der Person (dem Status) von Täter und Opfer zu beurteilen. Ferner die Herausbildung eines neuen Sanktionsystems: Abschaffung der Prügel-, Ausbau der Geld- und Freiheitsstrafen; Abschaffung der grausamen und entehrenden Formen der Todesstrafe (Zerstückelung 凌遲, Zurschaustellung des Kopfes nach Enthauptung 梟首, Zurschaustellung des Körpers nach Hinrichtung 戮屍) und der Brandmarkung 刺字; Ersetzung der kollektiven 緣坐 durch individuelle Verantwortlichkeit.[40]

Ein Teil dieses Programms konnte durch eine rasch vorgenommene Revision des Qing-Kodex erreicht werden: So die Abschaffung der Prügelstrafe, der grausamen Formen der Todesstrafe, der Brandmarkung und der Prozessfolter, d.h. der allgemein als archaisch begriffenen – teilweise bereits in früheren Zeiten zurückgedrängten oder gar überwundenen, dann wieder eingeführten – Elemente des Kodex. Diese Revision, einschließlich einer Bereinigung der *Li* 例-Regeln – über 300

---

39 Shen vertrat durchaus die herkömmliche (konfuzianische) Ansicht, wonach die Moralnormen (禮) das sind, was die Gesetzesnormen (法,律) durch Strafandrohung zu schützen haben. Ein Legist (法家), wie die Anhänger dieser Richtung historisch in China verstanden wurden – Anwendung von moral-neutralen oder unmoralischen Gesetzen –, war er keinesfalls. Von der überlieferten (aus der Sicht der ursprünglichen Lehren mehr „legistischen" als „konfuzianischen") Auffassung wich er insofern ab, als er nicht mehr jedweder Moralverletzung eine Straffolge beimessen wollte, also z.B. das sog. „respektlose Handeln" gegenüber Älteren, insbesondere den Eltern, als eine Angelegenheit von Erziehung und nicht von staatlicher Strafe (wie nach den *shi-e* 十惡) behandeln wollte. Dass in den Reformen eher eine Rückbesinnung auf „konfuzianischen Geist", denn eine Manifestation von „Legismus" gesehen werden kann, zeigt auch folgendes Zitat: „It seems very strange that though as a people we Chinese profess unbounded admiration for the teaching of Confucius, yet in practise we often depart very widely from his most cardinal principles. In nothing is this divergence so marked as in the treatment which has been traditionally accorded to criminals." (Lin Wen Ching, "The Necessity for Prison Reform in China", in: *The World's Chinese Students' Journal*, vol. III, no. 3, Nov./Dec. 1908, S. 140).

40 Shens Throneingabe vom 16. April 1905 erscheint als Appendix V in Meijer, *op. cit.* (Anm. 29). Eine Zusammenfassung ist in das „Rechtskapitel" der Qing-Historie, *XFZ*, S. 1032 f., eingegangen.

wurden ausgeschieden[41] – war als eine Vorstufe für die umfassende Änderung, ja Neufestsetzung eines Strafgesetzbuches gedacht.

1907 legte Shen den Entwurf eines „Neuen Strafgesetzes" (新刑律) vor, um auch die anderen – systemverändernden – Elemente seines Reformprogramms zu realisieren. Dabei wurden neben der völligen Abschaffung der privilegierten Stellung der Beamtenschaft, auch dem tiefverwurzelten Konzept der Fünf menschlichen Beziehungen (倫常) schwere Schläge versetzt. Der Grundsatz des Tatstrafrechts wurde strikt durchgeführt, das ganze herkömmliche System der täter- und opferbezogenen Beurteilung von Straftaten eliminiert, *nullum crimen sine lege* eingeführt, Analogie und Auffangtatbestand entsprechend abgeschafft. Der Entwurf sagte dazu klipp und klar: „Solange die Gesetze keine spezifische Vorschrift vorsehen, kann keine Handlung, welcher Art auch immer, eine Straftat darstellen" (Art. 10). Shen begründete die Abschaffung der Analogie in einer Denkschrift wie folgt: „Das Volk sollte dem Recht vertrauen können. Enthält der Kodex klare Regeln, dann wissen die Leute, was sie zu tun oder zu lassen haben. Haben sie außer dem Strafgesetz auch noch die Ansichten der Beamten zu konsultieren, dann haben sie keine klare Richtlinie. Analogie anzuwenden ist nicht viel anders, als jemanden durch eine verborgene Falle zu töten."[42] Zum ersten Mal wurde dem Richter durch gesetzliche Festlegung eines Strafrahmens ein Ermessen bei der Auferlegung von Strafen eingeräumt, was eine Individualisierung der Strafe ermöglichte.

Dieser die Gleichheit des Gesetzes für die betreffende Tat durchführende und damit die überlieferten ethischen Grundlagen in Frage stellende[43] Gesetzentwurf wurde von den konservativen Kreisen innerhalb der Bürokratie abgelehnt. Es ergab sich ein „Streit zwischen *Li* und Gesetz" (禮法之爭). Für die „konservative Richtung" (禮教派) war die Differenzierung nach Status, Alter und Geschlecht der Kern des Rechtsystems, den es zu bewahren galt. Einer ihrer Repräsentanten war der Sprachwissenschaftler Lao Naixian (1843-1921)[44], der sich heftig dagegen aussprach, „die unterschiedliche Bestrafung von Unzucht, Diebstahl und tätlichem Angriff unter Verwandten, der vorsätzlichen Tötung von Söhnen und Enkeln einerseits, Verwandten aufsteigender Linie andererseits, ferner den Geschlechtsverkehr unverheirateter Frauen und die Verletzung von Sitte und Anstand durch Söhne und Enkel abzuschaffen".[45] Die Konservativen stießen auf das Verständnis eines

---

41 Nach „Rechtskapitel" der Qing-Historie (清史稿), *XFZ*, S. 1012.
42 Kenneth G. Wheeler, *Shen Jiaben (1840-1913): Toward a Reformation of Chinese Criminal Justice*, Ann Arbor (UMI Dissertation Services) 1998, S. 142 f.
43 Fan Zhongxin, "沈家本与新刑律草案的伦理革命" (Shen Jiaben und die ethische Revolution des Neuen Strafgesetzentwurfs), *ZFLT*, 2004, Nr. 1, S. 36 ff.
44 BDRC, vol. 2, S. 280 ff.
45 Darlegung eines Assistenten von Shen Jiaben, zitiert in: Wang Boqi, *近代法律思潮與中國固有文化* (Modernes Rechtsdenken und angestammte chinesische Kultur), Taibei, 1956, S. 17.

deutschen Rechtswissenschaftlers namens Harald Gutherz (chinesischer Name He Shanxin 何善心), der an der Fakultät für Rechts- und Staatswissenschaften der 1909 in Qingdao gegründeten Deutsch-Chinesischen Hochschule lehrte. In einer Abhandlung hatte er Zweifel an der Methode der Reformer geäußert, der chinesischen Gesetzgebung ausländische, in China unbekannte Ideale zugrunde zu legen.[46]Der langjährige Generalgouverneur und zuletzt als Erziehungsminister tätige Zhang Zhidong (1837-1909), der Kopf der „Konservativen"[47], berief sich auf Gutherz[48] und wandte sich mit der Begründung gegen den Entwurf, dass er die traditionellen Beziehungen zwischen den Familienmitgliedern und damit das Gebot der kindlichen Pietät (孝) ignoriere. In einem Edikt vom Februar 1909 heißt es: „Die einzige Quelle des Strafrechts liegt im Gebot der kindlichen Pietät. Der Gesetzgeber hat sich besonders darum zu bemühen, dass die Summe der überlieferten Pflichten (三綱五常)[49], die von den Kaisern seit Yao und Shun unablässig bewahrt worden sind, unverändert Grundlage des Staates bleiben..."[50], also ein ethisches Maximum strafrechtlich zu sanktionieren. Demgegenüber gedachte Shen im Bereich von Verletzungen der Familienbeziehungen eine neue Grenze zu ziehen. So sollte bloßer Ungehorsam nicht mehr strafrechtlich relevant, Erziehung und nicht das Strafrecht angebracht sein. Die Konservativen konnten sich damit nicht anfreunden. Einer führte aus:

> „Hinsichtlich der Kränkung eines Verwandten aufsteigender Linie zeigt der Entwurf insofern eine hochgradige Deformierung als ungehörigerweise die Todesstrafe nicht angedroht wird. Das würde nur dazu führen, die Familienbeziehungen überhaupt abzuschaffen und dazu, dass ruchlose Schur-

---

46 So Li Guilian, *op. cit.* (Anm. 30), S. 150, auch Wang Hongzhi, "清末修刑律的再认识" (Neue Erkenntnis der Revision des Strafgesetzes der Späten Qing), *BFYJ*, 2005, Nr. 4, S. 14 ff., 19. Diese Abhandlung ist nicht auffindbar. Gutherz war nach einem Nachruf in der zwischen 1910 und 1913 in acht Nummern erschienen „Deutsch-Chinesischen Rechtszeitung" (hrsgg. von der Abteilung für Rechts- und Staatswissenschaften der Deutsch-Chinesischen Hochschule Qingdao) als „der erste juristische Dozent an der Deutsch-Chinesischen Hochschule" tätig (Nr. 2, März 1911, S. 16).

47 1905 hatte er zu den Befürwortern der Abschaffung des überlieferten Examenssystems gehört, unterstützte im Jahr darauf den Erlass des die Vergöttlichung des Konfuzius betreibenden Edikts und gründete 1907 eine ausschließlich dem Studium der Klassiker, von Literatur und Geschichte gewidmete Schule "to balance the trend in the modern schools where these subjects were neglected" (Meribeth Cameron, in: Arthur W. Hummel, *Eminent Chinese of the Ch'ing Period*, Washington D.C., 1943, S. 31).

48 Zur Beziehung Zhang Zhidongs zur Deutsch-Chinesischen Hochschule vgl. Otto Franke, „Die deutsch-chinesische Hochschule in Tsingtau, ihre Vorgeschichte, ihre Einrichtung und ihre Aufgaben", in: *Ostasiatische Neubildungen, op. cit.*, S. 200 ff., 205, 215.

49 M.5415.110: „the whole duty of men", d.i. die Summe der konfuzianischen Pflichten.

50 Wheeler, *op. cit.*, S. 30 f. (Eine aktuelle Parallele: Nach der im März 2004 im Irak angenommenen „Übergangsverfassung" ist der „Islam eine Quelle der Gesetzgebung". Dass er nicht als „Hauptquelle" benannt wurde, geht auf amerikanischen Einfluss zurück. Allerdings heißt es in der Verfassung weiter, dass kein Gesetz im Widerspruch zum Islam stehen darf.).

ken überhaupt keine Ermahnung mehr akzeptieren und vor nichts und niemandem mehr Ehrfurcht haben werden."[51]

Damit war eine Totalreform gescheitert, und die Modernisierung des Strafrechts beschränkte sich auf die erwähnte Revision des Qing-Kodex, der in dieser seiner letzten Fassung als das „Geltendes Strafgesetzbuch der Qing-Dynastie" (大清現行刑律) am 15.5.1910 verkündet wurde und bis 1929 in Kraft blieb.

b) Prozessrecht

Im Hinblick darauf, dass es immer mehr Streitigkeiten zwischen aus- und inländischen Geschäftsleuten gab, hielt insbesondere (der Rechtsanwalt) Wu Tingfang das Prozessrecht für eine dringliche Materie. Im Frühjahr 1906 legten Shen und Wu das erste chinesische Straf- und Zivilprozessgesetz vor (大清刑事民事訴訟法).[52] Dieser Entwurf war mit Hilfe eines amerikanischen Experten zustande gekommen und brachte drei Neuerungen: Die hier zum ersten Mal systematisch getroffene Unterscheidung von Zivil- und Strafprozess[53], den Parteiprozess nicht nur in Zivil-, sondern auch in Strafsachen (Ankläger und Verteidiger stehen sich auf derselben Ebene gegenüber) und das Jury-System als volkspartizipatorisches Gegengewicht zur verfahrensrechtlichen Stellung der Staatsvertreter (Staatsanwalt und Richter). Unter dem Einfluss Wu Tingfangs und des amerikanischen Beraters trat hier der anglo-amerikanische Rechtkreis als Vorbild in Erscheinung. Die starke Stellung der Verteidigung, das Jury-System und die Fähigkeit auch von Frauen, als Klägerinnen und Zeuginnen aufzutreten, gingen den Konservativen um Zhang Zhidong zu weit, und der Entwurf wurde abgelehnt. Noch 1910 legte Shen neue – nun getrennte – Entwürfe zu Straf- und Zivilprozessgesetzen vor (大清刑事訴訟律草案 und 大清民事訴訟律草案)[54], die politischen Ereignisse machten dem weiteren Fortgang jedoch ein Ende.

---

51 *Ibid.*, S. 218.
52 Text in 大清帝國新編法典 (Neu zusammengestellte Kodizes des Qing-Reiches), Shanghai, 1906, S. 45-98.
53 So lautet der erste Artikel: „Die vor staatlichen Gerichten verhandelten Fälle teilen sich in Straf- und Zivilsachen." Die beiden folgenden Artikel erläutern: „Strafsachen sind Hochverrat, Komplott, Mord, Geldfälschung, Vergewaltigung und sonstige Handlungen, die strafrechtlich zu behandeln sind." „Zivilsachen sind Streitigkeiten wegen Geldschulden, Immobilien, Verträgen, Schadensersatzforderungen u.a."
54 *XFZ*, S. 1019.

c) Handelsrecht

Das im September 1902 durch kaiserliches Edikt gegründete Handelsministerium (商部) war federführend für die handelsrechtliche Gesetzgebung. Man begann damit, einschlägige Gesetze verschiedener Staaten zu übersetzen. Da man bald feststellte, dass man für die Ausarbeitung eines umfassenden Handelsgesetzbuches nicht ausreichend vorbereitet war, beschränkte man sich auf Teilbereiche, aus deren Summe das *Da Qing Shanglü* 大清商律, das Handelsgesetzbuch der Qing-Dynastie, später zusammengefügt werden sollte. Schon Anfang 1904 wurde in großer Eile – die ausländische Kaufmannschaft übte starken Druck aus – ein Gesetz über Handelsgesellschaften (公司律) und Allgemeine Regeln über Kaufleute (商人通例) erlassen. Ein ebenfalls 1904 kaiserlich genehmigter Entwurf von Bestimmungen über Handelsmarken (商標條例) scheiterte am Widerstand der ausländischen – vornehmlich englischen und französischen – Kaufmannschaft, die sich gegen die von chinesischer Seite gewünschte konstitutive Wirkung der Warenzeichen-Registrierung, wonach der Schutz erst durch Eintragung und nicht schon durch vorherige Nutzung entsteht, wandte.[55] 1906 folgte ein Konkursgesetz (破產).[56]

Die Allgemeinen Regeln über Kaufleute waren als erstes Buch des später zu konzipierenden HGB gedacht. In ihren nur neun Artikeln führten sie den Terminus *Shangren* 商人 „Kaufmann" ein und begrenzten den Kreis der Personen, die in solcher Eigenschaft auftreten konnten. Dabei wurden weitgehend traditionelle Anschauungen normiert. „Alle Männer", heißt es da, „die das 16. Lebensjahr vollendet haben[57], und ein Gewerbe wie Ein- und Verkauf oder Transport betreiben, können Kaufleute sein." Eine Frau konnte die Kaufmanns-Eigenschaft nur erlangen, wenn der Kaufmanns-Ehemann „erkrankt oder behindert ist und weder Vater, Brüder, noch einen herangewachsenen Sohn hat." Dann sollte die Ehefrau oder eine wenigstens 16-jährige Tochter „Kaufmann" werden können, sofern diese fähig ist, selbständig ein Geschäft zu betreiben und nachdem der Handelsbehörde die Gegebenheiten mitgeteilt wurden (§ 3). Dies bedeutete immerhin eine Abweichung von dem bestehenden Gewohnheitsrecht, wonach verheiratete Frauen nicht geschäftsfähig waren und somit nicht rechtsverbindlich handeln konnten. Dieser Gewohnheitsrechtssatz erschien jedoch 1911 im Entwurf eines Zivilgesetzbuchs, wo

---

55   Zur Auseinandersetzung zwischen ausländischer Kaufmannschaft und Handelsministerium vgl. Robert Heuser, "The Chinese Trademark Law of 1904: A Preliminary Study in Exterritoriality, Competition and Late Ch'ing Law Reform", *OE*, 1975, S. 183 ff.

56   Der Text der Allgemeinen Regeln für Kaufleute, des Handelsgesellschaftsgesetzes und des Konkursgesetzes zusammengefasst als *Qinding Da Qing Shanglü* 欽定大清商律 „Handelsgesetzbuch der Qing-Dynastie mit Kaiserlicher Druckerlaubnis" finden sich in 大清帝國新編法典 (Neu zusammengestellte Kodizes des Qing-Reiches), Shanghai, 1906, S. 1-40.

57   So zum ersten Mal eine gesetzlich fixierte Handlungsfähigkeit. Orientiert hat man sich dabei wohl an der alten Regel, wonach mit 16 *sui* 歲 die Pflicht zur Grundsteuer entstand.

es heißt, dass „mit Ausnahme von Ehefrauen (妻) alle erwachsenen und über Urteilsvermögen verfügende Personen geschäftsfähig (有行為能力) sind" (§ 9 des Allgemeinen Teils).

Weitere Regeln betrafen die Firma und die Buchhaltung. Firma ist der Name, unter dem der Kaufmann im Geschäftsleben auftritt. Nach § 5 kann der Kaufmann für sein Gewerbe nach Belieben seinen eigenen wahren Namen oder eine andere Geschäftsbezeichnung benutzen, sich als „Soundso-Laden" (謀記名) oder „Soundso-Geschäft" (謀堂名) bezeichnen. Diese freizügige Regel – im modernen Recht gilt das Prinzip der „Firmenwahrheit"[58] – reflektiert eine soziale Norm: Chinesische Kaufleute haben es traditionell immer vermieden, ihren eigenen Namen als Handelsnamen zu verwenden, was einmal mit der tiefverwurzelten Anschauung zu tun hat, wonach Händler einen nur niedrigen gesellschaftlichen Rang einnehmen und zum anderen verhindert sollte, das Vermögen des Kaufmanns öffentlich zu machen.

Erstmals wurde eine Buchführungspflicht abverlangt: „Jeder Kaufmann muss, unabhängig von der Größe seines Geschäfts laufend ein Rechnungsbuch (帳簿) führen, in dem alle Ein- und Ausgänge von Geld und Waren auf Tagesbasis zu registrieren sind" (§ 6).

Das von Wu Tingfang formulierte aus 131 Artikeln bestehende Gesetz über Handelsgesellschaften (公司律) war als zweites Buch des späteren HGB gedacht. Seine wichtigste Neuerung war die Einführung der Figur der juristischen Person, noch nicht der Terminus (法人), der wurde erst durch den ZGB-Entwurf von 1911 und die Verordnung über Handelsgesellschaften (公司條例) von 1914 eingeführt), aber die körperschaftliche Verfasstheit von Handelsvereinigungen und damit das Konzept der beschränkten Haftung. Dieses bedeutete einen Bruch mit dem bislang Üblichen.[59] In der vormodernen Handelsgesellschaft zählte allein das persönliche Vertrauen, es waren durchweg Mitglieder derselben Familie, die gemeinsam ein Unternehmen betrieben. Die Übernahme einer Rechtsfigur, wonach eine Gruppe von Personen als eine Organisation gedacht wird, die fähig ist, unabhängig von ihren einzelnen Mitgliedern zu handeln, die also selbst rechtsfähig ist, wobei die finanzielle Haftung dieser Mitglieder auf die geleistete Kapitaleinlage beschränkt ist, bedeutete etwas völlig Neues. Das Gesellschaftsgesetz regelte neben der *Hezi Gongsi* 合資公司 genannten Partnerschaft (OHG) daher auch die beiden Arten der Kapitalgesellschaften GmbH (合資有限公司) und AG (股份有限公司). Das Gesellschaftsgesetz wurde seit 1904 angewandt und blieb bis 1929 in Kraft.

---

58 Etwa § 18 II deutsches HGB: „Die Firma darf keine Angaben enthalten, die geeignet sind, über geschäftliche Verhältnisse, die für die angesprochenen Verkehrskreise wesentlich sind, irrezuführen".

59 So auch Zhang Mingxin, Wang Yujie, "略论清末'公司律'的产生及特点" (Entstehung und Wesensmerkmale des „Handelsgesellschaftsgesetzes" der Späten Qing), *FXPL*, 2003, Nr. 3, S. 148 ff.

Das Konkursgesetz (破產律) schließlich war als drittes Buch des späteren HGB vorgesehen. Es brachte den ersten Versuch, in die chinesische Rechtsordnung ein staatlich überwachtes Verfahren zur Abwicklung von Insolvenzen einzuführen, ein Verfahren zur Verteilung des dem Gemeinschuldner verbliebenen Vermögens an die Gläubiger und zur Entschuldung eines ehrlichen Gemeinschuldners, so dass er eine Chance hat, neu zu beginnen. Das Gesetz war 1906 in Kraft getreten[60], wurde aber bald darauf widerrufen, da die Regierung es nicht akzeptieren wollte, dass bei der Rangfolge der zu befriedigenden Gläubiger Regierungsbanken und private Banken gleichgestellt waren (§ 40). Bislang hatten Geldforderungen staatlicher Behörden durchweg Vorrang genossen. Bei der Gleichstellung war man westlichen Vorbildern gefolgt, wollte sich zuletzt aber doch nicht dazu bekennen. Bemerkenswert ist auch die Regelung (§ 45), wonach die Brüder, Onkel und Neffen des Gemeinschuldners für diesen nicht haften (denn sie gehören nicht zu dessen Haushalt). Im traditionellen Recht bestand für diese weitere Verwandtschaft so etwas wie eine Garantenhaftung. Dass die Söhne des Gemeinschuldners nicht erwähnt werden, zeigt, dass mit dem ganzen Haushaltsvermögen gehaftet wird. Im Konkursgesetz heißt es dazu genauer, dass eine Haftung mit dem Haushaltsvermögen (家財產) nicht stattfindet, wenn der Haushalt aufgelöst wurde (分家), diese Auflösung der (1902 gegründeten) Handelskammer (商會) mitgeteilt wurde und der Konkurs wenigstens ein Jahr nach Haushaltsauflösung eröffnet wurde (§ 46). Gewohnheitsrechtlich galt zwar, dass „die Söhne die Schulden des Vaters erstatten" (父債子還), dies zielte aber auf die Situation des Erbrechts.[61]

d) Zivilrecht

Die umfänglichste Reform betraf die Ausarbeitung eines Zivilgesetzbuches. Die diesbezüglichen Vorgänge finden im Zusammenhang mit den gegenwärtigen Bestrebungen zur Zivilrechtskodifikation eine gesteigerte Aufmerksamkeit.[62] Aus den Entwurfsmaterialien wird deutlich, dass in kurzer Zeit eine enorme Arbeitsleistung erbracht wurde. Nachdem im September 1907 im „Amt für Revision und Festlegung von Gesetzen" (修訂法律館) die Tätigkeit der Übersetzung ausländi-

---

60 Vgl. dazu Heinrich Dove, „Das chinesische Konkursgesetz vom 26.4.1906", in: *Blätter für vergleichende Rechtswissenschaft und Volkswirtschaftslehre*, 3. Jg. (1907), S. 163 ff. und Thomas Mitrano, "The Chinese Bankruptcy Law of 1906-1907: A Legislative Case History", *MS*, vol. XXX (1972/73), S. 259 ff.

61 Ebenfalls in das HGB sollte der Inhalt eines Beförderungsgesetzes eingehen, das 1911 erlassen worden war. Vgl. Chung-Hui Wang, „Das chinesische Beförderungsgesetz vom 24. Januar 1911", in: *Blätter für vergleichende Rechtswissenschaft und Volkswirtschaftslehre*, 7. Jg. (1911), S. 65 ff. (mit Gesetzestext in deutscher Übersetzung).

62 Etwa Zhang Sheng, " ‚大清民律草案' 撷遗" (Zusammengetragenes zum „Zivilgesetzbuch der Qing-Dynastie", *FXYJ* 2004, Nr. 3, S. 140 ff.

scher Gesetze aufgenommen worden war, konnte im September 1911 – in den letzten Wochen der Dynastie – der Entwurf eines Zivilgesetzbuches (大清民律草案) vorgelegt werden.[63] In Anlehnung an das damals erst kürzlich in Kraft getretene deutsche BGB ist er in die fünf Bücher „Allgemeiner Teil" 總則 (§§ 1-323), „Schuldrecht" 債權 (§§ 324-977), „Sachenrecht" 物權 (§§ 978-1316), „Familien-angehörige" 親屬 (§§ 1317-1459), und „Erbgang" 繼承 (§§ 1460-1569) eingeteilt. Das entspricht zwar im wesentlichen auch dem japanischen ZGB von 1898 (das allerdings das Sachenrecht vor das Schuldrecht stellt), der Qing-Entwurf orientierte sich aber trotz der Mitarbeit von japanischen Experten (Y. Matsuoka und K. Shida)[64] offensichtlich auch direkt am deutschen BGB von 1900 (und partiell am schweizerischen ZGB von 1907).[65]

Die Grundzüge des Entwurfs können wie folgt zusammengefasst werden: (1) Zu Beginn werden erstmals die für das Zivilrecht maßgeblichen Rechtsnormen (Rechtsquellen) benannt: „Ist eine Zivilrechtsangelegenheit in diesem Gesetz nicht geregelt, so ist Gewohnheitsrecht (習慣法), besteht kein Gewohnheitsrecht, so sind die allgemeinen Rechtsgrundsätze (法理) maßgebend." Vor allem deshalb, weil das Bestreben des chinesischen Gesetzgebers darauf gerichtet war, die Anerkennung der Exterritorialmächte zu finden, aber wohl auch wegen aus Zeitmangel nur unzureichend geleisteter Durchdringung des angesammelten Gewohnheitsmaterials, hat das Gewohnheitsrecht, trotz der von der Gesetzesrevisionsbehörde unternommenen Anstrengungen, die lokalen Gewohnheiten landesweit zu erforschen, auf die Vorschriften des ZGB-Entwurfs selbst – sieht man ab vom Familienrecht – kaum eingewirkt.[66] (2) Es wird erstmals festgestellt, dass „der Mensch (人) in den Grenzen der Gesetze und Verordnungen Rechte genießt und Pflichten trägt" (§ 4), also rechtsfähig ist. Hinsichtlich der Geschäftsfähigkeit ist die Frau in der Weise beschränkt, wie dies damals auch in europäischen Rechtsordnungen üblich

---

63 Chinesischer Text in: Yang Lixin, *大清民律草案，民国民律草案* (Die Zivilgesetzbuch-Entwürfe der Qing-Dynastie und der Republik), Jilin, 2002, S. 1 ff. Den Gesetzestext verbunden mit erläuternden Materialien bietet: 司法行政部 (Hrsg.), 中華民國民法制定史料彙編 (Sammlung historischer Materialien zur Festlegung des Zivilgesetzbuches der Republik China), Taibei 1976, S. 243-1017.

64 Yu Jiang, "清末民法学的输入与传播" (Import und Verbreitung der Zivilrechtswissenschaft in der späten Qing-Dynastie), *FXYJ*, 2000, Nr. 6, S. 140 ff.; Meng Xiangpei,"试论中日民法近代化的开端" (Zum Beginn der Modernisierung des chinesischen und japanischen Zivilrechts), in: Ye Xiaoxin, Guo Jian (Hg.), 中国法律史研究, Shanghai, 2003, S. 400 ff.

65 Ob dies auch dadurch erleichtert wurde, dass „Chinas erster Dr. iur." (1905 in Yale), der später in der Rechtsmodernisierung eine Rolle spielen sollte, Wang Chonghui (1881 in Hongkong geboren, 1958 in Taibei gestorben), 1907 eine englische Übersetzung des deutschen BGB publiziert hatte, die übrigens lange als die beste englische Übersetzung anerkannt war, sei dahingestellt.

66 So auch Zhang Sheng, "清末民事习惯调查与'大清民律草案'的编纂" (Untersuchungen zu den zivilen Gewohnheiten in der Späten Qing-Dynastie und die Zusammenstellung des „ZGB-Entwurfs der Qing-Dynastie"), *FXYJ*, 2007, Nr. 1, S. 125 ff.

war. So heißt es im Entwurf: „Handlungen, die sich nicht auf gewöhnliche Angelegenheiten beziehen, bedürfen der Zustimmung des Mannes" (§ 27 I); wurden sie
ohne Zustimmung vorgenommen, kann der Mann sie anfechten (§ 27 II;
§§ 1353 ff. urspr. Fassung des dt. BGB). (3) Die juristische Person wurde als Verein
(社團法人) und Stiftung (財團法人) erstmals in einem chinesischen Gesetz aufgewiesen. Dasselbe gilt für die Regelungen über Rechtsgeschäft und Vertrag, einschließlich von Vertragstypen. (4) Durch seine deliktsrechtlichen Regeln (侵權)
löste der Entwurf die unerlaubte Handlung aus der strafrechtlichen Sphäre und
schuf einen rein privatrechtlichen Tatbestand, der eine Ersatzpflicht des Verantwortlichen begründete: „Wer vorsätzlich oder fahrlässig das Recht eines Anderen
widerrechtlich verletzt, ist zum Ersatz des aus der Verletzung entstandenen Schadens verpflichtet." (§ 945 I). (5) Die Sachenrechte, d.h. Eigentum und die sog.
beschränkt dinglichen Rechte (Erbbaurecht, Erbpachtrecht, Grunddienstbarkeiten
und Sicherungssachenrechte) wurden gänzlich als Individualrechte ausgestaltet,
traditionelle Vorstellungen von Familieneigentum finden sich nicht.

Die Regelungen zum Eigentum (所有權) beginnen mit der Feststellung, dass
„der Eigentümer innerhalb der Grenzen der Gesetze die ihm gehörende Sachen
nach Belieben gebrauchen, daraus Nutzen ziehen und darüber verfügen kann"
(§ 983) und Unberechtigte von Eingriffen in sein Eigentum ausschließen darf
(§ 984). Rechte an geistigem Eigentum wurden in einem 1910 verkündeten Urheberrechtsgesetz (大清著作權律) erstmals gesetzlich aufgegriffen. Es ersetzte das
überlieferte Privilegiensystem durch ein die beiden Elemente des Verwertungs-
rechts und des Urheberpersönlichkeitsrechts umfassendes modernes System.[67] (6)
Das Familienrecht bewahrt demgegenüber zahlreiche traditionelle Elemente. So
heißt es zu Anfang, dass „die Trauerpflicht der Verwandten in Trauertabellen (服
制圖) festgelegt wird" (§ 1318 II am Ende). Ähnlich der Regelung im Qing-Kodex
(Art. 87) bestimmt auch der Entwurf, dass, „wer bei Lebzeiten der Eltern einen
eigenen Hausstand (戶籍) gründen will, der Zustimmung von Vater und Mutter
bedarf" (§ 1323 II). Dies bezieht sich auf das alte Rechtsinstitut der Haushalts- und
Vermögensteilung (分家) zu Lebzeiten der Eltern. Auch eine Ehe kann nur rechts-
gültig geschlossen werden, wenn Vater und Mutter zustimmen (§ 1338). Hinsichtlich der Ehescheidung bleibt es bei dem alten Grundsatz: „Wenn Mann und Frau
nicht harmonieren, kann die Ehe geschieden werden" (§ 1359). (7) Das Erbrecht
ist in den beiden zentralen Kapiteln „Erbgang" (繼承) und „Testament" (遺書)
wiederum ohne Einbezug traditioneller Elemente geregelt. So wird etwa die im

---

67 Wang Lanping, "中国法制近代化过程中的三部著作权法" (Drei Urheberrechtsgesetze im
    Verlauf der Modernisierung des chinesischen Rechtssystems), *BFYJ*, 2005, Nr. 3, S. 44ff.
    Detaillierter Aufweis des Gesetzesinhalts auch bei Heinrich Betz, „Ein chinesisches Urhe-
    berschutzgesetz", in: *Blätter für vergleichende Rechtswissenschaft und Volkswirtschaftsleh-
    re*, 7. Jg. (1912), S. 225 ff.

alten Recht fundamentale Erbfolge in den Ahnenkult nicht berücksichtigt, was aber durch gewohnheitsrechtliche Normen ausgeglichen wird.[68]

Zusammen mit den artikelweisen Begründungen verkörpert der ZGB-Entwurf, der als solcher nie Gesetzeskraft erlangte, ein gewichtiges Material und eine beträchtliche Vorarbeit für den Republik-Gesetzgeber. Der Entwurf wurde bald veröffentlicht und von einer interessierten Öffentlichkeit auch wahrgenommen.[69] Im übrigen haben die Grundprinzipien des Entwurfs über die Rechtsprechung des Obersten Gerichts (大理院) sofort ab 1912 auf das chinesische Zivilrechtssystem eingewirkt, das zunächst auf diese Weise moderne Rechtsgrundsätze – bei gleichzeitiger Bemühung, der Tradition gerecht zu werden – aufgenommen hat.

Als der ZGB-Entwurf dem Thron vorgelegt wurde, wurden Erläuterungen hinzugefügt, in denen die Grundsätze, von denen man sich bei der Ausarbeitung des Entwurfs leiten ließ, deutlich zur Sprache kamen:[70]

(1) Übernahme der in der modernen Wirtschaftswelt allgemein gebräuchlichen Rechtsregeln.[71] Da der Verkehr über die Ozeane immer mehr zunehme, in chinesischen Häfen der Handelskrieg tobe und die Übersee-Chinesen bereits moderne Rechtsformen praktizierten, bliebe China im eigenen Interesse nichts anderes übrig, als die allgemein üblichen Standards zu übernehmen.

(2) Berücksichtigung solcher Regeln, die dem chinesischen Volksempfinden (民情) gemäß sind. „Die die menschlichen Angelegenheiten betreffenden Gesetze entstehen aus dem Volksgeist und den Gewohnheiten" (人事法緣於民情風俗而生), „man kann ihnen nicht durch Zwang Geltung verschaffen, andernfalls würde man uns zu Recht vorwerfen, wir verhielten uns wie jemand, der versucht, Zehen den Schuhen anzupassen..." Dies bedeute insbesondere, dass das Familien- und Erbrecht nicht von seinen überlieferten ethischen und gewohnheitsrechtlichen Wurzeln getrennt werden könne.

---

68 In vielen Teilen Chinas existiert(e) seit alters die Institution des „Opferfonds" (祭祀公業), wonach bei der Erbteilung ein Teil des Nachlasses für den Ahnen gewidmete Gedenkzeremonien abgezweigt und einem Fonds zugeführt wird, dessen Verwaltung in der Regel der älteste Sohn treuhänderisch übernimmt. Praktisch bedeutet dies, dass ein bestimmtes Grundstück nicht veräußert werden darf. Vgl. etwa Santaro Okamatsu, *Provisional Report on Investigations of Laws and Customs in the Island of Formosa,* Kobe 1900 (Nachdruck, Taibei 1971), S. XXIV und Klaus Mäding, *Chinesisches traditionelles Erbrecht,* Berlin, 1966.

69 Die von der Abteilung für Rechts- und Staatswissenschaften der Deutsch-Chinesischen Hochschule Qingdao hrsg. *Deutsch-Chinesische Rechtszeitung* brachte in ihrer Dezember-Ausgabe von 1912 eine kurze Anmerkung zum 4. Buch (Familienrecht).

70 Yang Honglie, 中國法律發達史 (Entwicklungsgeschichte des chinesischen Rechts), Shanghai 1930 (Taiwan-Ausgabe 1967), S. 906 f.

71 Dies wird auch als Prinzip der „Durchgängigkeit" chinesischer und ausländischer Rechtsregeln bezeichnet. Dazu Ai Yongmin, "清末修律的'中外通行'原則" (Das Prinzip der „chinesisch-ausländischen Durchgängigkeit" der Spät-Qing-zeitlichen Gesetzesrevision), *FXYJ*, 1999, Nr. 6, S. 142 ff.

Wir sehen also auch hier noch den grundsätzlich konservativen Ansatz der Reformer. Erst die Nanjing-Regierung der GMD wird das Familienrecht aus einem revolutionären Ansatz heraus zu reformieren suchen.

5. Resultate

a) Erstmals wurden Konzepte wie Rechtsfähigkeit, Rechtsgeschäft, Willenserklärung, Hypothek, Kaufmann, Handelsgesellschaft, Haftungsbegrenzung, Warenzeichen, Urheberrecht, Konkurs, Unabhängigkeit der Justiz u.a., aufgegriffen, eine Terminologie geschaffen[72] und in der Gesetzgebung verwendet. Wie z.B. für das Erbrecht ein neuer Terminus gebildet wurde, zeigt eine Erläuterung über „Festlegung von Begriffen" (定名) zu Beginn des 5. Buches („Erbgang"):

> „Der Erbgang (繼承) findet statt, wenn jemand stirbt, das war und ist so zu allen Zeiten und in aller Welt. Verfolgen wir die Erscheinung des Erbgangs durch die Geschichte, so mögen die vom Erben erlangten Rechte unterschiedlich sein – wie das Recht zur Ahnenverehrung, Statusrechte oder Vermögensrechte –, es handelt sich doch stets um Erbgang. Jedoch wurde erst in neuerer Zeit damit begonnen, gesetzliche Regeln über den Erbgang festzulegen, die dann in komplette Kodifikationen eingingen. In Japan wird der Erbgang „Nachfolgerecht" (*sōzokuhō* 相續法) genannt, in dem wörtlichen Sinn, dass eine Person einer anderen zur Aufrechterhaltung der Kontinuität nachfolgt. In dieser Bedeutung mag der Ausdruck als Prädikat eines Satzes benutzt werden, nicht aber als Subjekt (Nomen). Wird in China „Erbgang" im Hinblick auf die Fortsetzung der Familienlinie erwähnt, braucht man häufig Worte wie *ji* 繼 (fortsetzen, nachfolgen) und *cheng* 承 (übernehmen, etwas auf sich nehmen). Daher sind wir in diesem (5.) Buch des ZGB-Entwurfs zu dem Ausdruck *jicheng* 繼承 übergegangen, statt den von Japan bezogenen Ausdruck *xiangxu* 相續 (d.i. *sōzoku*) beizubehalten, und bezeichnen das entsprechende Recht 繼承法 (Erbgangrecht oder einfach Erbrecht)."[73]

b) Erstmals kam das Bewusstsein auf, dass die neue Gesetzgebung zu ihrer Durchführung eines bisher nicht vorhandenen Berufszweigs, des der Richter, Staats- und Rechtsanwälte, bedarf, dass dafür Ausbildungsstätten geschaffen werden müssen. Die erste Rechtsschule wurde 1906 gegründet, und das Gerichtsorganisationsgesetz (法院編制法) von 1910 enthielt auch eine Regelung, wonach niemand als Richter oder Staatsanwalt angestellt werden darf, der nicht zwei Justizprüfungen

---

72 Anders als gut tausend Jahre zuvor beim Studium des Buddhismus („schier unglaubliche Übersetzungsarbeit", Wolfgang Bauer) konnte hier auf die Vorarbeit anderer – der Japaner – zurückgegriffen werden. Vgl. Wang Jian, "晚清法学新词的创制及其与日本的关系" (Die Entwicklung neuer Rechtstermini in der späten Qing-Zeit und ihre Beziehung zu Japan), in: 南京大学学报, 2005, Nr. 6, S. 100 ff. Zum Komplex der Terminologiebildung liegt jetzt die Mainzer translationswissenschaftliche Dissertation von Wang Qiang vor: *Beiträge der späten Qing-Zeit zu Chinas moderner vermögensrechtlicher Terminologie. Eine rechts-, translations- und sprachwissenschaftliche Studie über den auf dem deutschen BGB basierenden Zivilgesetzbuch-Entwurf,* Frankfurt am Main 2012. Die Seiten 455 bis 616 bieten eine vollständige deutsche Übersetzung der ersten drei Bücher des Entwurfs von 1911.

73 司法行政部 (Hrsg.), *op. cit.,* (Anm. 58), S. 941.

absolviert hat (§ 106).[74] 1907 wurde das Strafministerium (刑部) in „Ministerium für Rechtswesen" (法部) umbenannt und als Oberstes Gericht der *Daliyuan* 大理院 mit Shen Jiaben als erstem Präsidenten gegründet. Die Justizverwaltung wurde aus dem Rechtsministerium ausgegliedert und dem Obersten Gericht zugewiesen, womit eine oganisatorische Unabhängigkeit geschaffen war.[75]

c) Auch wenn kaum eine Reform unter der Qing-Dynastie realisiert wurde, und ein landesweiter Gerichtsaufbau nicht mehr geleistet werden konnte, so dienten die zahlreichen Gesetzesentwürfe den unter den Republik-Regierungen wieder aufgenommenen Kodifikationsbemühungen als ein wichtiges Referenzmaterial. Es ist nicht übertrieben, wenn festgestellt wird, dass die Späte Qing (1902-1911) eine Schlüsselperiode für die Modernisierung des chinesischen Rechts ist.[76] Das alte System war zur Disposition gestellt und die konzeptionellen Fundamente des neuen wurden gelegt.

6. Deutsches Recht als Modell?

Abschließend ist die Frage aufzuwerfen, weshalb sich die Rechtsmodernisierer der Späten Qing vornehmlich am kontinentaleuropäischen und deutschen Recht orientierten. Dass es kontinentaleuropäisches, also kodifiziertes, und nicht anglo-amerikanisches *case-law* war, ergab sich für die Qing-Reformer ohne weiteres aus der *Lü*-Tradition, der jahrhundertelangen Existenz von und somit tiefen Vertrautheit im Umgang mit Kodizes und der damit verbundenen derivativen Arbeitsweise in der Ermittlung von Rechtsfolgen. Auch wurde im Hinblick auf das Familienrecht die Ansicht vertreten, dass das anglo-amerikanische Recht ganz im Zeichen des Individualismus stehe, während das kontinentale Recht noch etwas vom traditio-

---

74 Als Voraussetzung der Teilnahme an der ersten wird ein wenigstens dreijähriges Rechtsstudium mit Abschluss angegeben (§ 107). Zur zweiten Prüfung konnte man sich nach zweijähriger praktischer Gerichtstätigkeit melden (§ 108). Deutsche Übersetzung von Fritz Holzhauer, in: *Chinesisch-Deutsche Gesetzessammlung*, hrsg. von der Abteilung für Rechts- und Staatswissenschaften in Verbindung mit der Übersetzungsanstalt der Deutsch-Chinesischen Hochschule, Abteilung VII, Nr. 1, Tsingtau, 1912, S. 41 ff.
75 Ausführlich (aber unscharf) zur Justizreform Oliver Simon, „Der Versuch der Einführung eines modernen Justizwesens zu Beginn des 20. Jh. in China", *ZChinR,* 2004, S. 102 ff.
76 Etwa Zhang Jinfan, 中国近代社会与法治文明 (Moderne chinesische Gesellschaft und die Zivilisation der Gesetzesherrschaft), Beijing, 2003, S. 6; Zheng Ding, Yang Ang, "还原沈家本：略论沈家本与晚清司法长域之辩浅 (1901-1911)" (Wiedereinsetzung von Shen Jiaben: Erörterungen zu Shen Jiaben und dem Spät-Qing-zeitlichen Wandel im Justizbereich, 1901-1911), *FLLT,* 2004, S. 22 ff., 34; Zhu Ying, *op. cit.* (Anm. 35), S. 127-129. Auch nach Wang Chonghui, dem „Nachfolger" Shen Jiabens in der frühen Phase der Republik, „much praise is due to the Imperial Commission for the pioneer work performed" ("Law Reform in China", in: *Social and Political Science Review*, vol. 2, 1917, S. 19).

nellen Familiendenken in sich trage.[77] Es schien sich der chinesischen Sozialtradition eher zu empfehlen.

Die naheliegende Erklärung für die Modellhaftigkeit gerade des deutschen Rechts liegt darin, dass das in den Augen der Qing-Bürokraten in seinem Reformkurs erfolgreiche Japan sich in der letzten und entscheidenden Phase der 1890er Jahre vor allem am deutschen Recht orientiert hatte. Der Umschlag der Ausrichtung vom primär französischen zum primär deutschen Recht geschah 1889 mit Annahme der (Meiji-)Verfassung, die auf dem Vorbild der Preußischen Verfassung von 1850 beruhte und den damals sehr willkommenen Kompromiss zwischen liberalen und demokratischen Ideen einerseits, monarchisch-legitimistischen Vorstellungen andererseits verkörperte. Nun sollte auch der rechtliche Überbau primär deutschrechtlich geformt werden. Die Qing-Reformer konnten wahrnehmen, dass der japanischen Rechtsmodernisierung auch und gerade insofern der Erfolg nicht versagt blieb, als die ungleichen Verträge seit 1899 nach und nach aufgehoben wurden, der letzte schließlich im Jahre 1911.

a) Gründe für die Wahl des „deutschen Modells"

In neueren chinesischen Untersuchungen[78] werden neben dem oben genannten „Bewährungsargument" zwei weitere Gründe angeführt:

(1) Das Qualitätsargument. Den Qing-Reformern sei bewusst gewesen, dass das damalige deutsche Recht das am weitesten entwickelte Recht des kontinentalen Rechtskreises gewesen sei: Hundert Jahre jünger als der französische Code Civil habe das deutsche BGB die Tradition des Römischen Rechts am weitesten in die Moderne entwickelt. Die hohe Qualität des BGB wird ferner mit der Philosophie des deutschen Idealismus in Verbindung gebracht; deren Dialektik habe sich in Begriffsschärfe und Systematik des BGB niedergeschlagen.

(2) Vor allem das Machtargument. Den Qing-Reformern war bewusst, dass Deutschland nach Gründung des Deutschen Reiches und der damit einhergehenden Gesetzgebung eine rasche Entwicklung in Wirtschaft, Wissenschaft und Technik genommen hatte. Der Generalgouverneur und Reformer (Industrie, Schulwesen) Zhang Zhidong pries 1895 die deutsche Infanterie, der führende Konfuzianer Kang Youwei 1898 das deutsche Bildungswesen, 1906 Dai

---

77 So Wang Chung-Hui, "Law Reform in China", in: *Chinese Social and Political Science Review*, vol. 2 (1917), S. 13 ff.

78 Zu Folgendem Wang Limin, "论清末德国法对中国近代法制形成的影响" (Der Einfluss des deutschen Rechts auf die Gestaltung des modernen chinesischen Rechtssystems in der späten Qing-Zeit), in: *上海社会科学院学术季刊*, 1996, Nr. 2, S. 132 ff.

Hongci u.a. Mitglieder der kaiserlichen Informationsgesandtschaft in ihrem Reisebericht allgemein die rasch erlangte Machtposition in den internationalen Beziehungen. Damit stellte sich ihnen das deutsche Recht als Mittel zur Stärkung des Staates dar.

Was von diesen Argumenten[79] zu halten ist, sei dahingestellt.[80] Tatsächlich bleibt das deutsche Recht auch im weiteren Verlauf der Rechtsreform von einem gewissen modellhaften Einfluss.

b) Eine deutsche Gegenposition

In seinen Ausführungen über „Die charakteristischen Merkmale der Rechtsreform der späten Qing-Zeit"[81] hat der zuletzt an der Taiwan-Universität lehrende Zivilrechtler Wang Boqi (1908-1961) die ablehnende Stellungnahme des an der Deutsch-Chinesischen Hochschule in Qingdao tätigen Harald Gutherz zur Strafrechtsreform Shen Jiabens einer beißenden Kritik unterzogen und folgendes angemerkt:

„Besonders mysteriös ist der damals an der Chinesisch-Deutschen Hochschule in Qingdao lehrende Deutsche He (d.i. Harald Gutherz), der die Kunst der Schmeichelei und des Speichelleckens beherrschte und ungeachtet seiner ‚Gutherzigkeit' (eine Anspielung auf den chinesischen Vornamen 善心 des Gutherz) sich den Konservativen andiente. Nach Jiang Yong (Assistent von Shen Jiaben) sei die von Gutherz damals vorgelegte Abhandlung schlicht albern und nicht ernst gemeint gewesen. Er habe dort z.B. ausgeführt: ‚Ich betrachte die von den Gelehrten des Altertums geschaffenen etablierten Gesetze Chinas als perfekt; sie durch ausländische zu ersetzen, wäre durch-

---

79 Nur kurios ist ein „Ähnlichkeitsargument": Bei manchen der Qing-Reformer scheint es eine Ansicht gegeben zu haben, wonach gewisse politische und soziale Erscheinungen Deutschlands denen in China vergleichbar seien. Nachdem der Qing-Beamte Dai Hongci 1905/06 einige Monate in europäischen Ländern eine Informationsreise gemacht hatte (dazu Oliver Simon, „Bericht der chinesischen Studienkommission aus dem Jahre 1906 über ihren Besuch in Deutschland", *ZChinR*, 2006, S. 77 ff.), hatte er den Eindruck gewonnen, dass die nach seiner Beobachtung durch Fleiß und Genügsamkeit geprägte Mentalität der Deutschen der chinesischen ähnlich sei. Er stellte folgenden Zusammenhang her: Da das Recht in der Gesellschaft wurzele, werde sein Inhalt durch die Gesellschaft bestimmt. Also könne man unter ähnlichen sozialen Bedingungen auch ähnliches Recht erwarten. Ähnliche gesellschaftliche (und politische) Verhältnisse in Deutschland und China bedeuteten eine günstige Situation für die Übernahme deutschen Rechts. Die Frage ist dann natürlich, warum China nicht selbst, wenn es sozio-politisch mit Deutschland so ähnlich ist, ein ähnliches Recht hervorgebracht hat.

80 In der Summe bestätigen sie die These Koschakers, dass „die Rezeption eines Rechtssystems keine Qualitätsfrage ist", ein fremdes Recht also nicht rezipiert wird, weil man es für das beste hält,... die Rezeptibilität (vielmehr) eine Machtfrage (ist), die Folge einer wenigstens geistigen und kulturellen Machtstellung des rezipierten Rechts..." (Paul Koschaker, *Europa und das römische Recht*, 4. Aufl., München und Berlin, 1966, S. 138).

81 近代法律思潮與中國固有文化 (Modernes Rechtsdenken und angestammte chinesische Kultur), Taibei, 1956, S. 16 ff.

aus zu bedauern.' Darauf seien die Bewahrer des Alten nicht müßig gewesen, sich auf die Worte des Europäers zu berufen und zu propagieren, dass das neue Strafgesetz von höchst subversiver Wirkung sei. Shen Jiaben habe darauf äußerst verärgert reagiert, sich allein gegen diese Strömung gestemmt und Schriften verfasst, in denen er in aller Schärfe widersprach".

Die hier dem Harald Gutherz zuteil gewordene Einschätzung wird seinem Anliegen aber nicht gerecht. Seine Bedenken gegen die Methode der Rechtsreform durch eine Rezeption ausländischer Gesetze beruhten auf einer wissenschaftlichen Überzeugung, die damals von Belang war und es auch heute ist. Im Jahre 1908, also unmittelbar vor seiner Tätigkeit in Qingdao, hatte Gutherz „Studien zur Gesetzestechnik – Untersuchungen auf dem Gebiet der allgemeinen Rechtslehre" veröffentlicht.[82] In Anknüpfung an den „Zweckgedanken" seines Lehrers Franz von Liszt (1851-1919) befasste sich Gutherz hier mit den für den „Zweck" der Gesetzgebung tauglichen Mitteln. „Der Zweck", führte er aus, „ist für die Mittel maßgebend, erst eine genaue Kenntnis des Zwecks ermöglicht eine solche Kenntnis der Mittel, die Eigenart des Zweckes bestimmt die Eigenart der Mittel".[83] Als „Gesetzestechnik" bezeichnet er die Summe der „erkannten Mittel zur Fertigstellung von Gesetzen". Gesetze jedoch sind ihm nur solche Äußerungen, „die sich als Recht darstellen".[84] Recht aber „existiert bloß, insofern es ‚gilt'"[85], d.h. „sich in den Handlungen der Menschen verwirklicht".[86] Das könne aber nur erwartet werden, wenn die soziale Gewohnheit Basis des Rechts sei, was für Rechtsnormen, die aus dem Ausland übernommen wurden, schwerlich zutreffe. Gutherzens Anliegen war also durchaus ernsthaft und von guten Gründen getragen.

II Der Ertrag der ersten Republik (1912-1949)

Die während der ersten Dekade des 20. Jh. betriebene Modernisierung des chinesischen Rechts hatte zwar konzeptionelle und terminologische Grundlagen geschaffen, erschöpfte sich aber weitgehend in der Erarbeitung von Gesetzesentwürfen, die wegen des baldigen Niedergangs der Dynastie nicht mehr in Kraft treten konnten. Unter der an die Stelle der Monarchie getretenen Republik wurden die Modernisierungsbemühungen fortgesetzt. Sie standen weiterhin vornehmlich im

---

82 Als Heft 93 der von den führenden deutschen Strafrechtlern der Zeit herausgegebenen (in Breslau erscheinenden) „Strafrechtlichen Abhandlungen", ein Jahr vorher als kürzeren Aufsatz („Beitrag zu einem System der Gesetzestechnik") in der Schweizerischen Zeitschrift für Strafrecht, 1907, S. 346 ff.
83 „Studien zur Gesetzestechnik", op. cit., S. 1 f.
84 Ibid., S. 9, 11.
85 Ibid., S. 13.
86 Ibid., S. 50.

Zeichen der Abschaffung der „ungleichen Verträge".[87] Die Versailler Vertrags-verhandlungen 1919 führten hierbei noch zu einer Verfestigung dergestalt, dass Japan durch den Vertrag zugesichert wurde (Art. 156-158), in die von Deutschland in Shandong aufzugebenden Privilegien nachzufolgen.

Die Historiker sind sich darin einig, dass „die Revolution von 1911 ihrem Wesen nach ein Zusammenbruch, nicht eine neue Schöpfung war".[88] Ein Neuanfang mit Sun Yatsen, der Ende 1911 in Nanjing zum provisorischen Präsidenten eingesetzt worden war, scheiterte nach wenigen Monaten. Der dann eingesetzte Präsident Yuan Shikai (1859-1916), der seit den 1880er Jahren von der Qing-Regierung mit verschiedenen militärischen Aufgaben betraut gewesen war, hatte keine Vorstel-lung von einem neuen System, einer neuen Ordnung und keine Sympathie für po-litische Ideen und Institutionen westlichen Ursprungs. In den Ereignissen seit 1911 erblickte er das mit einem Dynastiewechsel einhergehende Chaos.[89] Auch in der folgenden zwölfjährigen Periode der Regionalherrschaften (軍閥/Kriegsherren) konnte gesetzgeberisch kaum etwas zum Abschluss gebracht werden, dafür waren diese Jahre in intellektueller Hinsicht äußerst lebendig. Auch das Rechtsdenken ist davon nicht unbeeindruckt geblieben. Mit dem Jahre 1927 begannen unter der von der Nationalpartei (*Guomindang*) in Nanjing gegründeten Regierung zehn relativ stabile Jahre, während denen ein umfassendes Gesetzgebungsprojekt nach dem andern abgeschlossen wurde und das System der „Sechs Kodizes" zustande kam. Die Fülle der so legislatorisch geschaffenen straf-, privat- und prozessrechtlichen Konzepte konnte sich in den bald nach Fertigstellung des Kodifikationswerks ein-setzenden internationalen und internen kriegerischen Wirren nicht entfalten und wurde nach 1949 durch ein an der Sowjetunion orientiertes sozialistisches Ent-wicklungsmodell verdrängt. Seit den 1980er Jahren findet eine an Intensität per-manent zunehmende Rückbestimmung auf während der ersten Jahrhunderthälfte gewonnene Einsichten und Resultate der Rechtsmodernisierung statt. Damit er-

---

87 Ausführlich dazu Hungdah Chiu, „China's Struggle Against the ‚Unequal Treaties' 1927-1946", in: *Chinese Yearbook of International Law and Affairs*, vol. 5 (1985), S. 1 ff. Zum „Vertragssystem" vgl. auch Robert Heuser, "China and Develpments in International Law: Wang Tieya as a Contemporary", in: *Journal of the History of International Law*, vol. 4 (2002), S. 142 ff.

88 So John K. Fairbank, *Geschichte des modernen China 1800-1985*, deutsche Ausgabe, Mün-chen (dtv), 1989, S. 170. Diese Revolution war gegen die Herrschaft der Adelsschicht des Mandschurenvolkes gerichtet, sie hatte eine rassistische Spitze. „Once the Manchu Emperor was removed, the arrow had no further target" (Jerome Ch'en, *Yuan Shih-K'ai 1859-1916*, London, 1961, S. 135).

89 Er konnte in dieser Sicht auch dadurch bestärkt werden, dass das Abdankungsedikt vom 12.2.1912 in der Begründung der Abdankung an die traditionelle Staatslehre anknüpfte, wo-nach die Legitimation zu herrschen (das „Himmelsmandat") verloren geht, sobald der Herr-scher sich unfähig zeigt, die sittliche Weltordnung und damit auch die Wohlfahrt des Volkes zu verbürgen. (Vgl. H.F. MacNair, *Modern Chinese History. Selected Readings*, Shanghai, 1927, S. 721 ff.).

weisen sich diese nicht mehr als Irrweg und Sackgasse früherer Reformbestrebungen, sondern als Quelle der Inspiration und als Referenzmaterial für die legislatorischen Herausforderungen der Gegenwart.[90]

1. Beiyang 北洋-Gesetzgebung und Rechtsidee der Bewegung für Neue Kultur (1912-1927)

a) Fortsetzung der Qing-Rechtsreform

aa) Neue Kodifikationskommission

Da es sich bei dem „Republik China" genannten Staat dem Anspruch nach um ein neues politisches System handelte, fiel nun der Verfassungsgesetzgebung, die in den letzten Qing-Jahren zaghaft und nur formal begonnen hatte, eine größere Rolle zu. Am 11. März 1912 trat die unter Leitung von Song Jiaoren (1882-1913) ausgearbeitete „Vorläufige Verfassung der Republik China" (中华民国临时约法) in Kraft.[91] Song Jiaoren war ein naher Mitarbeiter Sun Yatsens seit der Gründung des auf den Sturz der Qing-Dynastie hinarbeitenden Revolutionsbundes *Tongmenghui* 同盟會 1905 in Tokyo, wo Song Recht studiert hatte.[92] Hier ist er zu erwähnen, weil er im Januar 1912 zum Direktor des neu etablierten Gesetzgebungsbüros (法制院) ernannt wurde. Diesem oblag die Aufgabe, das Modernisierungswerk der Späten Qing fortzusetzen, was aber mit dem Machtantritt Yuan Shikais und der Rückverlegung der Hauptstadt nach Peking im März 1912 beendet war, bevor es beginnen konnte. Song befasste sich nun mit der Umorganisation des *Tongmenghui* in eine für die kommenden innenpolitischen Auseinandersetzungen geeignete politische Partei, wodurch im August 1912 die GMD zustande kam.[93]

Die Pekinger Zentralregierung richtete 1916 eine neue Kodifikationskommission ein (法典編纂會, ab 1918 wie früher 修訂法律館) mit Wang Chonghui (1881-1958) als Vorsitzendem. Wang, Sohn eines protestantischen Pfarrers, hatte eine Schulbildung in Hongkong genossen, studierte später Rechtswissenschaft in USA, England und Deutschland, übersetzte 1907 das deutsche BGB ins Englische

---

90 Statt vieler: Wu Keyou, "旧中国民商立法及其借鉴意义" (Die zivil- und handelsrechtliche Gesetzgebung der Republik China und ihre beispielgebende Bedeutung), in: *民商法论丛*, Bd. 10 (1998), S. 252 ff.

91 Dazu unten im 4. Kapitel.

92 *BDRC*, 3. Bd., S. 192 ff. und Chün-tu Hsüeh, "A Chinese Democrat: The Life of Sung Chiao-jen", in: Ders. (ed.), *Revolutionary Leaders of Modern China*, Oxford 1971, S. 248 ff.

93 Ein halbes Jahr darauf erlag Song im Bahnhof von Shanghai einem von Yuan Shikai veranlassten Attentat.

und wurde unter Yuan Shikai Justizminister im Kabinett Tang Shaoyi.[94] Nachdem Tang schon im Juni 1912 wegen Yuan Shikais Missachtung der Verfassung zurückgetreten war, trat auch Wang zurück und übernahm den Posten eines Vizepräsidenten der Shanghaier Fudan-Universität. Nach Yuan Shikais Tod kehrte er nach Peking zurück und leitete dort die neu gegründete Kodifikationskommission. Sein Stellvertreter war der Kantonese Luo Wen'gan (1888-1941), der von 1906-1910 in Oxford zum Rechtsanwalt ausgebildet worden war und 1922 Justizminister in der Pekinger, 1932 in der GMD-Regierung in Nanjing wurde.[95] Ein weiterer Vizevorsitzender der Kommission war Dong Kang (1867-1947), der in den 1890er Jahren noch im Strafministerium (刑部) tätig gewesen war. Ende 1905 hatte er zu den Personen gehört, die nach Japan zum Rechtsstudium geschickt worden waren. 1914 wurde er Präsident des Obersten Gerichts (大理院).[96] Unter den Mitgliedern der Kommission befanden sich auch Ausländer: der Franzose Georges Padoux, der als französischer Diplomat bereits in Thailand (Siam) in der Gesetzgebungsberatung tätig gewesen war und zwei Japaner, 1921 kam der Franzose Jean Escarra hinzu.[97]

bb) Gewohnheitsrechtsforschung

Gegenstände der Kommissionsarbeit waren neben der Umarbeitung der von der Späten Qing hinterlassenen Gesetzesentwürfe auf dem Gebiet des Straf-, Zivil-, Handels- und Prozessrechts die Erforschung der lokalen Gewohnheitsrechte und Rechtsbräuche. Diese Tätigkeit hatte schon unter der Gesetzesrevisionsbehörde

---

94   Vgl. *BDRC*, vol. 3, S. 376 ff. und Liu Baodong, "法学家王宠惠: 生平, 著述, 思想" (Leben, Werk und Ideen des Rechtswissenschaftlers Wang Chonghui), *BJFYJ,* 2005, Nr. 1, S. 127 ff.

95   *BDRC*, vol. 2, S. 438 ff. Luo schloss sich 1938 der 1934 von Zhang Junmai (Zhang Jiasen/ Carsun Chang) in Tianjin gegründeten Staatssozialen Partei (国家社会党) an. Sie propagierte auf der Grundlage eines parlamentarischen Systems und dem Prinzip der loyalen Opposition ein Mehrparteiensystem und auf der Grundlage des Privateigentums staatliche Kontrolle von Schlüsselindustrien.

96   In den zwanziger Jahren war er auch als Rechtsprofessor an der Suzhou-Universität Law School in Shanghai tätig. Ab 1937 arbeitete er in Peking mit den Japanern zusammen. (Vgl. *BDRC*, 3 Bd., S. 340 f.).

97   Vgl. dessen *Le Droit Chinois*, Pékin, Paris 1936, S. 109. Kurz nach seiner Berufung erstattete er der Kommission einen Bericht über *Les Problèmes Généraux de la Codification du Droit Privé Chinois*, Pékin, 1922, in dem er die Fragen erörterte, ob das Obligationsrecht vorab kodifiziert werden und ob darin das Handelsrecht enthalten sein sollte. Denn „dans leurs relations commerciales avec la Chine, c'est, avant tout, en matière d'obligations, que les étrangers ont besoin d'une législation moderne".

Shen Jiabens begonnen[98] und wurde während der ersten Hälfte der 1920er Jahre fortgeführt.[99] 1930 veröffentlichte die GMD-Regierung den „Bericht über die Untersuchung von Gewohnheiten in Zivil- und Handelssachen."[100] Für die Gesetzgebung ist er dadurch bedeutsam geworden, dass das 1929/30 schließlich zustande gekommene ZGB häufig auf Gewohnheiten dergestalt Bezug nimmt, dass die betreffende gesetzliche Regelung nur gilt, solange keine Gewohnheit entgegensteht. Etwa wenn es dort heißt: „Der Eigentümer eines Grundstückes mit einem Wasserlauf darf das Wasser nach Belieben gebrauchen, es sei denn, dass besondere Gewohnheiten bestehen" (§ 781). Im Zusammenhang mit der Erörterung der Entstehung des ZGB im Nanjinger Gesetzgebungsyuan wird darauf zurückzukommen sein.

cc) Strafrecht und Prozessrecht

Was in gesetzgeberischer Hinsicht während der frühen Republik geleistet wurde, war einerseits die Inkraftsetzung des unter Shen Jiaben erarbeiteten und von den Konservativen aufgehaltenen Strafgesetzentwurfs als „Provisorisches Strafgesetzbuch der Republik China" noch durch Sun Yatsen am 10.3.1912 in Nanjing. § 10 setzte fest, dass „eine strafbare Handlung nicht vorliegt, wenn die betreffende Handlung nicht im Gesetz als strafbar aufgeführt ist."[101] Damit war die Geschichte des altchinesischen Strafrechts mit seinem über Jahrhunderte verfolgten Bestreben, ein ethisches Maximum in das Strafrecht einzubeziehen, zum Abschluss gelangt. Es wurde versucht, das provisorische StGB in ein endgültiges fortzuentwickeln. 1916 erschien ein erster, 1919 ein zweiter Entwurf; ernsthaft beraten wurden sie erst vom Gesetzgebungsyuan der Nationalregierung seit Dezember 1927. Im übrigen beschränkte sich eine abschließende gesetzgeberische Tätigkeit im wesentlichen auf den Erlass einer stark am deutschen Recht orientierten Verordnung zum

---

98 Vorher schon hatte die japanische Regierung in Taiwan damit begonnen, die dortigen traditionellen Gewohnheiten zu ermitteln. Vgl. Ramon H. Myers, „„The Research oft he ‚Commission for the Investigation of Traditional Customs in Taiwan'"", *CSWT*, vol. 2, no. 6 (June 1971), S. 24 ff.

99 Dazu Sui Hongming, "清末民初民俗习惯的社会角色及法律地位" (Soziale Rolle und rechtliche Stellung von Volksgewohnheiten in der späten Qing-Dynastie und der frühen Republik), *FLKX*, 2011, Nr. 4, S. 188 ff.

100 民商習慣調査報告. Eine Übersetzung der beiden ersten Teile durch Eduard Kroker erschien 1965 unter dem Titel „Die amtliche Sammlung chinesischer Rechtsgewohnheiten", sie betreffen „Gewohnheiten zum allgemeinen Teil des bürgerlichen Rechts" und „Sachenrechtliche Gewohnheiten". Zwei weitere – bisher nicht übersetzte – Teile beinhalten „Schuldrechtliche Gewohnheiten" sowie „Familien- und Erbrechtliche Gewohnheiten". Die im Titel des Berichts aufgeführten „Gewohnheiten in Handelssachen" wurden nicht publiziert.

101 Englischer Text in: A.M. Kotenev, *Shanghai: Its Mixed Court and Council*, Shanghai, 1925 (Reprint Taibei, 1968), S. 386 ff.

Strafprozess (刑事訴訟條例) im Jahre 1922 und zum Zivilprozess (民事訴訟條例) im Jahr darauf.[102] Erstere zeichnet sich – durchaus im Sinne der Tradition – durch die Wahrung eines strengen Legalitätsprinzips (法定主義), denn nach § 257 muss der Staatsanwalt bei hinreichendem Tatverdacht Klage erheben, ein Ermessen wird ihm nicht eingeräumt. Allerdings sind die nach § 358 der Privatklage (私訴) unterliegenden Straftaten relativ zahlreich und umfassen auch Sexual- und Vermögensdelikte, sofern sie innerhalb der Familie begangen wurden. In der Zivilprozessverordnung ist – wie im alten Recht – die mögliche Arrestierung eines Beklagten vorgesehen, was sich daraus erklärt, dass es noch kein Konkursgesetz gab (dazu unen B II/3), und die Regeln über die Registrierung von Immobilien nicht durchgeführt wurden.[103]

dd) Zivilrecht

Der Präsident der Republik erließ am 10.3.1912 ein Dekret, wonach die zivilrechtlichen Elemente des Qing-Kodex, „sofern sie nicht unvereinbar sind mit der republikanischen Regierungsform" weiter in Kraft bleiben. Dies wurde von der Entscheidung Nr. 304 des Obersten Gerichts (大理院) bestätigt: „Until the Civil Code of the Republic is promulgated, the laws of the Ching Dynasty except the penal part and those that are repugnant to the existing system of government continue to be in force".[104] Das heißt insbesondere, dass die familien- und erbrechtlichen Regeln des Qing-Kodex unter der neuen Gesetzesbezeichnung „Zivilrechtlicher Teil des geltenden Strafgesetzbuchs" (現行刑律民事部分) fortgalten.

1926 wurde ein neuer ZGB-Entwurf veröffentlicht, der als „Zweiter ZGB-Entwurf" (第二次民法草案) in die Gesetzgebungsgeschichte eingegangen ist.[105] Dieser Entwurf zeichnete sich im Vergleich zum Entwurf von 1911 durch eine wesentlich knappere Regelung des Vermögensrechts und größeren Detailreichtum im Familien- und Erbrecht aus. Während die Grundstruktur gewahrt bleibt (Allgemeiner Teil: §§ 1-223, Schuldrecht §§ 224-744, Sachenrecht §§ 775-1054, Familienrecht §§ 1055-1297, Erbrecht §§ 1298-1522), lässt er an manchen Stellen ein

---

102 Da sie noch nicht vom Parlament angenommen, sondern durch Präsidialerlass vorläufig in Kraft gesetzt worden waren, wurden sie 條例„Verordnung" genannt. Eine deutsche Übersetzung der Strafprozessverordnung sowie ein angefügtes „Chinesisch-deutsches Wörterverzeichnis zur chinesischen Strafprozessordnung" (beides von W. Trittel) finden sich in den *Mitteilungen des Seminars für Orientalische Sprachen an der Friedrich-Wilhelms-Universität zu Berlin*, 31. Jg. (1928), S. 105-174.

103 Vgl. Department of State (ed.), *Report oft he Commission of Extraterritoriality in China*, Peking, September 16, 1926, Washington, 1926, S. 43.

104 Zitiert nach Department of State (ed.), *op. cit.*, S. 40.

105 民國民律草案, chinesischer Text in: Yang Lixin, *大清民律草案，民国民律草案* (Die Zivilgesetz-Entwürfe der Qing-Dynastie und der Republik), Jilin, 2002, S. 201 ff.

höheres (auch über die ausländischen Vorbilder hinausgehendes) Maß an Wissenschaftlichkeit erkennen, z.B. wenn in den Allgemeinen Bestimmungen des Schuldrechts unter „Entstehung von Schuldverhältnissen" Vertrag, Delikt und ungerechtfertigte Bereicherung hintereinander aufgeführt werden. Im übrigen bewahrt er den traditionellen Ansatz des Familienrechts und verlängert ihn dergestalt in das Erbrecht, dass er die Erbfolge in den Ahnenkult (宗教繼承) berücksichtigte. Eine Positivierung traditionellen Gewohnheitsrechts bedeutete auch die Einbeziehung des *Dian* 典 als überliefertem Besitzgrundpfandrecht in die Regelung des Sachenrechts. Handelsrechtliche Normen enthielt der zweite Entwurf ebenso wenig wie der erste; man folgte weiterhin dem Prinzip der kodifikatorischen Trennung von Zivil- und Handelsrecht.

b) Funktion und Wirkung des Daliyuan 大理院 und des Pingzhengyuan 平政院

Wichtiger als die Gesetzgebung dieser Epoche war die damals beginnende Rechtsmodernisierung durch höchstrichterliche Rechtsprechung. Schon das Gerichtsorganisationsgesetz (法院編制法) von 1907 hatte das 1906 gegründete Oberste Gericht (OG) (*Daliyuan*) mit der Kompetenz verbindlicher Gesetzesinterpretation ausgestattet. Der *Daliyuan*, der bis zur Justizreform durch die GMD im Jahre 1928 bestand [106], übte eine wichtige Funktion in der Rechtsmodernisierung dadurch aus, dass moderne („westliche") Rechtskonzepte als sog. allgemeine Rechtsprinzipien (條理) in Form allgemein verbindlicher Entscheidungen eingeführt wurden.[107] Dabei ging man davon aus, dass „solchen für den Begriff der Gerechtigkeit grundlegenden Rechtsprinzipien tatsächlich keine Nationalität zukommt", dass sie nur insoweit „westlich" sind, als sie dort zuerst erkannt und formuliert wurden.[108] Die Entscheidungen des OG kamen in der Weise zustande, dass untere Gerichte Rechtsfragen an das OG herantrugen, die dann verbindlich beantwortet wurden. Bei seinen Antworten bediente sich das OG häufig der Regelungen der unter Shen Jiaben erarbeiteten Gesetzentwürfe, insbesondere des ZGB-Entwurfs von 1911. Seine erste Entscheidung (1913) stellte die Regel auf, dass Zivilrechtsfälle erstens nach den Gesetzen entschieden wird, zweitens, wenn es keine gesetzliche Regel gibt, nach dem jeweiligen Gewohnheitsrecht und drittens, wenn auch diesem kein einschlägiger Rechtssatz zu entnehmen ist, nach allgemeinen Rechtsgrundsätzen (條

106 1920/21 war Wang Chonghui Präsident, Luo Wen'gang Vizepräsident.
107 Dazu Escarra, *op. cit.* (Anm. 97), S. 270 ff.
108 Vgl. F.T. Cheng (d.i. Zheng Tianxi) (ed.), *The Chinese Supreme Court Decisions*, Peking (Published by the Commission of Extra-Territoriality) 1923, Einleitung.

理) zu entscheiden ist.[109] Diese Regelung hat das OG wortwörtlich dem § 1 des *Da-Qing*-ZGB-Entwurfs von 1911 entnommen, der seinerseits eine (partielle) Entlehnung von Art. 1 des schweizerischen ZGB von 1907 ist. Kurz darauf wies das Gericht vier Bedingungen für die Geltung von Gewohnheitsrecht auf: Bei der betreffenden Gewohnheit muss es sich um eine langandauernde Übung handeln, diese Übung muss von einem Gefühl der rechtlichen Verpflichtung begleitet sein, für die betreffende Angelegenheit gibt es keine passende Gesetzesnorm, und es darf sich nicht um eine der gesellschaftlichen Moral widersprechenden Gewohnheit handeln[110]. Ein anderes Beispiel ist eine Entscheidung aus dem Jahre 1916, wonach „die Ausübung von Rechten und die Erfüllung von Verbindlichkeiten gemäß dem Grundsatz von Treu und Glauben (誠實及信用方法) geschehen muss" [111], was eine Übernahme des zweiten Paragraphen des E-1911 bedeutet. Den gesellschaftlichen Wandel förderte das OG durch seine Rechtsprechung (justizielle Auslegung) zum Familienrecht, indem er die fort geltenden zivilrechtlichen Elemente des Qing-Kodex, d.h. im wesentlichen das durch Dominanz des Mannes gekennzeichnete traditionelle Familien- und Erbrecht sowie diesbezügliches Gewohnheitsrecht, unter dem Einfluss der damals aufkommenden Frauenbewegung[112] und der westlichen Konzepte der Personengleichheit (人格平等) und des Individualismus (個人本位) dem Geist der neuen Zeit anpasste.[113] Auf diese Weise wurde erstmals eine

---

109 *Ibid.*, S. 1. In einem Konkursrechtsfall stellte das Gericht insoweit klar: „As regards the bankruptcy of a business concern, if an area has a special custom in insolvency cases, this practice should naturally be used before any general principles of law" (nach der Übersetzung von Thomas Mitrano, „The Chinese Bankruptcy Law of 1905-1907. A Legislative History", *MS*, Bd. XXX, 1972/73, S. 259 ff., 304).

110 Diese Entscheidung ergab sich aus einer Streitigkeit über einen Kaufvertrag, dessen Gültigkeit bestritten wurde, weil ein auf eine in Jilin verbreitete Gewohnheit gestütztes Vorkaufsrecht ignoriert worden war. Vgl. Huang Yuansheng, „民初大理院關於民事習慣判例之研究 " (Studien zu den Präzedenzien des *Daliyuan* der frühen Republik bezüglich zivilrechtlicher Gewohnheiten), in: 政大法學評論 (Taibei), Nr. 63, Juni 1999, S. 1 ff., 24 f. Zur Anerkennung und Anwendung von Gewohnheitsrecht durch das OG und Lokalgerichte vgl. Zhu Yong, „Custom and the Modern Paradigm Shift of The Legal System in China: Functions of Customary Law in Judicial Practice", in: X.-Y. Li-Kotovtchikhine (ed.), *Sources of Law and Legal Reform in China*, Paris, 2003, S. 161-181.

111 Huang Yuansheng, *op. cit.*, S. 2 ff.

112 Kurz dazu Mechthild Leutner, in: Staiger, Fischer, Schütte (Hrsg.), *Das Große China-Lexikon*, Darmstadt, 2003, S. 228.

113 Vgl. Xu Jingli, 民初司法判决中女性权利变化的总体趋势 (Die Tendenz des Wandels der Frauenrechte in der Rechtsprechung zu Beginn der Republik), in: 山西师范大学报, 2008, Nr. 2, S. 108 ff. Bezüglich der Jahre 1915 und 1916 wird dargelegt, dass der *Daliyuan* „has fulfilled its task of modernizing the law, adjusting legal conceptions to present conditions... And the numerous times the interpretations of the *Daliyuan* were invoked, seem to be a reasonable guarantee that in all parts of China the influence of modern ideals was very sensibly felt and understood" (M.H. van der Valk, *Interpretations of the Supreme Court at Peking. Years 1915 and 1916*, Batavia, 1949, S. 43 f.).

unabhängige Rechtspersönlichkeit der Frauen, einschließlich des Rechts auf Ehescheidung und des Erbrechts anerkannt.

Eine weitere durch eine Gerichtsgründung erbrachte Neuerung des chinesischen Rechts bedeutete die 1914 nach langer Kontroverse[114] erfolgte Errichtung des *Pingzhengyuan* 平政院 genannten Verwaltungsgerichts, dies als Konsequenz der Vorläufigen Verfassung von 1912, in der es heißt, dass „das Volk (人民) berechtigt ist, beim *Pingzhengyuan* Klage zu führen, wenn Beamte (官吏) in rechtswidriger Weise Rechte (des Klägers) verletzen" (Art. 10). Dies ist das erste Verwaltungsgericht in der chinesischen Geschichte. Wenig bekannt ist, dass Lu Xun beim *Pingzhengyuan* Klage geführt hat. Lu Xun war seit 1920 im Pekinger Erziehungsministerium tätig; 1925 kam es zu einem Konflikt zwischen den Studentinnen der Pekinger Pädagogischen Hochschule und dem Erziehungsministerium unter dem konservativ eingestellten Minister Zhang Shizhao[115], und Lu Xun ergriff Partei zugunsten der Studentinnen, was zu seiner Entlassung führte.[116] Seine dagegen erhobene Klage beim *Pingzhengyuan* hatte Erfolg: Noch vor Erlass des formellen Urteils erließ das Ministerium einen „Wiedereinstellungsbescheid" (復職令).[117] Die Entwicklung der Verwaltungsgerichtsbarkeit ging weiter vonstatten; die Ankündigung der Verfassung, dass zum Verwaltungsstreitverfahren „besondere gesetzliche Bestimmungen erlassen werden" (Art. 49) wurde 1932 durch die Legislative in Nanjing verwirklicht.

c) Einschätzung des Reformniveaus

Besonders wegen der Leistungen des *Daliyuan*, aber auch wegen gesetzgeberischer Resultate gingen chinesische und ausländische Kommentatoren der mittzwanziger Jahre davon aus, – ich zitiere aus einem in den USA veröffentlichten Artikel Wang Chonghuis –, dass „an examination of her new legal codes will convince anyone

---

114 Mehr über das Wie (Zuständigkeit der ordentlichen oder einer besonderen Verwaltungsgerichtsbarkeit) als über das Ob einer solchen Neugründung. Vgl. Li Qicheng, „清末民初关于设立行政裁判所的争议 " (Die Kontroverse um die Errichtung der Verwaltungsgerichtsbarkeit am Ende der Qing und zu Beginn der Republik), *XDFX*, 2005, Nr. 5, S. 163 ff.

115 Zu dieser komplexen Persönlichkeit vgl. *BDRC*, 1. Bd., S. 105 ff.

116 Zu diesen Ereignissen kurz *ibid.*, S. 107 und Raoul David Findeisen, *Lu Xun*, Basel 2001, S. 644.

117 Nach Li Helin u.a. (Hrsg.), 鲁迅年谱 (Biographische Angaben zu Lu Xun), 2. Bd., Beijing 1981, S. 276 (worauf mich Raoul David Findeisen hingewiesen hat). Falsch wiedergegeben wird dieses Geschehen von Yang Yuqing, "论解放前的行政诉讼 (Über den Verwaltungsprozess vor der Befreiung), *FXZZ*, 1987, Nr. 6, S. 40, wo es heißt: „Der damalige Verwaltungsprozess war nichts als betrügerische Trickserei, der *Pingzhengyuan* war weit davon entfernt, Lu Xun bei der Artikulation seiner Beschwerde zu helfen, den Entscheid von Zhang Shizhao aufzuheben und Lu Xun wieder in das Amt einzusetzen.".

that China possesses laws quite as scientific and humane as any in the West."[118]
Im Vereinsblatt der Vereinigung Chinesischer Studenten in den USA, dem „Chinese Students' Monthly", wurde unter dem Titel „Legal Progress in China"[119] die Ansicht vertreten, dass es nun an der Zeit sei, das System der Exterritorialität abzuschaffen, weil die Modernisierung des Gesetzesrechts und der Justiz das erforderliche Niveau erreicht hätte. Dass China eine „unabhängige Justiz" („independent Judiciary") besitze, wird an zwei Kontroversen zu demonstrieren versucht.[120] In der ersten hatte Präsident Yuan Shikai 1915 beabsichtigt, einen ihm unliebsamen Provinzgouverneur mit Hilfe einer Anklage durch das Oberste Gericht (OG) aus dem Amt zu entfernen. Das Gericht konnte aber für die Anschuldigung der missbräuchlichen Verwendung öffentlicher Mittel keine Beweise finden und lehnte den Verfolgungsantrag ab. Der verärgerte Präsident suchte Druck auf den betreffenden Richter und das OG auszuüben, was aber erfolglos geblieben sei. Hatte sich die Justiz hier gegenüber der Exekutive durchgesetzt, so in der zweiten Kontroverse gegenüber der Legislative. 1916 kam es zu einem Streit wegen behaupteter Ungenauigkeiten bei Parlamentswahlen. Die Mehrheit der Parlamentarier war der Ansicht, dass eine solche Streitigkeit nicht justiziabel sei, weil die Prozessgesetze keine entsprechende Zuständigkeit vorsähen. Das OG bejahte jedoch seine Zuständigkeit und eröffnete den Rechtsweg in Wahlstreitigkeiten. Daraufhin führte das Parlament einen Beschluss herbei, in dem sie die Entscheidung des Gerichts für nichtig erklärte. Das Gericht hielt seine Auffassung mit der Begründung aufrecht, dass es die Kompetenz zur Gesetzesinterpretation besitze und seine diesbezüglichen Entscheidungen endgültig und allgemeinverbindlich seien. Das Parlament könne zwar das betreffende Prozessgesetz ändern, nicht aber durch Beschluss in die Rechtsprechung des OG eingreifen.

Es wird des weiteren darauf hingewiesen, dass im Zuge des Gerichtsorganisationsgesetzes von 1907 ein landesweiter Gerichtsaufbau erfolgt sei. Im Jahre 1921 gebe es unter dem OG 44 Höhere Gerichte und 102 Distriktgerichte.

Dass die Rechts- und Justizreform nicht bloß auf dem Papier stehe, sondern praktisch relevant sei, wird an der schon erwähnten Rechtsprechung des OG demonstriert. Auch in westlichen Fachkreisen ist diese Rechtsprechung als Ausdruck des Modernisierungswillens und der Modernisierungsfähigkeit aufgefasst worden. Das ergibt sich z.B. aus einer Rezension, die im *Yale Law Journal* zu einer engli-

---

118 Revision of the Chinese Criminal Code, in: *Illinois Law Review*, vol. 13, S. 219 ff.
119 Von Shao-Hua Tan, vol. 21 (1925/26).
120 Vgl. auch bei F.T. Cheng, *op. cit.*, „Einleitung" und Zhang Sheng, "民初大理院审判独立的制度与实践" (System und Praxis der Rechtsprechungsunabhängigkeit des *Daliyuan* der frühen Republik), *ZFLT*, 2002, Nr. 4, S. 146 ff.

schen Übersetzung von Teilen dieser Rechtsprechung.[121] Es heißt dort: „Liest man die Entscheidungen, die das Oberste Gericht Chinas während des kurzen Zeitraums von sieben Jahren getroffen hat, ist man erstaunt, dass ein solcher Wandel des alten Regimes möglich geworden ist. China hat sich von der Vergangenheit abgelöst und sich im Hinblick auf die Justiz auf die gleiche Stufe mit den am meisten zivilisierten Staaten der Gegenwart gestellt."[122]

Mag dies alles auch einen zweckoptimistischen Anstrich im Dienste der Erreichung des Ziels der Abschaffung der Exterritorialität haben[123], so ist doch anzuerkennen, dass ungeachtet aller Wirren der Zeitumstände Schritte zu einer gesunden Rechtsmodernisierung erfolgt sind.

d) „Neue Kulturbewegung" und neues Rechtsdenken

Wie groß der Ertrag der Rechtsmodernisierung auch gewesen sein mag, so ist die *Beiyang-Junfa*-Epoche aber doch nicht wegen der Modernisierung des positiven Rechts von Bedeutung (dies setzt eine gewisse sozio-politische Stabilität voraus), sondern eher wegen ihrer intellektuellen Anstöße (die vielleicht gerade dann stattfinden, wenn es an Stabilität mangelt). In diese Epoche fallen die „Bewegung des 4. Mai" (五四运动) und die „Bewegung für eine neue Kultur" (新文化运动).[124] Sie artikulierten die Einsicht, dass ein politischer Umschwung, die Ersetzung einer korrupten Monarchie durch eine sog. Republik, so lange nicht mehr als ein Etikettenschwindel ist wie eine kulturelle Erneuerung ausbleibt, d.h. die fortwirkenden sozialen und moralischen Normen des traditionellen Systems nicht überwunden werden.[125] Dies bedeutete vor allem eine erste Fundamentalkritik des Konfuzia-

---

121 Durch Zheng Tianxi (oder Zheng Futing, daher F.T. Cheng) (geb. 1884), damals Richter am OG und Mitglied der Kodifikationskommission, später Nanjinger Vize-Justizminister und von 1946-50 Botschafter in London. F.T. Cheng übersetzte auch die meisten der in der Kodifikationskommission erarbeiteten Gesetzesentwürfe.

122 E.G. Lorenzen, "Review of Cheng's Chinese Supreme Court Decisions", in: *Yale Law Journal*, vol. 30, S. 184.

123 Die Raschheit der Entwicklung hin zum modernen Recht wird auch damit erklärt, „dass die involvierten Grundprinzipien (wie Unabhängigkeit der Justiz, *nullum crimen sine lege*, Schuldprinzip etc.) in Ost und West nicht so weit auseinander liegen wie landläufig angenommen wird". So Yun-Kuan Kuo, "Some Oberservations on Chinese Legal History. As will throw light upon the questions of law reform and abolition of extraterritoriality in China", in: *The Chinese Social and Political Science Review*, Dec. 1920, S. 253 ff.

124 Die beste Einführung ist immer noch Chow Tse-tsung, *The May Fourth Movement. Intellectual Revolution in Modern China*, Stanford 1960; ferner Daniel W.Y. Kwok, „Die Bewegung für Neue Kultur", in: Peter J. Opitz (Hrsg.), *Chinas große Wandlung. Revolutionäre Bewegungen im 19. und 20. Jahrhundert*, München 1972, S. 187 ff.

125 Vgl. Kant, *Was ist Aufklärung?*: „Durch eine Revolution wird vielleicht wohl ein Abfall von persönlichem Despotismus..., aber niemals wahre Reform der Denkungsart zustande kommen...".

nismus, wurde doch zunehmend deutlich, dass eine Modernisierung des Rechts, sollte sie mehr als eine Äußerlichkeit sein, eine Auseinandersetzung mit dem das Individuum zurücksetzenden traditionellen Wertgefüge voraussetzte.[126] Zwar hat sich „Bewegung für eine neue Kultur" nicht primär in staats- und rechtstheoretischen Forderungen und Erwägungen ausgedrückt – dies geschah eher durch Stichworte wie Aufwertung der Umgangssprache, Volksbildung, Freiheit des künstlerischen Ausdrucks (*l'art pour l'art*), strenge Wissenschaftlichkeit –, so benennt die Staats- und Rechtstheorie doch Voraussetzungen, auf die jene, innerlich miteinander verbundenen, kulturreformerischen Absichten für ihre Entfaltung angewiesen sind.

War der Umsturz von 1911 lediglich ein Wechsel des Regierungssystems, so zielten die Vorgänge, die nach den Studentendemonstrationen vom 4. Mai 1919 benannt sind, auf eine Revolution des sozio-kulturellen Fundaments. Die zentralen Schlagwörter waren 民主 und 科學, „Demokratie und Wissenschaft". Losungen wie „Wandel der Beamtenherrschaft in Volksherrschaft" oder „Wandel des Prinzips der Familie in das Prinzip der Rechte" markierten das Feindbild. Die von Chen Duxiu (1879-1942) im September 1915 gegründete Zeitschrift 新青年 „Neue Jugend" verfolgte mit großem Elan das Ziel, den „Konfuziusladen niederzuschlagen" (Hu Shi). Die konfuzianische Rechtsanschauung, die in Wendungen wie „Identifizierung von Moral und Gesetz" (礼法合一) und „das Gesetz geht vom Herrscher aus, es ist daher dem Prinzip der Herrschaft durch Menschen untergeordnet" (法从君出，附属于人治) zum Ausdruck kommt, wirkte unvermindert fort, und die Autoren von „Neue Jugend", neben Chen Duxiu, insbesondere Li Dazhao (1889-1927), Lu Xun (1881-1936), Wu Yu (1872-1949) und Gao Yihan (1884-1968), unterzogen sie einer radikalen Kritik. So führt Wu Yu[127] in einem „Das Sippen-System ist die Basis des Autokratismus" betitelten Beitrag aus, dass „die beiden Zeichen für „Respekt gegenüber den Eltern und älteren Brüdern" (孝悌), die Wurzeln sind für die zweitausendjährige Verbindung von autokratischer Politik und Klansystem". Chen Duxiu[128] kritisierte in einem Artikel über „Verfassung und Konfuzianismus"[129] das System der Verschmelzung von Moral und Gesetz (礼法) als ein System „einseitiger Pflichten, der Ungleichheit und der Nicht-

---

126 Zum Folgenden Qiao Congqi, Yang Yifan, "五四运动与中国法律文化" (Die Bewegung vom 5. Mai und die chinesische Rechtskultur), *FXYJ*, 1989, Nr. 32, S. 17 ff. und Li Jin, "对五四时期法学上反传统的新评价－纪念五四运动七十周年" (Neueinschätzung des Antitraditionalismus auf dem Gebiet der Rechtswissenschaft in der Periode des 5. Mai. Zur Wiederkehr des 70. Jahrestags der Bewegung vom 5. Mai), *ZGFX*, 1989, Nr. 3, S. 113 ff.
127 Zu ihm Wolfgang Franke, „Der Kampf der chinesischen Revolution gegen den Konfuzianismus", *NOAG*, Nr. 74 (1953), S. 3 ff.
128 Zu ihm vgl. etwa Stephen C. Angle, *Human Rights and Chinese Thought. A Cross-Cultural Inquiry*, Cambridge, 2002, S. 181 ff.
129 "宪法与孔教", in: 五四运动文选 (Dokumente zur Bewegung des 5. Mai), Beijing 1979, S. 49 ff.

achtung des Individuums." Die Grundwerte „Humanität und Gerechtigkeit" (仁義) werden gar als „menschenfressende Bestien" (吃人的怪獸) angeprangert.

Auch in den von den „Reformisten" (改良者) der älteren Generation – wie Liang Qichao, Yan Fu, auch Sun Yatsen – gerne als Ausdruck für einen in der chinesischen Tradition angelegten demokratieverwandten Geist herangezogene klassische Wendungen wie „das Volk ist wertvoll, der Herrscher kommt an zweiter Stelle" (民貴君輕) oder „das Volk ist die Grundlage des Staates" (民為邦本) sahen sie nicht einen Ausdruck der Subjektstellung, der Würde des Volkes, sondern den Ausdruck einer Inbesitznahme des Volkes: das Volk als Privatvermögen, Verfügungsmasse des Herrschers.

Diese Fundamentalkritik wurde als Aufklärung 啓蒙 – „die Verhüllung wegziehen", „den Schleier öffnen" – verstanden: den Schleier über dem Konzept „Moral" (道德) des Klansystems und den Schleier über dem Konzept des „das Volk als Basis" (民本主義) der staatlichen Autokratie.[130]

Es sind also die einseitige Erfüllung von Pflichten (Frau gegenüber Mann, Jung gegenüber Alt, Volk gegenüber Herrscher) und die Ignorierung individueller Rechte, worin die zentralen Merkmale der traditionellen chinesischen Rechtskultur gesehen werden. Dem setzten die „Neue Kulturbewegung" und ihre Nachfolger das Konzept der Menschenrechte als eines „Merkmals moderner Zivilisation" entgegen. Die Rechtstheorie der Neuen Kulturbewegung ist eine Theorie der Menschenrechte, ihre Staatstheorie ist eine Theorie der Legitimierung des Staates qua Menschenrechtsschutz.[131] In Anlehnung an Rousseaus Gesellschaftsvertrag (民約論) wird ausgeführt, dass der Staat zum Zweck der Vermeidung inneren Kampfes und zum friedlichen Zusammenleben durch gegenseitiges Übereinkommen errichtet wurde, wobei „der Staat die Pflicht übernommen hat, die Rechte der Bürger zu schützen", „der Regierung Macht anvertraut wurde, um den Rechten des Volkes zu dienen" (Gao Yihan). Im Schutz von Bürgerrechten (公民權利) liegt danach die Rechtfertigung von staatlicher Macht.

Diese Funktionsbestimmung des Staates hat der Politikwissenschaftler Luo Longji (1896-1965)[132] 1929 in einem für die Shanghaier Literaturzeitschrift „Neumond" (新月) verfassten Artikel besonders deutlich ausgedrückt. In einem Text „Über die Menschenrechte" (人權論) heißt es: „Der Staat existiert nur seiner

---

130 Der bekannteste belletristische Ausdruck dieser Kritik ist natürlich Ba Jins Roman *Jia*/"Die Familie" von 1931.

131 Ma Jianchong, „ '人权派' 的思想言论自由及其局限性" (Die Gedanken- und Meinungsfreiheit der „Menschenrechts-Gruppe" und ihre Begrenztheit), in: 山东大学学报, 2000, Nr. 2, S. 19 ff.

132 In den 1920er Jahren studierte er in den USA und England (dort unter Harold Laski); 1930 brachte ihm seine Kritik an der Nationalregierung Gefängnis ein, 1957 führte sein Versuch, im Zuge der „Hundert-Blumen-Bewegung" der „Demokratischen Liga" (einer der acht Blockparteien) eine größere Unabhängigkeit zu verschaffen, zu seiner Verurteilung als „Rechtsabweichler" (vgl. *BDRC*, 2. Bd., S. 435 ff.).

Funktion willen. Verliert er seine Funktion, so verliert er gleichzeitig seine Existenzberechtigung. Die Funktion des Staates liegt nun aber darin, die Menschenrechte zu schützen, darin, die notwendigen Voraussetzungen zu garantieren, damit der Staatsbürger Mensch sein kann... Vermag er dies nicht, verliert er seine Funktion und gleichzeitig erlischt die Gehorsamspflicht der Bürger gegenüber dem Staat."[133]

Mit dieser Kritik der konfuzianischen Sozial- und Rechtsanschauung und dem Bekenntnis zur Modernisierung des Rechts aus dem Geist von Konstitutionalismus und Menschenrechten waren die daran beteiligten Intellektuellen weit dem voraus, was staatliche Rechtsmodernisierer zu akzeptieren bereit waren. In der nun anbrechenden durch die Nationalpartei (GMD) bestimmten Periode gelangt die Gesetzgebung zur hohen Entfaltung, steht aber im Dienst der Partei-Ideologie.

2. Die Nanjing (GMD)-Epoche und die „Sechs Kodizes" (1927-1949)

a) Historisch-politische Grundlage

Noch bevor der im Juli 1926 von Guangzhou aus initiierte Nordfeldzug (北伐) unter Leitung Jiang Jieshis beendet war[134], wurde im April 1927 Nanjing wieder zur nationalen Hauptstadt erklärt. Waren es 1912 nur zwei Monate gewesen, so sollten es jetzt 22 Jahre sein. Allerdings stand davon kaum die Hälfte – bis zum Beginn des ostasiatischen Kriegs im Jahre 1937 – für eine geordnete Politik zur Verfügung. Die Jahre von 1927-1937 werden daher häufig als die „tatkräftige Dekade" apostrophiert, während der in Bereichen wie Landwirtschaft, Finanzen, Erziehung, Eisenbahn- und Straßenbau gewisse Neuerungen vorbereitet werden konnten.[135] Zu den Ergebnissen dieser Tatkraft zählt auch die Fertigstellung eines auf Gesetzen beruhenden modernen Rechtssystems, des Systems der „Sechs Kodizes."

Schon im November 1927 wurde die Kodifikationskommission (編訂法典委員會) in Nanjing reorganisiert und dem Justizministerium angegliedert. Mit Inkrafttreten des auf der Grundlage von Sun Yatsens Konzept einer aus fünf Gewalten oder Funktionen (五權) bestehenden Regierung im Auftrag des Zentralexekuti-

---

133 Eine deutsche Übersetzung dieses Textes findet sich bei Sven-Uwe Müller, *Konzeption der Menschenrechte im China des 20. Jahrhunderts*, Hamburg, 1997, S. 288 ff.

134 Dies war erst mit der Eroberung Pekings und der Verbindung mit dem mandschurischen Marschall Zhang Xueliang der Fall.

135 Paul K.T. Sih (ed.), *The Strenuous Decade: China's Nation-Building Efforts. 1927-1937*. New York 1970; Jürgen Domes, *Vertagte Revolution. Die Politik der Kuomintang in China. 1923-1937*, Berlin, 1969.

onskomitees der GMD ausgearbeiteten[136] Gesetzes über die Organisation der Nationalregierung (中華民國國民政府組織法) im Oktober 1928 wurde die Kodifikationstätigkeit dem jetzt eingerichteten Gesetzgebungyuan (立法院) zugewiesen.[137]

Der Gesetzgebungsyuan war einer der nach dem Verfassungskonzept von Sun Yatsen etablierten obersten Regierungsämter (neben Exekutivyuan, Judikativyuan, Prüfungsyuan und Kontrollyuan). Diese fünf Ämter sollten zunächst als Erfüllungsorgane der GMD-Politik dienen. Auch dies hatte Sun in seinem Konzept einer stufenweisen Entwicklung zu einer Art Verfassungsstaat vorgesehen. Auf eine kurze Phase der Militärregierung (軍政) sollte eine Vormundschaftsregierung (訓政), dann die Verfassungsregierung (憲政) folgen.[138] In den im Oktober 1928 ergangenen „Grundsätzen über Vormundschaftsregierung" (訓政綱領)[139] heißt es: „In Durchführung der Lehre des *Zongli* 總理 über die ‚Drei Volksprinzipien' unterweist die GMD gemäß den ‚Grundlagen der Staatserrichtung' (建國大綱) während der Periode der politischen Vormundschaft das Staatsvolk in der Ausübung der politischen Macht, solange bis die verfassungsmäßige Regierung (憲政) beginnt und die Politik (der Beteiligung) des ganzen Volkes (全民政治) erreicht ist, wozu die folgenden Grundsätze erlassen werden." Die wichtigsten sind: „(1) Mit Eintritt der Republik China in die Periode der politischen Vormundschaft vertritt der Nationalkongress der GMD die Nationalversammlung (國民大會) in der Führung des Staatsvolks bei der Ausübung der politischen Macht. (2) Während der Sitzungspausen des Nationalkongresses der GMD wird die politische Macht vom Zentralexekutivkomitee der GMD ausgeübt. (3) Bei der Durchführung wichtiger Staatsangelegenheiten wird die Nationalregierung (d.h. die fünf Regierungsgewalten) von der Politversammlung (政治會議) des Zentralexekutivkomitees angeleitet und kontrolliert."

Hieraus wird deutlich, dass die von der GMD beherrschte Republik China sich an einem bestimmten ideologischen Konzept orientierte – Sun Yatsens „Drei Volksprinzipien", den *Sanminzhuyi* 三民主義 — und dass die Regierung in allen wichtigen Angelegenheiten von den leitenden Organen der GMD kontrolliert wurde. Dies galt natürlich auch und besonders für die Gesetzgebung.

---

136 Von Dai Jitai, Hu Hanmin und Wang Chonghui.

137 Escarra, *op. cit.* (Anm. 97), S. 112.

138 Zuerst festgelegt in den „Grundlagen der Staatserrichtung" (建國大綱) vom 12.4.1924. Englisch/chinesisch in: Sun Yatsen, *Fundamentals of National Reconstruction*, Taibei 1953, S. 9 ff.

139 Chen Hefu, *中国宪法类编* (Klassifizierte Sammlung chinesischer Verfassungen), Peking 1980, S. 447.

b) Die Tätigkeit des Gesetzgebungsyuan

Mit Gründung der Nationalregierung in Nanjing verschwand also die Kodifikationskommission und ihre Aufgaben wurden vom Gesetzgebungsyuan übernommen. Dessen Präsident war während der für die Kodifikationstätigkeit entscheidenden Jahre von 1928-1931 ein alter Mitstreiter Sun Yatsens, der Kantonese Hu Hanmin (1879-1936), auf den weiter unten zurückzukommen ist. Für die diversen Gesetzgebungsbereiche wurden jeweils Fachausschüsse gebildet.

aa) Das Zivilgesetzbuch und seine Merkmale

Erste Priorität genoss die Ausarbeitung des ZGB. Der am 29.1.1929 etablierte Ausschuss für Zivilrechtskodifikation (民法起草委員會) bestand aus dem Vorsitzenden Fu Bingchang und den Mitgliedern Jiao Yitang, Shi Shangkuan, Lin Bin und Frau Zheng Yuxiu (Soumi Cheng)[140], mit Wang Chonghui (Präsident des Justizyuan), Dai Jitao (Präsident des Prüfungsyuan) und dem Franzosen Georges Padoux als Beratern.[141] Für die Ausarbeitung der Allgemeinen Regeln des ZGB gab die Zentrale Politische Versammlung (中央政治會議) der GMD gewisse Gesetzgebungsprinzipien (立法原則) vor, am wichtigsten das Prinzip, das Gesetzbuch für Gewohnheitsrecht zu öffnen. Es sollte die uns schon bekannte Regel übernommen werden, dass lokales Gewohnheitsrecht dem Gesetzesrecht vorgeht, solange der Richter diese nicht für „ungesund" (不良) hält.

Die Entwurfsarbeit begann am 1.2.1929 und nach dreißig Sitzungen innerhalb dreier Monate war der Allgemeine Teil (in sieben Kapiteln mit 152 Paragraphen) fertig, er wurde am 20.4. vom Gesetzgebungsyuan angenommen, am 23.5. per Regierungserlass verkündet und am 10.10.1929 in Kraft gesetzt. Schuldrecht und Sachenrecht traten am 5.5.1930, Familien- und Erbrecht am 5.5.1931 in Kraft.

(1) Das so zustande gekommene ZGB weist gegenüber den beiden Entwürfen von 1911 und 1925 insbesondere den Unterschied auf, dass das Handelsrecht integriert wurde. Vorher hatte man sich auch insoweit an japanisches und deutsches Recht gehalten, als man das Zivil- und Handelsrecht in getrennte ZGB und HGB unterbringen wollte.

In europäischen Rechtssystemen ist diese Trennung im Gefolge der Napoleonischen Gesetzgebung zu Beginn des 19. Jh. (*Code de Commerce* von 1807) häufig vollzogen worden.[142] So traten z.B. in Deutschland BGB (das allge-

---

140 Zu ihr *BDRC*, 1. Bd., S. 278 ff.
141 Escarra, *op. cit.* (Anm. 97), S. 169.
142 Dazu Peter Raisch, *Die Abgrenzung des Handelsrechts vom Bürgerlichen Recht als Kodifikationsproblem im 19. Jahrhundert*, Stuttgart, 1962.

meine Privatrecht) und das HGB (das Sonderprivatrecht der Kaufleute) gleichzeitig im Jahre 1900 in Kraft. Man glaubte, auf diese Weise den Erfordernissen des Handelsverkehrs besser gerecht zu werden. So etwa, wenn das Handelsrecht auf Vorschriften verzichtet, die im allgemeinen Zivilrecht dem Schutz des mit dem Geschäftsleben weniger vertrauten Personen dienen, wie z.b. der Verzicht auf die Schriftform bei Bürgschaft oder Schuldanerkenntnis (§ 350 HGB), der Verzicht auf die Einrede der Vorausklage, die einem Bürgen nach BGB zusteht (§ 771), dem kaufmännischen Bürgen nicht (§ 349 HGB) oder der Verzicht auf den Schutz vor überhöhter Vertragsstrafe (§ 343 BGB) einerseits, § 348 HGB andererseits.

Als Begründung für die jetzt erfolgte Einheitslösung (民商合一) wurde angegeben[143], die Unterscheidung von Zivil- und Handelsrecht entstamme der europäischen Rechtsgeschichte, wo ein Kaufmannsstand mit eigenen Bräuchen und Gerichten vorhanden gewesen war (Ständerecht); auch dort verschwinde diese Unterscheidung immer mehr (Schweizer Obligationenrecht von 1912) und sei zu einer rein technischen Frage geworden.[144] Für China bestünden solche historischen Gründe nicht. Die chinesischen Kaufleute seien zwar in Gilden und Handelskammern zum Schutz ihrer beruflichen Interessen zusammengeschlossen, bildeten aber keine besondere Kaste oder Klasse und hätten von jeher demselben Zivilrecht und derselben Gerichtsbarkeit unterlegen wie Nichtkaufleute; es habe niemals besondere Handelsgerichte gegeben. Zudem sei es das politische Ziel der GMD, innerhalb des Volkes eine politische und soziale Gleichheit herbeizuführen, womit sich eine Differenzierung nicht vertrüge, wie sie durch die Schaffung eines besonderen Handelsrechts herbeigeführt werde.

Es sei dahingestellt, inwieweit die hier unterbreiteten sozialhistorischen Zusammenhänge zutreffend sind, auch im chinesischen ZGB finden sich gewisse Sondervorschriften für Kaufleute: So das besondere kaufmännische Zurückbehaltungsrecht (§ 929); die Vorschriften über Prokura und Handlungsvollmacht (§§ 553-564), die ausdrücklich eine Handelsfirma voraussetzen und das Institut der Kommission (§§ 576 ff.), das nur für „Handelsgeschäfte" zugelassen ist. Dies bleibt auch handelsrechtliches Sonderrecht, wenn es Teil des allgemeinen ZGB ist. Außerdem finden sich außerhalb des ZGB eine Reihe von Sondergesetzen, die nur für den Handelsverkehr bestimmt sind, wie etwa

---

143 Dazu Escarra, *op. cit.* (Anm. 97), S. 172 ff.
144 „Selbst wenn ein Recht, wie etwa das Handelsrecht, vom Kaufmann ausgeht (vgl. § 1 ff. HGB) handelt es sich nicht um ein Recht für den Kaufmannsstand. Zu Recht hat daher das Schweizer Obligationenrecht, das Handelsrecht in das Zivilrecht mit einbezogen." (Thilo Ramm, *Einführung in das Privatrecht / Allgemeiner Teil des BGB,* Bd. 1, München. 1969, S. 40.

das Handelsmarkengesetz von 1930, das Börsengesetz von 1929, das Bankgesetz von 1931 und das Gesetz über Handelsgesellschaften von 1929.

(2) Ein weiteres Merkmal des ZGB ist die Möglichkeit, lokalen Gewohnheiten Vorrang vor dem Gesetzesrecht des ZGB einzuräumen. Dies betrifft insbesondere das Sachenrecht (Grundstücksrecht).[145] Wir finden z.B. folgende Regelungen: „Der Eigentümer eines Grundstücks mit einer Quelle, einem Brunnen, einem Bach oder einem anderen Wasserlauf darf dieses Wasser nach Belieben gebrauchen, es sei denn, dass besondere Gewohnheiten bestehen" (§ 781). Oder: „Der Eigentümer kann die Zuführung von Gasen, Dämpfen, Gerüchen, Rauch, Wärme, Ruß, Geräusche, Erschütterung und ähnliche Einwirkungen von einem fremden Grundstück verbieten, es sei denn, dass diese Einwirkungen gering sind oder nach... örtlicher Gewohnheit als gewöhnlich angesehen werden" (§ 793) *(actio negatoria)*. Oder: „Der Grundstückseigentümer kann das Erbbaurecht kündigen, wenn der Erbbauberechtigte mit dem Betrag eines zweijährigen Grundzinses im Rückstand ist, sofern nicht eine andere Gewohnheit besteht" (§ 836).

(3) Ein drittes Merkmal des ZGB gegenüber den früheren Entwürfen liegt in der Abschaffung der beschränkten Rechts- und Handlungsfähigkeit der Ehefrau und Töchter. Im Allgemeinen Teil des ZGB sind alle Vorschriften verschwunden, die die Ungleichheit der Geschlechter betreffen (vgl. §§ 13, 15). Dazu gehört auch und insbesondere die Garantie des Erbrechts der Ehefrau am Vermögen ihres Mannes und der (auch verheirateten) Töchter am Vermögen ihrer Eltern.

(4) Ein viertes Merkmal liegt in der Abschaffung gewisser traditioneller Rechtsinstitute, die in früheren Entwürfen und in der Rechtsprechung des *Daliyuan* noch akzeptiert wurden: So die Erbfolge in den Ahnenkult, die von der Erbfolge in das Vermögen getrennt war (und noch im damaligen japanischen ZGB geregelt war). Nicht erwähnt im neuen ZGB wurden auch die Rechtsverhältnisse der Nebenfrauen (妾子).

(5) Schließlich ist das ZGB auch dadurch gekennzeichnet, dass es – wenn auch sehr wenige – Reminiszenzen an überliefertes Rechtsdenken enthält. So finden wir im Schuldrecht Reste des alten chinesischen Gedankens, wonach der Gläubiger auf die wirtschaftliche Lage des Schuldners Rücksicht zu nehmen hat, ihn nicht ins Elend stürzen darf. Im modernen europäischen Recht pflegt die Rücksichtnahme auf die wirtschaftliche Lage des Schuldners im Urteilsverfahren ausgeschlossen und dem Verfahren der Zwangsvollstreckung vorbehalten zu sein. Das ZGB ermöglicht es demgegenüber dem Gericht, einem

---

145 Wie auch in der deutschen Rechtsordnung im Nachbarrecht das letzte Residuum des Gewohnheitsrechts anzutreffen ist. (Zum „örtlichen Herkommen" vgl. etwa Franz Pelka, *Das Nachbarrecht in Baden-Württemberg*, 7. Aufl., Stuttgart 1974, S. 21).

Schuldner Teilleistungen und Zahlungsaufschub zu gewähren, wenn dies bei Berücksichtigung der finanziellen Verhältnisse des Schuldners und des Gläubigers angemessen erscheint (§ 318, anders § 266 dt. BGB). Es ist bemerkenswert, dass die chinesischen Kodifikatoren in diesem Zusammenhang ausdrücklich den Satz *summum ius, summa iniuria* anführten.[146] Eine ähnliche Ausprägung des Gedankens der Rücksichtnahme findet sich in der Regel, wonach eine Herabsetzung des Schadensersatzes für leichte Fahrlässigkeit zulässig ist, wenn der Schuldner andernfalls in finanzielle Not geraten würde (§ 218, wie § 44 II schweizerisches OR).[147]

bb) Strafrecht

Nachdem 1916 und 1919 Revisionsentwürfe zu dem 1912 in Kraft getretenen „Vorläufigen StGB" vorgelegt worden waren, wurde im Dezember 1927 der Präsident des Justizyuan, Wang Chonghui, angewiesen, die Entwurfsarbeit fortzusetzen. Mitglieder des entsprechenden Ausschusses waren u.a. der Präsident des Exekutivyuan, Tan Yankai (1879-1930), der Präsident des Kontrollyuan, Yu Youren (1879-1964), der Justizminister und später Nachfolger Hu Shis als Botschafter in den USA und *Dr. en droit* (1926 Paris), Wei Daomin (geb. 1899), der frühere Professor (Peking-Universität) für vergleichendes Verfassungsrecht, dann Direktor des Legislativbüros (und spätere Erziehungsminister, zuletzt Nachfolger Hu Shis als Präsident der Academia Sinica), ebenfalls *Dr. en droit* (1920 Paris), Wang Shijie (geb. 1891) und Wu Chaoshu (1887-1934), ein Sohn Wu Tingfangs, der in London Recht studiert hatte und kurz Botschafter in den USA gewesen war. Die Kommission arbeitete auf der Grundlage des von Wang Chonghui unter der *Beiyang*-Regierung erstellten Entwurfs, so dass das StGB schon am 10.3.1928 verkündet werden konnte.[148] Vor dem Hintergrund der chinesischen Tradition liegt seine vorrangige Errungenschaft im Sieg des Gesetzespositivismus, in der Durchführung des durch das Provisorische StGB von 1912 vorgeprägten Grundsatzes, dass moralische Vergehen als solche nicht geahndet werden können, nicht die moralisch-

---

146 Über die Berücksichtigung sozialer Interessen im ZGB vgl. Foo Ping-Sheung, „Soziale Gesichtspunkte des bürgerlichen Gesetzbuchs der chinesischen Republik", in: *Blätter für Internationales Privatrecht*, 1931, S. 268 ff.

147 § 44 II des schweizerischen Obligationenrechts lautet: „Würde ein Ersatzpflichtiger, der den Schaden weder absichtlich noch grob fahrlässig verursacht hat, durch Leistung des Ersatzes in eine Notlage versetzt, so kann der Richter auch aus diesem Grunde die Ersatzpflicht ermäßigen." (Abs. I führt Herabsetzungsgründe auf, die aus einer Mitschuld des Geschädigten an dem eingetretenen Schaden resultieren.).

148 Chinesischer Text in He Qinhua, Yin Xiaohu (Hrsg.), 中华民国刑法 (Strafgesetz der Republik China), Beijing, 2006, S. 35 ff.; französische Übersetzung durch Jean Escarra: *Code Pénal de la Republique de Chine*, Paris, 1930.

soziale Wertordnung die Strafbarkeit von Handlungen bestimmt, sondern allein das Strafgesetz: *nulla poena sine lege*. So beginnt das StGB mit dem Satz: „Erklärt das zur Zeit der Handlung geltende Gesetz diese nicht ausdrücklich für strafbar, ist diese Handlung keine Straftat" (§ 1).

Da durch die rasche Übernahme des frühen Wang-Entwurfs weder die neuesten Erkenntnisse von Strafrechtswissenschaft, Kriminologie und ausländischer Strafrechtsgesetzgebung[149], noch das unter dem Einfluss Sun Yatsens zunehmend stärker empfundene Bedürfnis einer Anknüpfung an traditionelle Methoden erörtert und berücksichtigt werden konnten, begann der Gesetzgebungsyuan schon 1931 mit einer grundlegenden Novellierung des StGB. Das am 1. Januar 1935 verkündete Strafgesetzbuch hat Escarra als „la meilleure production du législateur chinois contemporain" bezeichnet.[150] Die Mitglieder der Kommission (Liu Kejun, Luo Ding, Shi Shangkuan, Zou Chaojun, Cai Yi, Lin Bing, Zhao Chen, Sheng Zhenwei, Qu Huize, Xu Yuangao), durchweg Fachleute ohne politische Karriere[151], „ont apporté à leur tâche une competence exceptionelle et un intérêt passionné."[152] Eine Neuerung liegt in der Übernahme der sog. Zweispurigkeit des Sanktionensystems, die in dieser Zeit auch in europäischen Ländern eingeführt wurde. Zweispurigkeit deshalb, weil das neue StGB neben den auf Schuldvergeltung gerichteten Strafen sog. „Maßregeln der Sicherung und Besserung" (保安處分) vorsieht (§§ 86 ff.). Sie dienen der Gefahrenabwehr und werden angewandt, wenn Strafen wegen Minderjährigkeit, Geisteskrankheit oder Geistesschwäche (also wegen fehlender oder verminderter Schuldfähigkeit) nicht verhängt werden können; es erfolgt dann eine zeitlich begrenzte Unterbringung in Erziehungsanstalten. Bei Taten im Zustand von Trunkenheit oder Bewusstseinstrübung kann nach Strafverbüßung Einweisung zur Durchführung einer Entziehungskur erfolgen. Für Gewohnheitstäter kann nach Strafverbüßung eine Unterbringung in ein Arbeitshaus bis zu drei Jahren angeord-

---

149 Ein zeitgenössischer Kommentar brachte dies zum Ausdruck: „Inhaltlich zeigt das Reformwerk rein repressiven Charakter. Es ist der Geist des europäischen Klassizismus, von dem die Kriminalpolitik der chinesischen Gesetzgeber diktiert wurde. Konsequent durchzieht das neue Gesetz die Idee des strengen, einseitigen, durchaus generalpräventiv gedachten Tatprinzips; die Strafe ist ‚Vergeltung': tatbezogene und tatproportionale Reaktion des Staates auf das Faktum des Verbrechens.... Auch wenn sich einzelne Vorschriften finden, die die Person des Täters psychologisch zu erfassen versuchen (etwa bei der Strafbemessung), so tut dies dem Leitgedanken des Gesetzes, die begangene Tat entscheidend in den Vordergrund zu schieben, keinen Abbruch... Die Fragen der Sicherung und Besserung, des Berufsverbrechertums, des Stufenstrafvollzugs, der kriminalbiologischen Erfassung der Täterpersönlichkeit usw. haben in die chinesische Praxis noch keinen Eingang gefunden." (Bruno Steinwallner, „Chinesische Strafrechtsreform", in: *Monatszeitschrift für Kriminalpsychologie und Strafrechtsreform*, Oktober 1931, S. 597 ff.).
150 *Op. cit.* (Anm. 97), S. 215. Für eine deutsche Übersetzung vgl. Chang Chungkong, H. Herrfahrdt, *Das chinesische Strafgesetzbuch vom 1. Januar 1935*, Bonn, 1938.
151 Weswegen sie in den einschlägigen biographischen Werken nicht figurieren.
152 Escarra, *op. cit.* (Anm. 97), S. 215.

net werden. Was die Berücksichtigung traditioneller Elemente anbetrifft, so beschränkt sie sich auf die obligatorische Strafmilderung, wenn der Täter sich vor Entdeckung der Tat angezeigt hat (sog. Selbstanzeige 自首). Andererseits rückt das Gesetz von der noch im StGB von 1928 anzutreffenden traditionellen Regel ab, wonach nur der Ehebruch der Frau bestraft wird. Die Einführung der Strafbarkeit des Ehebruchs verheirateter Personen schlechthin (§ 239) war in der Kommission hoch umstritten. Entscheidend war schließlich das Prinzip der Gleichheit der Geschlechter gemäß dem Statut der GMD und der Verfassung von 1931 (Art. 6).

cc) Weitere Gesetzgebungsprojekte

Andere Gesetzgebungsprojekte betrafen das Prozessrecht, Wirtschafts-, Arbeits- und Verwaltungsrecht.[153] Das auf der Grundlage der *Beiyang*-Verordnung von 1922 ausgearbeitete Strafprozessgesetz wurde bereits 1928 verkündet, 1930/31 folgte das Zivilprozessgesetz, ebenfalls als Fortentwicklung einer *Beiyang*-Verordnung. Die wirtschaftsrechtliche Gesetzgebung betraf Materien wie Boden-, Bank- und Versicherungsrecht, dazu den intellektuellen und gewerblichen Rechtsschutz.[154] Das Verwaltungsrecht wurde durch ein Verwaltungswiderspruchs- und ein Verwaltungsprozessgesetz einbezogen.

Als letztes gesetzgeberisches Ergebnis der GMD-Epoche kam 1935 das Konkursgesetz (破產法) zustande. Darüber berichtete die „Kölnische Zeitung" wie folgt:

> „Die chinesische Nationalregierung hat jetzt den Entwurf einer Konkursordnung bekanntgegeben und damit die umfangreiche Gesetzgebungstätigkeit der letzten Jahre... zum Abschluss gebracht. Der Einführung einer Konkursordnung standen in China erhebliche Schwierigkeiten gegenüber, da der Gedanke eines weitgehenden staatlichen Eingriffs in die Befugnisse einzelner Personen zugunsten ihrer Gläubiger der chinesischen Auffassung bisher fremd geblieben war. In der Tat besteht bis in die Gegenwart hinein in China, auch in Weltstädten von der Bedeutung Shanghais, die für den Europäer gewiss erstaunliche Tatsache, dass die Liquidierung überschuldeter Vermögen durch gesetzlich geregelten richterlichen Eingriff nicht möglich war. Hierdurch ergaben sich selbstverständlich mancherlei Nachteile, deren Auswirkungen sich mit der schwindenden Geschäftsmoral nur verschärfen mussten. Um so größere Beachtung findet nunmehr die Entschließung der Regierung, diesen lang empfundenen Mangel durch ein Gesetz zu beseitigen, das in Inhalt

---

153 Eine Aufstellung der Gesetzgebungsakte findet sich bei Escarra, *op. cit.* (Anm. 97), S. 194 ff.

154 Mit der Entwicklung der Urheberrechtsgesetzgebung von dem die Zukunft prägenden Gesetz der Späten Qing von 1910 über das Gesetz der *Beiyang*-Regierung von 1915 bis zum Urheberrechtsgesetz von 1928 befasst sich Wang Langping, "中国法制近代化过程中的三部著作权法" (Drei Urheberrechtsgesetze im Verlauf der Modernisierung des chinesischen Rechtssystems), *BJFYJ*, 2005, Nr. 3, S. 44 ff.

und Fassung modernen Anforderungen nicht nur genügt, sondern als eine recht gute Lösung des schwierigen Konkursproblems betrachtet werden muss."[155]

Aus ZGB, StGB, Strafprozessgesetz, Zivilprozessgesetz, der Verfassung (約法) für die Periode der politischen Vormundschaft von 1931, dazu die wirtschafts- und verwaltungsrechtlichen Einzelgesetze gestaltete sich das – wie zuvor in Japan – System der „Sechs Gesetze" (六法).[156]

Damalige europäische Beobachter haben dieses Resultat sehr positiv gewürdigt, teilweise überschwänglich gelobt. So heißt es z.B.: „Eine an europäischen Vorbildern orientierte Gesetzgebung brach mit der chinesischen Tradition und stellte in kurzer Zeit ein Rechtssystem auf, das europäischer Begrifflichkeit kommensurabel ist." „In dieser Entwicklung liegt eine Revolution, welche weitaus tiefer in den geistigen Bau der chinesischen Kultur eingreift, als eine lediglich politische Revolution dies vermöchte." „Die Rechtsentwicklung des neuen China gehört zu den gewaltigen geistigen Revolutionen, in denen sich ein wahrer Umsturz der Werte offenbart und vollzieht..."[157] Es gab aber auch Stellungnahmen, in denen eine tiefere Einsicht in die Komplexität des Modernisierungsvorganges – wenn auch nicht ohne „völkischen" Beigeschmack – zum Ausdruck kommt:

> „Und so haben wir denn den erbitterten Streit kategorischer Rechtsforderung der Fremden gegen ein zurückgebliebenes China, so haben wir ein Jung-China, das alle Hemmungen über Bord wirft, und im Bewusstsein, restlos ‚progressiv' zu sein, auch seine Handlungsfreiheit fordert; so haben wir die rügenden Berichte einer Exterritorial-Kommission und auf dem flachen Land die Herrschaft des *Lü* und der alten Landrichter, die noch immer ein Herkommen haben, wo der Oberste Gerichtshof (大理院) schon längst zu westlichen Rechtsgrundsätzen greifen zu können und zu müssen glaubt. Ein Chaos der Willensäußerungen und wenig Frieden unter dem Recht."[158]

---

155 Zitiert in *Deutsche Justiz* 1935, 1. Halbjahr, S. 944 f. Nach Escarra, *op. cit.* (Anm. 97), S. 201, berücksichtigt dieses Gesetz umfassend „die Gewohnheiten und Mentalität des Landes", indem es neben dem gerichtlichen Konkursverfahren ein allein vom Gesamtschuldner einleitbares Vergleichsverfahren ermöglicht, das entweder unter Leitung eines Gerichts oder einer Handelskammer durchgeführt werden kann.

156 Die japanischen „Sechs Gesetze" kamen zwischen 1889 und 1899 zustande; sie beruhen ihrerseits auf den französischen, die zwischen 1791/1804 und 1810, und den deutschen, die zwischen 1871 und 1900 geschaffen wurden.

157 Stephan Kuttner, „Altes und neues Strafrecht in China", *Sinica*, 7. Jg. (1932), 135.

158 Gustav Amann, „Chinas neue Gesetzgebung", in: *Zeitschrift für Geopolitik*, 6. Jg. (1929), S. 596 ff., 602. Es heißt dort weiter: „Im ganzen schreitet bei allem der Einbruch in die Familienkonstitution bedenklich fort. Landesfremder Geist sickert ein. Nach einem Berufungsurteil der höchsten Instanz soll für Eheschließung jetzt nicht mehr das Wort des Ältesten der Familie heilig sein; die Eheschließung bedarf zur Rechtsgültigkeit auch der Zustimmung der heiratenden Kinder. Die väterliche, absolute Gewalt über die Kinder ist aufgehoben. Der Oberste Gerichtshof erkennt grundsätzlich nur noch ein gesetzlich geregeltes väterliches Erziehungsrecht bis zur gesetzlichen Mündigkeit der Kinder an, und er schütz selbsterworbene Vermögen der Familienangehörigen als persönliches Eigentum. So lösen sich die alten Familienketten... So fallen die Axtschläge landesfremder Kräfte in die religiösen Wurzeln des alten China. Die Heiligkeit der ungeschriebenen Familiengesetze geht dahin. Im Strafgesetz des Herrn Wang Chunghui ist diese Aushöhlung der heiligen Grund-

c) Gesetzgebungsideologie

Der durch die Gesetzgebung angestrebte und eingeleitete Wertewandel war aber
nicht gleichbedeutend mit einer Rezeption des westlichen Liberalismus und Individualismus, wie sie den europäischen Kodifikationen des 19. Jh. (und noch dem
deutschen BGB) zugrunde lagen. Der amerikanische Rechtsvergleicher John Henry Merryman hat die diesbezügliche Ideologie so zusammengefasst: „Das hervor-
stechende Merkmal dieser Ideologie war die starke Betonung des Individuums und
seiner Selbstbestimmung (Autonomie). Privateigentum und Vertragsfreiheit gelten
als die fundamentalen Rechtsinstitute, die so wenig wie möglich begrenzt werden
sollten. Nach unserer heutigen Empfindung war es eine Periode eines übertriebenen
Individualismus.“[159] Von dieser „Übertreibung“ war man allerdings seit Ende des
19. Jh. und besonders seit Ende des ersten Weltkriegs – in Deutschland unter der
Weimarer Verfassung –, allmählich abgerückt. Das deutsche Reichsgericht hatte
1923 in einer Entscheidung ausgeführt: „Das BGB steht..., den Verhältnissen seiner
Entstehungszeit entsprechend, auf einem individualistischen Standpunkt. Inzwischen hat aber der Gedanke der sozialen Arbeits- und Betriebsgemeinschaft Aus-
breitung und Anerkennung gefunden...“[160] In China wurde darin so etwas wie ein
Entgegenkommen in Richtung auf das Sozialmodell gesehen, wie es die GMD
vertrat. Wu Jingxiong (1899-1986), der Mitte der 1930er Jahre selbst im Gesetzgebungsyuan tätig gewesen war, hat dies später wie folgt ausgedrückt:

„Es ist richtig, dass zahlreiche Vorschriften (des ZGB) aus modernen europäischen Gesetzbüchern
übernommen wurden... Der chinesische Gesetzgeber hat dies jedoch nicht blindlings, sondern
auswählend getan. Er hat gerade die neuen Prinzipien westlichen Rechts ausgewählt, die dem Geist
der chinesischen Tradition am meisten entsprechen. Durch ein glückliches Zusammentreffen ist
das chinesische ZGB zu einer Zeit entstanden, als das westliche Rechtsdenken sich seit einigen
Jahrzehnten von dem extremen Individualismus des 19. Jh. hinweg entwickelt und sich zunehmend
humanistischen und sozialen Positionen zugewandt hatte, Positionen, die im Geiste, wenn auch

lagen der hergekommenen Familienverfassung des alten China zum System erhoben. Der
Artikel 254 verordnet strengste Monogamie, die Artikel 361, 368 und 378 heben die Autorität des Familienältesten und damit die Familiendisziplin endgültig auf, denn sie schützen
Missappropriation von Eigentum, Unehrlichkeit in der Vermögensverwaltung und Erpressung unter Familienmitgliedern vor Strafe. Zugestanden: China war zurückgeblieben. Aber
bei aller Zurückgebliebenheit hatte es einen festen inneren Frieden. Jetzt hat es den ‚Fortschritt der Menschheit des Westens'. Der westliche, diktatorische Fortschrittswille schleu-
derte seine Gärstoffe in diese kläglich-friedliche Dreihundertmillionenmasse. Er wollte die
Erde gleichmachen für seinen Fortschritt, für Warenabsatz, für Industrie und Kapital. In-
dessen aber muss China, zerrissen in seiner inneren Konstitution, zerfetzt am nationalen
Leibe, unvermerkt, aber unvermeidlich fortschreiten auf das Endziel aller Auflösungspro-
zesse zwischen den Menschen, zum Bolschewismus.“

159 *The Civil Law Tradition*, Stanford, 1969, S. 69.
160 *Entscheidungen des Reichsgerichts in Zivilsachen*, Bd. 106, S. 272.

nicht in den Einzelheiten, höchst ähnlich sind mit der der chinesischen Philosophie des integrierten Individuums, das sich seinen Pflichten mehr verbunden weiß als seinen Rechten."[161]

Die Mitglieder des von der GMD geprägten Nanjinger Gesetzgebungsyuan waren der Auffassung, dass die Zivilrechtsgesetzgebung der Verwirklichung von Sun Yatsens „Lehre von den drei Volksprinzipien"/*Sanminzhuyi* (三民主義) zu dienen hat. War die Frage nach der Gesetzgebung gleichsam vorgeschalteten ideologischen Grundsätzen in den beiden vorangegangenen Gesetzgebungsperioden kaum gestellt worden, so wurde sie nun ganz bewusst aufgeworfen. Es war Hu Hanmin (1879-1936), der Präsident des Gesetzgebungsyuan selbst, der als ausgebildeter Jurist und politischer Theoretiker (auch Kenner des Marxismus und der Sowjetunion, wo er sich 1925/26 aufgehalten hatte)[162] die „Übersetzung" der „Drei Volksprinzipien" in Rechtstheorie vornahm. Wie begriff er den rechtstheoretischen Gehalt von Suns Lehre und damit deren Funktion als Leitgedanke der Gesetzgebung?[163]

aa) Gesetzgebungstheorie der Sanminzhuyi

Zunächst legte er dar – dies in klarer Opposition zu der „Rechtstheorie der Bewegung für eine neue Kultur" –, dass eine den „Drei Volksprinzipien" entsprechende Gesetzgebungstheorie nicht die Einzelperson (個人本位), sondern Gesellschaft (社會本位), Volk (民族本位) und Staat (國家本位) zum Ausgangspunkt nehmen muss. Die Gesetzgebung hat damit der Lösung der praktischen Probleme von Volksmacht (民權), Nation (民族) und Volkswohlfahrt (民生) zu dienen. Die aus den „Drei Volksprinzipien" resultierenden Gesetzgebungsprinzipien (立法原則) werden wie folgt bestimmt:

(1) „Das Prinzip der Ausbalancierung der politischen Kräfte" (*政治力量的平衡原則*): In der Politik existieren Freiheitskräfte (自由力量) und Bindungskräfte (約束力量). Werden erstere zu stark betont, entsteht Anarchie, werden letztere übertrieben, Despotie. Nur wenn zwischen beiden eine Balance hergestellt wird, entsteht ein Zustand, in dem sich die Politik in stabiler Weise entwickeln kann.

(2) An die Verfassungsgesetzgebung richtete sich das „Prinzip der Unterscheidung von Macht (權) und Fähigkeit (能)" (權能區分原則). Anknüpfend an

---

161 John C.H. Wu, "The Status of the Individual in the Political and Legal Tradition of Old and New China", in: *Chinese Culture*, vol. VIII (1972), S. 1 ff., 23.

162 Vgl. *BDRC*, 2. Bd., S. 159 ff. und Melville T. Kennedy, "Hu Hanmin: His Career and Thought", in: Chün-tu Hsüeh (ed.), *Revolutionary Leaders of Modern China*, London, Toronto, 1971, S. 271 ff.

163 Nach Chun Yang, "略评胡汉民之立法主持活动" (Zu Hu Hanmins Tätigkeit der Leitung der Gesetzgebung), *FXPL*, 2000, Nr. 6, S. 152 ff.

die Vorstellung Sun Yatsens, wonach „das Recht eine den Lebensverhältnissen (人事, den menschlichen Angelegenheiten) immanente Maschine ist", war Hu Hanmin der Auffassung, dass „Macht" die Kraft ist, die die Maschine in Gang setzt, „Fähigkeit" die Arbeitsleistung der Maschine bezeichnet.[164] „Macht" konkretisiert sich in den Volksrechten (Wahl, Abberufung, Initiative, Referendum), die politische Macht (管權 oder 政權) ist des Volkes. Die Regierungsfunktion, d.h. die Verwaltungsfähigkeit (管能) steht der Regierung zu, die sie durch fünf Ämter ausübt.

(3) „Das Prinzip des Zusammenhangs von Rechten und Pflichten" (權利義務的 原則). Hu schätzte den Gedanken Suns, dass „die Menschen sich das Dienen (服務) und nicht den persönlichen Gewinn (das Ergreifen, Erlangen, *duoyu*) zum Ziel setzen sollen." Hu war der Ansicht, dass Leben, Vermögen und Interessen des Einzelnen als Teil des Lebens, Vermögens und der Interessen der Gesellschaft aufzufassen sind, so dass der Einzelne nicht beliebig verfügen darf. Was die Anerkennung von individuellen Rechten durch die Gesellschaft anbetrifft, „so können Rechte nur in dem Maße anerkannt werden wie gegenüber der Gesellschaft Pflichten erfüllt werden." Werden diese vernachlässigt, kann ein Recht nicht bestehen.

Hu befasste sich besonders mit der Frage des Verhältnisses von Eigentum (Kapital) und Arbeit. Für die Frage des Vermögenseigentums (財產所有權) zieht er das Sunsche Prinzip der „Volkswohlfahrt" (民生主義) heran, worin er überhaupt das wichtigste der „Drei Volksprinzipien" sah. Die von Sun betonte Beschränkung privaten Kapitals ziele auf eine Überwindung der Unausgewogenheit zwischen Arm und Reich. Immer wenn Eigentumsrechte in unangemessener Weise ausgeübt werden, müsse der Gesetzgeber Schranken ziehen.[165] Die Anhäufung von Vermögen sei zu beschränken und der Lebensunterhalt der Armen zu gewährleisten. Zum „Problem der Arbeit" vertrat er die Meinung, am wichtigsten seien die Arbeitsbedingungen, und unter diesen Arbeitslohn und Arbeitszeit. Der Staat könne es nicht zulassen, dass Unternehmer und Arbeiter die Arbeitsbedingungen unter sich vereinbaren, sondern sei aufgerufen, am Maßstab der gesellschaftlichen Interessen Grenzen einer solchen „Tarifautonomie" durch Gesetz vorzugeben.

Schließlich äußerte sich Hu zu den Abweichungen der *Sanmin-zhuyi*-orientierten Gesetzgebung gegenüber der Gesetzgebung des alten China und des Westens. Der Unterschied gegenüber dem alten China liege darin, dass die damalige Ge-

---

164 Sun hatte den Staat mit einer Maschine verglichen, wobei er das Volk als Ingenieur sah, der über die Verwendung der Maschine im ganzen bestimmt, während die Beamten die Räder der Maschine symbolisieren.

165 So heißt es dann auch in der Provisorischen Verfassung der Republik China für die Periode der Vormundschaftsregierung (訓政時期約法) von 1931, dass „die Ausübung des Vermögensrechts an Privateigentum den Schutz des Gesetzes insoweit genießt, als dadurch das öffentliche Interesse (公共利益) nicht verletzt wird" (Art. 17).

setzgebung auf der Basis des Klansystems (家族) beruhte, die monarchische Autokratie schützte, die wirtschaftlichen Verhältnisse einer landwirtschaftlichen Familiengesellschaft im Blick hatte, und das Privatrecht[166] ganz im öffentlichen Recht aufgegangen ist, während die *Sanminzhuyi*-Gesetzgebung auf der Basis der Interessen der Nation (民族) beruht, den Bedürfnissen einer aus Landwirtschaft und Industrie bestehenden Volkswirtschaft entspricht und zwischen Privat- und öffentlichem Recht unterscheidet.

Was den Unterschied gegenüber der modernen Gesetzgebung des kapitalistischen Auslands betrifft, so sei dort das Individuum Grundlage der Gesetzgebung. Diesen Rechtsordnungen ginge es nur darum, die Rechte und Freiheiten der Individuen voneinander abzugrenzen, soziale Interessen außer denen des Individuums kennten sie nicht. Hu ist der Ansicht, dass eine solche das Individuum zum Maßstab nehmende Gesetzgebung (個人本位) noch rückständiger sei als die Gesetzgebung des alten China mit ihrem Familien-Standard (家庭本位). Daher ist seiner Ansicht nach die auf den „Drei Volksprinzipien" beruhende Gesetzgebung mit ihren Standards (Orientierungspunkten) Gesellschaft, Nation (Volk) und Staat nicht nur der Gesetzgebung des Familismus, sondern auch der des Individualismus überlegen.

bb) „Soziale Richtung" des ZGB

Diese Rechtstheorie wandte Hu auch auf das ZGB an. In der Einleitung der englischen Ausgabe des „Zivilgesetzbuches der Republik China"[167] führte er aus: „Das neue ZGB folgt den Prinzipien, die die moderne Rechtswissenschaft über die ganze Erde verbreitet und die eine Art universales gemeines Recht darstellen, um so die Entwicklung der internationalen Beziehungen zu erleichtern...". Andererseits stellte er klar: „Durch die Einbeziehung der Prinzipien der GMD erhält das Gesetzbuch eine spezifisch soziale Richtung. Das Gesetzbuch lenkt die Tätigkeit der Bürger dergestalt, dass sich diese zum Vorteil der Gemeinschaft, deren Teil der Einzelne ist, auswirkt. Dieses Merkmal unterscheidet das neue Gesetzbuch sowohl von den individualistischen Gesetzbüchern Europas und Amerikas, als auch von den Gesetzen des Familien-Typs im alten China." Ebenso äußerte sich Fu Bingchang, der Vorsitzende des Zivilrechtsausschusses: „Der neuen chinesischen Gesetzgebung kommt ein bewusst sozialer Charakter zu. Die Lehre der GMD sieht die Menschen nicht als unabhängige, isolierte Wesen, sondern in ihren Beziehungen zu der von ihnen gebildeten Gesellschaft. Sie weist ihnen nur insoweit Rechte und Pflichten

---

166 Im Sinne des positiven Gesetzesrechts.
167 The Civil Code of the Republic of China (translated into English by Ching-Lin Hsia et al.), Shanghai, 1931.

zu, als die Ausübung solcher Rechte und Pflichten dem friedlichen und geordneten Fortschritt der Gesellschaft dienlich ist."[168]

d) Durchführung

Das rechtswissenschaftliche akademische Publikationswesen, insbesondere die Herausgabe von Periodika, hatte sich seit Beginn des Jahrhunderts, besonders seit der Vierten-Mai-Bewegung kontinuierlich entwickelt und dabei auch die Gesetzgebungsvorgänge und die Justizreform kommentierend begleitet.[169] Trotzdem verwundert es nicht, dass die neuen Gesetze, insbesondere das ZGB und hier insbesondere das Familien- und Erbrecht, das soziale Leben nicht sofort prägen und bestimmen konnten. Jedoch wäre es zu einfach, wollte man die Gesetzesreform von 1929/30 schon deshalb als gescheitert ansehen, weil sie sich bis zu Beginn des Krieges 1937 für 80% des chinesischen Volkes nicht ausgewirkt hatte. In den westlichem Einfluss ausgesetzten Küstenstädten schuf sie eine Rechtsgrundlage, mit deren Hilfe die dort schon seit Ende des 19. Jh. begonnenen sozialen Veränderungen eine Beschleunigung erfuhren. So hat Jürgen Domes bei einer Durchsicht der Ausgaben der Shanghaier *Shen-Bao* 申報 nur für die Zeit von drei Monaten (1931) fast tausend dort gemeldete Scheidungsprozesse festgestellt, von denen über die Hälfte von Ehefrauen angestrengt wurden und zu über 90% mit Scheidungsurteil endeten. Es waren die kontinuierlich von der GMD kontrollierten Provinzen Jiangsu, Zhejian, Anhui, Hubei und Guangdong, wo die neue Gesetzgebung bis zum Ausbruch des chinesisch-japanischen Krieges (1937) Wirkung entfaltete.[170]

---

168 Fu Binchang, "新民法与社会本位" (Neues Zivilgesetz und Gesellschaftsstandard), in: He Qinhua, Li Xiuqing (Hrsg.), 民国法学论文精粹 (Rechtswissenschaftliche Aufsätze der Republikzeit), 3. Bd., Beijing 2004, S. 26 ff.; Foo Ping-Sheung (d.i. Fu Bingchang), „Soziale Gesichtspunkte des bürgerlichen Gesetzbuchs der chinesischen Republik", in: *Blätter für internationales Privatrecht*, 1931, S. 268 ff.

169 Dazu gehörten nicht nur die eigentlichen juristischen Fachzeitschriften (die früheste war die 1918 in Peking gegründete 法政學報, gefolgt 1922 von 法學季刊 der Dongwu-Universität, 法律評論 der Zhaoyang-Universität u.a.), sondern auch allgemeine Universitäts-Zeitschriften wie die 1919 unter dem Rektorat von Cai Yuanpei gegründete 北京大學月刊 („*Monatsschrift der Peking-Universität*"), die 1915 gegründete 清華學報 oder die im Jahr darauf gegründete 清華週刊, in denen nach Liu Xiang, "民国时期高等院校学术期刊的出版与法学研究" (Die während der Republik-Periode herausgegebenen universitären akademischen Periodika und die rechtswissenschaftliche Forschung), *BFYJ*, 2005, Nr. 3, S. 132 ff., so gut wie in jeder Nummer rechtswissenschaftliche Artikel erschienen sind.

170 Domes, *op. cit.* (Anm. 135), S. 405. Eine Abhandlung konkreter Fälle bietet Xiaoqun Xu, "Law and Courts as Negotiating Tools: Marriage and Divorce in Republican China, 1912-1949", in: Stefan B. Kirmse (ed.), *One Law for All? Western Models and Local Practices in (Post)-Imperial Contexts,* Frankfurt, New York, 2012, S. 183 ff. Das Fallmaterial macht deutlich, dass "both men and women learned to use and manipulate the law and judicial procedures as additional tools in their cultural repertoire of daily struggle for bet-

Dazu gehörte auch, wie Wu Jingxiong feststellte, dass Frauen ihr Erbrecht am Teil des elterlichen Nachlasses gegenüber ihren Brüdern geltend machten. Dies habe zwar manchen Vater zu dem bisher ungewöhnlichen Schritt veranlasst, testamentarisch zu verfügen, den Pflichtteil (die Hälfte des gesetzlichen Erbteils) jedoch konnte den Töchtern nicht entzogen werden.[171]

Schließlich bleibt festzustellen, dass die Aufhebung des Regimes der Exterritorialität nicht unmittelbare Folge der Inkraftsetzung der Sechs Kodizes war, diese Vorrechte vielmehr über das Ende des zweiten Weltkrieges hinaus fort gegolten haben. Aus Sicht ausländischer Beobachter hätte der Stand von Chinas Rechtsmodernisierung einen solchen Schritt auch nicht gerechtfertigt, wie folgende Stellungnahme aus dem Jahre 1929 deutlich macht: „There is now no Constitution; there are no guarantees of the rights and liberties of citizens or aliens; there is no machinery by which it is possible to obtain wrongdoing on the part of military or civil authorities, or party or other organs." Im übrigen schien die Bereitschaft, ausländischen Standards gerecht zu werden, allmählich erschöpft. So bestritt der Präsident des Justizyuan, Wang Chonghui, dass für China eine Verpflichtung bestünde, „to incorporate Western legal principles in Chinese jurisprodence". Denn chinesische Gesetze „are made primarily for her 400 million people, and not for a mall group of foreigners resident in China".[172] Als die ausländischen Vorrechte dann aufgehoben wurden[173], hatte dies weniger mit der Modernisierung des chinesischen Rechts als mit der durch Entkolonialisierung gekennzeichneten Weltlage zu tun.

e) Revisionismus und Verteidigung

Mitte der 1930er Jahre war das drei Dekaden zuvor begonnene Projekt der Rechtsmodernisierung zu einem formalen Abschluss gelangt. Nun wäre es darauf angekommen, die Justizorganisation fortzubilden und das neue Recht durch praktische Anwendung dem gesellschaftlichen Leben nahe zu bringen und damit den als „Inkulturation" bezeichneten Vorgang der Angleichung an die sozio-kulturelle Umwelt in Gang zu setzen. Dies hätte jedoch erfordert, dass die traditionellen An-

---

ter life chances, along with informal, customary, and extralegal mechanism rooted in the power structure of local society" (ibid., S. 206 f.).

171 John C.H. Wu, op. cit., (Anm. 161), S. 24.

172 Vgl. H. G. W. Woodhead, „Extraterritoriality in China. The Case Against Abolition", in: Peking &Tientsin Times, Sept./Oct., 1929.

173 Zwischen 1943 (USA, Großbritannien) und 1950 (Sowjetunion). Im entsprechenden Vertrag mit den USA heißt es: „All those provisions of treaties or agreements in force between the Republic of China and the United States of America which authorize the Government of the United States of America or its representatives to exercise jurisdiction over nationals of the United States of America in the territory of the Republic of China are hereby abrogated..." (Art. 1).

schauungen und Lebensweisen umfänglich verbundene Gesellschaft durch Industrialisierung, allmähliche Reduzierung der Naturalwirtschaft und Aufbau eines modernen Erziehungssystems einer das Recht akzeptierenden, da seine Relevanz erfahrenden, Bereitschaft entgegen gewachsen wäre. Krieg (seit 1937) und neuerlicher Bürgerkrieg (seit 1945) ließen ein solches geduldiges und beständiges Vorgehen aber nicht zu. Als dann 1948/49 die GMD-Regierung vor den Trümmern ihrer Herrschaft stand und sich nach Taiwan absetzen musste, wurden Stimmen wach, die in der Rezeption europäischen Rechts einen falschen Weg zu erkennen glaubten. Es wurde die Ansicht geäußert, dass das neue Recht den chinesischen sozio-kulturellen Verhältnissen nicht angemessen sei, insbesondere das System der subjektiven Rechte für Chinas angestammte Kultur der Pflichten ungeeignet, ja zerstörerisch sei. Manche Äußerungen gingen so weit, in der – angeblich auch durch das neue Recht geförderten – Zerrüttung der traditionellen Moral den Hauptgrund für den Sieg der Kommunisten zu sehen. Statt oder neben dem fremden Recht sollte der konfuzianischen Moral wieder stärker sozialkontrollierende Wirkung beigemessen werden.

aa) „Umbau des chinesischen Rechts"

Als Beispiel für einen solchen Gegenreformer sei auf den 1876 in Hubei geborenen, 1951 in Taibei gestorbenen Ju Zheng verwiesen.[174] Schon zur Zeit der Gründung des *Tongmenghui*-Revolutionsbundes in Tokyo ein Mitarbeiter Sun Yatsens, war er, obwohl kein studierter Jurist, von 1932-1948 Präsident des Justizyuan in der Nanjinger Nationalregierung. Die von der GMD veranlasste Rechts- und Justizreform hatte er durchaus unterstützt[175] und sich besonders mit Prozessrecht und der Gerichtsorganisation befasst. In einer 1947 in Nanjing veröffentlichten Schrift forderte er jedoch einen „Umbau des chinesischen Rechts".[176] Er führte dort aus, dass „die beinahe uneingeschränkte Rezeption des kontinentalen Rechtssystems" in

---

174 *BDRC*, 1. Bd., S. 469 ff. Ju wird auch in der gegenwärtigen chinesischen Rechtswissenschaft wahrgenommen. Vgl. etwa Chun Yang, "居正与中国近代法制变更" (Ju Zheng und der Wandel des modernen chinesischen Rechtssystems), *FXJ*, 2000, Nr. 4, S. 47 ff.; Qiao Congqi, "居觉生的著述与法治思想" (Ju Juesheng, d.i. Ju Zheng, Werk und Rechtsidee), *ZGFX*, 1989, Nr. 4, S. 121 ff.

175 Im Sinne der damals geltenden „Verfassung der Republik China für die Periode der Politischen Vormundschaft" vom 1.6.1931, wonach die Staatsmacht durch Organe der GMD auszuüben war (vgl. unten Kapitel 7/II,2), vertrat er durchaus im Sinne eines Modernisierungsimpulses das Konzept der „Verparteilichung der Justiz". Vgl. Ju Zheng, "司法黨化問題" (Das Problem der Verparteilichung der Justiz), in: 東方雜誌, Bd. 32 (1935), S. 6 ff.

176 Sie erschien zuerst 1944 unter dem Titel "為甚麼要重建中國法系" (Warum ist das chinesische Rechtssystem neu zu errichten?) in 中國法律雜誌, 1947, in englischer Übersetzung unter dem Titel „On the Reconstruction of the Chinese System of Law."

mancher Hinsicht (er meinte wohl primär die Überwindung des Systems der Exterritorialität) hilfreich gewesen sei, zu bezweifeln sei jedoch, „ob sie für das chinesische Volk von bleibendem Wert sein wird." Die Erfahrung, die man seit den letzten Jahren der Qing-Dynastie mit der Übernahme europäischen Rechts gemacht habe, habe gezeigt, dass „dadurch nicht alle Probleme zu unserer Zufriedenheit gelöst werden konnten." Es sei deshalb an der Zeit, die Angelegenheit zu überdenken und „ein Rechtssystem auf der Grundlage unserer Kultur zu errichten, um so unseren Absichten besser zu entsprechen." Unter den von ihm propagierten „Leitprinzipien für Chinas neues Rechtssystem" sind hier zwei von Interesse: Errichtung einer durch die Regeln der Sittlichkeit (礼) ergänzten Rechtsherrschaft (法治) und Unterordnung des Individuums unter die Interessen der Nation.

Ju ging zwar davon aus, dass das neue Rechtssystem den Geist der Herrschaft des Gesetzes umfassen muss, dieser sollte aber durch die Regeln der Sittlichkeit ergänzt werden. Das *Lijiao* 礼教-System ganz aufzugeben, sei verfehlt. „*Li*-Normen sind ebenso gute Sozialnormen wie Religion und Brauchtum, und zusammen mit dem Recht (den Gesetzen) wahren sie die Interessen der Individuen wie der Gesellschaft." Sie zur Aufrechterhaltung der Sozialordnung heranzuziehen, sei um so naheliegender, wenn man bedenke, dass sie, nachdem sie von Konfuzius und seinen Schülern formuliert worden waren, das Denken, Fühlen und die Lebensart der Chinesen tief geprägt hatten. Er nennt die acht (konfuzianisch „geladenen") Tugenden der Loyalität (忠), Kindespflicht (孝), Wohlwollen (仁), Liebe (爱), Vertrauen (信), Gerechtigkeit (义), Harmonie und Friede (和平). Diese Moralnormen sollen die Gesetzesnormen im Sinne einer stabilen Sozialordnung ergänzen. Ju hatte wohl die Vorstellung, dass die Moralnormen sich gegen die emanzipatorische Tendenz des modernen Rechts auswirken (sollen). Dies zeigt das „Leitprinzip" der Unterordnung des Individuums unter die Interessen der Nation, der Gesellschaft. Das neue Rechtsystem „wird keine Spur individualistischer Anschauungen aufweisen, sondern durchweg deutlich machen, dass Kollektivinteressen Privatinteressen stets vorgehen." Ju legte nicht dar, wie dieses Ziel erreicht werden soll: durch eine radikalere gemeinschaftsorientierte Interpretation als sie schon Hu Hanmin betont hatte? Wie andere Guomindang-Ideologen sah Ju in Sun Yatsens Lehren eine Art Kontinuität verwirklicht, wie sie sich bis auf die legendären Herrschergestalten der vorhistorischen Zeit (Yao, Shun) zurückverfolgen lässt. „Daher", so Ju, „ist es für ein Land unpassend und unpraktisch, das Recht eines anderen Landes zu imitieren."

bb) Verteidigung der Rechtsreform

Gegen eine solche rezeptionskritische und konfuzianische Moral rekultivierende Haltung wandten sich wohl die meisten der Rechtswissenschaftler der auf die Nanjing-Gesetzgebungsperiode folgenden Generation. Ein markanter Vertreter dieser die Rezeption verteidigenden Juristen ist Wang Boqi (1908-1961). 1931 Absolvent der politikwissenschaftlichen Abteilung der Dongwu-Universität in Suzhou und 1936 *Dr. en droit* der Pariser Universität, veröffentlichte er 1956 als Professor für Zivilrecht an der Taiwan-Universität eine Abhandlung über „Modernes Rechtsdenken und die überkommene chinesische Kultur."[177] In der Einleitung weist er das Problem auf:

> „Was wir auf legislatorische Weise übernommen haben, ist ganz und gar vom Neuesten des westlichen Rechtssystems; was wir jedoch auf der Ebene des Volksbewusstseins erfassen, ist... immer noch das alte, gar restaurierte ethische System (禮教制度), wozwischen es so gut wie keine Vermittlung gibt."[178]

Zur Verringerung dieses Abstandes lehnt er aber die eine der beiden denkbaren Methoden, das Recht der Moral anzupassen, ab. Diese Methode, so führt er aus,

> „wurde gelegentlich schon propagiert, so wenn dargelegt wurde, dass während der letzten Jahre die chinesische Gesellschaft von der Moral-Herrschaft (禮治) zur Gesetzesherrschaft (法治) übergegangen sei, in den Kontakten der Menschen untereinander mehr das Gesetz (法) als die Sittlichkeit (禮) betont werde, die Menschen untereinander ihre Unbekümmertheit eingebüßt hätten. Da sie vergessen hätten, dass im menschlichen Umgang die *Li*-Regeln bestimmend sein sollten, sei das Leben freudlos und sinnlos geworden, die Gesellschaft habe keinen Mittelpunkt und die Kommunistische Partei sei dadurch noch intensiver bestrebt, die traditionelle Ethik (禮樂) zu untergraben und den Geist der Geschichte zu zerstören, weshalb wir uns heute besonders um das Studium der Frage des Wiedererstehens der traditionellen Ethik bemühen sollten."

Nach dieser Ansicht, so Wangs Kommentar,

> „hat unsere gegenwärtige Gesellschaft deshalb keinen Mittelpunkt, kennt das menschliche Leben deshalb keine Freude und treibt die Kommunistische Partei deshalb ihr Unwesen, weil die chinesische Gesellschaft die Sünde des allmählichen Übergangs von der Moral- zur Gesetzesherrschaft begangen hat. Das heißt soviel wie das gegenwärtige Rechtssystem völlig zu verwerfen."[179]

Wang Boqi propagiert den anderen Weg, den der allmählichen Anpassung der Moral an das moderne Recht. Er sieht darin eine „notwendige Tendenz" und führt aus:

> „Die Gesellschaft ist im Fortschritt begriffen, und es ist völlig unmöglich, auf frühere Pfade zurückzukehren. Betrachten wir sie nur von den beiden Punkten der Gleichheit der Geschlechter und

---

177 近代法律思潮與中國固有文化, Taibei, 1956.
178 *Ibid.,* S. 2.
179 *Ibid.,* S. 3.

3. Kapitel Hundert Jahre Rechtsreform

des allmählichen Zerfalls des Sippensystems (大家制度), so können wir einen Aspekt ihrer Entwicklungstendenz schon erkennen."[180]

Wang geht von einer erzieherischen Wirkung der Gesetzgebung aus. Er ist der Ansicht, dass die moderne chinesische Gesetzgebung zwar dem gesellschaftlichen Bewusstsein „vorauseile", dieses Bewusstsein aber allmählich umforme. Er nennt dies „Rechtserziehung", ein Vorgang, der durchaus Ergebnisse zeige. Er führt aus:

„Wenn der Gesetzgeber unsere Verhaltensnormen auch nicht schaffen kann, so hat das vom Gesetzgeber geschaffene Recht für das Volksbewusstsein doch eine äußerst intensive aufklärerische und inspirierende Wirkung und beschleunigt so die Reifung dieses Bewusstseins."[181]

Eine erste Wirkung dieser „Erziehung" erkennt er in Folgendem:

„Das Erbrecht des Ehepartners und der Töchter, die Ausübung der Rechte und Pflichten der minderjährigen Kinder durch Vater und Mutter, die Unabhängigkeit des Vermögens – all diese Rechtsinstitute rufen, auch wenn sie bis heute und über dreißig Jahre nach Inkrafttreten des Zivilgesetzbuches immer noch fremd anmuten, jedenfalls nicht mehr Ablehnung hervor. Dies macht deutlich, dass die großen Prinzipien des geltenden Rechts allmählich gesellschaftliche Akzeptanz finden können und zu Normen unseres tatsächlichen Rechts werden."[182]

Er fügt hinzu:

„Wenn unsere großen Kodifikationen auch großenteils anderen Ländern entstammen, so ist es doch keineswegs so, dass ein transplantiertes Gesetzessystem keine Wurzeln treiben kann. Natürlich besitzt jedes Volk eine eigenständige historische Kultur, und sein Rechtssystem kann auch nicht mit dem anderer Völker völlig identisch sein, daraus aber zu folgern, dass die verschiedenen Völker ein jeweils verschiedenes Rechtssystem haben sollten, entspricht offenbar nicht den Tatsachen."[183]

Wang verweist auf Japan, auch auf Vorgänge der Rechtsrezeption anderswo.

„Somit", so resümiert er, „brauchen wir uns nicht vorzuhalten, dass unser Recht eine Imitation des Rechts anderer Staaten und nicht ein Produkt der Geschichte unserer Nation darstellt und es somit geringzuschätzen. Die Verbindungen unseres Globus werden immer enger, nirgends ist es länger möglich, eine völlig eigenständige Kultur zu bewahren."[184]

Für Wang konnte der einzig vernünftige Weg nur darin bestehen, dem per Gesetzgebung geschaffenen Recht durch richterliche Anwendung und rechtswissenschaftliche Bearbeitung allmählich Anerkennung und Geltung zu verschaffen. Diese Ansicht hatte kurz zuvor schon einer der damals einflussreichen westlichen Rechtstheoretiker, der langjährige Dekan der Harvard-Law-School, Roscoe Pound (1870-1964) zum Ausdruck gebracht. In einem 1948 – als er sich als Berater der Regierung in Nanjing aufhielt – veröffentlichten Aufsatz über „Comparative Law

---

180 *Ibid.*, S. 3.
181 *Ibid.*, S. 51.
182 *Ibid.*, S. 51.
183 *Ibid.*, S. 51.
184 *Ibid.*, S. 52.

and History as Bases for Chinese Law"[185] führte er aus: „The Chinese codes are excellent, they are Chinese codes, to be applied to the Chinese people, to govern Chinese life."[186] Für Pound war die Übernahme ausländischen Rechts eine in der Geschichte überall anzutreffende Erscheinung. „Die Geschichte eines Rechtssystems", so schrieb er 1938, „ist weitgehend eine Geschichte der Anleihe bei anderen Rechtssystemen und der Einverleibung von Materialien außerhalb des Rechts."[187]

Die Frage, ob und inwieweit europäisches Recht in eine chinesische Umwelt „transplantierbar" ist, ist damit noch nicht ausreichend beantwortet. Aus der Sicht der Entwicklung nach 1950 betrachtet scheint sie eindeutig negativ auszufallen; aus heutiger Sicht stellt sie sich jedoch neu.

III „Sozialistisches Recht" in der Erprobung (1949-2009)

Dem Modernisierungswerk der Republikperiode blieb außerhalb Taiwans der Erfolg versagt.[188] An die Stelle des im Grundsatz marktwirtschaftlichen Modells der „Sechs Kodizes" trat ein Rechts- und Kontrollsystem auf marxistisch-leninistisch-maoistischer, dann postmaoistischer Grundlage, das ständigem Experimentieren unterworfen blieb und nach 1978/79 durch Erneuerung und Fortentwicklung seiner sowjetrussisch vermittelten Strukturen eine erste Konsolidierung und Formalisierung erlangte, bald jedoch durch neue, bisher tabuisierte Elemente ergänzt wurde und schließlich mit dem 1993 per Verfassungsänderung bestätigten Übergang zu einem marktwirtschaftlichen System ein neuartiges Verständnis von „sozialistischem Recht" repräsentiert.

---

185 *Harvard Law Review*, vol. 61 (1948), S. 749 ff.
186 *Ibid.*, S. 752.
187 *The Formative Era of American Law*, Boston, 1938, S. 94.
188 Auf einige Facetten der Entwicklung in Taiwan hat einer der einflussreichsten taiwanischen Zivilrechtslehrer, Professor Wang Zejian, in einem im September 2006 in der Zhengfa-Universität, Peking, gehaltenen Vortrag hingewiesen: Wang Zejian, "德国民法的继受与台湾民法的发展" (Die Rezeption des deutschen und die Entwicklung taiwanischen Zivilrechts), *BJFYJ*, 2006, Nr. 6, S. 1 ff. Er führt dort aus: „Dass die Anwendung des chinesischen ZGB nach 1949 in Taiwan kaum auf Schwierigkeiten stieß, ist einer historischen Koinzidenz zu verdanken: Taiwan war fünfzig Jahre lang von Japan beherrscht worden, und Japan hatte ebenfalls deutsches Zivilrecht rezipiert. Dass das deutsche Zivilrecht im Dienste von Taiwans Rechtsordnung steht, hat heute also schon eine hundertjährige Geschichte, ein Zeitraum, während dem das Fundament des taiwanischen Rechts gelegt wurde." Im weiteren unterscheidet Wang drei Rezeptionsabschnitte: eine gesetzgeberische, eine rechtsdogmatische und eine praktische Aneignung.

1. Systemwandel: Abschaffung der „Sechs Kodizes"

Noch zwei Jahre vor der Regierungsübernahme der Kommunistischen Partei vertrat der Botschafter der Republik China in London, F.T. Cheng (Zheng Tianxi), der an der Nanjinger Rechtsmodernisierung selbst mitgewirkt hatte[189], die Ansicht, dass „die neue Gesetzgebung Chinas, da sie auf dem neuesten Stand westlicher Rechtswissenschaft beruht, das Leben in China dem des Westens annähern wird", damit eine goldene Brücke bilden werde, durch die „the twain shall meet."[190] Mag eine solche verhaltensbildende Wirkung des Rechts in stabilen Zeiten und über längere Zeiträume nicht undenkbar sein, so ist die Entwicklung in China zunächst ganz anders verlaufen als sie der Botschafter vermutet und erhofft hatte.

Noch bevor die Kommunistische Partei am 1.10.1949 in Peking die Gründung der VR China ausrief, hatte das Zentralkommittee im Februar bereits die Abschaffung der „Sechs Kodizes" erklärt. Die von dem damaligen Vorsitzenden des ZK-Rechtsausschusses (中央法律委员会) Wang Ming[191] entworfene „Anweisung über die Abschaffung der ‚Sechs Kodizes' der *Guomindang* und die Festlegung (der Maßgeblichkeit) der Justizprinzipien der Befreiten Gebiete"[192] wurde Ende September 1949 in dem als eine Art Verfassung dienenden „Allgemeinen Programm der Konsultativkonferenz des chinesischen Volkes" (中国人民政治协商会议共同纲领) wiederholt: „Sämtliche Gesetze und Verordnungen der reaktionären *Guomindang*-Regierung, die das Volk unterdrücken, sind aufgehoben" (Art. 17). Mit Blick auf die Syntax dieses Satzes könnte man fragen, ob hier eine Begrenzung der aufzuhebenden Republik-Gesetze angestrebt ist: aufgehoben werden „alle das Volk ausbeutenden Gesetze" (一切压迫人民的法律) der GMD-Regierung. Gesetze, die das Volk nicht ausbeuten, würden also fortgelten? Denn, so könnte man fragen, wo liegt der Ausbeutungscharakter eines Gesetzes, das *nullum crimen sine*

---

189 Er war der erste Chinese, der einen L.L.D. in England erworben hatte; während der beginnenden 1930er Jahre war er Vize-Justizminister in Nanjing, dann Nachfolger von Wang Chonghui im Permanenten Internationalen Gerichtshof in Den Haag, von 1946-1950 chinesischer Botschafter in London.

190 Tien-His Cheng, "The Development and Reform of Chinese Law", in: *Current Legal Problems*, vol. 1 (1948), p. 170 ff., 187.

191 Wang Ming (1904-1965?), eigentlich Chen Shaoyu, der vor Mao (von 1931-35) Parteichef gewesen war, die Moskauer Linie (« Russlandheimkehrer », « Internationalist ») vertreten hatte und (als er sich selbst in Moskau aufhielt) während des Langen Marschs (Konferenz in Zunyi/Guizhou im Januar 1935) Mao Zedong und seiner « Linie » weichen musste (vgl. etwa Oskar Weggel, *Geschichte Chinas im 20. Jahrhundert*, Stuttgart 1989, S. 90 ff.), erhielt nach Gründung der Volksrepublik den unbedeutenden Posten eines Vizedirektors (unter Dong Biwu) des Regierungsverwaltungsausschusses für Politik und Recht (vgl. *BDRC*, 1. Bd., S. 233; *BDCC*, S. 133).

192 "关于废除国民党‘六法全书'与确定解放区司法原则的指示" vom 22.2.1949, in: Han Tinglong, Chang Zhaonu (Hrsg.), *中国新民主主义革命时期根据地法制文献选编*(Auswahl von Dokumenten zum Rechtssystem der Stützpunktgebiete in der Periode der Neuen Demokratischen Revolution Chinas), 1. Bd., Peking, 1981, S. 35.

lege garantiert (§ 1 StGB von 1928/35), das die rechtliche Gleichstellung der Geschlechter erzielt, das die Monogamie als alleinige Eheform regelt, das Ehefrauen und Töchter ein Erbrecht beimisst, das die auf den Nachlass beschränkte Erbenhaftung bestimmt (ZGB von 1929/30)? Eine Aufforderung zu prüfen, welche Teile der Rechtsordnung „ausbeuterischen" und welche „volksunterstützenden" Charakter aufweisen, war aber mit dem Aufhebungsbeschluss nicht verbunden. Dem lag vielmehr eine Machtdemonstration zugrunde, dann eine dieser Machtdemonstration dienende Theorie, nach der das Recht in einer in Klassen gespalten Gesellschaft stets Ausdruck des Willens der herrschenden Klasse ist, stets allein den Interessen dieser herrschenden Klasse dient.[193] Die Sechs Kodizes, so heißt es in dem ZK-Beschluss vom Februar 1949 würden nur die Interessen von „Grundbesitzern", „bürokratischen Kapitalisten" und „Kompradoren" (买办) schützen, sie hätten also „Klassencharakter".[194]

Wenn man bedenkt, dass die Macht der chinesischen KP in den ländlichen Gebieten wurzelt, sie sich vor allem auf die bäuerliche Bevölkerung stützte, so verlagert sich die Bewertung dieser Klassenthese von den Lebensverhältnissen in den Küstengebieten hin zu der Welt des chinesischen Dorfes. Und hier liegt ein folgenschweres Versäumnis der Nanjinger Gesetzgebung: ein die Lebensumstände der Landpächter verbesserndes Bodengesetz. Die gleichmäßige Verteilung des landwirtschaftlichen Bodens war eine der zentralen Programmpunkte der GMD seit den Zeiten des *Tongmenghui*. Sun Yatsen drückte dies so aus – am deutlichsten 1924 in der dritten Vorlesung über „Volkswohlfahrt" / 民生主义 –, dass der Boden denen gehören solle, die ihn bebauen. Da dies für nur etwa die Hälfte der Landbewohner zutraf (im Süden mehr als im Norden), barg diese Programmatik eine ge-

---

193 Als Begründer der chinesischen marxistischen Rechtstheorie gilt Li Da (1890-?), der in Japan studiert hatte, 1921 als einer der Mitbegründer KP-Chef wurde, in den 1920er Jahren Rektor der Hunan-Universität war, 1928 am Shanghaier Rechtsinstitut lehrte und 1948 Vizerektor der Pekinger Universität für Politik- und Rechtswissenschaft (政法大学) wurde (*BDRC*, 2. Bd., S. 328 f.). Auf sein 1947 erschienenes Hauptwerk *法理学大纲* (Abriss der Rechtstheorie) wurde in den achtziger Jahren wieder aufmerksam gemacht. Vgl. Xu Chi, "读李达的 '法理学大纲'" (Zum Studium der „Rechtstheorie" von Li Da), *FXYJ*, 1984, Nr. 3, S. 93 ff. und Zhang Quanlin,"充满革命和求实精神的法学理论著作" (Ein von Revolution und Sachlichkeit durchdrungenes Werk der Rechtstheorie), *FXPL*, 1986, Nr. 5, S. 9 ff.

194 Dong Biwu (1886-1975), der führende Spezialist für „Politik und Recht" der KP (vgl. unten bei Anm. 25) brachte (im April 1949) den Zusammenhang zwischen dieser Theorie und dem Aufhebungsbeschluß auf den Punkt: „Wenn wir davon ausgehen, dass der Staat das Produkt unversöhnlicher Klassengegensätze ist, ein Instrument, mit dem die eine Klasse über die andere Klasse herrscht, so kommen wir nicht umhin anzuerkennen, dass die ‚Sechs Kodizes' ein Recht verkörpern, mit dem die herrschende Minderheit die beherrschte Mehrheit unterdrückt und somit Zielscheibe unserer Revolution ist. Da sich das Wesen des chinesischen Staates bereits geändert hat, wie könnte es sein, dass das Recht des alten Staates nicht umgestürzt wird und einfach fortexistiert?! Die „Sechs Kodizes" sind unbedingt abzuschaffen" (*董必武法学论文集*/Abhandlungen Dong Biwus zu Politik und Recht, Beijing, 1986, S. 29).

waltige Herausforderung. Der Nanjinger Gesetzgeber wurde ihr durch das Bodengesetz (土地法) von 1930 nicht gerecht. Denn das Gesetz nahm den Landbesitz von im Militärdienst stehenden oder „öffentliche Funktionen ausübenden" (§ 8) Landbesitzern von der Umverteilung aus. Und da fast jede Grundbesitzerfamilie einen Militärangehörigen aufweisen konnte, waren schließlich weniger als 10% des Bodens für eine Umverteilung verfügbar. Die *Guomindang* versagte also vor der Aufgabe, „in einer Zeit, als sie wenigstens in großen Teilen Chinas die Herrschaft ausübte, eine Lösung zu finden, die ausgereicht hätte, sozialrevolutionären Kräften den Wind aus den Segeln zu nehmen."[195]

Eine weitere Konsequenz der „dörflichen" Orientierung des neuen Regimes lag darin, dass eine Kehre zurück zum Horizont vormoderner Konzepte vollzogen wurde. Was das für das Recht bedeutete, erläutert ein gegenwärtiger chinesischer Autor wie folgt:

> „Die traditionelle chinesische Rechtskultur ist eine Strafrechtskultur, eine auf Bestrafung und Schrecken beruhende politische Kultur, die niemals einen von der politischen Macht geschiedenen, unabhängigen Stellenwert erlangt hat. Im traditionellen China gab es weder unabhängige Rechtswissenschaftler, noch einen unabhängigen juristischen Berufsstand. Recht und Gesetzeskunde waren Angelegenheiten der Regierung, der Verwaltungsbeamte verkörperte die doppelte Funktion der Verwaltung und der Justiz. Diese Rechtskultur war eine Kultur der Pflichten, das Recht Instrument zur Festigung des monarchischen Absolutismus (君主专政) und des patriarchalischen Sippensystems (宗法). ‚Man liest 10.000 Bücher, aber kein Gesetzbuch' (读书万卷不读律) war eine feststehende Redewendung unter den Gebildeten, und das werktätige Volk verabscheute die Gesetze der Obrigkeit. Von dieser Haltung waren natürlich auch die Mitglieder der KP erfüllt, so dass die Abschaffung der ‚Sechs Kodizes' auch als ein kulturpsychologischer Reflex zu verstehen ist."[196]

Auch insofern konnte es der KP leicht fallen, das ganze System der „Sechs Gesetze" als mit den Interessen des Großteils der chinesischen Bevölkerung in Widerspruch stehend zu beseitigen. Es ist allerdings nicht so, dass es eine Besonderheit der chinesischen Kommunisten gewesen wäre, auf den interesse-gerichteten Charakter moderner Zivilgesetzbücher zu weisen. So führt Wieacker aus, dass „das soziale Modell (auch) der west- und mitteleuropäischen Kodifikationen... auf der Usurpation einer einzigen Klasse der Wirtschaftsgesellschaft beruht."[197] Im Hinblick darauf, dass die Grundlagen dieses sozialen Modells die drei Grundfreiheiten schuldrechtliche Vertragsfreiheit (§ 305 BGB), Freiheit des Eigentums, zumal des Grundeigentums (§ 903) und Testierfreiheit (§ 1937) sind, mache dieses soziale Modell „das ‚besitzende Bürgertum' zum vornehmlichen Repräsentanten der nationalen

---

195 Domes, *op. cit.* (Anm. 135), S. 409.
196 Fan Jinxue, "废除南京国民政府‘六法全书'之思考" (Überlegungen zur Abschaffung der „Sechs Kodizes" der Nanjinger Nationalregierung), *FLKX*, 2003, Nr. 4, S. 38 ff., 40.
197 Franz Wieacker, „Das Sozialmodell der klassischen Privatrechtsgesetzbücher und die Entwicklung der modernen Gesellschaft", in: Ders., *Industriegesellschaft und Privatrechtsordnung*, Frankfurt 1974, S. 9 ff.

Rechtsordnung und konnte dies notwendig nur auf Kosten anderer Klassen und Berufsstände tun." Die bürgerliche Rechtsordnung war, wie Wieacker weiter darlegt, „genau auf die Erfordernisse der expansiven, unternehmerfreudigen und kapitalstarken Pioniere der industriellen Revolution zugeschnitten." Für Bauern, Handwerker und Lohnarbeiter „waren Vertrags-, Eigentums- und Testierfreiheit... im günstigsten Fall kein vitales Interesse, regelmäßig aber weithin eine Bedrohung der ihnen eigentümlichen Lebensbedingungen." Während aber in den europäischen Ländern der soziale Prozess, der Auf- und Niedergang gesellschaftlicher Gruppen, sich im Wechselspiel mit dem bürgerlichen Recht vollzog, wurde in China durch die Abschaffung der *Liu Fa,* „die im Laufe eines halben Jahrhunderts im Zuge der Rechtsmodernisierung erlangten zivilisatorischen Resultate in fundamentalistischer Weise ausgeschieden; der historische Prozess der Rechtsmodernisierung wurde unterbrochen und die alten Pfade charismatischer Herrschaft (人治) wurden von neuem beschritten."[198]

2. Phasen der Auseinandersetzung mit der Rezeption von Sowjetrecht

An die Stelle der „Sechs Kodizes" sollten, wie Art. 17 des „Gemeinsamen Programms" (Sept. 1949) in der zweiten Hälfte lautet, Gesetze und Verordnungen treten, „die das Volk schützen". Schon im ZK-Beschluss vom Februar 1949 war erklärt worden, dass, solange solche Gesetze noch nicht erlassen worden sind, die Justizbehörden ihren Entscheidungen „politische Richtlinien" (政策) zugrunde legen müssen. Standen die drei vorangegangenen Perioden der Rechtsreform im Zeichen eines marktwirtschaftlichen Modells – wie intensiv staatswirtschaftliche und sozialstaatliche Elemente auch gewesen sein mögen oder beabsichtigt waren – und waren die in diesen drei Perioden tätig gewesenen Experten in wachsendem Maße vom Auslandsstudium zurückgekehrte chinesische Juristen und sonstige Akademiker, so oblag die zu Beginn der 1950er Jahre einsetzende Gestaltung des Rechts- und Justizsystems Personen, die nicht in in- und ausländischen Universitäten ausgebildet worden waren, sondern die ihre Erfahrungen bei der Organisation von Bauernaufständen und Arbeiterstreiks und im Bürgerkrieg gemacht hatten. In den zwanzig Jahren vor 1949 hatten sie in den von ihnen kontrollierten Landesteilen (Sowjetrepublik in Jiangxi von 1931-1934, danach im Grenzgebiet der nördlichen Provinzen Shaanxi, Gansu und Ningxia) auch schon Erfahrungen im Erlass von sozialreformerischen Gesetzen und dem Aufbau von Justizeinrichtungen gesammelt.[199] Boden-, Arbeits- und Ehegesetze formulierten Programme zur Umverteilung des Bodens, Regelung der Arbeitszeit und der Emanzipation der Frauen von

---

198 Fan Jinxue, *op. cit.*, S. 44.
199 Vgl. die Zusammenfassung von Oskar Weggel, *C.a.* 1978, S. 575 f.

den „Fesseln der Hausarbeit."[200] Andererseits sah man im Gegensatz zu den Bemühungen von Shen Jiaben bis Hu Hanmin keinerlei Bedürfnis für eine umfassende Zivilrechtsgesetzgebung oder ein rechtsstaatlich orientiertes, dem Grundsatz *nullum crimen sine lege* verpflichtetes Strafrecht. Dies änderte sich auch für lange Zeit nicht, nachdem man ganz China kontrollierte. Der eine Grund dafür ist, dass man keiner ausländischen Erwartungshaltung mehr gerecht werden musste, der zweite Grund, dass man einem planwirtschaftlichen System mit Staatseigentum an den Produktionsmitteln (Grund und Boden, Fabriken) den Vorzug gab, damit auf die Ausarbeitung komplexer Sachenrechts- und Vertragsrechtsgesetze, natürlich auch auf Handels- und Gesellschaftsrecht, gut verzichten konnte. Rechtstheoretisch stellte sich die chinesische Führung damit in eine Tradition des „sozialistischen Rechts" (社会主义法制), die durch die sowjetische Verfassung von 1936 mit ihrer normativen Absicherung des Modells eines autoritär-staatlichen Sozialismus begründet worden war und dem Recht zum einen eine ökonomisch-organisatorische Funktion bei der Verwirklichung der Wirtschaftspläne, zum anderen eine kulturell-erzieherische Funktion bei der Propagierung der Werte der neuen Gesellschaftsordnung beimisst. Damit näherte sich China dem Rechtsmodell der Sowjetunion zu einer Zeit, da diese die später als „nihilistisch" kritisierte Vorstellung aus ihrer Frühzeit, wonach das Recht des Sowjetstaates, da wie alles Recht der Form nach „bürgerliches Recht", nur als ein dem Untergang geweihtes Relikt aus bourgeoiser Zeit gedacht werden kann[201], losgesagt hatte, und für die „Übergangszeit" zum Kommunismus das „sozialistische Recht" als ein neuer Typ des Rechts in Erscheinung getreten war.[202]

---

200 Dazu Bela Kun (ed.), *Fundamental Laws of the Chinese Soviet Republic*, New York 1934; Zhang Xipo, Han Yanlong, 中国革命法制史 (Rechtsgeschichte der chinesischen Revolution) *1921-1949*, 2 Bde., Beijing 1987/1992; Yang Yonghua, *Shaan gan ning bianqu fazhishi gaoshen* (Entwurf einer Rechtsgeschichte des Shaan-Gan-Ning-Grenzgebiets, *Prozess- und Gefängniswesen,* Beijing 1987; *Verfassungs- und Organisationsrecht*, Xi'an 1992.

201 Hauptvertreter einer solchen Rechtstheorie der „Ideologiekritik der Rechtsform" (N. Reich) waren P.I. Stučka (1865-1932) und E.B. Pašukanis (1881-1937), Mitbegründer des Rechtsinstituts der Akademie der Wissenschaften der Sowjetunion.

202 Hauptvertreter war der damals als Generalstaatsanwalt tätige A.J. Vyšinskij (1883-1954). Nach ihm ist „in der Gesellschaft, die aus dem Schoß des Kapitalismus hervorgeht, das Vorhandensein des Rechts als eines Hebels der Verwaltung, als eines Mittels zur Regelung der gesellschaftlichen Verhältnisse, als einer Methode der Kontrolle und Feststellung des Maßes der Arbeit und des Verbrauchs unvermeidlich" (zitiert in Konrad Zweigert, Hein Kötz, *Einführung in die Rechtsvergleichung*, 1. Bd., Tübingen, 1971, S. 354).

a) Widerstreitende Modelle

Das sich nun entwickelnde „sozialistische Recht" war durchweg sog. positives Recht, geschriebenes Recht. Es bestand zum geringeren Teil aus von der zentralen Volksvertretung, dem NVK, erlassenen Gesetzen, schon mehr aus von der Zentralregierung erlassenen Verordnungen und Erlassen[203], zum größeren Teil aus sog. „politischen Richtlinien" (政策), die von Regierungsstellen und/oder von KP-Organen festgelegt wurden.[204] Man hat deshalb von den zwei Modellen des Aufbaus von Rechtsordnung gesprochen: einem formellen und einem informellen Modell.[205] Beide Modelle waren bereits in den Rechtssystemen zum Ausdruck gelangt, wie sie in dem „befreiten Gebieten" entstanden waren[206]; nach 1949 setzte sich der hier angelegte Dualismus fort. Während das formelle Modell ein systematisches und ausformuliertes Gesetzessystem und den Aufbau von Justizbürokratie und Anwaltschaft, damit auch die Einrichtung juristischer Ausbildungsstätten und eines juristischen Publikationswesens betonte, wurde nach dem informellen Modell dies alles nicht für nötig und angemessen erachtet, vielmehr kurzfristige, flexible Erlasse der Regierungs- und Parteiorgane und Streitbeilegung durch Schlichtungsmethoden als ausreichend und geboten angesehen. Diese beiden „Modelle" sind einerseits Ausdruck des dem „sowjetrussischen Modell" inhärenten Oszillieren zwischen Rechtsnihilismus und Verrechtlichung[207], andererseits eine Ausprägung des in der chinesischen Politsprache genannten Kampfes „zweier Linien" (两条路线): Der Linie, die der Politik oder die Linie die der Wirtschaft, der Produktion

---

203 Für eine Untersuchung der in den beiden zwischen 1949 und 1963 erschienenen amtlichen Gesetzessammlungen (*ZRZFH* von 1949-1954 und *ZRGFH* von 1954-1963) enthaltenen wirtschaftsrechtlichen Normen vgl. William C. Jones, „An Approach to Chinese Law", in: *Review of Socialist Law*, vol. 4 (1978), S. 3 ff.

204 Der Begriff „Gewohnheitsrecht" (习惯法) taucht weder in Gesetzesnormen, noch in den rechts- und sozialwissenschaftlichen Traktaten dieser Zeit auf.

205 Victor Li, „The Role of Law in Communist China", *Ch.Qu.* No. 44 (1970), S. 66 ff. Siehe auch ders., "The Evolution and Development of the Chinese Legal System", in: John M.H. Lindbeck (ed.), *China: Management of a Revolutionary Society*, Seattle, London 1971, S. 221 ff.

206 Vgl. Shao-chuan Leng, *Justice in Communist China: A Survey of the Judicial System of the Chinese People's Republic,* Dobbs Ferry, N.Y., 1967, S. 1-26: "Pre-1949 Development of the Communist Chinese System of Justice." Eine detaillierte und erhellende Analyse dazu bietet Simon Hing Yan Wong, *Reconstructing the Origins of Contemporary Chinese Law. The History of the Legal System of the Chinese Communists during the Revolutionary Period, 1921-1949*, PhD-Dissertation, University of Hong Kong, June 2000. Sie verfolgt die These, dass "parallel to mass line justice, there existed in the CCP's revolutionary legal history a counter-trend toward formal legality and the Western conception of the rule of law" (p. II).

207 Vgl. etwa Martin Fincke, „Specifica des Sowjetrechts", in: Brunner u.a. (Hrsg.), *Sowjetsystem und Ostrecht. Festschrift für Boris Meissner zum 70. Geburtstag*, Berlin, 1985, S. 80 ff.

Priorität einräumt, die Linie, die die Revolution für abgeschlossen und den wirtschaftlichen Aufbau damit einhergehend Rechtssicherheit, Rechteschutz und Professionalisierung für erforderlich hält oder die Linie, die die Notwendigkeit einer permanenten oder periodisch zu erneuernden Revolution unter Beteiligung der Massen betont. Ließen die wenigen Jahre bis 1957 (besonders ab 1954) eine Tendenz zum formellen Modell erkennen, so dominierte danach das informelle Modell.

b) Anfänge der Formalisierung

aa) Mit der im September 1954 erlassenen Verfassung, die den Einfluss der sowjetischen Verfassung von 1936 deutlich erkennen lässt, schien der Weg für den Aufbau eines formalisierten Rechtssystems eröffnet: Sie enthielt zahlreiche Artikel, in denen auf noch zu schaffendes Gesetzesrecht verwiesen wurde. So schützt der Staat „gemäß dem Gesetz" das Eigentumsrecht der Bauern an Grund und Boden" (Art. 8), „gemäß dem Gesetz" das Recht der Handwerker und Kapitalisten auf Eigentum an Produktionsmitteln (Art. 93, 10). Der Staat schützt „gemäß dem Gesetz" das Erbrecht der Bürger (Art. 12). „Gemäß gesetzlichen Bestimmungen" kann der Staat im öffentlichen Interesse Enteignungen vornehmen (Art. 13). „Gemäß dem Gesetz" entzieht der Staat „feudalen Grundbesitzern und bürokratischen Kapitalisten" für eine bestimmte Zeit die politischen Rechte (Art. 19 II). Die Volksgerichte führen „gemäß dem Gesetz" das System der Volksbeisitzer durch (Art. 75). „Die Gerichte üben die Gerichtsbarkeit unabhängig und nur gemäß den Gesetzen aus" (Art. 78) etc. Darin liegt die Aufforderung an den NVK, die entsprechenden Gesetze zu schaffen. Bisher waren im wesentlichen nur ein Agrarreformgesetz und ein Ehegesetz (beide 1950) zustande gekommen, dazu kursorische Regeln über die Bestrafung sog. Konterrevolutionäre. Auf dem 8. Parteitag der KP (September 1956) äußerte sich der Staatspräsident Liu Shaoqi (1898-1969) so:

> „Jetzt ist die Zeit des revolutionären Sturms vorüber, neue Produktionsverhältnisse sind errichtet worden, und das Ziel unseres Kampfes hat sich in das des Schutzes der... Gesellschaft gewandelt; ein entsprechender Wandel in den Methoden wird zu folgen haben, und ein vollständiges Rechtssystem wird zur absoluten Notwendigkeit... Eine der dringlichsten Aufgaben ist, mit systematischer Kodifikation zu beginnen und das Rechtssystem auf eine gesunde Grundlage zu stellen."[208]

Der führende „Rechts-Politiker" der KP, Dong Biwu (1886-1975), Juraabsolvent einer Universität in Tōkyō, Gründungsmitglied der KPCh, 1945 von der KP entsandtes Mitglied der chinesischen Delegation auf der UN-Gründungskonferenz in San Francisco, nach 1949 Präsident des Obersten Gerichts, Vorsitzender der Gesellschaft für Politik und Recht und Direktor des rechtswissenschaftlichen Instituts

---

208 *Eighth National Congress of the Communist Party of China*, vol. 1, Peking, 1956, S. 81.

der Akademie der Wissenschaften[209], hatte schon 1954 in einem Vortrag über „Die ideologische Arbeit der Partei auf dem Gebiet von Politik und Recht" festgestellt, dass

> „das Volk bei der Erringung der politischen Macht sich nicht auf das Recht stützen kann, Revolution gerade darin besteht, das alte Recht zu beseitigen; dass aber, nachdem das Volk die Macht erlangt hat, der Wille des Volkes in der Form des Gesetzes zum Ausdruck zu bringen ist."[210]

Was hier durch Liu und Dong zum Ausdruck kam, war das Konzept von *yi fa ban shi* 依法办事, „gemäß Gesetzen die Angelegenheiten regeln", „nach Maßgabe der Gesetze agieren", was auf ein geordnetes Verwalten und einen begrenzten Rechtsschutz zielte[211], eine Bindung der Herrschaft (Partei) selbst aber nicht implizierte, also auf „Rechtssystem" (法制), nicht auf „Rechtsstaat/*rule of law*" (法治) zielte.[212] Es begann dann seit 1954, verstärkt seit 1956, die Entwurfstätigkeit für ein Zivilgesetzbuch, Strafgesetzbuch, für Prozess- und andere Gesetze, insbesondere wurden mehrere Entwürfe für ein ZGB, StGB und StPG beraten.[213] Dabei war die Orientierung an der sowjetrussischen und osteuropäischen Gesetzgebung deutlich.[214]

---

209 *BDRC*, 3. Bd., S. 341 ff.; *BDCC*, S. 874 ff.
210 董必武法学论文集(Sammlung der Abhandlung Dong Biwus zu Politik und Recht), Beijing, 1986, S. 195, 205. Zu Dong Biwu auch Cui Min, "远瞩依法治国的革命家，法学家" (Ein weitblickender Revolutionär und Jurist), *BJFYJ* 2003, Nr. 2, S. 107 ff.
211 Eine zeitgenössische Schrift führt unter „Funktionen des Rechts beim Aufbau unseres Staates" vier Funktionen auf: Unterdrückung von Klassenfeinden, Gewährleistung und Förderung des Wirtschaftsaufbaus, Garantie der Rechte des Volkes und Erziehung des Volkes zur Gesetzestreue und Stärkung des sozialistischen Bewusstseins (Ning Zhiyuan, Wang Zhongyuan, 人人要遵守法律/Alle müssen das Recht befolgen, Beijing 1955).
212 Kritisch dazu Fan Zhongxin, "董必武与新中国法治观念的局限性" (Dong Biwu und die Beschränktheit der Rechtskonzeption des neuen China), *FXJ*, 2003, Nr. 4, S. 88 ff., wo dargelegt wird, dass Dong zwar das Prinzip „die Angelegenheiten auf der Grundlage des Rechts erledigen" betont, aber nicht klargestellt habe, dass auch die Partei an das Recht gebunden ist; dass er zwar die gleichrangige Bedeutung von staatlichem Recht und Parteidisziplin betont, das korrekte Verhältnis beider aber nicht erläutert habe, wie er es überhaupt unterlassen habe, auf das Verhältnis der Parteirichtlinien (政策) zu den Gesetzen (法律) einzugehen.
213 Peng Zhen führte in seinen „Erläuterungen der sieben Gesetzesentwürfe" im Juni 1979 vor dem NVK aus, dass es vor der Kulturrevolution über dreißig Entwürfe des StGB und mehrere Entwürfe des StPG gegeben habe. Die Entwürfe zivilrechtlicher Inhalte sind kürzlich in drei Bänden veröffentlicht worden: He Qinhua, Li Xiuqing, Chen Yi (Hrsg.), 新中国民法典草案纵览 (Sammlung der Zivilgesetzbuchentwürfe des neuen China), Beijing, 2002.
214 Dazu Sun Guangyuan, Yu Yisheng, "苏联法影响中国法制发展进程之回顾" (Rückblick auf den Prozess des Einflusses des Sowjetrechts auf die Entwicklung des sowjetchinesischen Rechtssystems), *FXYJ*, 2003, Nr. 1, S. 139 ff.; Yang Xinyu, Chen Yihua, "我国移植苏联法的反思" (Zur Transplantation des Sowjetrechts in China), *SHKX,* 2002, Nr. 8, S. 45 ff.; Li Xiuqing, „The PRC's Legal Transplants from Soviet Law: Observations on the Modeling of Civil Law", *SSC*, Summer 2003, S. 78 ff. und ders.,"新中国刑事立法移植苏联模式考" (Untersuchung zur Transplantation des sowjetischen Modells in der Strafrechtsgesetzgebung des neuen China), *FXPL*, 2002, Nr. 6, S. 120 ff.

Die 1955/56 erarbeiteten ZGB-Entwürfe übernahmen Aufbau und Doktrinen des sowjetrussischen ZGB von 1922, waren also in die vier Bücher „allgemeine Regeln", „Eigentum", „Schuldverhältnisse" und „Erbrecht" unterteilt.[215] Die Aufgabe des Zivilrechts besteht danach darin, „die Vermögensbeziehungen zwischen Staatsbehörden, staatsbetriebenen Unternehmen, Genossenschaften, öffentlich und privat gemeinsam betriebenen Unternehmen, privat betriebenen Unternehmen, öffentlichen Organisationen, gesellschaftlichen Vereinigungen und Bürgern zu regeln" (§ 1), wobei die *ratio legis* des ZGB darauf zielt, „die sozialistische Eigentumsordnung zu konsolidieren und zu entwickeln, die zügige Durchführung der Volkswirtschaftspläne zu gewährleisten und die korrekte Ausführung der zivilen Rechte zu garantieren" (§ 2). Nicht zum Bereich des Zivilrechts gehören „Boden-, Arbeits- und Familienverhältnisse", von denen es heißt, dass sie durch andere Gesetze geregelt werden (§ 5). Das Familienrecht wurde nicht einbezogen, da nach sowjetsozialistischer Ansicht, Ehe und Familie nicht dem Bereich des auf die Regelung von Vermögensbeziehungen beschränkten „Zivilrechts" angehören. Weitere zentrale sowjetrussisch vermittelte Lehren waren z.B. die Reduzierung von „Sachenrecht" auf das nach sozialen und wirtschaftlichen Funktionen differenzierte Eigentumsrecht (Staats-, Kollektiv-, persönliches und Privateigentum), der „Wirtschaftsvertrag" als Planungsinstrument und die besonderen Anforderungen an die Vertragserfüllung als Realerfüllung.[216]

bb) Diese Bemühungen um Gesetzgebung fielen zusammen mit dem Bestreben der Parteiführung, die Stellung der Intellektuellen aufzuwerten. Durch die im Mai 1956 eingeleitete Kampagne „Lasst hundert Blumen blühen, hundert Denkrichtungen konkurrieren" (百花齐放百家争鸣) glaubten sich die Intellektuellen ermuntert, sich kritisch zu Fragen von Politik und Gesellschaft zu äußern.[217] Die von Seiten der Rechtswissenschaft geäußerte Kritik geriet leicht in die Nähe einer Systemkritik. Die aufgegriffenen Fragen betrafen Gewaltenteilung und Unabhängigkeit der Gerichte, die rechtliche Verantwortlichkeit der Beamten[218], die Unschuldsvermutung und die Stellung der Verteidigung im Strafprozess, die Gleichheit vor dem Gesetz, die „Übernahmefähigkeit" vor-volksrepublikanischer Rechtsgrund-

---

215 Vgl. He Qinhua, Li Xiuqing, Chen Yi (Hrsg.), *op. cit.* (Anm. 213), Bd. 1, S. 13 ff. (Allgemeine Regeln), 65 ff. (Eigentum), 174 ff. (allgemeines Schuldrecht), 252 ff. (besonderes Schuldrecht).

216 Etwa Tong Rou, Hu Jinshu, „巩固合同纪律为实现国民经济计划而斗争" (Im Kampf für die Verwirklichung des Volkswirtschaftsplans die Vertragsdisziplin festigen), *ZFYJ*, 1956, Nr. 1, S. 36 ff.

217 Für einen Gesamtüberblick vgl. Roderick MacFarquhar, *The Hundred Flowers*, New York, 1960.

218 Yang Yuqing, "关于法律责任的几个问题" (Zu einigen Fragen der rechtlichen Haftung), *ZFYJ*, 1957, Nr. 1, S. 8 ff.

sätze[219], die mangelhafte Rechtssicherheit, die Überwindung des ideologischen Dogmatismus in Forschung und Lehre und die Entwicklung einer zur Mitwirkung an diesen Reformerfordernissen befähigten Rechtswissenschaft.[220] Es war gleichsam das ganze Programm der „Strukturreformen" wie es erst ein Vierteljahrhundert später einer allmählichen und bisher nicht abgeschlossenen Verwirklichung entgegengeführt werden konnte.

Ein Beispiel eines rechtswissenschaftlichen Kritikers ist Yang Yuqing, der nach einer juristischen Ausbildung in Japan Anfang der dreißiger Jahre im Nanjinger Justizministerium tätig gewesen war und nach 1949 stellvertretender Chefredakteur der vom Rechtsinstitut der Akademie der Wissenschaften herausgegebenen Zeitschrift 政法研究 („Studien zu Politik und Recht") wurde. In einem in dieser Zeitschrift im August 1956 publizierten Aufsatz „Die Leitlinie‚Hundert Schulen wetteifern miteinander' in der rechtswissenschaftlichen Forschungsarbeit durchsetzen"[221] legte er dar, dass „die rechtswissenschaftliche Forschung durch einen Mangel an Diskussionsfreiheit behindert wird." „Hundert Schulen streiten miteinander" bedürften der Wissenschaftler, „die es wagen, ihre Ansichten zu äußern", Leute mit „eigenständigem Denken", die sich gegen den „plagiativen Arbeitsstil" des Personenkults wenden und zur Toleranz fähig sind.

c) Rückwendung zum informellen Modell

Diese sich in Entwurfstätigkeit und Kritik äußernde hochgemute Stimmung fand ihr rasches Ende in einer Situation des Zurückschreitens. Die Psychologen sprechen von „Regression", was so viel bezeichnen will, dass entwicklungsgeschichtlich ältere Verhaltensweisen reaktiviert und Entwicklungen zu einem höheren Niveau abgebrochen werden. Was sich in der vom Politbüro beschlossenen Kampagne gegen die „Rechtsabweichler" seit Juni 1957 abspielte – Mao, Zhou Enlai und Deng Xiaoping hatten dafür gestimmt, Zhu De enthielt sich, Liu Shaoqi stimmte dagegen –, bedeutete für die Rechtsordnung einen Rückfall in frühere Zeiten, als „Recht" mit Strafe und Kontrolle gleichgesetzt wurde, und ein Anknüpfen an die Zeit vor 1949 als in den von der KP kontrollierten Gebieten das Parteirecht, d.h. Befehle der leitenden Parteiorgane, die hauptsächliche Rechtsquelle war. Mao Zedong (1893-1976) fühlte sich durch die Intellektuellenkritik persönlich angegriffen und

---

219 Yang Zhaolong, "法律的阶级性和继承性" (Klassennatur und Erblichkeit des Rechts), *HDZFXB*, 1956, Nr. 3, S. 26 ff. Dort auch Diskussionsbeiträge über „Bedeutung von und Haltung gegenüber der Forschung ‚alten Rechts'" (研究 "旧法" 的意义和态度), *ibid.*, S. 49 ff.

220 Ji Gengsheng, "如何改变我国法律科学的落后现状" (Wie ist der rückständigen Situation der chinesischen Rechtswissenschaft abzuhelfen?), *HDZFXB*, 1956, Nr. 3, S. 41 ff.

221 "把 ‚百家争鸣' 的方针贯彻到法学研究工作中", *ZFYJ*, 1956, Nr. 4, S. 5 ff.

hielt eine weitere „Revolutionierung" der Gesellschaft für erforderlich, um einen solchen Geist des Widerspruchs zu eliminieren. Das in der Kritik zum Ausdruck gebrachte Konzept des „Rechtsstaats" (*rule of law*) wurde ausdrücklicher als zuvor gegen eine klassenspezifische Handhabung des „Rechtssystems" ausgespielt, was letztlich dazu führte, dass auch das „Rechtssystem" nicht zu einer Formalisierung gelangte. So heißt es z.B. in einer Anti-Kritik: „Wovon wir sprechen, das ist *Fazhi* 法制/Rechtssystem, während sie von *Fazhi* 法治/*rule of law* sprechen. Was wir wollen, ist ein sozialistisches Rechtssystem, während sie kapitalistische *rule of law* wollen; hat man das Ihrige, so hat man nicht das Unsrige, hat man das Unsrige, so hat man nicht das Ihrige, eben dies ist Klassenkampf."[222] In der nun einsetzenden Kampagne verloren Hunderttausende fachlich geschulter Menschen ihre Arbeitsplätze und verschwanden für zwei Jahrzehnte in Arbeitslagern oder auf unterqualifizierten Stellen.[223] Auch die meisten der vor 1949 ausgebildeten Rechtswissenschaftler erlitten dieses Schicksal.[224] „China wurde enthauptet."[225]

Die im Zuge der Verfassung von 1954 angekündigten Gesetzgebungsprogramme wurden nicht weiter verfolgt. Es wurde nun die Ansicht vertreten, dass umfas-

---

222 Ye Meng, "打退右派分子向人民法制的进攻" (Zurückweisung der Angriffe der Rechten auf das Volksrechtssystem), 法学, 1957, Nr. 4, S. 2.
223 Ein seltener Bericht eines Betroffenen stammt von dem Schriftsteller Cong Weixi, *Rückfall ins Chaos. Aufzeichnungen aus einem Arbeitslager zur Zeit der „Anti-Rechts-Kampagne"*, Bochum 2000.
224 Zwei konkrete Beispiele seien angeführt. Dem Völkerrechtler Chen Tiqiang (gest. 1983), war 1957 vorgeworfen worden, die Ansicht vertreten zu haben, dass es notwendig sei, die anglo-amerikanische Völkerrechtswissenschaft zur Kenntnis zu nehmen. In dem 1983 verfassten Vorwort zu einer Sammlung von vierzig seiner zwischen 1950 und 1956, dann seit 1979 erschienenen Abhandlungen stellte er rückblickend fest: „Nach 1957 führten die Verhältnisse dazu, den Stift aus der Hand zu legen und sich über den Futtertrog zu beugen (d.h. in der Landwirtschaft zu arbeiten. R.H.), untätig die Zeit verstreichen zu sehen und sich dem Dienst am Staat nicht widmen zu können" (*国际法论文集*/Sammlung von Abhandlungen zum Völkerrecht, Beijing 1985). – Der Zivilrechtler Xie Huaishi (1919-2003) hatte sich im Juni 1957 im Rahmen eines Symposiums Pekinger Rechtswissenschaftler zu den „Leitenden Ideen der Gesetzgebungstätigkeit und Rechtsproblemen der (1955 durchgeführten) Kampagne zur Ausrottung von Konterrevolutionären (肃反)" geäußert und dabei u.a. kritisiert, dass Recht durch politische Richtlinien ersetzt werde, die Regierung sich nicht um die Fehler in der Rechtsprechung kümmere, Justizfunktionäre bei der Kampagne die persönliche Freiheit der Bürger vielfach verletzt hatten und illegale Festnahmen, Beschlagnahmen und Hausdurchsuchungen umfänglich vorgekommen wären. Er regte an, diese Rechtsverletzungen durch den NVK einer Untersuchung zu unterziehen. Diese Kritik genügte, um Xie als „extremen Rechten" abzustempeln und ihn zunächst für vier Jahre zur „Erziehung durch Arbeit" auf eine Staatsfarm in der Nähe Pekings, dann für weitere sechzehn Jahre in ein „Produktions- und Aufbaulager" in Xinjiang zu verbannen. (Nach Chen Xiahong, "*百年中国法律人剪影*" / Skizzen zu chinesischen Juristen der vergangenen hundert Jahre, Beijing 2006, S. 223 ff., 238, vgl. auch den eindringlichen Nachruf von Frank Münzel, „Das reine Recht: Xie Huaishi, 1919-2003", *DCJV-Newsletter*, 2003, Nr. 2, S. 65 ff.).
225 John K. Fairbank, *Geschichte des modernen China 1800-1985*, München 1989, S. 293.

sendere Gesetzeswerke sich auf die Politik der Partei hemmend auswirken würden. In der Einleitung eines damals immerhin noch veröffentlichten Lehrbuchs über „Grundprobleme des Zivilrechts der VR China" kam dieser Kurs bereits deutlich zum Ausdruck:

> „Während sich unser Land in dem Prozess der Verwirklichung des sozialistischen revolutionären Wirtschaftssystems befindet, sind die wirtschaftlichen Verhältnisse raschen Veränderungen unterworfen. Deshalb darf unser Land während dieses Zeitabschnitts nur einige temporäre... Vorschriften von programmatischer und allgemeiner Art und keinesfalls eine ganze Reihe für lange Zeit geltende zivilrechtliche Gesetzbücher erlassen. Wir sind keine Verfechter der Ansicht von der Allmacht der Gesetze (und glauben nicht), dass alle Politik der Partei stets in Gesetzesvorschriften gebracht werden muss und kann. In der Zeit des großen revolutionären Wandels unseres Landes werden die Volksmassen gemäß der Politik von Partei und Staat benötigt, um den direkten Kampf zur Befreiung der durch die alten Produktionsverhältnisse eingeschränkten produktiven Kräfte voranzutreiben. Deshalb können ins einzelne gehende gesetzliche Vorschriften nicht zu früh festgesetzt werden, andernfalls würde der revolutionäre Kampf der Volksmassen gehemmt werden."[226]

Im August 1958 sprach sich Mao im ostchinesischen Ferienort Beidaihe überdeutlich für das informelle Modell aus: „Wer kann sich so lange Paragraphen wie Zivil- und Strafgesetze merken? In der Ausarbeitung der Verfassung war ich selbst beteiligt, aber merken kann ich sie mir nicht. Gesetze, das sind unsere Tagungen (会议), auch wenn wir Versammlungen abhalten (开会), so sind das Gesetze. Wir stützen uns also auf Tagungen und Versammlungen – viermal im Jahr – und stützen uns nicht auf Zivil- und Strafgesetze zur Wahrung der Ordnung."[227] Zwar kam 1964 ein weiterer ZGB-Entwurf zustande[228], der, obwohl er weder ein kontinentaleuropäisches noch ein sowjetrussisches „Modell" erkennen ließ, nicht über die ersten Beratungsstufen hinaus gelange. Er gliederte sich in die drei Bücher „allgemeine Regeln" (总则), „Vermögenseigentum" (财产的所有) und „Vermögensumlauf" (财产的流转) und bezieht sich auf ein vollständig verstaatlichtes Wirtschaftssystem, in dem sich „Zivilrecht" in „Wirtschaftsrecht", „Planungsrecht" und Politikpropaganda aufgelöst hat. Somit „stellt dieses Gesetz die grundlegende Richtschnur zur Regelung der Wirtschaftsbeziehungen dar", das „jegliche kapitalistische Wirtschaftstätigkeit streng untersagt, die Diktatur des Proletariats festigt (und) die Entstehung von Revisionismus sowie die Restauration von Kapitalismus unterbindet" (§ 2).

Mit der Negation eines formalen Rechtssystems ging eine Ideologisierung des (Rechts-)denkens einher. Hatte Yang Yuqing auf die Attacken des Menzius „gegen

---

226 民法基本问题, hrsg. Von der Sektion für Zivilrecht der Zentralen Kaderschule für Politik und Recht, Beijing 1958, S. 12.

227 Zitiert bei Zhang Zhengde, 论邓小平建立法制社会的思想 (Zur Vorstellung Deng Xiaopings über die Errichtung einer durch Gesetze geleiteten Gesellschaft), ZGFX, 1995, Nr. 5, S. 8 ff., 14.

228 Text in He Qinhua, Li Xiuqing, Chen Yi (Hg.), op. cit. (Anm. 213), Bd. 3, S. 160 ff.

Yang Zhu und Mozi" und die des Tang-zeitlichen Han Yu „gegen Buddha und Laozi" in der Absicht hingewiesen, für die Gegenwart nicht einen Unisono, sondern ein Konzert der Hundert Schulen wirksam werden zu lassen[229], so wurde er nun selbst zum Gegenstand der Kritik. Man belehrte ihn, dass es Rechtswissenschaft überhaupt nur als marxistisch-leninistische Rechtswissenschaft geben könne, denn „erst nachdem der Marxismus entstanden war, wurde der Nebel, den die Bourgeoisie verbreitete, gelichtet, die Klassennatur von Staat und Recht deutlich aufgezeigt, die Gesetzmäßigkeit der Entwicklung von Staat und Recht herausgestellt, und erstmals in der Geschichte wurden die Probleme von Staat und Recht wissenschaftlich begründet." Werde die Basis des Marxismus-Leninismus verlassen, könne von Rechtswissenschaft (法律科学) nicht mehr die Rede sein.[230]

3. Vom „spezifisch sowjetischen" zum „spezifisch chinesischen" sozialistischen Recht

a) „Durch Gesetze leiten": Rehabilitierung des formellen Modells

Nach einer Periode der Abkapselung von der internationalen Gemeinschaft, des irrationalen Experimentierens und des wirtschaftlichen und kulturellen Niedergangs erfolge seit Ende 1978 eine Rückkehr zum „formellen Modell". Das ZK der KP fasste Beschlüsse, wonach für die Modernisierung des Landes als dem „größten Anliegen des ganzen Volkes" „von nun an die Gesetzgebung auf die Tagesordnung zu setzen" ist[231], und „es die Reform des Wirtschaftssystems erforderlich macht, die immer komplexer werdenden wirtschaftlichen Beziehungen und Aktivitäten durch die Form des Gesetzes festzuschreiben" und daher „die Wirtschaftsgesetzgebung zu beschleunigen".[232] Die neue, Ende 1982 erlassene Verfassung erklärte, dass „der Staat Einheitlichkeit und Würde des sozialistischen Rechtssystems (社会主义法制) schützt" (Art. 5 I). In einer Studie „Über die Änderung der Gesetzgebungsidee" wurde der neue Rationalismus auf die Formel gebracht: „Die Leitung durch Gesetze tritt an die Stelle der Leitung durch politische Richtlinien, so wie die Leitung durch Wissenschaft an die Stelle der Leitung durch fixe Ideen

---

229 *Op. cit.* (Anm. 218), S. 6 f.
230 Xu Changling, "驳斥右派分子杨玉清的反党叫嚣" (Widerlegung des parteifeindlichen Geschreis des rechten Elementes Yang Yuqing), *ZFYJ*, 1957, Nr. 5, S. 41 ff., 41.
231 ZK-Kommuniqué vom 22.11.1978, *BR*, 1978, Nr. 52.
232 ZK-Kommuniqué vom Oktober 1984, *BR* 1984, Nr. 44.

tritt".[233] Darin lag zunächst kaum mehr als ein Wiederaufnehmen der Gesetzge-
bungsabsichten aus der Mitte der 1950er Jahre und ein Anknüpfen an die am (damaligen) sowjetrussischen Modell orientierte Rechtsgestaltung. Dies zeigte sich
schon darin, dass Peng Zhen (1902-1999), der 1949 unter Dong Biwu Vizevorsitzender des Regierungsausschusses für Politik und Recht, seit 1951 und bis zur
Kulturrevolution (1966) Bürgermeister von Peking, von 1951-1956 auch Präsident
der Zentralen Kaderhochschule für Politik und Recht und seit 1954 einer der Vi-
zevorsitzenden des Ständigen Ausschusses des ersten, zweiten und dritten NVK
war und als solcher an der Gesetzgebungstätigkeit der 1950er Jahre vielfältig Anteil
hatte[234], 1979 Direktor des Rechtsausschusses des Ständigen Ausschusses des
NVK und Sekretär des ZK-Ausschusses für Politik und Recht wurde. In diesen
Funktionen erläuterte er im Juni 1979 vor dem NVK die erste Serie von (sieben)
Gesetzentwürfen des jetzt so apostrophierten Zeitalters von „Reform und Öffnung". Als dem ersten Opfer der Kulturrevolution auf Politbüro-Ebene war es ihm
auch ein persönliches Anliegen, wenn er ausführte, dass ein Rechtssystem (法治)
errichtet werden müsse, „um 900 Millionen Menschen Regeln zu geben, an denen
sie sich bei der Erledigung ihrer Angelegenheiten halten können (有章可循) und
um Übeltätern Grenzen zu ziehen und Strafen aufzuerlegen."[235] Dass die Gesetze
nicht nur den „900 Millionen", sondern auch den Behörden und Funktionären Regeln geben und nicht nur „Übeltätern" (坏人), sondern auch der öffentlichen Gewalt, Polizei und Staatsanwaltschaft, Grenzen auferlegen, wurde hier noch nicht
ausgesprochen. Es erfolgte eine Anknüpfung an Norm und Geist der sowjetrussisch
geprägten Rechtskonzepte der 1950er Jahre. Peng Zhen wies ausdrücklich darauf
hin, dass StGB und StPG von 1979 auf den damals entstandenen Entwürfen beruhen. Und auch der 1982 veröffentlichte vierte Entwurf des ZGB bildete mit seinen
acht Büchern („Aufgaben und Grundprinzipien des Zivilrechts", „Zivilsubjekte",
„Vermögensrechte", „Vertrag", „intellektuelles Eigentum", „Vermögenserb-
recht", „zivile Haftung" und „ergänzende Regeln") den Aufbau des ZGB der
UdSSR von 1961 und besonders des ungarischen ZGB von 1959 nach.[236] Die tra-

---

233 Sun Chao, "论立法观念的变更" (Zur Änderung der Gesetzgebungsidee), *ZGFX,* 1992,
Nr. 6, S. 34. Für einen Überblick zur Genese des neuen Gesetzgebungskurses vgl. Robert
Heuser, „Chinesische Rechtskultur im Wandel sozioökonomischer Bedürfnisse", in: *Der
Bürger im Staat,* 2008, S. 223 ff.

234 *BDCC,* S. 713 ff.

235 Peng Zhen, "关于七个法律草案的说明" (Erläuterungen zu den sieben Gesetzentwürfen),
in: *中华人民共和国法律汇编* (Gesetzessammlung der VR China) *1979-1984* (hrsg. vom
Rechtsausschuss des Ständigen Ausschusses des NVK), Beijing 1985, S. 637.

236 Text in He Qinhua, Li Xiuqing, Chen Yi (Hg.), *op. cit.* (Anm. 213), 3. Bd., S. 560 ff.; dazu
William C. Jones, „A Translation of the Fourth Draft Civil Code (June 1982) of the People's
Republic of China", in: *Review of Socialist Law,* vol. 10 (1984), S. 194 ff., auch in: Pitman
B. Potter (ed.), *Domestic Law Reforms in Post-Mao China,* Armonk, 1994, S. 138-198. Zu
den Vorbildern im sozialistischen Rechtskreis vgl. Valentin Petev, *Sozialistisches Zivil-
recht,* Berlin 1975 (Sammlung Göschen 2851), S. 27 ff.

ditionelle Welt des Sowjetrechts kommt hier weitgehend unverändert zum Ausdruck: So „müssen zivile Handlungen (民事活动) den Anleitungen des Staatsplans entsprechen", denn „die Volkswirtschaft führt die Richtlinie durch, dass hauptsächlich durch Pläne und hilfsweise durch den Markt reguliert wird" (§ 4). Der Staat wird als besonderes Zivilrechtssubjekt aufgeführt (§ 46); er ermächtigt Unternehmen und Institutionen, Anteile von Staatsvermögen in „operative Verwaltung" (经营管理) zu nehmen (§ 48). Bei der Schutzwürdigkeit von Eigentum wird zwischen sozialistischem (des Staates und der Kollektive) Eigentum und Eigentum von Einzelpersonen unterschieden (§ 63 ff.). Der Einsatz des Vermögens von Einzelpersonen für wirtschaftliche Tätigkeit ist nur insoweit gestattet, als dies „vorteilhaft für die Gesellschaft ist" (§ 98).[237] Verträge müssen sich im Rahmen der Staatspläne halten (§ 125), es besteht Kontrahierungszwang (§ 132). Und die dem planwirtschaftlichen System innewohnende Vernachlässigung des Konsumenten erfordert die Ermahnung: Verkäufer in Handelsunternehmen müssen höflich sein und die Funktionsweise und Qualität der Waren erklären (§ 175).

Aus den Bedürfnissen des planwirtschaftlichen Modells resultierte auch das 1982 „zur Gewährleistung der Durchführung der Staatspläne" (§ 1) erlassene Wirtschaftsvertragsgesetz (经济合同法) und das den Kernbestandteil eines die Außenwirtschaftsbeziehungen regelnden Rechtskreises ausmachende Außenwirtschaftsvertragsgesetz (涉外经济合同法) von 1985.

b) „Legislatorische Zentralgestirne" als Ausgangspunkte für eine neue
   Rechtordnung

Nur kurz schien es so, als ob es bei der Wiederaufnahme des Gesetzgebungskurses um ein Anknüpfen an die zwanzig Jahre zuvor unterbrochene Rezeption des sowjetischen Modells handeln könnte. Denn bereits der der Tradition der Rechtskonzepte der 1950er Jahre verhaftete (vierte) Entwurf eines Zivilgesetzbuches von 1982[238] wurde als mit den sich nun zunehmend herausbildenden Marktstrukturen unvereinbar verworfen. Der hier stattfindende Paradigmenwechsel wird etwa darin anschaulich, dass der E-1982 den traditionell sozialistischen Grundsatz der freien Verwertbarkeit einer Erfinderidee aufgreift, wonach die Leistung des Erfinders durch ein Zertifikat, daneben eventuell mit einer einmaligen Prämie anerkannt und

---

237 Eine ähnliche Vorschrift im DDR-ZGB von 1975 wird wie folgt kommentiert: „Diese Regelung trägt den Tatsachen Rechnung, dass das Produktionsmitteleigentum der Handwerker und Gewerbetreibenden... überwiegend auf persönlicher Arbeit beruht und im Rahmen territorialer Planung zur planmäßigen Bedürfnisbefriedigung der Bürger eingesetzt wird" (Ministerium der Justiz der DDR, Hrsg. Kommentar zum Zivilgesetzbuch der DDR vom 19.6.1975, Berlin, 1985, zu § 23 II).

238 Vgl. oben Anm. 236.

abgegolten, dann für die Allgemeinheit zur Nutzung freigegeben wurde, wobei der Entwurf ausdrücklich klarstellt, dass „keine Einheit oder Einzelperson die Erfindung monopolisieren darf" (§§ 377, 380). Nur zwei Jahre später (1984) erging ein Patentgesetz u.a. in der Absicht, „Patente an Erfindungsschöpfungen zu schützen" (§ 1), d.h. dem Erfinder ein zeitlich begrenztes Monopol auf wirtschaftliche Alleinnutzung einzuräumen. Damit wurde, wie die weitere Gesetzgebung zeigt, die Struktur des subjektiven Rechts, des rechtlich geschützten Interesses der Person, zum Kern der Modernität des chinesischen Rechts im ausklingenden 20. und beginnenden des 21. Jh.

aa) Es sind die 1986 vom Plenum des NVK erlassenen Allgemeinen Grundsätze des Zivilrechts (AGZ) (民法通则), die den Übergang in eine neue Privatrechtsordnung markieren. Dies geschah weniger durch ein inhaltliches Abrücken von den im E-1982 eingenommenen prinzipiell planwirtschaftlich geprägten Positionen – die AGZ sind auf der Grundlage des E-1982 entworfen worden[239] – als durch einen Verzicht auf detaillierte Regelungen und ideologische Versatzstücke[240], womit die AGZ ein Rahmenwerk boten, das als Ausgangspunkt für eine allmähliche Herausbildung eines neuen Zivil- und Handelsrechtssystems dienen konnte.

Sie zeigen in lehrbuchartiger Klarheit die Bausteine eines Vermögensrechtssystems auf, das einer Wirtschaftsordnung zwischen zentraler Planung und Marktregulierung zu dienen hat (vgl. „Grundprinzipien"), gleichzeitig aber offen ist für eine nachhaltige Stärkung des Marktmechanismus. Diese Bausteine – Rechtssubjekt, Rechtsgeschäft, Rechtsobjekt und Rechtshaftung – erscheinen in den AGZ in der Weise einer „Anthologie" grundlegender Rechtsregeln und Rechtsinstitute, Errungenschaften bisheriger Wirtschaftsreform, deren detailliertere Ausgestaltung von vornherein einem Gesetzgeber überlassen bleibt, von dem man annimmt, dass er erfahrener sein werde als er es beim Erlass der AGZ sein konnte.[241] Die anschließenden zwei Dekaden haben diese Konkretisierung parallel zum Übergang vom planwirtschaftlichen zum marktwirtschaftlichen Modell sukzessive hervorgebracht, was sich skizzenhaft wie folgt darstellen lässt:

---

239 So Wang Hanbin in seiner „Erläuterung" vor dem Ständigen Ausschuss des NVK (*Chbg.* 1986, Nr. 4, S. 26).

240 So enthalten die AGZ nicht die im E-1982 anzutreffende Bestimmung, wonach „das sozialistische System Grundlagen der Zivilbeziehungen ist", „Zivilhandlungen nicht die sozialistischen Interessen verletzen dürfen", und „es nicht gestattet ist, dass eine Gruppe von Menschen eine andere Gruppe von Menschen ausbeutet" (§ 3).

241 Wang Hanbin, Generalsekretär des Ständigen Ausschusses des NVK und Direktor des Rechtsarbeitsausschusses, wies in seinen dem Ständigen Ausschuss des NVK unterbreiteten „Erläuterungen" zum Entwurf der AGZ darauf hin, dass, „da die Wirtschaftsreformen gerade begonnen" hätten, die Zeit noch nicht reif sei, „ein umfassendes Zivilgesetzbuch zu erlassen" (*Chbg.* 1986, Nr. 4, S. 25).

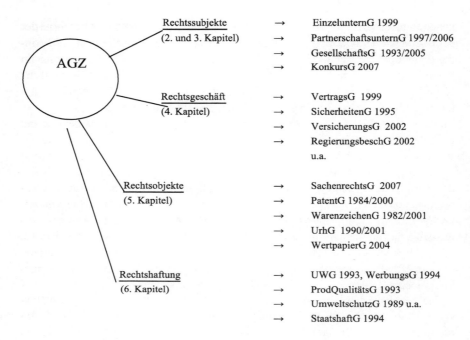

Rechtssubjekte → EinzelunternG 1999
(2. und 3. Kapitel) → PartnerschaftsunternG 1997/2006
→ GesellschaftsG 1993/2005
→ KonkursG 2007

Rechtsgeschäft → VertragsG 1999
(4. Kapitel) → SicherheitenG 1995
→ VersicherungsG 2002
→ RegierungsbeschG 2002
u.a.

Rechtsobjekte → SachenrechtsG 2007
(5. Kapitel) → PatentG 1984/2000
→ WarenzeichenG 1982/2001
→ UrhG 1990/2001
→ WertpapierG 2004

Rechtshaftung → UWG 1993, WerbungsG 1994
(6. Kapitel) → ProdQualitätsG 1993
→ UmweltschutzG 1989 u.a.
→ StaatshaftG 1994

Das von den AGZ gelegte Grundgerüst eines „sozialistischen Zivilrechts"[242], das von nun an als „sozialistisches Zivilrecht chinesischen Gepräges" (具有中国特色的社会主义民法) apostrophiert wird[243], bewahrt dieses Selbstverständnis auch angesichts der legislatorischen Ausformung von Rechtsinstituten, die immer weitflächiger Strukturen einer Marktwirtschaftsordnung abbilden, seien es Regeln zum Unternehmens- und Gesellschaftsrecht, zum Vertrags- und Deliktsrecht, zum Lauterkeits- und Kartellrecht, den Nießbrauch- und Sicherungsrechten[244] oder dem Verbraucherschutz. Des weiteren haben sich die AGZ, was selten gesehen wird, nicht nur als Ausgangspunkt für eine substantiirende – hauptsächlich wirtschaftsrelevante – Gesetzgebung, sondern auch als Ansatznorm für eine kreative, die sozio-kulturelle Sphäre betreffende, Rechtsprechung erwiesen. Während § 6 AGZ („Bei zivilen Handlungen muss man sich an die Gesetze [法律] halten; sehen Gesetze keine Vorschriften vor, hat man sich an die staatlichen politischen Richtlinien [政策] zu halten") das Gewohnheitsrecht als Rechtsquelle implizit zurück-

---

242 Nicht anders als in den 1950er Jahren heißt es: „Das Zivilrecht Chinas ist sozialistisches Zivilrecht" (Wang Hanbin, *op. cit.*, S. 26).
243 *Ibid.*, S. 27.
244 Zum Regelungsinhalt des Sachenrechtsgesetzes von 2007 instruktiv Hinrich Julius, Gebhard Rehm, „Das chinesische Sachenrechtsgesetz tritt in Kraft: Revolution oder viel Lärm um Nichts", *ZVglRWiss*, 106. Jg. (2007), S. 367 ff.

weist[245], wurde in der Gerichtspraxis die scheinbar rein rhetorische Vorschrift des § 5 AGZ („Die rechtmäßigen zivilen Rechte und Interessen von Bürgern und juristischen Personen werden gesetzlich geschützt...") unter Rückgriff auf eine im Volk lebendige Gewohnheit als Grundlage für ein positivrechtlich (5. Kapitel der AGZ: „Zivile Rechte") nicht geregeltes „Recht auf Totengedenken" (祭祀权) nutzbar gemacht.[246]

bb) Etwa gleichzeitig mit dem Erlass der AGZ und dem Voranschreiten der Reform der Wirtschaftsstruktur wurde der Vorstellung Ausdruck verliehen, dass „ohne Reform der politischen Struktur die Reform der wirtschaftlichen Struktur unmöglich von nachhaltigem Erfolg sein kann."[247] Die zur Eindämmung von Kaderwillkür, Überwindung rückständiger Verwaltungsmethoden und Verdeutlichung von Zuständigkeit und Verantwortung[248]durch das 1989 erlassene Verwaltungsprozessgesetz eingeführte gerichtliche Kontrolle von Teilbereichen der Verwaltungstätigkeit verwirklichte zwar nur einen von vielen Aspekten des vom 13. Parteitag angeregten Programms der politischen Strukturreform[249], hat sich aber trotz aller Limitierungen als Ausgangspunkt für ein neuartiges Verständnis und System des öffentlichen Rechts erwiesen. Der 4. April 1989, der Tag, an dem das Verwaltungsprozessgesetz (VPG) „zum Schutz der Rechte und Interessen der Bürger und zur Kontrolle der Gesetzmäßigkeit der Verwaltung" (§ 1) vom NVK angenommen wurde, gilt mit aller Berechtigung als ein „herausragendes Datum in der Geschichte des Aufbaus der chinesischen Herrschaft des Rechts."[250] Drei Errungenschaften sind mit dem Aufkommen des VPG vornehmlich verbunden: Zum einen fand entgegen der Üblichkeit, wonach „die Beamten das Volk verwalten" (官管民) und „das Volk sich nicht mit Beamten streiten kann" (民不与官斗) das Prinzip Anerkennung, dass „das Volk die Beamten verklagen kann" (民可以告官), womit, wie es der Vizedirektor des Rechtsarbeitsausschusses des Ständigen Ausschusses des NVK, Zhang Chunsheng, zehn Jahre später ausdrückte, „das Subjektbewusstsein, das Rechtsbewusstsein und das Rechtsstaatsbewußtsein der Bür-

---

245 So zuletzt Robert Heuser, „Einheitlichkeit oder Pluralismus des Rechts? Zur ‚Wiederentdeckung' des Gewohnheitsrechts in der VR China", *C.a.* 2008, Nr. 4, S. 165 ff., 167.
246 *RA*, Bd. 62, Beijing, 2007, S. 126 ff.
247 So Zhao Ziyang in seinem vor dem 13. Parteitag der KP im Oktober 1987 vorgetragenen Bericht (*BR*, 1987, Nr. 45, S. 18).
248 *Ibid.*, S. 22.
249 So heisst es in dem Bericht u.a. auch, dass, da es „gegenwärtig vorkommt, dass die Rechte und die Interessen der Massen verletzt werden, unverzüglich Publikations-, Vereinigungs-, Versammlungs- und Demonstrationsgesetze ausgearbeitet werden müssen, um die in der Verfassung verankerten Rechte und Freiheiten der Bürger zu gewährleisten und dem Missbrauch der Macht Einhalt zu gebieten" (*ibid.*, S. 25).
250 Gong Xiangrui u.a. (Hg.), 法治的理想与现实:"中华人民共和国行政诉讼法"实施现状与发展方向调查研究报告 (Ideal und Wirklichkeit der Gesetzesherrschaft. Bericht über eine Untersuchung zur Lage der Durchsetzung und der Entwicklungsrichtung des VPG), Beijing, 1993, Einleitung, S. 2.

ger herangebildet wurden."[251] Eine weitere durch das VPG herbeigeführte Neuerung besteht in der Feststellung des Prinzips der Nichtigkeit (oder Vernichtbarkeit) verfahrensrechtswidriger Verwaltungsakte, womit das Verwaltungsverfahren eine Aufwertung erfuhr, die Verletzung von Verfahrensrecht denselben Stellenwert erhielt wie die Verletzung materiellen Rechts. Drittens schließlich bedeutet das VPG so etwas wie eine Wurzel für ein strukturell, wenn auch in der offiziellen Theorie so nicht aufgefasstes, gewaltenteilendes System: Die Rechtmäßigkeitskontrolle von Verwaltungsentscheidungen bleibt nicht der Exekutive allein überlassen, sondern Gerichte sollen an dieser Kontrolle unabhängig von Einmischung der Verwaltung partizipieren. In allem liefert das VPG Basiskonzepte, die durch weitere Gesetzgebung ausgestaltbar sind, womit teilweise schon begonnen wurde, wie folgende Skizze anschaulich macht:

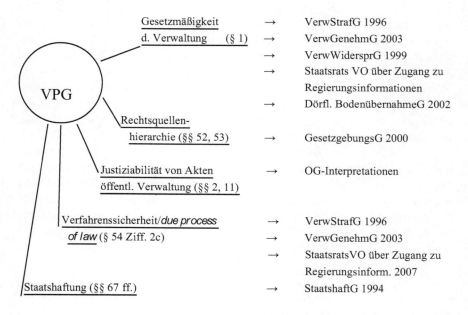

Diese Fortentwicklung im „Aufbau des chinesischen sozialistischen Rechts" (Wang Hanbin)[252] ist somit zum einen dadurch gekennzeichnet, dass Verwaltungsrecht seine einseitige Daseinsweise als Leitungsrecht (管理法) überwunden hat und die Funktion als „Machtkontrollrecht" (控权法) im Dienste des Schutzes von Rechten der Verwaltungsunterworfenen (Bürger und Unternehmen) hinzugetreten

---

251 *FZRB* vom 5.12.1998.
252 Erläuterung des Gesetzesentwurfs vor dem Ständigen Ausschuss des NVK im März 1989 (*Ggb.* 1989, S. 307f.).

ist. In der Konsequenz davon ist sie ferner dadurch gekennzeichnet, dass das politische System damit begonnen hat, Elemente von Gewaltenteilung aufzunehmen. Dies betrifft nicht nur das System des Verwaltungsprozesses, das dazu führt, dass die Verwaltungsbehörden (Exekutive) über Erforderlichkeit und Zweckmäßigkeit von Verwaltungsakten, die Gerichte (Judikative) über deren Rechtmäßigkeit entscheiden. Die Gewaltenteilung zwischen Verwaltung und Gerichten setzt die Gewaltenteilung zwischen Exekutive und Legislative, d.h. die Anerkennung einer Rechtsnormenhierarchie voraus. Verwaltungsstrafgesetz (行政处罚法), Verwaltungsgenehmigungsgesetz (行政许可法) und Gesetzgebungsgesetz (立法法) haben verdeutlicht, dass die persönliche Freiheit beschränkende Zwangsmaßnahmen, Verwaltungsstrafen und Kompetenzen für Verwaltungsgenehmigungen nur auf der Grundlage eines formellen Gesetzes (法律), teilweise auch einer Staatsrats-Verordnung (行政法规) und nicht durch von Behörden selbst gesetzten Normen (规章) angeordnet werden dürfen. Dass ein solcher „Volkskongressvorbehalt" wegen unzureichender demokratischer Konstituierung des NVK nicht voll zur Entfaltung gelangt, heißt nicht, dass die Normenhierarchie für eine Demokratisierung und Willkürbegrenzung gar keinen Beitrag leistet. Eine dritte Innovation der vom VPG angestoßenen Entwicklung des öffentlichen Rechts liegt in der Normierung des bei der Entstehung von Verwaltungsentscheidungen zu beachtenden Verfahrens, der Regelung also des *due process of law*. So heißt es z.B. im Verwaltungsstrafgesetz, dass der „Verwaltungsunterworfene „berechtigt ist, Darlegungen und Rechtfertigungen zu unterbreiten" und dass die Behörde dessen „Ansichten in vollem Maße anhören und die vorgebrachten Tatsachen, Gründe und Beweise einer Überprüfung unterziehen muss." Erweisen diese sich als haltbar, „hat die Behörde sie zu übernehmen" (§ 32). Damit im Zusammenhang steht schließlich die Herausbildung des Prinzips der Verwaltungstransparenz: So sind Behörden Antragstellen gegenüber zur Auskunft verpflichtet (z.B. § 30 VerwGnehmG); nach der Staatsratsverordnung über Zugang zu Regierungsinformationen sind zahlreiche Informationen von Amts wegen offenzulegen, andere müssen u.U. auf Antrag offengelegt werden, wobei allerdings fraglich ist, ob es sich um einen justiziablen Anspruch handelt.[253] So hat sich ein Bild des öffentlichen Rechts ergeben, das sich nicht in einer Darstellung der Kontrolle von Wirtschaft und Gesellschaft erschöpft, sondern auch die Kontrolle der Legalität des Verwaltungshandelns und die Bereitstellung von Serviceleistungen für Bürger und Unternehmen abzubilden begonnen hat.

cc) Das sich im Zuge der Ersetzung planwirtschaftlich-administrativ veranlasster Arbeitsplatzzuweisung durch Herstellung von Arbeitsmarktverhältnissen herausbildende Arbeitsrechtssystem gilt als ein gegenüber Privat- und öffentlichem Recht eigenständiger Rechtsbereich („Sozialrecht"), was darin deutlich wird, dass

---

253 Vgl. dazu Björn Ahl, „Offenlegung von Regierungsinformationen in China", *ZChinR*, 2007, S. 354 ff.

der Arbeitsvertrag nach chinesischer Auffassung[254] nicht als spezielle Art des Dienstvertrages verstanden wird, auf den die Bestimmungen des Vertragsgesetzes (ergänzend) Anwendung finden könnten. Mit seiner Aufreihung der grundlegenden Kategorien bildet das Arbeitsgesetz (ArbG) (劳动法) von 1994 den Ausgangspunkt für ein neues Arbeits- und Sozialrecht, wie folgende Skizze sichtbar macht:

Beschäftigungsförderung (2., 8. Kap.) →	BeschFördG 2007
Arbeitsvertrag (3. Kap.) →	ArbVertrG 2007
Arbeitsschutz (4.-7., 11. Kap.) →	ProdSicherhG 2002
Sozialversicherung (9. Kap.) →	SVG 2010
Arbeitsstreitigkeit (10. Kap.) →	ArbStreitG 2007

Dieses Arbeitsrecht birgt eine Fülle an Rechtspositionen und –garantien, durch die der schon im ArbG erhobene Anspruch, „die legalen Rechte und Interessen der Arbeitnehmer zu schützen" (§ 1) an Substanz und Realisierungschance gewinnt. So haben Arbeitnehmer ein ausdrücklich als justiziabel gekennzeichnetes (§ 62 BeschFördG) Recht auf gleichberechtigte (d.h. nicht durch Kriterien wie Ethnizität, Gender, Religion und körperliche Verfassung qualifizierbare) Anstellung (平等就业权利) und ein Recht auf freie Berufswahl (自主择业权利), was eine Anerkennung des Rechts auf Freizügigkeit, dessen Rückkehr in die Verfassung schon länger erörtert und verlangt wird[255], impliziert. Hatte ein dem Ständigen Ausschuss des NVK 2005 vorgelegter Untersuchungsbericht über die Implementierung des ArbG[256] die geringe Quote der Unterzeichnung von Arbeitsverträgen, deren Kurzfristigkeit und unzureichende inhaltliche Ausgestaltung, den Missbrauch von Probezeiten u.a. bemängelt, so sucht das Arbeitsvertragsgesetz (ArbVertrG) (劳动合同法) von 2007 diesen Missständen abzuhelfen. Wird, um einige zentrale Regelungen aufzuzeigen, nicht binnen eines Monats seit Arbeitsaufnahme ein schriftlicher Arbeitsvertrag geschlossen, so gilt der Vertrag zu den Bedingungen des Kollektivvertrags, und sollte ein solcher nicht existieren zu den Bedingungen, wie sie das Prinzip „gleicher Lohn für gleiche Arbeit" zum Ausdruck bringt, als ge-

254 Vgl. z.B. Wang Quanxing, "劳动合同立法争论中需要澄清的几个基本问题" (Einige in der Erörterung der Arbeitsvertragsgesetzgebung zu klärende Grundprobleme), *FX*, 2006, Nr. 9, S. 19 ff.; Feng Yanjung, "我国劳动合同立法应正确处理三大关系" (Die drei bei der chinesischen Arbeitsvertragsgesetzgebung korrekt zu behandelnden Beziehungen), *DDFX*, 2006, Nr. 6, S. 24 ff.; Chang Kai, "关于劳动合同法的几个基本问题" (Einige Grundprobleme bei der Arbeitsvertragsgesetzgebung), *DDFX*, 2006, Nr. 6, S. 31 ff.
255 Etwa Sheng Hong, He Li u.a., "人是否应该拥有自由迁徙权？" (Sollten die Menschen ein Recht auf Freizügigkeit haben? Symposion über die Wiederaufnahme der Freizügigkeit in die Verfassung"), in: *社会科学论坛*, 2002, Nr. 7, S. 54 ff.
256 *Chgb*. 2006, S. 82, 84.

schlossen (§ 11). Unterzeichnet der Arbeitgeber innerhalb eines Monats nach Tä-
tigkeitsaufnahme den Arbeitsvertrag nicht, steht dem Arbeitnehmer für die Zeit
seiner Beschäftigung ein Vergütungsanspruch in doppelter Höhe des vereinbarten
Entgelts zu (§ 82 I); kommt es seit mehr als einem Jahr seit Bestehen des Arbeits-
verhältnisses immer noch nicht zum Abschluss eines schriftlichen Arbeitsvertrags,
so gilt ein unbefristeter Arbeitsvertrag als zustande gekommen (§ 14 III). Ein Anspruch auf Abschluss eines unbefristeten Arbeitsvertrags besteht im übrigen u.a.
dann, wenn mit demselben Arbeitnehmer zuvor zwei befristete Arbeitsverträge
abgeschlossen wurden oder wenn ein Arbeitsverhältnis bereits seit zehn Jahren
besteht (§ 14).

Sowohl die Implementierung der Antidiskriminierungsnormen wie die der ver-
trags- und sicherheitsrechtlichen (nach dem ProduktionssicherheitsG) Garantien
hängt entscheidend davon ab, inwieweit wirksamer Rechtsschutz in Streitbeile-
gungsverfahren gewährt wird. Das Gesetz über Schlichtung und Schiedsverfahren
in Arbeitsstreitigkeiten (ArbStreitG) (劳动争议调解仲裁法) von 2007 zielt zum
einen darauf, den Bedeutungsverlust, dem die Schlichtung seit Jahren unterliegt[257], entgegenzuwirken, indem es Schlichtungsvereinbarungen zu u.a. aus ver-
zögerter Zahlung von Arbeitsentgelt resultierenden Streitigkeiten für vollstreckbar
erklärt (§§ 16, 51). Zum zweiten zielt das ArbStreitG darauf, die Inanspruchnahme
von – bei den staatlichen Arbeitsadministrationen angesiedelten – Schiedsverfahren dadurch zu fördern, dass Gebührenfreiheit d.h. staatliche Kostenübernahme
stattfindet (§ 53) und dass nicht mehr – wie nach allgemeinem zivilprozessualen
Beweisrecht – allein der Kläger (typischerweise der Arbeitnehmer) sämtliche Beweise erbringen muss, das Schiedsgericht den Arbeitgeber vielmehr auffordern
kann, in dessen Hand befindliche Beweismittel zur Verfügung zu stellen (§§ 6, 39).
Des Weiteren wird die Attraktivität des Schiedsverfahrens für die Arbeitnehmer
dadurch gesteigert, dass in gewissen Streitigkeiten wie Lohnforderung, Abfindun-
gen und Übernahme medizinischer Behandlungskosten der Schiedsspruch endgültig und eine gerichtliche Klage und damit eine Verschleppung der Realisierung
offensichtlich bestehender Arbeitnehmeransprüche nicht mehr möglich ist
(§§ 47-49).

---

257 Nach Feng Hong, Cai Yangyang, "我国劳动争议调解制度的反思与重构" (Neudurch-
denken und Neustrukturierung des Schlichtungssystems bei Arbeitsstreitigkeiten), 北京联
合大学学报, 2005, Nr. 5, S. 32, lag die Schlichtungsrate 1995 bei 75%, 2003 nur noch bei
27%.

c) „Sozialistisches Recht chinesischer Prägung"

Die doppelte Wurzel des so gewachsenen Rechtssystems benennt die Verfassung seit 1993 resp. 1999 „sozialistische Marktwirtschaft" und „sozialistischen Rechtsstaat". Die neue Rechtsordnung – Zivil-, Handels- und Arbeitsrecht, Verwaltungs- und Verfahrensrecht – resultiert aus den Erfordernissen einer Wirtschaftsordnung, die einer Vielzahl von (staatlichen und nichtstaatlichen) Akteuren Entfaltungsraum bereitstellt und das Prinzip zu verwirklichen sucht, hoheitliche Eingriffe in diesen Aktionsraum durch Gesetzesbindung planbar und kalkulierbar zu machen, Willkür zu unterbinden. Dass beide Elemente durch den Zusatz „sozialistisch" qualifiziert werden, macht deutlich, dass in China wohl eine partielle Entstaatlichung der Wirtschaftsordnung stattgefunden hat, nicht aber eine Entideologisierung.[258] Die chinesische Wirtschaftsordnung ist nicht das Ergebnis einer organischen, gleichsam urwüchsigen Etablierung auf der Grundlage einer freiheitlichen Verfassung, sondern Resultat der von den herrschenden Eliten zur Entfaltung von Produktivität angewandten Strategien[259], denen das traditionelle Entwicklungsziel, wie es schon in der Präambel der Verfassung von 1954 zum Ausdruck kam, weiterhin verbunden bleibt, „unter Führung der Kommunistischen Partei... eine blühende und glückliche sozialistische Gesellschaft aufzubauen." Geändert hat sich seither die Strategie für diesen Aufbau und damit das Verständnis von „sozialistischem Recht". Hieß es 1958 in einem Lehrbuch über „Grundlagen des Zivilrechts", dass das „sozialistische Zivilrecht bestimmt ist durch das sozialistische Wirtschafts- und politische System Chinas"[260], so bleibt es heute, nachdem die zentrale Planwirtschaft als Kriterium für „Sozialismus" ausgedient hat, allein durch das im wesentlichen durch die „einheitliche Führung" der „führenden Partei" (领导党) gekennzeichnete politische System bestimmt. In der – seit dem 13. Parteitag der KP vom Oktober 1987 so genannten – Phase des „Anfangsstadiums des Sozialismus" (社会主义初级阶) werden unter Führung der KP alle der Entfaltung der Produktivkraft dienlichen Mechanismen genutzt, eine „Entwicklungsstufe", die gemäß der „Deng-Xiaoping-

---

258 Die „amtlichen" Lehrbücher zur Rechtstheorie gehen unverändert von der „historischen Zwangsläufigkeit der Hervorbringung des sozialistischen Rechts" aus und davon, dass für dessen Hervorbringung das Proletariat die politische Macht erringen muss und die Zerstörung des alten Rechtssystems dazu unabdingbar ist, dass das sozialistische Recht „eine wichtige Waffe zur Durchführung der Diktatur des Proletariats ist" und dass bei der Ersetzung des alten Rechts durch das sozialistische Recht gewisse Faktoren des alten Rechts in kritischer Anverwandlung an das neue sozialistische Recht absorbiert werden können. Vgl. etwa Zhu Jingwen (leit. Hrsg.), 法理学 (Rechtstheorie), Beijing, 2007, S. 92 ff.

259 Zur näheren Bestimmung des chinesischen Marktsystems zwischen „Selbstregulierung" und „freie Konkurrenz" einerseits, Staatsintervention andererseits vgl. Wang Hui, *China's New Order. Society, Politics and Economy in Transition* (ed. Theodore Huters), Cambridge/ Mass., 2003, S. 116 ff.

260 中华人民共和国民法基本问题 (Grundfragen des Zivilrechts der VR China), Beijing, 1958, S. 5.

Theorie", die 1999 durch Verfassungsänderung dem Ideologiereservoir aus Marxismus-Leninismus und Maozedongideen hinzugefügt worden war[261], den hundertjährigen Zeitraum zwischen 1949 und 2049 beanspruchen wird. Die während dieses Zeitraums und vornehmlich seit 1979 geschaffenen Rechtssysteme werden – ebenfalls nach dieser Theorie und in Abgrenzung zu einem obsolet gewordenen traditionellen oder „sowjetrussischen" Sozialismus – als Ausdruck eines „Sozialismus chinesischer Prägung" apostrophiert. Dessen charakteristische Merkmale liegen in der „marketization in the economic arena and the convergence of the Chinese economy, society, and culture with the contemporary capitalist system", womit „the antimodern character of prereform socialism" überwunden wurde.[262] Es ist – mit anderen Worten – ein Übergang „vom Sozialismus des planwirtschaftlichen zum Sozialismus des marktwirtschaftlichen Modells."[263] Ungeachtet dessen wird in rechtstheoretischen Abhandlungen die Kontinuität von den marxistischen Klassikern bis hin zu den gegenwärtigen Ideologiepositionen hervorgehoben, d.h. dass die „marxistische Rechtstheorie" fortlaufend neuen Bedürfnissen angepasst und auf diese Weise „sinisiert" wird.[264] So „ist die Rechtstheorie des spezifisch

---

261 Vorher 1997 durch den 15. Parteitag „abgesegnet". Durch Beschluss des 16. Parteitags (2002) und die nachfolgende Verfassungsrevision von 2004 wurde dieses Reservoir weiter durch den „wichtigen Gedanken" Jiang Zemins von den „Drei Repräsentationen" angereichert. Sie alle werden mit spezifischen, das Recht betreffenden Attributen versehen: Marx und Lenin mit der Kritik des kapitalistischen bzw. der Konzipierung des sozialistischen Rechts, Mao mit der Rechtsidee der Theorie der demokratischen Diktatur des Volkes, Deng mit den Ideen von Demokratie und Rechtssystem, Jiang mit der Theorie der „Leitung des Staates durch Gesetze". Vgl. Zhu Jingwen, *op. cit.*, S. 586 ff. Zum „Rechtsdenken" führender KP-Größen von Mao über Dong Biwu, Zhou Enlai und Liu Shaoqi bis zu Deng Xiaoping, Peng Zhen und Jiang Zemin hat sich – mit den Schwerpunkten bei Mao und Deng – seit Anfang der 1980er Jahre eine umfangreiche Literatur angesammelt, so dass man darin geradezu einen Zweig der chinesischen Rechtstheorie sehen kann.

262 Wang Hui, *China's New Order. Society, Politics, and Economy in Transition* (ed. Theodore Huters), Cambridge/Mass., 2003, S. 152.

263 So Xie Hui unten **Anhang 3**.

264 Für eine Zusammenfassung dieses sechzigjährigen Vorgangs vgl. Fu Zitang, "马克思主义法律思想中国化的基本历史轨迹" (Die grundlegende historische Spur der Sinisierung der marxistischen Rechtsidee), *FZRB*, 6.7.2008, S. 9. Danach beginnt diese „historische Spur" vor und nach 1949 mit das Rechtssystem betreffenden Äußerungen von Mao Zedong und Dong Biwu, dem Erlass der Verfassung von 1954 und dem 8. Parteitag von 1956, wo zum ersten Mal das Prinzip „Es muss Gesetze geben, an die man sich halten kann und halten muss" (有法可依, 有法必依) formuliert wurde. Die Ende 1978 unter der Deng Xiaoping'schen Formel „Die Gedanken befreien und die Wahrheit in den Tatsachen suchen" eingeleitete zweite Entwicklungsstufe der Sinisierung ist durch die Forderung nach „Stärkung des Rechtssystems", „Verrechtlichung", „Institutionalisierung" zur „Gewährleistung der Volksdemokratie", ferner durch die Forderung gekennzeichnet, dass „Rechtssystem und Institutionen sich nicht ändern, wenn die Führungsperson(en) oder deren Ansichten sich ändern." Im Juni 1989 trug Jiang Zemin (4. Plenum des 13. Zentralkomitees) erstmals die Formel „auf der Grundlage der Gesetze das Land leiten (依法治国), einen durch Gesetze geleiteten sozialistischen Staat errichten (建设社会主义法治国家)" vor, die der 15. Parteitag (1997) zur „grundlegenden Leitlinie" erklärte und 1999 als Art. 5 I in die Verfassung

chinesischen Sozialismus integraler Bestandteil dieses spezifisch chinesischen Sozialismus, sie ist ein Produkt der Verbindung von Marxismus-Leninismus und
Maozedongideen mit der Praxis des Aufbaus des Rechtssystems seit Beginn von
Reform und Öffnung."[265] Hier steht ideologische Kontinuität für Kontinuität von
Kompetenz und damit von Herrschaft. In der in Anspruch genommenen ideologischen Kontinuität drückt sich das Bestreben der Staatspartei aus, ihren Führungsanspruch bei der Ausübung von politischer Macht durch theoretische und praktische Kompetenz zu legitimieren, einer Kompetenz, die sich nach eigener Einschätzung zunächst in den zur „Befreiung" (1949) mit anschließender agrarischer
und industrieller Umgestaltung führenden militärischen und politischen Maßnahmen, dann – nach Jahren des (nur teilweise eingestandenen) Kompetenzverlusts –
in Strategien zur Entwicklung einer „Gesellschaft des bescheidenen Wohlstandes"
manifest geworden ist. Da China durch Integration von „sozialistischer Marktwirtschaft" und „sozialistischem Rechtsstaat" einen „spezifisch chinesischen Sozialismus" zu gestalten sucht, ist das Bedürfnis der Führungspartei nach Kompetenz
umfassend gewachsen. Das „sozialistische Recht chinesischer Prägung" dient diesem Bedürfnis, indem es Waren-, Kapital- und Arbeitsmärkte eröffnet und reguliert, dem gesellschaftlichen Leben je nach der Distanz zum Willen der politischen
Macht weiter oder enger gesteckte Freiheitsräume ermöglicht[266], das Verwaltungs-
handeln an Gesetze bindet und Bürgern und Unternehmen Rechtsschutz gewährleistet, gleichzeitig den Führungsanspruch der Staatspartei und dem Einfluss des
Staates durch die im Volkskongresssystem zentrierte Verfassungsstruktur, durch
die Rekrutierung des Politik-, Behörden- und Gerichtspersonals und durch die ver-
bleibende staatliche Kontrolle der Bodenressource und der Schlüsselsektoren (Bereiche wie Rohstoffe, Energie, Transport, Telekommunikation, große Teile der
Schwerindustrie und Finanzdienstleistungen) Wirksamkeit verschafft. Insbeson-

---

Eingang fand. Dieser Übergang von Aufbau des Rechtssystems (法制) hin zur Errichtung
von „Rechtsherrschaft" (法治) gilt als dritter Qualitätssprung bei der Sinisierung marxisti-
scher Rechtstheorie. Deren neuesten Ergebnisse entwickeln sich aus dem vom gegenwärtigen Generalsekretär Hu Jintao vorgebrachten „Konzept der wissenschaftlichen Entwicklung" (科学发展观), woraus die „neue Rechtsanschauung vom Menschen als Grundlage" (新的以人为本的法律观, kurz: 人本法律观) resultiert, der die Konzepte „harmonische
Rechtsherrschaft" (和谐法治观), „auf der Grundlage der Gesetze Politik durchführen" (依
法执政观) und „Volkswohl-Rechtsherrschaft" (民生法治观) inhärent sind.

265 So etwa Zhu Jingwen, „中国特色社会主义法律理论的形成和发展 " (Entstehung und
Entwicklung der Rechtstheorie des Sozialismus chinesischer Prägung), *FXJ*, 2008, Nr. 6,
S. 1.

266 So besteht ein aus der „Verfügungsfreiheit über den eigenen Körper" resultierendes Recht
der Frauen, „nicht zu gebären" und deshalb auch noch in der 35. Schwangerschaftswoche
abzutreiben (so eine Entscheidung eines Zhejianger Gerichts vom Dez. 2006, *RA*, Bd. 62,
Beijing 2007, S. 112 ff.), während es kein Recht von Frauen und Eltern zu geben scheint zu
erfahren, warum die eigenen Kinder in den Schulen des Erdbebengebiets in Sichuan (Sommer 2008) ums Leben kamen.

dere angesichts der im Volkskongresssystem – mit der Führung durch die KP die Kerninstitution des „sozialistischen Rechts" – angelegten Verneinung der Gewaltenteilung sind der Autonomie des Rechtssystems, namentlich einer unabhängigen Rechtsprechung, Grenzen gesetzt. Nach dem Gesetz über die „Aufsicht der Ständigen Ausschüsse der Volkskongresse aller Ebenen" (监督法) von 2006 üben diese Ausschüsse nicht nur über die Regierungen, sondern auch über die Gerichte Aufsicht aus, um nicht nur „die Legalität des Verwaltungshandelns (依法行政)", sondern auch „die Unparteilichkeit der Justiz (公正司法) zu fördern" (§ 5). Auch wenn diese Aufsicht „im wesentlichen" in der Entgegennahme und Erörterung von Tätigkeitsberichten der Gerichte bestehen soll[267], so wird doch nicht ausdrücklich ausgeschlossen, dass Eingriffe in die Rechtsprechungstätigkeit nicht von der „Aufsicht" umfasst werden. Da aber auch die Ernennung der Richter durch die Kongresse erfolgt und ihre Amtszeit an die der Kongresse (jeweils fünf Jahre) geknüpft ist, das System lebenslanger Berufung in das Richterverhältnis also nicht gewährleistet ist, dürfte sich eine so weitgehende Aufsicht der Volkskongresse erübrigen.

4. Rezeption und Inkulturation

In der so dem Primat der kommunistischen Partei geschuldeten Abhängigkeit der Gerichtsinstitution von den politischen Machtträgern aller Verwaltungsebenen liegen Hauptkennzeichen und spezifische Schwäche auch des „spezifisch chinesischen sozialistischen Rechts", eine Barriere, die die gesetzgeberischen Absichtserklärungen in ihrer sozialen Entfaltung behindert und die sich auch durch fortschreitende Anhebung der Expertise des Justizpersonals[268] so lange nicht abbauen lässt, als die viel betonte „Justizreform" sich nicht zu einer Justizstruktur- und d.h. Verfassungsstrukturreform ausweitet. Gegenüber dieser strukturellen Entwicklungshemmung erscheinen andere – aus der „Transplantation" ausländischer Rechtselemente resultierende – Faktoren als zweitrangig. So mag es zwar zutreffen, dass in den zu Beginn des 20. Jh. von der chinesischen Rechtswissenschaft zur Wiedergabe westlicher Rechtstermini gebildeten chinesischen Wortsymbolen „noch immer der nachtönende Wohlklang des Rechts des antiken Ostasiens zu schmecken ist"[269], jedoch wird deshalb niemand – um ein bekanntes Beispiel anzuführen – aus der Zeichenkombination *Quanli* 权利 für „subjektives Recht" die vor dem Hintergrund der traditionellen Moral negative Konnotation von „Macht

---

267 *Chgb.* 2006, S. 553.
268 Vgl. Björn Ahl, "Advancing the Rule of Law through Education? An Analysis of the Chinese National Judicial Examination", *IS*, June 2006, S. 171 ff. und ders., „Die neue Juristenausbildung in der VR China", *VRÜ*, 39. Jg. (2006), S. 326 ff.
269 So Li Guilian, "二十世纪初期的中国法学" (Die chinesische Rechtswissenschaft zu Beginn des 20. Jahrhunderts), zitiert in Xie Hui, **Anhang 3**.

und Vorteil", von „Macht, um Profit zu sichern" herausschmecken, um dann von der Geltendmachung seiner Ansprüche angewidert Abstand zu nehmen. Denn auch vor der Schaffung des modernen Begriffs und rechtekonstituierender Gesetze war die psychische Regung, „zur Wahrnehmung eines Vorteils berechtigt zu sein", „ein Recht zu haben", „in seinem Recht verletzt zu sein", seit frühester Zeit präsent[270], wenn sie sich auch – im nicht durch Eigeninititative beigelegtem Konfliktfall – gegenüber einer die Selbstbehauptung des Individuums nicht hochschätzenden „amtlichen" Moral und angesichts der darauf gründenden Vernachlässigung – wenn auch nicht völligen Fehlens – staatlicher Justizgewährung nur schwer durchsetzen konnte. „In traditional China people who dealt regularly with business contracts, especially merchants and moneylenders, were far mor conscious of their rights and anxious to protect them than the usual stereotype would led one to believe."[271] Das rezipierte Gesetzesrecht leistet also nichts anderes als der natürlichen Regung, als Individuum anerkannt und respektiert zu werden, einen Weg dadurch aufzuweisen, dass Rechtsansprüche inhaltlich definiert und prozessual geschützt werden (sollen). Es steht damit nicht in einem Verhältnis des Fremden und Fernen zur „chinesischen Kultur" schlechthin, sondern zu Teilelementen dieser Kultur, die ihrerseits seit über einem Jahrhundert im Wandel begriffen sind.[272] Auch im Falle

---

270 Was sich ja schon aus der seit dem frühen Altertum nachweisbaren Existenz von Privateigentum (unter Einschluss von Grund und Boden) und einer ausgeprägten Vertragspraxis ohne weiteres ergibt. Dazu oben im **1. Kapitel**. Zum Verständnis der Bodenrechtsbeziehungen in der traditionellen Agrargesellschaft legt Xu Zhongming, „权利与申冤: 传统中国诉讼意识的解释" (Recht und Klage gegen erlittenes Unrecht: Interpretation des Klagebewusstseins im traditionellen China), in: *Journal of Sun Yatsen University (Social Science Edition)*, 2004, Nr. 6, S. 201 ff. dar, dass der Staat unter dem Kaisersystem den in Privateigentum der Bauern stehenden Boden nicht in der Vorstellung gegen Beschädigung, widerrechtliche Aneignung etc. schützte, ein „subjektives Recht" zu wahren, sondern um die Stabilität der wichtigsten Steuerressource aufrecht zu erhalten, dass sich aber in der ländlichen Gesellschaft aus den Rechtsinstituten, die sich für die Zwecke des Bodenverkehrs herausgebildet hatten (wie Pacht, Verkauf auf Wiederkauf, endgültiger Verkauf, nachbarliches Vorkaufsrecht u.a., vgl. **1. Kapitel**, V/4) natürlich Verhältnisse von Rechten und Pflichten ergaben.
271 So Rosser H. Brockman, "Commercial Contract Law in Late Nineteenth-Century Taiwan", in: Cohen, Edwards, Chang Chen (ed.), *Essays on China's Legal Tradition*, Princeton, 1980, S. 77 ff., 78.
272 Mit bemerkenswertem Scharfsinn erläutert Hyung I. Kim, *Fundamental Legal Concepts of China and the West. A Comparative Study*, Port Washington, N.Y and London, 1981, S. 94 den kulturellen Faktor im Sinne einer spezifischen Blickrichtung. Er legt dar, dass in dem chinesischen Konzept Yi 義 Bedeutungen des englischen *right* angesiedelt sind, wie sie in dem Satz verbunden werden können: „It is *right* (morally good) for us to demand our *rights* (things owned us)." Beide Bedeutungen seien in dem ethischen Konzept *oughtness* angelegt: Wie ich mich andern gegenüber verhalten sollte und wie andere sich mir in bestimmten Situationen verhalten sollten. „The only difference between the English *oughtness* and the Chinese *Yi* 義 seems to be the point of emphasis. The former emphasizes the *rights* (things owned), while the latter emphasizes the *right* (morally good)." Das führe dazu, dass in der westlichen Tradition Rechte absolut und heilig, in der chinesischen aber relativ

Chinas bewahrheitet sich Watson's These, dass „borrowing is the most fruitful source of legal change."[273] Die im Gang befindliche Lokalisierung des modernen Rechtssystems in China ist nun „der Vorgang, in dem Rechtsideen, Rechtsregeln, Rechtsinstitutionen, Methoden rechtlicher Transaktion sowie Rechtstechniken, denen universelle Bedeutung und Werthaftigkeit zukommt, von den Chinesen verstanden, zu eigen gemacht und angewandt werden."[274] Ob die sich aus diesem Vorgang herausbildende Rechtsordnung weitere Varianten „sozialistischen Rechts" mit sich bringen oder ob das autoritäre durch ein demokratisches und gewaltenteilendes Herrschaftsmodell ersetzt werden wird, ist dabei entscheidend. Nur bei Hinwendung zu letzterem erscheint die Annahme gerechtfertigt, dass die Interdependenz von Wandel der Lebensverhältnisse und der Ausdifferenzierung und Verwurzelung der Rechtsordnung immer mehr dazu führen wird, dass – wie es der Botschafter 1948 ausdrückte – „the twain shall meet". Dass mit einem solchen Wandel des Verfassungsrechts in absehbarer Zeit kaum zu rechnen ist, zeigt das abschließende Kapitel.

---

und situationsbedingt seien, was sich im Völkerrecht in unterschiedlicher Gewichtung der Prinzipien *pacta sunt servanda* einerseits, *rebus sic stantibus* andererseits niedergeschlage.
273 Alan Watson, "Aspects of Recepton of Law", *AJCL*, vol. 44 (1996), S. 335.
274 Xie Hui in **Anhang 3**.

4. Kapitel
Hundert Jahre Verfassungsreform

I „Verfassung"

Im Sommer 2006 jährten sich zum 100. Mal die Studienreisen, die hohe Beamte der Qing-Dynastie in der Absicht unternahmen, sich über die Verfassungssysteme moderner westlicher Staaten zu informieren, um im weiteren zu prüfen, ob diese für eine Nutzanwendung für das eigene – notleidende – Staatswesen dienlich sein können.[1]

Wenn einer der Pioniere der deutschen Sinologie, Heinrich Plath im Jahre 1865 eine Studie mit dem Titel publizierte „Über die Verfassung und Verwaltung Chinas unter den drei ersten Dynastien"[2], Otto Franke eine Generation später einen Aufsatz über „Die Verfassung und Verwaltung Chinas"[3] erscheinen ließ, so wurden damit die Strukturen der tatsächlichen Herrschaftsorganisation, der Aufbau der zentralen und lokalen Verwaltungen, die Funktion und Kontrolle der zivilen und militärischen Beamtenschaft angesprochen. Dies ist in eben dem Sinne „Verfassung" wie man von der Verfassung des „Heiligen Römischen Reiches" sprechen kann. Wie für das alte Europa, so lassen sich auch für das alte China gewisse Dokumente benennen, in denen Aspekte der Grundordnung dieser Staatsgebilde zum Ausdruck kommen. Otto Franke bezeichnet die im *Shujing* 書經 enthaltene Anrede des Shun an seinen Nachfolger Yu als „die älteste Verfassungsurkunde Chinas, die Magna-Charta der chinesischen Monarchie", denn auf der „vom Himmel bestimmten Nachfolge" beruhe „das Verfassungs-Prinzip der chinesischen Caesaropapie".[4] H.

---

1 Einen von mehreren der damals entstandenen Berichte, der allerdings nur Äußerlichkeiten des Reiseablaufs zusammenfasst und auf Verfassungsfragen nicht eingeht, präsentiert Oliver Simon: Bericht der chinesischen Studienkommission aus dem Jahre 1906 über ihren Besuch in Deutschland, *ZChinR* 2006, S. 77-85. Die chinesischen Texte dieses und anderer Berichte (reichhaltiger sind die bezüglich Japans und Englands) finden sich in: 故宮博物院明清档案部(Ming-Qing-Archiv des Palastmuseums, Hrsg.), 清末籌备立宪档案史料 (Archivmaterialien zur Vorbereitung der Verfassungsgesetzgebung der Späten Qing-Dynastie), 1. Bd., Peking, 1979, S. 1-41.

2 In: *Abhandlungen der philosophisch-philologischen Classe der Königlichen Bayerischen Akademie der Wissenschaften*, 10. Bd., München 1866, S. 453 ff.

3 In: *Die Kultur der Gegenwart*, 2. Jg. (o.J.), S. 87 ff.

4 *Die Rechtsverhältnisse am Grundeigentum in Chin*a, Leipzig 1903, S. 12. Die Anrede des Kaisers Shun (*Shujing/Da Yu Mo*) ist wie folgt (James Legge, *The Chinese Classics*, 3. Bd., S. 60): „Komm' Yu, ... niemand im Reich (天下) kann es mit deinen Fähigkeiten aufnehmen, niemand reicht an deine Verdienste heran. Ich erkenne das Maß deiner Tugend und Leistung. Deine vom Himmel (天) entschiedene Berufung liegt in (der Qualität) deiner Person."

G. Creel, ist der Auffassung, dass von der Summe gewisser klassischer Schriften – insbesondere *Zhouli* 周禮 und *Liji* 禮記 – gesagt werden könne, dass sie „die grundlegenden Gesetze und Lehren enthält, auf denen der chinesische Staat beruhte."[5] Aus diesen und anderen Texten[6] mag der Gedanke einer Bindung des Herrschers an Normen der Moral und Tradition herausgelesen werden, echte – d.h. vom Charakter der handelnden Personen unabhängige – institutionelle Konsequenzen wurden daraus aber nicht gezogen.[7]

II Textgeschichte der politisierten Verfassung

1. Späte Qing und frühe Republik

a) Dass es auch in China ein Gesetz geben soll, das die Bildung und Funktionsweise der Staatsorgane sowie die Stellung der Staatsbürger im Zusammenhang regelt, ist erstmals während der Reformversuche der späten Qing-Zeit, während der ersten Dekade des 20. Jh., angestrebt worden, also parallel zu den Unternehmungen der Ausarbeitung von Zivil- und Strafgesetzbüchern. 1905 und 1906 nach Europa, den USA und Japan entsandte Studienkommissionen unter Leitung des dem Kaiserhaus angehörenden Zai Ze[8] bzw. der hohen Beamten Duan Fang und Dai Hongci[9] in-

---

5 *The Birth of China*, New York, 1937, S. 346.
6 So beschwören etwa Tang-zeitliche Verhaltensregeln für Beamte die Unabdingbarkeit von Gesetzestreue und Unbestechlichkeit und die Bereitschaft, einem fehlgehenden Herrscher Vorhaltungen zu machen: „Ein loyaler Würdenträger muss sich den Befehlen des Herrschers widersetzen können, um diesem zu nützen." Vgl. Liu Mau-Tsai, „*Chen-Kuei* 臣軌, Richtschnur für Würdenträger, von Kaiserin Wu Tse-T'ein (reg. 684-704). Eine philosophische Vorstellung von idealen Beamten", in: *Religion und Philosophie in Ostasien. Festschrift für Hans Steininger zum 65. Geburtstag*, Würzburg, 1985, S. 467 ff.
7 Das sich seit der Han-Zeit herausbildende Kontrollorgan des Zensorats (御史台) ist deshalb keine Ausnahme, weil die Kritik des Herrschers gleichsam auf eigene Gefahr der Zensoren erfolgte. Otto Franke, *Geschichte des chinesischen Reiches*, 1. Bd., Berlin und Leipzig, 1930, S. 361 f., legt dazu folgendes dar: „Geboren aus dem Mßtrauen des Monarchen (gegenüber der Beamtenschaft), ist diese Einrichtung zu einer Macht geworden, deren Bedeutung immer von der moralischen Sauberkeit, dem Mute und der Klugheit ihrer Träger abhing. Der Konfuzianismus hat viele furchtlose Bekenner ihrer sittlichen Überzeugung hervorgebracht, und das Zensorat ist in der inneren chinesischen Geschichte ein Moment von gewaltiger Bedeutung gewesen, eine Schranke für die Willkür der Mächtigen, eine Zuflucht für die Not der Bedrückten. Nicht selten haben ihm aber auch Feigheit, Charakterlosigkeit und sittliche Verderbnis die Stimme erstickt oder der Lüge dienstbar gemacht, das waren der schlimmsten Zeiten im Reiche." Bezeichnend ist auch, dass die in der vorigen Anmerkung genannten Verhaltensregeln ausdrücklich verlangen, dass der Beamte bei seinen „Vorhaltungen" und „Ermahnungen" (匡谏) sein Leben zu riskieren hat.
8 Von 1907-1911 Finanzminister. Vgl. Arthur W. Hummel, *Eminent Chinese of the Ch'ing Period (1644-1912)*, Washington 1943, S. 968 (unter „Yung-yen").
9 Zu den anderen Mitgliedern der Delegation vgl. *ibid.*, S. 781.

formierten sich über die dortigen staatsrechtlichen Verhältnisse und führten in einem Bericht aus: „Es ist die Ansicht aller Kommissionsmitglieder, dass die Schwäche Chinas hauptsächlich auf den Mangel an Vertrauen zwischen Thron und hohen Beamten auf der einen, den Volksmassen auf der anderen Seite zurückzuführen ist..., und dass umgekehrt der Grund von Reichtum und Macht anderer Staaten darin liegt, dass diese eine Verfassung haben und Entscheidungen im Wege öffentlicher Erörterung treffen."[10] Der Sinn einer Verfassung wurde darin gesehen, das Volk oder jedenfalls dessen befähigte Teile für die Staatsgeschäfte zu interessieren, durch Parlamente Partizipation zu ermöglichen und so Kräfte für die Stärkung des Staates zu mobilisieren.[11] Im August 1907 wurde Prinz Yi Guang (Prinz Qing) ermächtigt, eine „Behörde zur Erstellung von Regeln für eine konstitutionelle Regierung" (憲政編查館) zu errichten. Sie erarbeitete zwei Texte: 1908 die „Richtlinien der Verfassung" (憲法大綱)[12] und 1911 die „Neunzehn Artikel" (十九信條).[13] Der erste Text „verfasst" die absolute Kaisermacht, bestätigt die traditionellen Machtverhältnisse. In vierzehn Artikeln wird so gut wie ausschließlich vom Kaiser und seiner Stellung gesprochen; es handelt sich um eine Deklaration der Kaiserrechte. Nach dem ersten Artikel „regiert (統治) der Kaiser der Großen Qing (大清皇帝) das Reich der Großen Qing (大清帝國) ununterbrochen und für alle Zeiten". Der Kaiser allein ist berechtigt, Gesetze zu erlassen und zu verkünden (欽定頒行法律)", er ist berechtigt, das Parlament (議院) zu schließen, zu vertagen und aufzulösen, Beamte zu ernennen und zu entlassen, den militärischen Oberbefehl zu führen, die rechtsprechende Gewalt auszuüben usw. Vom Parlament ist nur insoweit die Rede, als dargelegt wird, dass es die genannten kaiserlichen Rechte nicht beschränken darf. So enthalten die Artikel häufig den Zusatz „議院不得干涉" oder „不得干預/das Parlament darf sich nicht einmischen". Das parlamentarische Urrecht kommt ihm aber in beschränkter Weise zu: Außerhalb der Parlamentssitzung kann der Kaiser durch Verordnung (詔令) über Finanzangelegenheiten entscheiden, was jedoch der Zustimmung der Parlamentssitzung des nächsten Jahres bedarf. Im vorletzten Artikel[14] heißt es aber: In Bezug auf die Finanz-

---

10 Zitiert in Norbert Maienberger, *The Emergence of Constitutional Government in China (1905-1908)*, Bern etc. 1980, S. 43. Wie die ersten in europäischen Hauptstädten akkreditierten chinesischen Diplomaten (in London seit 1876, in Berlin seit 1978) die politischen Institutionen auffassten und unter dem Hinblick ihrer Modellhaftigkeit für China beurteilten, vgl. Feng Chen, *Die Entdeckung des Westens. Chinas erste Botschafter in Europa 1866-1894*, Frankfurt a.M. 2001, S. 114-137.
11 Dazu E-Tu Zen Sun, „The Chinese Constitutional Missions of 1905-1906", in: *Jounal of Modern History*, vol. 24 (1952), S. 251 ff.
12 Chinesischer Text in Chen Hefu, 中国宪法类编 (Klassifizierte Sammlung chinesischer Verfassungen), Peking 1980, S. 357 f.; deutsch in Hai-Chao Chiang, *Die Wandlungen im chinesischen Verfassungsrecht seit dem Zusammenbruch der Mandschu-Dynastie*, Berlin 1937, S. 179 f.
13 Chen Hefu, *op. cit.*, S. 359 f., deutsch Hai-Chao Chang, *op. cit.*, S. 181 f.
14 Der Originaltext enthält keine Zählung der Artikel.

mittel des Kaiserhauses „kann der Kaiser ohne Zustimmung des Parlaments der Staatskasse (國庫) Gelder entnehmen".

Das Prinzip der Volkssouveränität wird also nicht anerkannt. Das Parlament ist eine vornehmlich beratende Instanz. Daher ist auch der Grundrechtsschutz nur von deklaratorischem Gehalt. Zwar heißt es in dem angehängten Katalog der „Rechte und Pflichten der Untertanen" (臣民權利義務), dass „jeder Untertan berechtigt ist, innerhalb des Rahmens der Gesetze die Freiheiten der Rede, Publikation, Versammlung und Vereinigung auszuüben", und dass „die Untertanen nur verhaftet, verhört und bestraft werden dürfen, wenn dies durch Gesetz (法律) bestimmt ist", da aber der Kaiser die letzte Entscheidung bei der Gesetzgebung hat, sind diese Garantien ohne Relevanz.

Der im November 1911 unter dem Eindruck der Unruhen im Gefolge des Wuchang-Aufstandes zustande gekommene Text weist echten „Verfassungs"-Charakter auf. In Art. 3 der „Neunzehn Artikel" heißt es: „Die Macht des Kaisers (皇帝之權) wird durch die Verfassungsbestimmungen beschränkt."[15] Und: „Das Recht, Verfassungsänderungen vorzuschlagen, steht dem Parlament (國會) zu" (Art. 6). Gesetzesvertretende Verordnungen (命令) dürfen grundsätzlich nicht ergehen (Art. 11). Auch das Budgetrecht des Parlaments wird gestärkt, denn es beschließt auch „über Erhöhung und Kürzung der Geldmittel für das Kaiserhaus" (Art. 15). Dennoch kommt eine Volkssouveränität nicht zum Ausdruck, es heißt vielmehr (wie im Text von 1908): „Das Kaiserreich der Qing-Dynastie wird unabänderlich durch den Kaiser auf ewig regiert" (統萬世不易). Ein deutscher Kommentator des Jahres 1913 sah dies positiv: „China befand sich auf dem besten Wege, einem modernen Verfassungsstaate langsam entgegenzureifen." Jedoch „traten unerwartete Ereignisse ein, welche das Endziel der ganzen Reformarbeit verrücken sollten: die monarchische Staatsform musste der republikanischen weichen."[16]

Dass die „Vorläufige Verfassung der Republik China" (中華民國臨時約法) vom 11.3.1912[17] in ihrem zweiten Artikel feststellt: „Die Souveränität der Republik China gehört der Gesamtheit des Volkes" (中華民國之主權屬於國民全體), sichert ihr die kritische Sympathie auch der heutigen Verfassungsrechtswissenschaft, nachdem selbst Mao Zedong diese Verfassung im Gegensatz zu allen anderen der Republikzeit positiv bewertet hatte.[18] Song Jiaoren (1882-1913)[19], ein naher Mit-

---

15 Ungenaue Übersetzung bei Chiang, *op. cit.*, S. 181.
16 So Fritz Jäger, Die Vorverfassung der chinesischen Republik vom März 1912, *JÖR*, Bd. 7 (1913), S. 490.
17 Chen Hefu, *op. cit.*, S. 366 ff.; deutsch bei Chiang, *op. cit.*, S. 185 ff. und im Anhang von Jäger, *op. cit.*, S. 496 ff.
18 In der im Juni 1954 gehaltenen Rede „Über den Entwurf der Verfassung der VR China", *Ausgewählte Werke*, Bd. 5, Peking 1978, S. 157, 159.
19 *BDRC*, 3 S. 192 ff. und Chün-tu Hsüeh, "A Chinese Democrat: The Life of Song Chiao-jen", in: Ders. (ed.), *Revolutionary Leaders of Modern China*, Oxford 1971, S. 248 ff.

arbeiter Sun Yatsens seit der Gründung des *Tongmenghui*-Revolutionsbundes 1905 in Japan, hatte sie in kürzester Zeit auch und gerade in der Absicht ausgearbeitet, die Macht des am 10.3.1912 (ein Tag vor Annahme der Verfassung) zum Präsidenten ernannten Yuan Shikai dadurch zu beschränken, dass alle vom Präsidenten eingebrachten Gesetzentwürfe und alle vom Präsidenten verkündeten Gesetze und Verordnungen von Ministerpräsident und Ministern (den Staatsräten, 國務員) gegenzuzeichnen sind (Art. 45), womit das ursprünglich – nach den „Allgemeinen Organisationsbestimmungen der vorläufigen Regierung der Republik China" vom 13.10.1911[20] – avisierte Präsidialsystem (總統制) durch ein System der Kabinettverantwortlichkeit (內閣制) überlagert wurde.[21] Die realen Machtverhältnisse ließen sich durch diese Konstruktion allerdings nicht bändigen, Yuan Shikai passte vielmehr die Verfassung seinen eigenen – auf Restauration des monarchischen Systems gerichteten – Bedürfnissen an: Am 1. 5.1914 wurde unter Mitwirkung eines Verwaltungsrechts-Professors der amerikanischen Columbia-Universität, Frank J. Goodnow, die – nicht mehr „provisorische" – „Verfassung der Republik China"(中華民國約法)erlassen.[22] Sie errichtete ein Präsidialsystem, das den allein dem Volk gegenüber verantwortliche Präsident berechtigte, die Legislative (立法院) einzuberufen und aufzulösen, bei Nichtzusammentritt der Legislative geseteszeskräftige Verordnungen zu erlassen und die exekutive Macht nicht mehr mit Premierminister und Ministern teilen zu müssen. Die Regierung war ein bloßes Verwaltungsorgan zur Unterstützung des Präsidenten; Minister und Premierminister, der nicht mehr als *Zongli* 總理, sondern treffender als „Staatssekretär" (國務卿) bezeichnet wurde, waren allein dem Präsidenten gegenüber verantwortlich.[23]

Die Missachtung der „Vorläufigen Verfassung" von 1912 durch Yuan Shikai veranlasste Sun Yatsen und die Guomindang (GMD) zu der „Bewegung zur Verteidigung der Verfassung" (護法) und dazu, in Guangzhou eine Gegenregierung

---

20 Deutsch in Chiang, *op. cit.*, S. 182 ff.
21 Die Vorläufige Verfassung wird daher als eine „wegen einer Person" konzipierte Verfassung kritisiert. Vgl. etwa Liu Macai, "临时约法'因人立法'说辩证" (Die Dialektik der These von der „Vorläufigen Verfassung" als eines „wegen einer Person erlassenen Gesetzes"), *FXYJ*, 2002, Nr. 5, S. 152 ff.
22 Chen Hefu, *op. cit.*, S. 381 ff.; deutsch bei Chang, *op. cit.*, S. 195 ff. Eine frühe Übersetzung stammt von Carson Chang (d.i. Zhang Junmai), in: *Blätter für vergleichende Rechtswissenschaft und Volkswirtschaftslehre*, 10. Jg. (1914), S. 172 ff.
23 Goodnows Verfassungsentwurf war darauf gerichtet, „to propose the adoption oft the American idea as to an independent president with reasonably permanent term, in order to secure greater stability in the government and a more permanent and continuous policy. " Dies ging einher mit Vorkehrungen für eine unabhängige Legislative (mit dem Recht der Präsidentenanklage) und Justiz, was sich aber nicht durchsetzen ließ. Vgl. Tseng Yu-Hao, *Modern Chinese Legal and Political Philosophie*, Shanghai, 1934, S. 145 ff.

zu bilden.[24] Dort erließ man keine Verfassung, denn das Ziel bestand ja darin, die 1912er Verfassung in Kraft zu setzen. 1917 wurde lediglich ein „Organisationsgesetz" für die Militärregierung Sun Yatsens erlassen. Die weiterhin (auch vom Ausland) als „Zentralregierung" anerkannte Regierung in Peking schwankte nach dem Tode Yuan Shikais (1916), ob sie die von Yuan geprägte Verfassung von 1914 mit ihrem Präsidialsystem fortführen oder die Vorläufige Verfassung von 1912 mit ihrem Kabinettsystem restaurieren sollte. Der Yuan Shikai im Präsidentenamt nachfolgende Li Yuanhong (1864-1928) bestätigte die 1914er Verfassung, während sein Premierminister und Gegner Duan Qirui (1865-1936) die Regierungsorganisation in Richtung eines Kabinettsystems umbaute, schließlich die Restauration der Verfassung von 1912 anordnete. Dieses Hin und Her[25] fand ein vorläufiges Ende in der Verfassung von 1923[26], die unter dem durch Bestechung zum Präsidentenamt gelangten Cao Kun (1862-1938) zustande kam. Sie ist nur deshalb erwähnenswert, weil sie in dem Bemühen, die Gesetzgebungskompetenz zwischen der Zentralregierung und den Provinzen aufzuteilen, eine Hinneigung zu einem föderativen System erkennen lässt. Diese Tendenz tritt noch deutlicher in dem unter dem „Vorläufigen Reichsverwalter" (nicht Präsident) Duan Qirui ausgearbeiteten (von der Nationalversammlung nicht angenommenen) Verfassungsentwurf vom 11.12.1925 zutage (Zweikammersystem). Bemerkenswert ist im übrigen allein die Bestimmung, wonach „der Schulunterricht nicht zum Ort der Propaganda politischer Parteien und Gruppierungen gemacht werden darf" (Art. 152).

2. Guomindang-Konzepte

Die Verfassungsgesetzgebung zwischen 1914 und 1926 entfaltete keine praktische Relevanz, der herrschende Militärfeudalismus blieb davon völlig unbeeindruckt. Wie die Straf- und Zivilrechtsgesetzgebung, so war auch der Verfassungsgesetzgebung erst unter dem GMD-Regime in Nanjing ab 1926 eine gewisse, wenn auch bald abgebrochene, Kontinuität beschieden. Sie ist dadurch charakterisiert, dass sie sich an den Doktrinen Sun Yatsens orientierte: Dem Stufenmodell, wonach der Konstitutionalismus erst auf eine Periode der Militär-, dann der Vormundschaftsherrschaft folgt und der Verfassungslehre von den fünf Gewalten. Damit wurde nach diversen Organisationsgesetzen am 1.6.1931 die „Verfassung der Republik China für die Periode der politischen Vormundschaft" (中華民國訓政時期約

---

24 Ausführlich dazu Li Shou-Kung, "Dr. Sun Yat-sen's Constitution-Protection Campaign and the Establishment of the Military Government in Canton, 1917-1918", *CF*, vol. IV, no. 2 (July 1977), S. 255 ff.

25 Dazu ausführlich Allen Yuk-Lun Fung, *The Struggle Over the Constitution: Chinese Politics (1917-1919)*, Diss. Harvard University, Cambridge/Mass. 1996 (UMI Dissertation Service).

26 Chen Hefu, *op. cit.*, S. 404 ff.; deutsch bei Chang, *op. cit.*, S. 203 ff.

法)[27] erlassen. In ihr heißt es, dass „während der Periode der politischen Vormundschaft die zentrale Regierungsgewalt durch den Nationalkongress der GMD ausgeübt wird" (Art. 30). Dieses „Erziehungskonzept" wurde in liberaleren Kreisen als Ausdruck mangelnden Vertrauens in die politischen Fähigkeiten des einfachen Volkes heftig kritisiert:

> "Democratic government itself is an education. It is unavoidable that the people should commit errors in their first experience of government. But that does certainly not justify the withholding of political rights from them... The best political training for democracy, therefore, is democracy itself... May we not ask, why a constitution cannot co-exist with educative government? Why can we not have a period of political education under a Constitution? In a country, where the people are not prepared for democratic government, *the government itself needs tutoring and training no less than the common man*... Therefore I maintain that Dr. Sun Yat-sen made a fundamental mistake in his refusal to recognize the compatibility of constitutional government with the idea of political education... We do not believe that political education is possible without a constitution."[28]

Entwürfe für die Verfassung der Endperiode stammen von 1.3. und 9.7.1934, schließlich vom 5.5.1936.[29] Die endlich am 25.12.1946 von der Nationalversammlung in Nanjing angenommene „Verfassung der Republik China" (中華民國憲法)[30] bedeutet den Schlusspunkt des Sun Yatsen'schen Verfassungsmodells. Seine Fortgeltung und Fortentwicklung in Taiwan ist mit der Demokratisierung und das heißt auch der Entmachtung der von Jiang Kaishek und Nachfolgern geprägten GMD verbunden. So äußerte sich der damalige Vorsitzende der *Minjin* 民進-Partei im August 1991 wie folgt:

> „Nach dem Aussterben der Jiang-Familie ist das Maß an Meinungsfreiheit erheblich gewachsen. Entscheidend ist, dass wir nicht wieder der ‚weisen Führung' (英明領導) einer Einzelperson unterliegen..., dass wir nun damit beginnen, uns an Institutionen zu halten, allmählich von der Personenherrschaft (人治) zur Rechtsherrschaft (法治) übergehen."[31]

3. KP-Konzepte

In Festlandchina jedoch ist das Ende der Verfassungen der „weisen Führung" noch nicht in Sicht. Nach Gründung der Volksrepublik am 1.10.1949 fungierte das am 29.9.1949 von der „Konsultativkonferenz des chinesischen Volkes" (中国人民政

---

27 Chen Hefu, *op. cit.*, S. 448 ff.; deutsch bei Chang, *op. cit.*, S. 233 ff.

28 Hu Shi, "When Shall we have a Constiution?" In: Ders. und Lin Yu-t'ang, *China's Own Critics*, Shanghai 1931, S. 33-37 (Hervorhebung im Text).

29 Deutsche Übersetzung aller drei Entwürfe bei Chang, *op.cit.*, S. 246 ff.; sie haben ihren Ausgangspunkt in dem Entwurf, den Wu Jingxiong (1899-1986) als Vizevorsitzender des zuständigen *Lifayuan* 立法院-Ausschusses 1933 erarbeitet hatte (sog. 吴经熊试稿).

30 Chen Hefu, *op. cit.*, S. 425 ff.; deutsch (von Karl Bünger) in *ZaöRV*, Bd. 13 (1950/51), S. 808 ff.

31 Vgl. Robert Heuser, „Verfassungsreform in Taiwan", *JÖR*, Bd. 41 (1993), S. 660.

治协商会) angenommene „Allgemeine Programm" (共同纲领)[32] als eine Art Vor-Verfassung. Den Beginn der Entwicklung eines „eigenständigen Verfassungstyps" markiert aber erst die Verfassung vom 21.9.1954 (中华人民共和国宪法), die der Staatspräsident Liu Shaoqi in seinem „Bericht über den Verfassungsentwurf" vor dem NVK als eine „Verfassung des sozialistischen Typs" (社会主义类型的宪法) bezeichnete und von sog. „kapitalistischen Verfassungen" abgrenzte, wozu er auch die chinesischen Verfassungen seit Beginn des 20. Jh. rechnete, allerdings einen Unterschied machte zwischen schlichten Scheinverfassungen (伪宪) und der „Vorläufigen Verfassung" (临时约法) von 1912, die allein er als fortschrittliche „bürgerliche" Verfassung, als Ausdruck des Willens der von Sun Yatsen repräsentierten Gesellschaftsschicht im Sinne des „historischen Materialismus" positiv einschätzte. [33]

Die Verfassung von 1954[34], so legte Liu weiter dar, sei „das Resultat, die Quintessenz der historischen Erfahrungen, die das neuzeitliche China mit der Verfassungsfrage gemacht hat." Ihre Präambel hebt hervor, dass es die KP ist, die die Konsequenzen aus dieser Erfahrung gezogen hat. Für die Rolle der Verfassung bedeutet das, dass nun nicht mehr Kalküle von „Machtbegrenzung", „Gewaltenteilung", „Unabhängigkeit der Justiz" etc., sondern Gesellschaftsreform, „sozialistische Industrialisierung", „sozialistische Umgestaltung" von Landwirtschaft, Handwerk, Industrie und Handel und damit die Art und Weise von Machtbündelung und Machtanwendung essentiell sind. Die Verfassung hat die Funktion, das bisher in Sachen Gesellschaftsreform und Wirtschaftsaufbau Erreichte, dann die weitere Programmatik zu formulieren. In der Präambel heißt es: „In dieser Verfassung sind die politischen und wirtschaftlichen Errungenschaften seit Gründung der VR China verankert; sie spiegelt des weiteren die grundlegenden Erfordernisse des Staates während der Übergangsperiode und das Streben der Volksmassen nach dem Aufbau einer sozialistischen Gesellschaft wider." Ähnlich hatte Mao in einer Rede zum Verfassungsentwurf ausgeführt: „Wir müssen jetzt das ganze Volk zusammenschließen und alle Kräfte für den Kampf um den Aufbau eines großen sozialistischen Landes vereinen... Gerade um dieses Ziel zu erreichen, ist die Verfassung entworfen worden."[35]

Dieses Verfassungskonzept hat sich über mehr als ein halbes Jahrhundert im Prinzip unverändert erhalten. Die Verfassungstexte von 1975[36] mit ihrem Be-

---

32 Deutsch (von Karl Bünger) in *ZaöRV*, Bd. 13 (1950/51), S. 759 ff.

33 So auch Mao Zedong in einer Rede zum Entwurf der Verfassung von 1954, in: *Ausgewählte Werke*, Bd. 5, Peking, 1978, S. 157 ff.

34 Deutsch in E. Tomson, J.-H. Su, *Regierung und Verwaltung in der VR China*, Köln, 1972, S. 375 ff.

35 *Op. cit.*, S. 163.

36 Deutsch in *ZaöRV*, Bd. 35 (1975), S. 502 ff.

kenntnis zur Notwendigkeit sog. „Kulturrevolutionen" und von 1978[37] mit ihrer Hinwendung zu einem „sozialistischen Rechtssystem" blieben ihm ebenso verbunden wie die geltende Verfassung von 1982.[38] Auch sie stellt in ihrer Präambel fest, dass sie „in Gesetzesform die Errungenschaften des Kampfes der Volksmassen... bestätigt und das grundlegende System und die grundlegenden Aufgaben des Staates festlegt." Kontinuität ist auch im Hinblick auf die Führungsrolle der Kommunistischen Partei und der Orientierung des gesamten Staatswesens am Denken der jeweiligen höchsten Parteipersonen festzustellen: Nach den „Maozidong-Ideen" wurde die „Theorie Deng Xiaopings", schließlich durch die bisher letzte Verfassungsrevision (vom März 2004) der Jiang Zemin zugeschriebene „wichtige Gedanke der Drei Repräsentationen" (aller sog. fortschrittlichen Kräfte durch die KP) als weiteres ideologisches Leitgestirn in die Präambel der Verfassung aufgenommen.

4. Zusammenfassung

Die chinesische Verfassungsgeschichte des 20. Jh. ist durchweg vom „Rechtsverständnis der Politiker" beherrscht.[39] „Beruhen Verfassungen", heißt es in einer gegenwärtigen chinesischen Kritik dieses Verfassungskonzepts, „nicht auf einer festen gesellschaftlichen Basis und dieser gemäßen rechtswissenschaftlichen Theorien, sondern allein auf politischer Pragmatik und den Machtkonzepten der Politiker, so lässt sich die politische Instrumentalisierung der Verfassung nicht vermeiden."[40]

Den chinesischen Verfassungen des 20. Jh. ist es also nicht gelungen, auf die Politik in dem Sinne Einfluss zu nehmen, dass sie Macht begrenzten, *limited government* herstellten. Den Verfassungen vor 1949 lag eine solche Ideologie zwar zugrunde, jedoch waren die faktischen Machtverhältnisse und die politische Kultur des Landes nicht geneigt, dem in ihr liegenden Anspruch zu entsprechen. Politische Toleranz, Respekt der Meinung anderer, Gewaltenteilung, Mehrheitsherrschaft – das alles konnte nicht zur Spielregel der Politiker werden. Die Verfassungen nach 1949 haben dann auch die Ideologie, die Idee, den Anspruch von Gewaltenteilung

---

37 Deutsch in *ZaöRV*, Bd. 39 (1979), S. 301 ff.
38 Deutsch (einschließlich der Revisionen von 1988, 1983 und 1999) in Robert Heuser, *„Sozialistischer Rechtsstaat" und Verwaltungsrecht in der VR China (1982-2002)*, Hamburg, 2003, S. 207 ff.
39 Vgl. Hui Xie, „Vom politisierten zum rechtsstaatlichen Verfassungsverständnis: Entwicklungen im China des 20. und Erwartungen des 21. Jahrhunderts", in: *Der Staat*, 44. Bd. (2005), S. 289 ff.
40 *Ibid.*, S. 293.

aufgegeben und Verfassung ganz offen als verlängertes Parteiprogramm verstanden.[41]

III Wirkung und Infragestellung der Tradition

1. Philosophische Grundlagen

Das Verfehlen des „Konstitutionalismus", d.h. der Herstellung eines die Politikermacht im Dienste von guter Ordnung und Minimalrechtsschutz wirksam begrenzenden Instrumentariums wurzelte letztlich in Bezügen der Tradition, nämlich darin, dass die mit „Machtbegrenzung" verknüpfte Denkweise im Kontext des konfuzianischen Staates schwer aufkommen oder akzeptiert werden konnte. Man kann annehmen, dass ursächlich dafür die konfuzianische – besonders von Menzius geprägte – Haltung wurde, den Menschen als natürlich gut zu denken. Während die andere staatswirksame, seit dem 1. Jh. v. Chr. aber zunehmend zurückgedrängte Denkrichtung der sog. Legisten den Tugenden der Herrscher mit grundsätzlicher Skepsis begegneten, fand bei den Konfuzianern eine Idealisierung des Herrschers statt. Lin Yutang führt dazu treffend aus: „Eine ‚Verfassung' setzt voraus, dass unsere Herrscher Schurken sein könnten, die ihre Macht missbrauchen und unsere ‚Rechte' verletzen, wogegen wir die Verfassung als eine Waffe zur Verteidigung benutzen. Die chinesische Auffassung von Regierung ist das direkte Gegenteil dieser Voraussetzung. Nach chinesischer Auffassung handelt es sich um „Eltern-Regierung" (父母官) oder „Regierung durch Gentlemen" (君子), von denen angenommen wird, dass sie die Interessen des Volkes so hüten wie Eltern die ihrer Kinder, und denen wir freie Hand geben, da wir ein grenzenloses Vertrauen in sie setzen."[42]

---

41 Was Fairbank (*Geschichte des modernen China, 1800-1985,* München 1989, S. 177) für die Zeit der frühen Republik ausführt, gilt *mutatis mutandis* für das ganze 20. Jh.: „Mehrheitsherrschaft durch allgemeines Wahlrecht erschien als Herrschaft der Dummheit. Der repräsentative Gedanke war noch ungefestigt. Man rechnete im stillen mit einer Fortsetzung der ‚Meritokratie', der Herrschaft von Leuten mit Können, Status und Reichtum. Was die politische Autorität betraf, hielt man eine starke Exekutive für die richtige Kur für Unruhen. Persönliche Treue zum Inhaber der Macht gehörte zum inneren Frieden. Der Gedanke einer loyalen Opposition schien abnorm. Die Gesetzgebung war ein Teil der Regierung, auch die Trennung der ausführenden und rechtsprechenden Gewalt wurde kaum verstanden und meist abgelehnt. Was die Werte betrifft, war die Regierung eine moralische Pflicht, von tugendhaften Männern zum Wohl des Volkes auszuüben, wie es Konfuzius gelehrt hatte. Man pries die Harmonie, nicht Streit und Wettbewerb. Die ganze Regierung sollte einheitlich hinter dem Herrscher stehen. Jeder Neuerer, der diese altehrwürdigen Prinzipien verneinte, stieß auf allgemeinen Widerspruch."

42 *My Country and my People*, Taibei-Ausgabe, 1968, S. 206 (ursprünglich New York 1935).

Merkwürdig berührt, dass dieser Optimismus sich so vertiefen konnte. Denn Konfuzius (*Lunyu* 论语) selbst hatte erkannt, dass „edle Charaktere" die Ausnahme sind: „Ich habe noch niemanden kennengelernt, der das Gute wirklich liebt, und keinen, der das Böse wirklich verabscheut" (IV/6). „Ich habe noch keinen wirklich standhaften und unbeugsamen Menschen gesehen" (V/11). Und: „Dass man seine Pflichten kennt, ihnen aber nicht nachkommt, dass man Ungutes an sich hat und nicht imstande ist, es zu bessern: Das sind Dinge, die mich schmerzen" (VII/3). In diesem Schmerz appelliert er immer nur an das Ideale, die Norm, an das Sollen: „Der Edle (Herrscher) erwirbt sich zunächst das Vertrauen des Volkes; erst dann verlangt er von ihm die Erfüllung von Aufgaben" (XIX/10). Konfuzius zeigte jedoch keinen Ausweg für den Fall des Fehlverhaltens der Mächtigen. Die englischen Barone, Locke und Montesqieu haben Mechanismen der Regierungsbeschränkung, der Eindämmung der Möglichkeit von Machtmissbrauch entwickelt, die Konfuzianer nicht. Ein Konfuzianer der Gegenwart, Philosophie-Professor an der Chinesischen Universität in Hongkong, stellt dazu fest:

> „Letztlich könnte auch der Glaube an das Gute in der menschlichen Natur in dem Sinne falsch interpretiert werden, dass geglaubt wird, das gegenwärtige Verhalten des Menschen sei allgemein gut. Deshalb war China nicht in der Lage, in sein politisches System einen Ausgleichsmechanismus nach dem Vorbild der westlichen Demokratie einzubauen.... Es reicht einfach nicht aus, sich nur auf des Menschen Willen, Gutes zu tun, zu stützen; es bedarf schon des Schutzes durch das Gesetz."[43]

2. Gewaltenteilung

Die Verfassungsgeschichte der ersten Hälfte des 20. Jh. bedeutet nun, dass der Zweifel an der Perfektion der Machtträger in der Gewaltenteilung institutionalisiert (wenn auch nicht wirksam) wurde. Ein erstes Anzeichen dafür kann in der gerichtlichen Überprüfbarkeit von Entscheidungen der Verwaltungsbehörden, also in der Verwaltungsgerichtsbarkeit gesehen werden. Bereits nach der Vorläufigen Verfassung von 1912 „sind die Bürger bei rechtswidrigen, ihre Rechte schädigenden Handlungen von Beamten berechtigt, sich an die Verwaltungsgerichte zu wenden" (Art. 10), wobei „für das Verwaltungs-Streitverfahren... besondere gesetzliche Bestimmungen getroffen werden" (Art. 49). Auf der Basis der Verfassung von 1914 kam das behördliche Widerspruchsverfahren hinzu. Zu den Rechtsmitteln gegen die Verwaltung führt diese Verfassung also aus: „Chinesen haben das Recht, nach den Bestimmungen des Gesetzes bei der Verwaltungsbehörde Beschwerde anzubringen und bei dem Verwaltungsgericht (平政院) Klage zu erheben" (Art. 8). Das

---

43 Shu-Hsien Liu, „Das Humanum als entscheidendes Kriterium aus der Sicht des Konfuzianismus," in: Hans Küng, Karl-Josef Kuschel (Hg.), *Weltfrieden durch Religionsfrieden. Antworten aus den Weltreligionen*, München, Zürich 1993, S. 92 ff., 94, 103.

erste Beschwerdegesetz (Widerspruchsgesetz, 诉愿法) und das erste Verwaltungsprozessgesetz (行政诉讼法) sind 1914 im Anschluss an diese Verfassung ergangen. Selbst die Vormundschafts-Verfassung von 1931 gewährte das „Recht, Beschwerde und Verwaltungsklage zu führen" (Art. 22), was durch das Beschwerdegesetz (诉愿法) von 1930 und das Verwaltungsprozessgesetz (行政诉讼法) von 1932 konkretisiert wurde.

Da der chinesischen Verfassung, wie sie in der zweiten Hälfte des 20. Jh. verstanden wurde, jeder Gedanke an eine Notwendigkeit, die „Volksmacht" zu beschränken fremd war, trat auch die Notwendigkeit einer Verwaltungsgerichtsbarkeit zunächst nicht in Erscheinung, Konflikte zwischen Bürgern und Beamten (Kadern) wurden in informeller Weise beigelegt. Dies wurde erst anders, als Mitte der achtziger Jahre vornehmlich aus Gründen der Korruptionsbekämpfung „politische Strukturreform" als dringlich empfunden wurde. Der damalige Premierminister und KP-Generalsekretär Zhao Ziyang erwähnte in seinem Bericht vor dem 13. Parteitag im Oktober 1987 unter den zahlreichen Elementen einer solchen Strukturreform auch die Notwendigkeit, einen Verwaltungsprozess einzuführen. „*Min gao guan* 民告官 / die Bürger verklagen die Beamten" wurde zu der neuen Umschreibung dessen, was Lin Yutang als die im chinesischen System vermisste Erkenntnis von Machtträgern als potentielle „Schurken" apostrophiert hatte. Das Verwaltungsprozessgesetz (行政诉讼法) von 1989 bedeutet die Hinwendung zu einer durch das Recht beschränkten Verwaltung. Der Bürger kann eigene Rechte gegenüber den Behörden geltend machen, was einem Durchbruch zu einer neuen Qualität gleichkam: Die Staatsmacht ist an Gesetze gebunden, sie muss den Bürgern die in den Gesetzen aufgeführten Vorteile verschaffen, womit der Keim für den „Konstitutionalismus", d.h. die Bindung der staatlichen Politik an die in der Verfassung aufgeführten Rechte der Bürger gelegt war.

IV Von der „Verfassung" zum „Konstitutionalismus"?

Die große Herausforderung der Gegenwart liegt also darin, Wege zu finden, um von der „Verfassung" (宪法) zum „Konstitutionalismus" (宪政) fortzuschreiten. Anders als in der Späten Qing, als Yan Fu, Liang Qichao u.a. von Verfassungsgebung (立宪) als einem Mittel zur Erreichung von „Wohlstand und Stärke" (富强 *fuqiang*) sprachen („*fuqiang*-Konstitutionalismus")[44], bedeutet Konstitutionalismus seinen heutigen Verfechtern, dass die Verfassung die Werte der Rechte und

---

44 Zu diesem Verständnis sehr anschaulich Benjamin Schwartz, *In Search of Wealth and Power. Yan Fu and the West. Western Thought in Chinese Perspective*, Cambridge/Mass. 1964, insbes. Kap. VI und VII. Dazu auch Wang Renbo, "宪政的中国语境" (Die chinesische Sprachgrenze des Konstitutionalismus), *FXYJ*, 2001, Nr. 2, S. 133 ff.

Freiheiten der Bürger und der Beschränkung der Regierung verkörpert und alle Staatsgewalt sich an diesen Werten orientiert. Das heißt konkret, dass die Gesetzgebung die Rechte und Freiheiten der Bürger zwar vernünftig im Sinne der Gemeinverträglichkeit beschränken darf, aber doch respektieren muss, dass die Exekutive in diese Rechte und Freiheiten nur aufgrund einer Ermächtigung durch die Volksvertretung eingreifen darf und dass eine von der Exekutive unabhängige Gerichtsbarkeit darüber wacht, dass das Wertsystem der Verfassung im praktischen politisch-administrativen Leben zur Geltung kommt, dass die Verfassung also tatsächlich „höchste Norm" ist.

1. Stimmen der Rechtswissenschaft

In der Rechtswissenschaft wird die Forderung, ein solches System zu realisieren, immer vernehmlicher. So bezieht sich Cao Siyuan (bekannt für seine Verdienste um die Erarbeitung des chinesischen Konkursgesetzes, seit längerem aber konzentriert auf Verfassungsfragen) auf die Gewaltenteilung als „der höchsten Entwicklung der politischen Zivilisation" und sieht in „der Konzentration der Gewalten in einer einzigen Institution nichts als einen sicheren Weg in eine verhängnisvolle Politik."[45] Ein anderer Autor führt aus: „Der moderne Konstitutionalismus hat seinen Ursprung im Westen und die Institutionen und Erfahrungen, die der Westen im Lauf der Errichtung der konstitutionellen Regierungsform hervorgebracht hat, können nicht mechanisch als Modell dienen, jedoch ist der Kerngehalt des Konstitutionalismus universeller Natur, und dazu gehören Institutionen zur wirksamen Kontrolle der tatsächlichen Achtung und Durchführung der Verfassung."[46] In der vom Pekinger KP-Ausschuss für Politik und Recht herausgegebenen *Faxue zazhi* wurde darauf hingewiesen, dass „das Ziel des Konstitutionalismus die Menschenrechte sind; eine Verfassung ist die Voraussetzung für den Konstitutionalismus, eine Verfassung mit unvollständigen Menschenrechts-Artikeln ist eine unvollständige Verfassung."[47]

---

45 „Framework for a New Chinese Political System" (Ed. Andrew Nathan), in: *Chinese Law and Government*, Sept./Oct. 2003, S. 14.

46 Yu Xunda, "中国：向民主，稳定的宪法过渡" (China: Auf dem Wege zu einer demokratischen und stabilen Verfassungsordnung), in: 浙江大学学报, 2000, Nr. 3, S. 6.

47 Wang Xiuling, "与时俱进的我国宪法权利" (Gemäß der Zeit die Rechte in der chinesischen Verfassung entwickeln), *FXZZ*, 2003, Nr. 7, S. 47.

„Eine Verfassung", so wird weiter dargelegt[48], „hat zwei Funktionen: Beschränkung der öffentlichen Gewalt und Gewährleistung individueller Rechte." Um der ersten Funktion gerecht zu werden, müsse die Verfassung die Staatsgewalt in diverse Zweige unterteilen und entsprechende Mechanismen der Begrenzung und Balance etablieren. Zur Verwirklichung der zweiten Funktion müsse die Verfassung die diversen Rechte der Bürger deutlich bestimmen und die Eingriffe der öffentlichen Gewalt, die diese Rechte beschränken oder entziehen, durch die Prinzipien der Gesetzmäßigkeit (Ermächtigung durch Gesetz) und Verhältnismäßigkeit (geringstmöglicher Eingriff) streng begrenzen. In der Rechtsordnung vorhandene, grundrechtsbeschränkende Rechtsakte, wie die Verordnung über Arbeitserziehung und das Gesetz über Versammlung und Demonstration werden wegen Missachtung des Gebots des Gesetzesvorbehalts oder der Verhältnismäßigkeit als verfassungswidrig angesehen. Somit ist die Verfassung „das Garantiebuch (保障书) der Bürgerrechte und das Auftragsbuch (委托书) der Staatsmacht".

Der Vergleich des in der chinesischen Verfassung enthaltenen Grundrechtskatalogs mit den im UN-Zivilpakt aufgeführten Rechten veranlasst die Verfassungsrechtler, auf Ergänzung der Verfassung durch Rechte wie Freizügigkeit, Streikrecht, Zugang zu Regierungsinformationen („Recht zu wissen"), gerichtlichen Rechtsschutz und fairen Prozess, Schutz der Privatsphäre u.a. zu dringen. Für die bereits in der Verfassung angesiedelten Rechte werden neue Prioritäten aufgewiesen: „Seitdem die Frage der Subsistenzrechte im Grundsatz gelöst ist, werden die Freiheitsrechte und wird besonders die Meinungsfreiheit zu einem erstrangigen Recht des chinesischen Volkes." Schon länger fordern Strafprozessualisten die Ergänzung des Strafprozessgesetzes durch das für die Realisierung des Folterverbots grundlegende Recht auf Schweigen und die gesetzliche Sicherstellung eines Verwertungsverbots von durch Folter erlangten Beweismitteln. Allerdings wird auch

---

48 Zu Folgendem: Wang Lei, „Einige Defizite des verfassungsrechtlichen Schutzes der Menschenrechte", *FXJ*, 2004, Nr. 4, S. 32 ff.; Chen Ruihua, „Zur verfassungsrechtlichen Garantie der Grundrechte", *FZRB* vom 10.7.2003; Dai Tao, Lu Yongsheng, „Der konstitutionelle Schutz des Rechts auf Gedankenfreiheit", *FLKX*, 2004, Nr. 2, S. 12 ff.; Wen Hui, „Die Meinungsfreiheit – Begriff und Grenzen", *BJFYJ*, 2005, Nr. 3, S. 16 ff.; Ma Ling, „Die Träger von Meinungs-, Publikations- und Pressefreiheit und ihr rechtlicher Schutz", *DDFX*, 2004, Nr. 1, S. 60 ff.; Huang Delin, Tang Chengmin, „Das Recht der Bürger zu wissen und seine Wirklichkeit", *FXPL*, 2001, Nr. 5, S. 33 ff.; Liu Renwen, „Das System der Arbeitserziehung und seine Änderung", *XZFXYJ*, 2001, Nr. 4, S. 13 ff.; Sheng Dalin, „Zum Recht auf Freizügigkeit", *FZRB* vom 8.4.2002; Jiao Hongchang, „Verfassungsrechtliche Analyse des (2004 erfolgten) Verfassungszusatzes ‚Der Staat respektiert und garantiert die Menschenrechte'", *ZGFX*, 2004, Nr. 3, S. 42 ff.; Zhou Wei, 宪法基本权利司法救济研究 (Studien zum gerichtlichen Rechtsschutz der Grundrechte), Beijing, 2003.

die Frage erörtert, angesichts welcher im UN-Zivilpakt aufgeführten Rechte China einen – völkerrechtlich zulässigen – „Vorbehalt" erklären könnte.[49]

Gemäß dem Prinzip, „kein Recht ohne Rechtsschutz" gilt es als unabdingbar, dass jeglicher Eingriff der öffentlichen Gewalt in Bürgerrechte gerichtlicher Kontrolle unter Anwendung fairer Verfahren unterliegen müsse. Um den Bürger zum „Kampf ums Recht" (为权利而斗争) zu befähigen, müsse die Verfassung die entsprechenden Instrumente bereitstellen, insbesondere die Möglichkeit eröffnen, bei der Verletzung von Grundrechten gerichtlichen Rechtsschutz zu erlangen.[50] Das lang akzeptierte Dogma, dass den Grundrechtsbestimmungen der Verfassung nur programmatische Bedeutung zukommt, sie also nicht unmittelbar geltendes Recht sind und von den Gerichten nicht als Entscheidungsgrundlage zitiert werden dürfen, wurde im Jahre 2001 durch eine Stellungnahme des Obersten Gerichts erstmals in Frage gestellt. In Qi Yuling gegen Chen Xiaoqi u.a. stellte das Gericht 2001 erstmals fest, dass es sich um eine Streitigkeit wegen eines von der Verfassung geschützten Grundrechts – des Rechts auf Bildung – handelt.[51] Obwohl es hierbei um eine Konstellation ging, die in der deutschen (und inzwischen auch chinesischen) Verfassungsrecht- lehre als „Drittwirkung" von Grundrechten, d.h. deren Wirkung in zivilrechtlichen Verhältnissen, beschrieben wird, verstärkte dieser Fall den bereits sich in Gang befindlichen Diskurs über die Notwendigkeit, diverse Aspekte von „Verfassungsstreitigkeiten" zu institutionalisieren. Eine häufiger vertretene, da mit den gegebenen Verhältnissen (Volkskongresssystem) am ehesten vereinbare, Ansicht geht dahin, den Schutz gegen Grundrechtsverletzungen (Verfassungsbeschwerde) dem OG zuzuweisen, während für die Überprüfung der Vereinbarkeit von Gesetzen und untergesetzlichen Normen mit der Verfassung (Normenkontrolle) ein unter dem Ständigen Ausschuss des Nationalen Volkskongresses tätiger Fachausschuss zuständig sein soll.

---

49 Etwa: Zhao Jianwen, „Vorbehalte und interpretative Erklärungen zum ‚Internationalen Pakt über bürgerliche und politische Rechte", *FXYJ,* 2004, Nr. 5, S. 144 ff. und Liu Jian, Lai Jianyun, „Der Konflikt zwischen dem chinesischen System der Arbeitserziehung und dem Internationalen Menschenrechtspakt und seine Überwindung", *FXPL*, 2001, Nr. 5, S. 29 ff.

50 Zu Folgendem: Zhu Xiaozhe, Zhang Haibin u.a., „Das Für und Wider der Anwendung der Verfassung durch die Gerichte", in: 华东政法学院学报, 2001, Nr. 6, S. 3 ff.; Wang Conglie, "中国宪法司法化路径探索" (Einige Überlegungen zur Errichtung eines Verfassungsprozeßmechanismus), *FXZZ*, 2005, Nr. 2, S. 122 ff.; Cai Dingjian, "建构我国宪法诉讼机制的若干思考" (Untersuchung des Wegs zur Verrechtlichung der chinesischen Verfassung), *FXYJ*, 2005, Nr. 5, S. 110 ff.

51 *法律年鉴*, 2002, S. 643.

2. Die Stimme der Partei

Solche Bestrebungen stoßen aber auf das Hindernis der offiziellen Auffassung zur sog. politischen Strukturreform. In dem Bericht, den der Generalsekretär auf dem 14. Parteitag der KP (Oktober 1992) vorgetragen hat, heißt es:

„Unsere politische Strukturreform zielt darauf ab, die demokratische Politik des Sozialismus chinesischer Prägung zu entwickeln, keinesfalls aber ein Mehrparteiensystem und den Parlamentarismus wie im Westen einzuführen. Die Verfassung der VR China legt fest, dass die Staatsorgane VR China das Prinzip des demokratischen Zentralismus praktizieren. Es handelt sich dabei um ein grundlegendes System unseres Landes... Es gilt, das Volkskongresssystem weiter zu vervollkommnen, die Funktionen des Volkskongresses und dessen Ständigen Ausschuss bei der Gesetzgebung, der Überwachung usw. zu stärken und die Rolle der Abgeordneten zu voller Entfaltung zu bringen. Wir müssen das System der Mehrparteienzusammenarbeit und der politischen Konsultation unter der Führung der KP vervollständigen... und die Rolle der Politischen Konsultativkonferenz des Volkes bei der politischen Konsultation sowie bei der demokratischen Aufsicht voll zur Entfaltung bringen."[52]

Davon hat die Partei bisher kein Wort zurückgenommen und auch nicht erkennen lassen, dass sie dies für die nähere Zukunft erwägt.[53]

Angesichts dieser Situation drängen sich in und außerhalb Chinas folgende Fragen auf: Ist es im Rahmen der die offizielle Position beschreibenden „Eckdaten" – Einparteienherrschaft, Prinzip des demokratischen Zentralismus, Volkskongresssystem – möglich, die Rechte und Freiheiten der Bürger, wie Vereinigungsfreiheit, Versammlungsfreiheit, Pressefreiheit, Freizügigkeit, zu etablieren und die Regelungsintensität der Regierung entsprechend zurückzudrängen, *limited government* herzustellen? Die chinesische Regierung hat immer noch vor, den UN-Pakt über bürgerliche und zivile Rechte, den sie 1998 schon unterschrieben hat, ratifizieren zu lassen. Kann ein solcher Menschenrechts-Vertrag im Rahmen der chinesischen Institutionen Geltung gewinnen? Welche Institutionen sind wie zu ändern? Ist „Flickwerk" möglich oder bedarf es umfassender, grundlegender Neuordnung? Bedarf es dessen, was man in China seit langem „vollumfängliche Verwestlichung" (全盘西方化) nennt, womit im wesentlichen Gewaltenteilungsprinzip und Mehrparteiensystem gemeint sind? Oder ist es jedenfalls möglich, Demokratie und Rechtsstaat zu trennen, bei Fortdauer von Einparteienherrschaft einen

---

52 *BR*, 1992, Nr. 43, S. XVIII.
53 Jiangs entsprechende Berichte auf dem 15. Parteitag vom September 1997, *Ggb*, 1997, S. 1349 ff., 1366) und vom 16. Parteitag vom November 2002 (*FZRB* vom 18. 11. 2002) ergehen sich insoweit in Wiederholungen. Diese Berichte sind alle in die im August 2006 in Peking veröffentlichte dreibändige Ausgabe der „Ausgewählten Werke Jiang Zemins" (江泽民文选) eingegangen.

kompetenten NVK für die Gesetzgebung zu schaffen, das Prinzip des „Vorbehalts des Gesetzes" zu etablieren, das Verordnungsrecht der Regierung zu reduzieren und die Unabhängigkeit der Gerichte wirklich strukturell zu begründen, d.h. die Gerichte endgültig loszulösen von ihrer Abhängigkeit von der Exekutive der jeweiligen Verwaltungsebene? Fragen, die deutlich machen, dass Chinas Weg zum „Konstitutionalismus" offen und ungewiss ist. Sicher ist jedoch, dass die Vertiefung und Verbreiterung marktwirtschaftlich generierten Pluralismus, die Autonomisierung und Vermehrung von Marktsubjekten – seien es Produktions- oder Dienstleistungsunternehmen, Bildungseinrichtungen oder Sportvereinigungen – den Wert von Rechtssicherheit, d.h. der Anerkennung und des Schutzes legaler Interessen, für den wirschaftlichen und gesellschaftlichen Fortschritt immer unübersehbarer werden lassen. So heißt es z.B. in einer Studie, die sich mit den zerstörerischen Konsequenzen befasst, die der Mangel rechtlicher Strukturen – Anerkennung, Definition und Schutz subjektiver Rechte – in der chinesischen Fußballiga mit sich bringt: „Die Errichtung der Herrschaft des Rechts (法治) in der chinesischen Fußballwelt hat sich von einem von oben nach unten verlaufenden Regierungsprogramm zu einer von unten nach oben gehenden gesellschaftlichen Forderung gewandelt."[54] Hier erscheint Recht nicht mehr als ein auf Modernisierung reduziertes Instrument, sondern als konstitutives Element moderner Gesellschaft. Ähnliches kann auch von anderen Bereichen der Gesellschaft gesagt werden: Von den Interessen der Bauern, Privatunternehmer und Wohnungseigentümern, den Anliegen des Umwelt-, Verbraucher- und Arbeitsschutzes. Überall sind gesellschaftlicher Friede und Fortschritt ohne Anerkennung und Schutz der involvierten Rechte nicht mehr denkbar. Nach hundert Jahren Verfassungsreform ist diese Einsicht allgemein, es bleibt, institutionelle Konsequenzen aus ihr zu ziehen.

---

54 Ge Hongyi, "法治如何才能形成? 中国足球职业联赛个案分析及其启示" (Wie sich Herrschaft des Rechts nur herausbilden kann – Erkenntnisse aus der Analyse diverser Fälle aus der chinesischen Profifußballliga), *FLKX*, 2002, Nr. 6, S. 18 ff., 21.

Anhang

Das Strafrechtskapitel in der „Allgemeinen Geschichte Taiwans" des Lian Heng

I Vorbemerkung

Die strafrechtlichen Monographien (刑法志) der dynastischen Chroniken[1] gelten zu Recht als beachtenswerte Quelle zur Erkenntnis chinesischer Ordnungsvorstellungen. Aus ihnen verdeutlicht, dass das zentrale Anliegen von Rechtsdenken und Rechtssetzung über 2000 Jahre hinweg die Anpassung der Strafe an die aktuellen gesellschaftlichen Notwendigkeiten und damit die von daher erforderlichen Rechtssetzungsformen – das Zusammenspiel von Konstantem und Ergänzendem – gewesen ist. Bedingungen für ein adäquates Strafen zu schaffen, darin sahen die chinesischen Beamten-Juristen von der ersten (Qin/Han) bis zur letzten (Qing) Dynastie ihre vornehmste Aufgabe und ihren unerlässlichen Beitrag für die Ordnung der Gesellschaft. Dabei fällt auf, dass der sie beschäftigende Fragenkreis früh und vom ersten „Rechtskapitel" – dem der Han-Chronik – an weitgehend konstant blieb, es immer dieselben Anliegen waren, die zu Erörterung und Entscheidung herausforderten, wie z.B. die Arten der Bestrafung, insbesondere Körperstrafen und Todesstrafe, die privilegierende Behandlung bestimmter Personengruppen, pekuniäre Ablösung und Amnestie, die Definition von Deliktstatbeständen, der Aufbau der jeweiligen Gesetzbücher und deren Verhältnis zu anderen Rechtsakten, das Streben nach Einfachheit und Klarheit der Gesetze und die Bekämpfung von die Übersichtlichkeit gefährdender Gesetzesflut. Die Strafrechtskapitel der Chroniken enthalten also keine Erzählung der Art, wie sie Rudolf von Ihering Mitte des 19. Jh. in seinem mehrbändigen Werk „Der Geist des römischen Rechts auf den verschiedenen Stufen seiner Entwicklung" geboten hat. Ihnen lässt sich nicht eine Abfolge von Entwicklungsstufen entnehmen, sie spiegeln vielmehr das, was den Gesetzgeber über zwei Jahrtausende, während denen die politischen und sozialen Verhältnisse häufigem Wandel unterworfen waren, einzig und allein am Recht interessiert hat: Der Obrigkeit im Strafsystem ein effizientes Kontrollinstrument zu erhalten. Im Anklang an Ihering könnte man in den Darlegungen der „Rechtskapitel" den „Geist des chinesischen Strafrechts auf den verschiedenen Stufen seiner Beharrung" am Werke sehen. Die hierin liegende Kontradiktion (Wandel und Fle-

---

1   Von den 25 Chroniken (also einschließlich des 清史稿) enthalten dreizehn ein oder mehrere solcher Strafrechtskapitel.

xibilität innerhalb thematischer Konstanz) aufzuhellen, dürfte ein zentrales Anliegen der Erforschung der chinesischen Rechtsgeschichte sein.

Das Rechtskapitel in der „Allgemeinen Geschichte Taiwans", dem *Taiwan Tongshi* (臺灣通史) (im folgenden TTS) des Lian Heng (連橫) – abgeschlossen 1918 und erschienen 1920/21 – ist eine singuläre Erscheinung. Gleichzeitig mit dem *Qingshigao* (清史稿), der die letzte Dynastie betreffenden Historie, entstanden, sucht das TTS die chinesische Herkunft der seit 1895 japanischen Insel Taiwan – auch in der Art und Weise historiographischer Präsentation – aufzuweisen und sicherzustellen. Das zeigt sich auch im „Strafrechtskapitel". Es bietet eine Zusammenfassung traditionellen Rechtsdenkens zu einer Zeit, da Monarchie und Konfuzianismus längst im Zeichen intellektueller Kritik und politischer Überwindung standen. Damit veranschaulicht es – wie das ganze Werk – die Bemühung des Autors, Taiwan dem Bewusstsein der Zeitgenossen und der Nachwelt als ein Land chinesischer Kultur zu erhalten. Gleichzeitig wird das besondere Schicksal dieses chinesischen Landes deutlich artikuliert.

Untersuchungen zum TTS allgemein und zum Rechtskapitel im Besonderen sind mir nicht bekannt.[2] Erwähnt wird das Werk jedoch in Zhang Weirens Bibliographie rechtshistorisch relevanten Materials.[3] In Taiwan, wo Lian Heng jedem Oberschüler bekannt ist, scheint an Sekundärliteratur nur ein mit zahlreichen Fotos seiner Lebenswelt illustrierter chronologischer Lebensbericht auffindbar zu sein. [4]

II Der Autor und sein Werk

Lian Heng (*zi Wugong, hao Yatang, you-hao jianhua* 字武公，號雅堂，又號劍花), dessen Literatenleben im Dreieck von China, Taiwan und Japan, von Revolution, Nationalismus und Kolonialismus, nachzuzeichnen einer umfangreicheren Bemühung wert ist, als dies im hier gewählten Rahmen geschehen kann, wurde am 16. Januar 1878 in Mabingying (馬兵營), jenem historischen Quartier in Tainanfu

---

2 In der Taiwan betreffenden chinesischen Historiographie wird allerdings auf das Werk zurückgegriffen. Vgl. etwa Dai Yanhui (戴炎輝), 清代臺灣之鄉治 (Dorfherrschaft in Taiwan zur Zeit der Qing–Dynastie), Taibei 1979; Shi Lianzhu (施聯朱), 台湾史略 (Grundriss der Geschichte Taiwans), Fuzhou 1980.

3 Zhang Weiren (張偉仁) (leitender Herausgeber), 中國法制史書目 (Bibliographie zur chinesischen Rechtsgeschichte, Taibei 1976, S. 917 f.

4 Zheng Xifu (鄭喜夫), 連雅堂先生年譜初稿 (Entwurf der Lebensdaten des Herrn Lian Yatang), in der Reihe: 臺灣人物年譜叢刊第一種 (Erste Ableitung des Sammelwerks über die Lebensdaten von Persönlichkeiten Taiwans), Taibei 1975.

(臺南府), wo einst der Klan des Zheng Chenggong ansässig war, geboren.[5] Als er achtzehn Jahre alt war, wurde Taiwan nach dem chinesischen–japanischen Krieg von 1894/95 im Friedensvertrag von Shimonoseki an Japan abgetreten. In dieser Zeit begann Lian, angeleitet durch einen Hauslehrer, sich mit klassischer chinesischer Literatur, insbesondere mit dem Tangdichter Du Fu, zu beschäftigen. Auf der Suche nach einer Unterrichtsanstalt begab er sich 1879 auf eine Reise nach Shanghai und Nanjing. Offenbar vermochte er seiner Absicht nicht zu genügen, denn schon im darauffolgenden Jahr trat er in die Redaktion der „Tai-Peng (d.i.Taiwan-Penghu)- Tageszeitung" ein, die bald darauf in „Tainaner Neue Zeitung" umbenannt wurde. 1902 reiste er nach Fuzhou und Xiamen, drei Jahre später gründete er die „Fujianer Neue Tageszeitung", in der er auch Artikel veröffentlichte, die sich gegen die Qing-Regierung richteten. Daraufhin wurde der *Tongmenghui* (同盟會), der Revolutionsbund Sun Yatsens, in Nanyang auf ihn aufmerksam, und man machte den Vorschlag, die „Fujianer Neue Tageszeitung" in ein Organ des *Tongmenghui* umzuwandeln. Jedoch wurde die Zeitung bald auf Betreiben der Pekinger Regierung eingestellt. Nach Taiwan zurückgekehrt, finden wir Lian wieder in der Abteilung für chinesische Literatur der „Taiwaner Neuen Zeitung". 1908 zog er nach Taizhong um und war in der entsprechenden Abteilung der „Taiwan Nachrichtenagentur" tätig. In dieser Zeit begann er mit der Arbeit am TTS. Im Herbst desselben Jahres reiste er für einige Wochen nach Japan. Die japanische Herrschaft über Taiwan lehnte er ab, ohne dass sein Widerstand aber äußeren Ausdruck gefunden hätte. 1909 wurde er Mitglied der *Lishe* (櫟社)-Studiengesellschaft, wo man sich hauptsächlich mit literarischen Fragen befasste. 1912 unternahm er wieder eine Reise nach Japan, von wo er schon bald nach Shanghai abreiste und auch andere Festlandstädte wie Nanjing und Hangzhou besuchte. Er wurde der leitende Herausgeber der von der Vereinigung der Auslandschinesen (華僑聯合會) herausgegebenen Zeitschrift. 1913 nahm er als Abgeordneter der Auslandschinesen am Parlament in Peking teil. Anschließend besuchte er zahlreiche Städte wie Hankou, Wuhu und Anqing und befand sich im Herbst schließlich in Jilin, wo er der Redaktion der „Jiliner Zeitung" beitrat. Im Frühjahr 1914 kehrte er nach Peking zurück und wurde zur Mitarbeit im *Qingshiguan* (清史館)[6] eingeladen. Dort war

---

5 Ich folge hier dem Lebensbericht, den der Sohn Lian Hengs, Lian Zhendong, der hier benutzten Textausgabe des TTS (dazu unten Anm. 8,b) angefügt hat. In den einschlägigen englischen, chinesischen und japanischen biographischen Nachschlagewerken wird Lian Heng nicht erwähnt, ein äußeres Zeichen seiner nationalen Existenz zwischen den „Imperien", war er doch weder chinesischer noch japanischer Staatsbürger.

6 Diese Behörde war zwei Jahre vorher zur Erstellung einer Historie der Qing-Dynastie errichtet worden, hatte ihre Tätigkeit aber erst zu der Zeit aufgenommen, als Lian einer der (über hundert) Mitarbeiter wurde. Vgl. dazu den kurzen Bericht in den „Erläuterungen zur Herausgabe" im ersten Bd. der Ende der 1970er Jahre von der *Zhonghua*-Verlagsbuchhandlung (Peking) editierten Chronik der Qing-Dynastie (清史稿). Genauer über die Qualifikation der

man an seiner Arbeit am TTS und seinen diesbezüglichen Dokumentationen interessiert. Ende desselben Jahres finden wir ihn wieder bei der „Taiwaner Neuen Zeitung", wo er sein auf der Festlandreise geführtes Tagebuch, das *Dalu Youji* (大陸游記) herausgibt. Im darauffolgenden Jahr vollendete er eine Gedichtsammlung, welche die Landschaft des Festlandes zum Gegenstand hat, das *Dalu Shicao* (大陸詩草), wieder ein Jahr später *Taiwan Zhuitan* (臺灣贅談, zahlreiche Anmerkungen zu Taiwans Geschichte, Kultur und Brauchtum), 1918 schließlich wurde das TTS vollendet. Im Jahr darauf verlegte Lian seinen Wohnsitz nach Taibei; die Stadt war seit der japanischen Herrschaft zum Hauptort der Insel geworden. Im November 1920 erschien der erste Band des TTS, im Dezember der zweite und im April des darauffolgenden Jahres der dritte Band. Gemäß der Mitteilung von Lian Zhendong 連震東, dem Sohn des Autors, wurde das Werk von den Japanern sehr geschätzt, während „die Gelehrten des Vaterlandes" (China) es als sie „nicht angehend" (隔閡) empfanden und sich von ihm „nicht berühren ließen" (漠然), sich gleichgültig abwandten. Ihnen erschien es wohl abwegig, dass die Geschichte einer (ehemaligen) chinesischen Provinz im Gewande einer offiziellen Chronik, eines „offiziellen Geschichtswerks" (正史) und nicht als „Lokalhistorie" (方志) dargeboten wurde. Im übrigen hatte das allgemeine – festländische – Bewusstsein, dass es sich bei Taiwan um ausländisches Gebiet handelte, wohl schon tiefe Wurzeln getrieben. 1921 erschien noch die Gedichtsammlung *Dalu Shicao* und eine andere Gedichtsammlung – das *Taiwan Shicheng* (臺灣詩乘) wurde fertiggestellt. 1923 reiste Lian mit seiner Frau nach Japan. Seit 1924 gab er die Zeitschrift *Taiwan Shihui* 臺灣詩薈(Poesie Taiwans) heraus; nachdem 22 Nummern erschienen waren, wurde sie bereits im Oktober des nächsten Jahres eingestellt. In dieser Zeit wurden auch das *Taiwan Manlu* (臺灣漫録 Allerlei Aufzeichnung über Taiwan) und das *Tainan Gujizhi* (臺南古蹟誌 Alte Historie Tainans) veröffentlicht. 1925 folgten weitere „Aufzeichnungen über Fujian und Taiwan" (*Minhai Jiyao* 閩海紀要), und das *Taiwan Congkan* (臺灣叢刊 Taiwan-Sammlung) wurde mit achtunddreißig Sachbereichen fertiggestellt. Im Sommer 1926 verlegte er seinen Wohnsitz an den Westsee bei Hangzhou. Dort vollendete er die Gedichtsammlung *Ningnan Shicao* (寧南詩草). Schon im Frühjahr 1927 kehrte er nach Taibei zurück. Im darauffolgenden Jahr wurde die „*Yatang*- Verlagsbuchhandlung" errichtet, und die Arbeit am *Taiwan Yudian* (臺灣語典), einem Wörterbuch des Taiwan-Dialektes, wurde aufgenommen. 1931 kehrte er nach Taiwan zurück und vollendete die Essaysammlung *Jianhuashi Wenji* (劍花室文集) Er veröffentlichte ferner die *Yayan* (雅言) Ansprachen und Grußadressen). 1933 erschienen vom *Taiwan Yudian* die ersten vier Bände. Im Herbst desselben Jahres zog Lian um nach Shanghai. 1935

verschiedenen Mitarbeitergruppen bei Erich Haenisch, „Das Ts'ing Kao und die sonstige chinesische Literatur zur Geschichte der letzten 300 Jahre", *AM*, Bd. 6 (1930), S. 403, 404 f.

reiste er mit seiner Frau in die Provinz Shanxi. Im darauf folgenden Jahr – am 28. Juni 1936 – starb er achtundfünfzigjährig in Shanghai.

Schon aus diesen Lebens- und Schaffensdaten wird Lian Hengs Existenz als eines chinesischen Gelehrten taiwanesischer Herkunft veranschaulicht. Aus beiden Elementen dieser Existenz empfing er seine schöpferischen Impulse. Die Abtretung seiner Heimat an Japan ließ in ihm das Bestreben entstehen, die Erinnerung an Taiwans chinesische Herkunft wach zu halten und wenigstens die kulturellen Kontakte zum Festland nicht abreißen zu lassen.

Die Darstellung Taiwans als eines chinesischen Landes besonderen Schicksals – nicht erst seit der Abtretung – unternimmt er mit dem TTS. Das Werk beginnt zwar mit einem kurzen Abriss der frühen Kontakte Taiwans mit dem Festland, konzentriert sich aber auf die für diesen Kontakt eigentlich maßgebliche Zeit seit der Eroberung durch Zheng Chenggong in der Mitte des 17. Jh. Die Beschreibung endet mit dem Beginn der japanischen Herrschaft. Seit 1895 konnte chinesische Geschichte nicht mehr geschrieben werden.[7]

Das TTS stellt Lian Hengs umfangreichste Arbeit dar. Zwar ist es in Form und Inhalt ein Werk der Historiographie, die Verwurzelung seines Autors in Sprache und Dichtung macht es aber gleichzeitig zu einem Werk der erzählenden Literatur. Es mag daher als Taiwans „Epos" begriffen werden.

Beide Elemente – historiographische Absicht und sprachlicher Rang – kommen im Vorwort des Autors, das Taiwans Oberschüler als Beispiel hervorragender Prosa auswendig zu lernen pflegen, gut zum Ausdruck, weshalb es im folgenden in Ganzen wiedergegeben wird:[8]

„Taiwan hatte ursprünglich keine Geschichte. Mit den Holländern begann sie[9], mit Zheng Chenggong wurde sie aktiviert, die Qing-Dynastie führte sie der Voll-

---

7 Zur japanischen Herrschaft aus japanischer Sicht vgl. Yosaburo Takekoshi, *Japanese Rule in Formosa*, London etc., 1905 (Nachdruck Taibei, 1978).

8 Das TTS, urspünglich in drei Bänden erschienen, wurde später auch zweibändig oder in einem Band herausgegeben.
 Ich habe folgende Ausgaben benutzt:
 (a) TTS in einem Band (1156 Seiten), Herausgeber: 衆文圖書股份有限公司 (Zhongwen-Buch-Gesellschaft), 2. Auflage, Taibei, 1979. Enthält zahlreiche Vorworte japanischer Autoren. Zeitangaben (in den Vorworten) erfolgen nach japanischer Art. Der Text ist mit Punkten versehen. Fotos zur Geschichte Taiwans und zum Leben des Autors sind dem Text vorangestellt.
 (b) TTS in zwei Bänden (zusammen 1064 Seiten), in demselben Verlag wie (a) herausgegeben vom 臺灣銀行經濟研究室 (Wirtschaftsforschungsinstitut der Bank von Taiwan) in der Reihe 臺灣文獻叢刊 (Dokumentensammlung über Taiwan), Taibei 1979. Diese Ausgabe enthält Satzzeichen. Ihr ist ein Lebensbericht des Autors durch dessen Sohn im Anhang beigegeben. Sie enthält keine Vorworte von Japanern, stattdessen solche chinesischer Autorenschaft.

9 D.h. seit dieser Zeit finden sich verlässliche Quellen. (Das chinesische Wissen um die Existenz der Insel besteht aber wenigstens seit der Sui-Dynastie, um die wende vom 6. zum 7. Jh.).

endung entgegen. Sie machte es urbar, stellte Regeln auf und begründete so unser großartiges Erbe, bis heute sind über dreihundert Jahre vergangen.

Die alten historischen Dokumenten[10] sind leider fehlerhaft, ihr literarischer Stil ist nicht von gutem Geschmack, ihre Niederschriften betreffen nur die Qing-Dynastie, die die Holländer und Zheng Chenggong betreffenden Angelegenheiten sind weggelassen; für diese Zeit befassen sie sich nur mit den Ureinwohnern und Piraten.

Ach, ist dies nicht ein Vergehen derjenigen, die diese alten Historien verfasst haben?! Zwar war die Lokalhistorie von Taiwan, das (Taiwan)-*Fu-Zhi* 府志, im 29. Jahr Qianlong (d.i. 1765) noch einmal revidiert worden, und obwohl die einzelnen Lokalhistorien (方志) der diversen Lokalkörperschaften (Taiwan-*xian*, Fengshan-*ting*, Zhanghua-*ting* und Danshui-*ting*) fortlaufend revidiert wurden, so sind sie doch auf einen Winkel (des Landes) begrenzt und beziehen sich nicht auf die allgemeine Situation (Taiwans), und diese Bücher sind auch schon alt.

Wenn man nur diese zwei, drei alten Kompilationen benutzt, aber die allgemeine Situation Taiwans kennenlernen will, so ist es, als ob man durch ein Bambusrohr den Himmel betrachten, das Meer mit einem Flaschenkürbisgefäß abmessen wollte, so ist man völlig beschränkt.

Taiwan war ursprünglich nichts anderes als eine abgelegene Insel im Meer, das Leben begann mühsam durch das Urbarmachen von Bergen und Wäldern, bis heute beruht (unsere Existenz) darauf.

Blicken wir zurück auf die Zeit seit Beginn des Seeverkehrs, so sehen wir wie die westlichen Länder allmählich nach Osten kommen, eine Tendenz des Zeitalters, die nicht aufzuhalten war. So gab es Krieg mit den Engländern, Krieg mit amerikanischen Schiffen, Krieg mit französischen Truppen. Auswärtige Beziehungen und Kriegselend drangsalierten sich gegenseitig unablässig, in den alten Lokalhistorien jedoch konnte dies nicht verzeichnet werden.[11]

Von den im Lande lebenden Abenteurern[12] erhob sich einer nach dem andern. Nach (der Erhebung) des Zhu Yigui (朱一貴) und des Lin Feng (林風)[13] setzten häufige militärische Aktionen (der Qing) ein, Blut floss auf Bergen und in Flüssen, die Aufständischen gaben vor, die (Ming-Dynastie) wieder herzustellen, die alten Lokalhistorien jedoch verzeichnen auch dies nicht. Als der Vorschlag der Gründung einer (Taiwan)-Provinz gemacht wurde, wurden mehr Berge urbar gemacht und die Zahl der Beamten vergrößert, es wurde die Teilung des Landes in Felder geregelt, für Notstandsfälle wurden militärische Vorkehrungen getroffen, die lokalen Versorgungseinrichtungen wurden ergänzt, die Erziehungsinstitutionen ge-

---

10 舊志, damit sind die Lokalhistorien oder Lokalhandbücher, die 方志, gemeint.
11 Weil die Regionen nicht als solche beteiligt waren, allgemeines Chaos herrschte, die Ergebnisse sich überstürzten.
12 雄, „Helden".
13 Biographien in TTS (Ausgabe b.), S. 775, rsp.758.

fördert, womit „das Seil des Netzes angehoben und seine Knoten vergrößert" wurden.[14]Alles Notwendige war vorhanden, Taiwans Lebensverhältnisse hatten sich erneuert.

Die Geschichte ist der Geist des Volkes, ein magischer Spiegel, Lehrstück der Menschheit. Blühen und Niedergehen der Dynastien, Kultiviertheit und Rohheit der Sitten, Erringen und Verspielen der Regierung (d.h. gute und schlechte Politik), Genügen und Mangel der Dinge, all dies wird von ihr umfasst. Deshalb gibt es kein kultiviertes Land, das seine Geschichte nicht wertschätzt. Bei den Alten heißt es: „Das Land (der Staat) kann zerstört werden, aber die Geschichte nicht". So gibt es noch immer die Namen Yingshu 郢書 und Yanshuo 燕説; die Darlegungen des Jinsheng 晉乘 und des Chuji 楚机[15] können zum großen Teil (zum Geschichtsstudium) herangezogen werden. Taiwan jedoch verfügt über keine historische Darstellung. Wie sollte dies die Taiwanesen nicht betrüben?!

Die Revision von Geschichtswerken ist stets sehr schwierig. Die Geschichtswerke Taiwans zu revidieren ist noch schwieriger, und eine heutzutage vorgenommene Revision ist von ganz besonderer Schwierigkeit. Denn die alten Schriften (Quellen) sind unvollständig, das Auffinden (des Materials) ist nicht einfach; ob Guo Gong (郭公) und Xia Wu (夏五)[16] (existierten) wird gleichermaßen bezweifelt und angenommen, es ist schwer, den Nachweis zu führen. Die alten Leute sind hinweggeschieden, sie können also nicht befragt werden, das Straßengerede ist größtenteils nicht verlässlich, eine Analyse des vorliegenden Materials somit schwierig. Außerdem war bei dem Herrschaftswechsel[17] wieder alles in Durcheinander und Hast, die Archive gingen sämtlich verloren, die privaten Sammlungen fielen größtenteils dem Feuergott anheim. Wenn man somit ein derart kostbares Buch (wie das über die Geschichte Taiwans) erstrebte, so war dieses „Unternehmen des Regenwindes und der verborgenen Berge[18]" (d.i. das TTS) zu vollenden, wenn dabei auch unlösbare Bereiche in Kauf zu nehmen waren. Aber jetzt war (eine Niederschrift) noch nicht völlig ausgeschlossen, hätte man weitere zehn oder zwanzig Jahre verstreichen lassen, wäre es wohl nicht mehr möglich gewesen. Wenn wir somit die dreihundertjährige Geschichte Taiwans den Nachfolgenden jetzt nicht klar darlegten, wäre dies nicht ein unverzeihliches Vergehen unserer Generation?!

---

14 綱舉目張, eine auch in der Umgangssprache anzutreffende Wendung.
15 Es handelt sich durchweg um Geschichtswerke aus der Zeit der Kämpfenden Reiche.
16 Figuren aus der Zeit der Kämpfenden Reiche.
17 Der Übergang von der Qing-Regierung auf die japanische Kolonialregierung, d. h. die Abtretung Taiwans im Jahre 1895.
18 風雨名山之業. Wohl ein Zitat buddhistischen oder taoistischen Ursprungs. Es will besagen, dass der Inhalt des TTS nicht leicht zugänglich, sondern ziemlich verborgen war, dass es die Forscherleistung des Autors war, ihn trotz miserabler Quellenlage ans Tageslicht befördert zu haben.

Ich – Heng –, der ich nicht klug genug bin, verkündete den Göttern (mein Unternehmen), leistete einen Schwur, das Werk zu verfassen, war voller Furcht und zögerte lange, mir die Muße dazu zu nehmen. In der Folge verfasste ich während eines Zeitraumes von zehn Jahren das *TTS*. Es enthält vier Chroniken (紀), vierundzwanzig Monographien (志), sechzig Biographien (傳), zusammen 88 Stücke (篇), dazu Tabellen (表) und Karten (圖) im Anhang. Es beginnt mit der Sui-(Dynastie) und endet mit der Abtretung (an Japan). (Umfasst wird) das Vertikale und Horizontale, das Unten und Oben, das Großartige und Triviale ohne Weglassung, weshalb die Taiwan betreffenden historischen Daten (sämtlich) aufgewiesen werden.

Es war ein großartige (Leistung) unserer Vorfahren über das Meer herüberzukommen, in diesen abgelegenen Winkel einzudringen, diesen Boden zum ewigen Besitz ihrer Kinder und Kindeskinder urbar zu machen, ihre Verdienste sind ganz außerordentlich. Ich rief mir dies in Erinnerung, widmete mich mit Hingabe der Zukunft, es erschien mir jedoch, also ob ich mich einem Abgrund näherte und hatte mich in Acht zu nehmen. Ach, welche Erinnerung! Alle meine Mitstrebenden und Freunde mögen mit Rechtschaffenheit und Kindesliebe dem gemeinen Wohl freiwillig und mutig dienen, damit die Saat aufgehe,[19] dies ist meine Bitte. Herrliches Meer, wunderbare Insel, auf ihr hat das glänzende Leben unserer frühen Könige[20] und Vorfahren gänzlich beruht. Am ersten Tage des achten Monats im siebten Jahr der chinesischen Republik,[21] Tainan, Lian Heng Yatang, im *Jianhua*-Arbeitszimmer, wo das Vorwort geschrieben wurde."

Ebenso wie das *Qingshigao*, das in den Anfangsjahren der chinesischen Republik entstanden ist, so ist auch das TTS gemäß dem Vorbild der dynastischen Historien, wie sie im *Shiji* des Sima Qian (1. vorchristliches Jh.) ihre Form gefunden hatten, als *Zhengshi*, angelegt, enthält somit (vier) *Ji* (Chroniken), (vierundzwanzig) *Zhi* (Monographien), (sechzig) *Zhuan* (Biographien) zusammen 36 *Juan* (Kapitel), ferner Tabellen (*Biao*).

Die *Ji* betreffen: „Erschließung" des Landes (von der Sui-Dynastie bis zum Ende der Ming), die „Staatserrichtung" (Ende der Ming), die „Fortentwicklung" bis zum Ende der Qing-Dynastie und die Darstellung der kurzen „Unabhängigkeit" als „Republik Taiwan" für einige Monate im Jahre 1895.[22]

Die Monographien (*Zhi*) beziehen sich auf folgende Gegenstände: Territorium, Ämter, Fronden, Landbesteuerung, Finanzen und Abgaben, Zeremonien (Riten), Erziehungswesen, Strafrecht, Militärangelegenheiten, auswärtige Beziehungen,

---

19 Die Saat des Bewusstseins von der chinesischen und taiwanesischen Herkunft.
20 先王, dies sind die Herrscher des Hauses Zheng, also Zheng Chenggong, sein Sohn und sein Enkel.
21 In der in Anm. 8 (a) genannten Ausgabe heißt es hier 7. Jahr *Taishô*.
22 Zu diesem Ereignis vgl. etwa H. Lamley. The 1895 Taiwan Republic: A Significant Episode in Modern Chinese History, *JAS*, Bd. 27 (1968), S. 739.

Befriedung und Urbarmachung, Stadtgräben (Stadtmauern), Zölle, Monopole, Post und Kommunikation, Getreidetransport, Dorfregierung, Religionswesen, Gebräuche, literarisches Schaffen, Handel, Technologie, Landwirtschaft, botanische und zoologische Klassifikationen.

Die Biographien (*Zhuan*) behandeln zuerst die Mitglieder des Hauses Zheng, gefolgt von Würdenträgern: hohen Beamten und hohen Militärs. Besondere Abteilungen gibt es für Piraten, aufrechte Beamte, in der Fremde Wohnende, Tugendhafte, Literaten, Pietätvolle und Rechtschaffende, wagemutige Soldaten, Reichgewordene, schließlich eine Abteilung mit Frauenbiographien.

III Das Strafrechtskapitel

Überblick

Das *Xingfazhi* (12. *Juan* des TTS), das zu den kürzeren Sachdarstellungen des Werkes gehört, lässt sich in sieben Abschnitte unterteilen, die in Rhythmus und Melodie den entsprechenden Monographien der offiziellen Geschichtswerke nachempfunden sind. In einem als rechtsphilosophische Einstimmung zu charakterisierenden einleitenden Abschnitt wird die rückwärtsgewandte Utopie einer vollkommenen Welt, die das Strafrecht nicht kennt, umrissen, um dann angesichts der individuellen und gesellschaftlichen Mängel die Unverzichtbarkeit jenes Ordnungsinstruments resignierend zu konstatieren. Die konkrete Welt ist die Welt der Siedler, Pioniere und Vagabunden, die seit Jahrhunderten, besonders seit dem 17. Jh. zu dem „fernen öden Land" übersetzen, dem „Land der braunen Räuber", wie der führende chinesische Staatmann seiner Zeit, Li Hongzhang (1823-1901) mit Anspielung auf die malaisch-polynesiche Urbevölkung gesagt hat.[23] Es ist ferner die Welt westlicher Kolonisatoren, vor allem der Holländer, der (holländischen) Ostindischen Compagnie, die sich seit 1624 im Süden der Insel festgesetzt und erste Gesetze erlassen hatten.[24] Mit der Eroberung durch Zheng Chenggong (1661) wurde das Recht neu geordnet, wobei der Ming-Kodex zugrunde gelegt wurde. Taiwan begann, ein Land zwischen China und Japan zu werden, symbolisiert durch die Abstammung des Zheng Chenggong von chinesischem Vater und japanischer

---

23 *Memoirs of Li Hung Chang*, Boston, etc.1913, S. 261.
24 Dazu WM. Campbell, *Formosa under the Dutch. Described form Contemporary Record*, London 1903 (Nachdruck Taibei 1972); H.E. Hobson, *Fort Zelandia, und the Dutch Occupation of Formosa*, Journal of the North-China Branch of the Royal Asiatic Society, New series, no. 11, Shanghai 1877, S. 33-40.

Mutter.[25] Ganz kursorisch werden die Grundzüge des dann bald auch in Taiwan geltenden Rechts der 1644 in China zur Herrschaft gelangten Qing- oder Mandschu-Dynastie behandelt. Die entsprechenden (drei) Monographien im *Qingshigao* hat Lian wohl zur Zeit der Abfassung des TTS nicht gekannt, seine Darstellung ist jedenfalls unbeeinflusst von ihnen.

Relativ detailliert werden Justizverwaltung, gerichtliches Verfahren und Strafvollzug geschildert.[26] Hierzu liegen auch aus westlicher Feder einige Beobachtungen vor.[27] Der Grundton ist negativ, die Zustände eher zu beklagen, denn zu loben. Die Kritik dieser Verhältnisse von Prozess und Vollzug führt zurück zu den rechtsphilosophischen Grundlagen. Die „Herrschaft der Gesetze" und die mangelhafte „Herrschaft durch Vorbild und Tugend", also der unzureichende gesellschaftliche Friede, der durch gesetzliche Drohung eher verstellt, denn gefördert wird, gilt als Ursache des Elends.

Was dann folgt, ist vielleicht allzu detaillierter Ausdruck der spezifischen Lage Taiwans seit Mitte des 19. Jh., als die Insel Objekt westlichen und japanischen Kolonialbestrebens wurde, von Piraten umgeben war und vom allgemeinen Niedergang des chinesischen Staates besonders betroffen wurde. Das Prozessverfahren hatte in dieser Zeit mit zusätzlichen Belastungen fertig zu werden. Ein ewiges Problem war die Finanzierung des umständlichen Versendungs- und Kommunikationsverkehrs zwischen der Insel und dem Festland. Hier werden allzu sehr ins Einzelne gehende Beschreibungen geboten – die Quellen fließen reich, die Erinnerung ist lebendig –, eine Darstellungsschwäche, wie sie auch in den dynastischen Historien anzutreffen ist.

In einem Exkurs wird die Sondergesetzgebung der Qing-Regierung für das Siedlerland Taiwan mehr erwähnt als inhaltlich erläutert. Wegen der durch vagabundierende Siedler andauernden Unruhen war die Regierung in Peking bestrebt, die Siedlerzahl gering zu halten. An anderer Stelle wird dazu bemerkt: „Chinese

---

25 Geboren 1624 in Japan. – Chikamatsus 近松 Drama *Kokusenya Kassen* 国性爺合戦 (Die Schlachten des Koxinga, d.i. Zheng Chenggong), das etwa ein halbes Jahrhundert nach Zhengs Eroberung von Taiwan geschrieben und in Kyoto tausendfach aufgeführt wurde, thematisiert die Militärabenteuer diesers chinesisch-japanischen „Helden".

26 Die im wesentlichen nicht anders abliefen und ähnliche Probleme zu gegenwärtigen hatten, wie es für frühere Perioden geschildert wird. Vgl. etwa die Darlegungen wie sie Gudula Linck zum Prozess der Song-Zeit unterbreitet hat: *Zur Sozialgeschichte der chinesischen Familie im 13. Jahrhundert*, Stuttgart 1986, S. 62 ff. Eine detaillierte Studie zum Strafprozess während der Qing-Dynastie bietet Shuzo Shiga, "Criminal Procedure in the Ch'ing Dynasty. With Emphasis on ist Administrative Character and some Allusion to ist Historical Atecedents", in: *Memoirs oft he Research oft he Toyo Bunko*, No. 32 (1974), S. 1-45 und No. 33 (1975), S. 115-138.

27 Vgl. Plaut, *Verwaltung und Rechtspflege auf Formosa unter der Herrschaft der Chinesen*, Mitteilungen des Seminars für Orientalische Sprachen der königlichen Friedrich-Wilhelms-Universität zu Berlin, 6. Jg. (1903), S. 30-39; G.L.Mackay, *From Far Formosa*, New York, etc., 1895, 11. Kapitel: "Government and Justice".

settlers were still forbidden to bring their wives and children to the island, and all means of livelihood except the breaking of new land were closed to them. The old policy of discouraging permanent settlement on Taiwan still prevailed."[28] Einwandern durfte nach den Gesetzen nur, wer über ein Mindestvermögen verfügte. Illegales Reisen konnte nach dem Strafgesetz mit 80 Schlägen mit dem schweren Bambus und nachfolgender Rückschickung zwecks weiterer Untersuchung bestraft werden.[29]

Abschließend klingen die administrativen Änderungen im Gefolge der Erlangung des Provinzstatus für Taiwan kurz an. Diese Änderungen scheinen unerheblich gewesen zu sein, hatten doch die Behörden Taiwans hinsichtlich der Justizadministration schon vorher mehr Kompetenzen inne als vergleichbare Verwaltungskörperschaften auf dem Festland. Außerdem betrug die Zeit bis zur Abtretung an Japan nur sieben Jahre, was für eine grundlegende Verwaltungsreorganisation, sollte sie beabsichtigt worden sein, unzureichend gewesen wäre.

Übersetzung

1. Rechtsphilosophische Einstimmung

„Lian Heng führt aus:

Ich hörte die Alten sagen: 'Geht der Weg (道) verloren, dann gibt es die Tugend (德); geht die Tugend verloren, dann gibt es Humanität (仁); geht die Humanität verloren, dann gibt es die Sittlichkeit (禮); geht die Sittlichkeit verloren, dann gibt es die Gesetze (法); gehen die Gesetze verloren, dann gibt es die Strafe (刑).' Die Strafe wurde ursprünglich nicht angewandt. Die Menschen, die beisammen in einem Lande wohnten, lebten miteinander und sorgten füreinander, liebten einander und waren herzlich zueinander. So konnte es eigentlich keine Unordnung und keinen Streit geben.

Im Falle des Streitens jedoch obsiegte der Starke und unterlag der Schwache. Das Ehrenwerte dehnte sich aus und das Niedrige zog sich zurück. Der Zorn über das Ungleichsein (solcher Eigenschaften) staute sich auf im Lande und Chaos entstand.

---

28 Arthur W. Hummel (ed), *Eminent Chinese of the Ch'ing Period*, Washington D.C.1943, S. 182.
29 Vgl. G.Staunton, *Ta Tsing Leu Lee, Beeing the Fundamental Laws of the Penal Code of China*, London, 1810 (Nachdruck Taibei, 1966), S. 232. Zur diesbezüglichen Grenzpolitik der chinesischen Regierung vgl. auch die Arbeit von Gudula Linck-Kesting, *Ein Kapitel chinesischer Grenzgeschichte. Han und Nicht-Han im Taiwan der Qing–Zeit 1683-1895*, Wiesbaden, 1979, insbes. S. 199 ff.

Somit straft der Weise, um abzuschrecken, um Warnung und das Unterbleiben von Straftaten zu veranlassen. Nur so kann er seinen Frieden erlangen, und das Volk ein reines Herz. Somit heißt es: ‚Man straft, um nicht mehr zu strafen' (刑以 止刑). Die Gesetze (*Fa*) sind da, um auf schon Geschehenes (Straftaten) zu reagieren, die Sittlichkeit (*Li*) ist da, damit (Straftaten) nicht geschehen. Somit sind die *Li* von Nutzen und dabei subtil, die *Fa* von Nutzen und dabei manifest. Im Falle des Subtilen ist der Nutzen weitreichend und lange wirksam. Im Falle des Manifesten ist der Nutzen lang anhaltend, aber Missbrauch entsteht.

Darum heißt es: ‚Wenn man den Weg der Gesetze wählt und Disziplin durch Strafen gegeben wird, dann wird das Volk nach Ausflüchten trachten, aber keine Scham besitzen. Wenn man aber den Weg der Tugend wählt und Disziplin durch die *Li* gegeben wird, so gibt es Scham und außerdem hohe (sittliche) Maßstäbe im Volk'.[30]

Aber ach, die Welt ist mangelhaft, das Chaos tief. Die Menschen sind unvollkommen, die Kultur ist verkümmert. Wie könnte die menschliche Gesellschaft sich ohne Gesetze bewahren?! Es gibt nun einmal sowohl das Gute, wie auch das Böse."

2. Zur Rechtsgeschichte Taiwans

a) Unter den Holländern

„Taiwan war ein fernes, ödes Land. Unsere Ahnen kamen als Siedler. Sie betrieben Ackerbau und Fischfang. Sie waren ohne Falschheit und Ängstlichkeit, hatten freundschaftlichen Umfang miteinander, achteten und halfen einander; bei Krankheit unterstützten sie sich gegenseitig. Es gab einen Dorfoberen, aber keine Gesetze. So war es seit unvordenklichen Zeiten, bis gegen Ende der Ming-Dynastie sich die Holländer niederließen. Sie erließen Gesetze und verbreiteten Regeln und begannen, ihre Gesetze als Taiwans sog. Schutzgesetze zu verkünden. Diese Gesetze waren niedrig und gemein und erlangten nicht die Zustimmung des Volkes. Die Holländer hatten diese Gesetze schon in Java verkündet und brachten sie nun auch nach Taiwan.

---

30 *Lunyü* II/3; Legges Übersetzung dieser oft zitierten Stelle lautet: "If the people be led by laws, and uniformity sought to be given them by punishment, they will try to avoid (the punishment), but have to no sense of shame. If they be led by virtue, and uniformity sought to be given them by the rules of propriety, they will have the sense of shame and moreover will become good." *The Four Books*, Oxford, 1892, S. 146.

Die furchtsamen und aufgebrachten Bewohner wurden durch die Gesetze bezwungen und wagten nicht zu stören. Lediglich Guo Huaiyi[31] (郭懷一) wandte sich mit Eifer und Leidenschaft gegen die Gesetze. Seine Auflehnung scheiterte, und zahlreiche (Aufständische) verloren ihr Leben. So wurde der sich anhäufende Hass täglich tiefer; die innere Streitigkeiten fanden kein Ende."

b) Unter dem Hause Zheng

„Das ging so lange bis Zheng (Chenggongs) Truppen eintrafen, und die Holländer vertrieben wurden. Mit der Eroberung Taiwans durch den Yanping Junwang[32] (延平郡王) Zheng (Chenggong) wurde dem Militär Disziplin und dem Volk Muße gegeben.[33] Es wurden strenge Gesetze erlassen. Übeltätern wurde nichts nachgelassen. Die meisten Generäle Zhengs waren der Meinung, dass zur Errichtung des Staates milde Gesetze in geeigneter Weise angewandt werden müssten. Der König (Zheng) hielt dies jedoch für unmöglich. Von Anfang an orientierte er sich an den Ming-Gesetzen. Zur Wahrnehmung der Prozesse errichtete er eine Strafbehörde. Auch dabei folgte man dem Ming-Recht. Er errichtete ferner eine Truppen-Magistratur zur Wahrnehmung der Militärverwaltung. Die vom König zur Kontrolle der Truppen (angewandte Methode) war, Gutes zu belohnen und Schlechtes zu bestrafen. Dies hielt zehn aufeinanderfolgende Jahre an.

Der Zuoxianfeng (左先鋒)[34] (Shi Lang 施琅)[35] übte (militärischen) Druck auf Su Mao (蘇茂)[36] aus. Shi Lang wurde bei Jieyang (揭陽)[37] vernichtend geschlagen. Der König dachte, Su Mao habe den Shi Lang selbstherrlich freigelassen und so die Gesetze missachtet. (Zheng Chenggong) befahl den zivilen und militärischen

---

31 Bei Santaro Okamatstu, *Provisional Report on Inverstigations of Laws and Customs in the Island of Formosa (compiled by Order of the Governor-General of Formosa),* Kobe, 1900 (Nachdruck Taibei, 1971) heißt es auf S. 5: „Such man as Ko-howai-i (d.i Guo Huaiyi) and Ho-pin made some resistance, but their bands of lawless soldiers could do little againt the well-disciplined army of Hollanders. The former was beheaded and the letter ... escaped to Amoy". Okamatsu – Mitglied der Juristischen Fakultät der Universität Kobe – war in Taiwan an der von der japanischen Regierung veranlassten Feldforschung zur Ermittlung des Gewohnheitsrechts beteiligt. Vgl. Ramon H. Myers, "The Research of the 'Commission for the Investigation of Traditional Customs in Taiwan'", *CSWT,* vol. 2, no. 6 (June 1971), S. 24 ff., 28.

32 Kaiserlich verliehener Titel. Vgl. *Morohashi,* S. 4049, Nr 185.

33 Okamatsu, *op. cit.,* bemerkt dazu: Zheng Chenggong "enacted laws, established schools, enlisted the youth as soldiers, and provided a way of support for the aged".

34 Militärischer Grad. Vgl. *M.*2702.65.

35 (1621-1696), Biographie im TTS (Ausgabe b), S. 765; Vgl. auch *RWCD* S. 564. Shi, ursprünglich ein See-General Zheng Chenggongs, hatte vor den Qing-Truppen kapituliert und griff dann mit ihnen zusammen Taiwan an, um es 1683 zu unterwerfen.

36 Nähere Angaben nicht auffindbar.

37 Ein Ort in Guangdong, vgl. *Morohashi,* S. 4968, Nr. 46.

(Behörden), Su Mao zu verurteilen. Er wurde enthauptet. Su Mao hatte jedoch beträchtliche Verdienste erworben. So waren viele Generäle der Meinung, dass diese Strafe übertrieben war. Der König opferte (daraufhin dem Hingerichteten) eine eigenhändige Schrift folgenden Inhalts: ‚Wang Hui (王恢)[38] verehrte die Han (Dynastie) durchaus, aber er wiedersetzte sich dem Staatsplan (国家之计); obgleich (Han) Wu-di (die Macht dazu gehabt hätte), verzieh er ihm nicht. Ma Su (馬謖)[39] machte sich gegenüber Shu (蜀) verdient, andererseits wiedersetzte er sich dem Befehl der Armee. Obwohl der Wu Hou (武侯) (Zhu Geliang 諸葛亮)[40] (die Macht dazu gehabt hätte), vergab er ihm nicht. Wenn das Land keine persönlichen Gesetze (私法) hat, wie kann ich dann wagen, eine persönliche Gnade (私恩) zu üben? Wage unter keinen Umständen, mit der eigenen Gnade die Gesetze des Staates außer Kraft zu setzen. Jetzt sind die Staatsgesetze wirksam und die eigene Gnade ist außer Kraft. Wer danach verfährt, setzt göttlichen Maßstab‘.[41] Die Generäle hörten dies und fügten sich.

Nachdem Taiwan unterworfen worden war, wurden fähige Leute berufen, das Volk wurde über seine Sorgen befragt, es befolgte die Gesetze und nahm am öffentlichen Leben teil; oben und unten – zwischen Regierung und Volk – war Freundlichkeit; Falschheit und Verrat entstanden nicht, Rechtshändel gab es so gut wie keine.

Zheng Jing (鄭經) kam zur Herrschaft. Er respektierte die etablierten Gesetze, das Volk erfreute sich an seiner Tätigkeit. Die Einwanderer aus (den festländischen Provinzen) Fujian, Guangdong und Guangxi (閩粵之人) wurden täglich zahlreicher, äußerste Kraft wurde auf die landwirtschaftlichen Errungenschaften verwandt, dies geschah in Frieden und Muße.

Zheng Jing führte dann im Westen[42] Krieg. Er beauftragte Chen Yonghua 陈永華 [43] mit der Regierung und setzte seinen ältesten Sohn[44] zum Thronerben ein. Dieser ging mit sicherer Kraft und Entschiedenheit vor; die Großen fürchten ihn, und (Chen) Yonghua unterstützte ihn. So vermehrte sich das Nützliche und das Üble zog sich zurück. Das Volk lebte tugendhaft und wurde so immer zahlreicher."

---

38 Mit dem wohl ein Anhänger Han Wudis gemeint ist.
39 (190-228), vgl. *RWCD* S. 183.
40 (181-234), *Morohashi,* S. 6405, Nr. 147; *RWCD* S. 180.
41 神其格之.
42 Gemeint ist der Westen des chinesischen Festlandes, wobei es sich um den Kampf gegen die Mandschus handelte.
43 (?-1680),Biographie in TTS (Ausgabe b.), S. 754; vgl. auch *RWCD,* S. 526.
44 Das war Zheng Keshuang, der letzte Herrscher aus dem Hause Zheng.

c) Unter der Qing-Dynastie

„Nachdem die Qing-Dynastie Taiwan erobert hatte, wurde das *Qinglü* 清律 in Kraft gesetzt. Die Regeln des *Qinglü* waren (auf dem chinesischen Festland) seit dem 3. Jahr Shunzhi (順治) (1646), in Kraft. Vor nicht langer Zeit waren (die Qing) nach China gekommen. Sie folgen weitgehend dem *Minglü* (明律). In den beiden dynastischen Perioden Kangxi (1662-1723) und Yongzheng (1723-1735) wurde das *Qinglü* revidiert, bis es dann unter dem Qianlong Kaiser (1736-1796) als das sog. *Da-Qing Lü-Li* (大清律例)[45] vollendet wurde.

Es ist in sechs *Lü* (律) eingeteilt: Das erste wird „Beamtengesetze" (吏律), das zweite „Haushaltsgesetze" (戶律), das dritte „Ritualgesetze" (禮律), das vierte „Militärgesetze" (兵律), das fünfte „Kriminalitätsgesetze" (刑律), das sechste wird „Gesetze über öffentliche Arbeiten" (工律) genannt.[46] Zusammen handelt es sich um 436 Artikel (Sektionen) in tausend und mehreren hundert Paragraphen. Es gibt fünf Strafen (五刑): Schläge mit dem leichten Bambus (笞) Schläge mit dem schweren Bambus (杖), Verschickung zur Zwangsarbeit (徒), Verbannung auf Lebenszeit (流) und Todesstrafe (死).

Es gibt zehn schändliche Verbrechen (十惡)[47]. Das erste nennt man einen Komplott schmieden (謀反), das zweite Hochverrat (大逆), das dritte Landesverrat (謀叛), das vierte Verwandtenmord (惡逆), das fünfte Unmenschlichkeit (不道), das sechste große Respektlosigkeit (大不敬), das siebente mangelnde kindliche Ehrbezeugung (不孝), das achte Familienzwist (不睦), das neunte illoyales Verhalten (不義) und das zehnte nennt man Inzest (內亂).

---

45 Dazu bemerkt Okamatsu, *op.cit.* (Anm. 31), S. 16: "The Ta-ching-li-lien (d.i. *Da Qing Lü Li*), being the code of China, should have theoretically prevailed on Formosa as long as the island remained under Chinese dominion, but in fact was not so, its power being somewhat limited. How far the code was actually applied in Formosa is not an easy matter to ascertain, but there is no doubt that in criminal cases it was followed to a great extent and in civil cases also it was considered a general principle to apply the rules laid down in the code, for we find cases decided by the old government in strict accordance with the code. At the same the investigator meets with not a few cases which were decided in a matter contrary to the text of the code. According to legal conception of these days, it seems the code was to be followed as a fundamental principle, but in the event of a local custom clashing with the terms of the code the government granted leave to the officials to respect the custom rather than the code. The formation and development of so many customs among the people must have been due to the laxity of the Chinese government."

46 Die „Sechs Gesetze" (六律) lassen sich unter dem Gesichtspunkt der Adressaten auch wie folgt benennen: Kodex des Ministeriums für Beamten-Angelegenheiten, Kodex des Ministeriums für Finanzen und Bevölkerung, Kodex des Ritenministeriums, Kodex des Kriegsministeriums, Kodex des Strafministeriums und Kodex des Ministeriums für öffentliche Arbeiten. Zur Terminologie vgl. E-tu Zen Sun, *Chìng Administrative Terms*, Cambridge/Mass. 1961.

47 Vgl. *M.*5807.35:十惡不赦. Bei diesen findet ein Strafnachlass nicht statt. Zur Terminologie vgl. Karl Bünger, *Quellen zur Rechtsgeschichte der Tang-Zeit*, Peiping, 1946, S. 88.

Es gibt acht (Arten von) Erwägungen (Privilegien) (八议), (bei deren Vorliegen die Strafe, sofern keines der zehn großen Verbrechen gegeben war, reduziert werden konnte): Das erste ist Verwandtschaft (親), das zweite ein altes Vertrauensverhältnis mit dem Kaiser" (故), das dritte sind Verdienste (功), das vierte ist Tugend (賢), das fünfte sind Fähigkeiten (能), das sechste ist Pflichtbewusstsein (Fleiß) (勤), das siebente Rang (貴) und das achte (der Status von) Staatsgästen (賓).

Diese (Regelungen) waren aus einer großen Zahl etablierter Gesetze der aufeinanderfolgenden Generationen ausgewählt worden."

3. Die Justiz unter der Qing-Dynastie: Verwaltung, gerichtliches Verfahren, Strafvollzug

„Taiwan war unter der Herrschaft des Provinzgouverneurs[48] von Fujian, es war unterteilt in Ting (廳) und Xian (縣)[49], die ihrerseits der Kompetenz des Xundao (巡道)[50] unterstanden. Im 53. Jahr Qianlong (1789) wurde durch kaiserlichen Erlass der Rang (und das Amt) eines Anchashi (按察史)[51] zur Wahrnehmung der Rechtsprozesse geschaffen. Strengte jemand einen Prozess an, so legte er die Sache zuerst dem Behördenschreiber (代書)[52] vor; dieser fasste ein Dokument ab und überreichte es der Ting- oder Xian-Behörde (Yamen). Diese setzte einen Termin zur gerichtlichen Untersuchung fest und beurteilte die formale Richtigkeit der Sache.

Folgte (der Angeklagte) nicht (dem Urteil der Xian-Behörde), erfolgte Anklage bei der *Fu*(府)-Behörde[53]. Akzeptierte er auch deren Entscheidung nicht, erging Anklage bei der Behörde des Dao (道)[54]. Aber der beim Dao anhängige Rechtsfall wurde meistens der Fu-Behörde noch einmal zur Untersuchung heruntergereicht, in wichtigen Fällen jedoch unternahm die Dao-Behörde die Untersuchung selbst. Unterwarf sich (der Angeklagte) auch nicht der Entscheidung des Dao, so wurde bei den Provinzbehörden (省) Anklage erhoben. Wurde deren Urteil ebenfalls nicht

---

48 布政使, *M.* 5364 (a).5.
49 Es handelt sich um gleichrangige Verwaltungskörperschaften: „Kreis" oder „Distrikt". Vgl. T`ung-Tsu Ch`ü, *Local Government in China under the Ch`ing*, Cambridge/Mass. S. 462.
50 D.i 道台, vgl. Anm. 58.
51 Dieses Amt – sonst nur auf Provinzebene zu finden – wurde in Taiwan vom Daotai (Anm. 58) in Personalunion ausgeübt. Darüber besonders im 職官志 *Zhiguanzhi*, TTS (Ausgabe b.), S. 133 ff.
52 Gerichtsdiener, a clerk in a yamen (*M.* 5996.a.25).
53 Präfektur, bestehend aus mehreren *xian*.
54 Der Vorsteher der Dao-Behörde, der 道台 *Daotai*, war der Vertreter des Gouverneurs (von Fujian) in Taiwan, also Taiwans höchster Beamter. Da er auch die Funktion eines Anchashi wahrnahm, hatte er umfassendere Befugnisse als sie sonst mit seinem Amt verbunden waren.

angenommen, so erfolgte Anklage in der Hauptstadt (京). Dies wird „ehrerbietiges Anklopfen" (叩閽)[55]genannt.[56]

Der Himmelssohn konnte die Fälle nicht selbst hören. Er befahl dem Strafministerium (刑部), dem Zensorenamt (都察院)[57] und dem Obersten Gericht (大理寺)[58] richterliche Untersuchungen durchzuführen. Dies ist die sog. Gemeinsame Untersuchung der Drei Behörden (三司會審)[59].

Der Weg war weit, die Kosten waren erheblich, die Verfahren schleppten sich über Monate und Jahre dahin. Selten jedoch gab es so große Ungerechtigkeit und einen so wichtigen Fall, dass man mit der Klage bis zur Hauptstadt musste. Tötung

---

55 Vgl. auch Higashigawa Tokuji 東川德治, *Chukoku-hôsei dai-jiten* 中國法制大辭典, S. 352.

56 Das hier nur kurz skizzierte Verfahren wird von Okamatsu, *op.cit.* (Anm. 31), S. 12-14 substantiierter dargelet. Es heißt dort „Generally speaking the organization of the Formosan courts of justice followed the Chinese system of three instances being adopted." Danach war das Gericht der ersten Instanz das Gericht des *Xian* (Präfektur) und der *Zhixian* 知縣 (Präfekt) „who was the administrator of the *Xian*, acted as the judge." "His jurisdiction was as follows: 1. He examined and gave decisions on all civil cases, but he always tried to settle disputes by arbitration. 2. Minor criminal offences for which the punishment was lashing, whipping or fetters were referred to him, and sentence was passed by him. 3. He examined grave cases deserving capital punishment, military servitude, exile, or imprisonment with labour, and then transferred them to the next higher court, the court of the *Fu*, with his opinion on the legal bearings." – "The court of the second instance was the court of the *Fu* and the *Zhifu* 知府 was the local Governor as well as the judge of the *Fu*. Besides superintending the judges of lower courts he had the following jurisdiction: 1. He re-examined cases of appeal in civil cases.... 2. He re-examined appeals in minor criminal cases and passed sentence; but appeals of this kind were very rare. 3. When notified by the *Zhixian* as to the application of the law, and if the confession and testimony were the same as those made in the lower court, he simply affixed his seal to the document drawn up by the *Zhixian* and transferred the case to the *Anchash*i, but if they differed, he returned the case to the *Xian* court for re-examination. If, however, the difference was merely as to the degree of crime, and there was no doubt of guilt, he gave his own opinion as to the application of the law and sent it up to the *Anche-shi*.... The court of the third instance was the *Anchashi yamen* and its judge was the *Ancha-shi* who was especially appointed to administer the law in a province and superintend the judicial affairs of all *Fu*...and Xian within his jurisdiction ..." Im Gegensatz zur Verwaltungsorganisation auf dem Festland, war das Amt des *Anchashi* Bestandteil des *Daotai*-Amtes, das hier also mit mehr als sonst üblichen Kompetenzen aus gestattet war. (Vgl. dazu auch Plaut op.cit. Anm. 63). Der *Daotai* in Taiwan wurde deshalb auch 按察道 *Anchadao* genannt. Als richterliche dritte Instanz hatte er folgende Befugnisse: 1. Die Prüfung und Entscheidung bzw. Verwerfung aller Berufungen in Zivilsachen als Richter dritter Instanz. Auch er sollte sich bemühen, die Parteien zum Vergleich zu bewegen. 2. Prüfung und Entscheidung aller Berufungen in Strafsachen 3. In schweren Kriminalfällen die Überprüfung der ihm von der *Fu*-Behörde vorgelegten Entscheidungen des Richters erster Instanz und, nach den Umständen, Anordnung der Urteilsvollstreckung, und zwar der auf Zwangsmilitärdienst, Verbannung, Arbeitsgefangenschaft lautenden Erkenntnisse nach eingeholter Bestätigung des Provinzgouverneurs während es zur Vollstreckung von Todesurteilen der Bestätigung des Kaisers bedurfte, die durch den Gouverneur zu erbitten war (vgl. Plaut, S. 35).

57 *Duchayuan, M.*6500.5. Das Zensorat überwachte die Gesetzmäßigkeit aller behördlichen, einschließlich der Justiz-Entscheidungen.

58 *Dalisi, M.*5943.193: Former Grand Court of Appeal.

59 Diese drei Behörden gab es schon in der Tang-Zeit. Vgl. Bünger, *op.cit.* (Anm. 47), S. 11, 67.

und Räuberei betreffende Fälle wurden von den Ting- und Xian-Behörden (nur) untersucht; die Aussagen wurden gewürdigt und dokumentiert. Gab es kein Geständnis, so war mit peinlicher Befragung zu drohen. Zur Festlegung der Strafe war der Fall der Präfektur zu übermitteln, die dann die Dao-Behörde von ihrer Entscheidung in Kenntnis setzte. Von der Dao-Behörde wurde ein Register angelegt, das der Provinzregierung zu den Herbst-Gerichtstagen (秋審)[60] übersandt wurde. Es wurde darüber beraten, ob der Fall als leicht oder schwer galt, langsam oder rasch zu behandeln war.

Anschließend wurde er vom Generalgouverneur und vom Gouverneur (督撫) gemeinsam dem Kaiser per Eingabe vorgelegt, worauf das Strafministerium (刑部) beriet und Antwort erteilte. Hatte dieses noch Zweifel, so wurde der Fall an die Dao-Behörde (in Taiwan) zur nochmaligen Untersuchung zurückverwiesen. Wurde über eine Tat mit der Todesstrafe befunden, so war der Name des Täters zu protokollieren, um den Fall dem Kaiser zur Genehmigung vorzulegen. Wenn das Dokument des *Xingbu* (bei der Behörde in Taiwan) eingetroffen war, dann war der Täter sofort und an Ort und Stelle hinzurichten. Lag noch keine kaiserliche Genehmigung vor, so war abzuwarten. Falls „Gnade und Vergebung" (恩赦) erteilt wurden, war die Strafe zu milden.

Das System der Gefängnisinspektion (監獄之制) unterlag einem Polizeibeamten (典史)[61]. Es gab Zellen für leichte und schwere Straftäter, unterschieden wurde zwischen schon Verurteilen und noch nicht Verurteilten. In den Gefängnissen war es schmutzig und dunkel, Tageslicht gab es nicht, Hunger und Kälte waren überall, Krankheiten wucherten, viele der Insassen starben an Auszehrung. Gefängnismeister und Kerkerwächter praktizierten häufig Erpressung. Widersetzte sich ein Gefangener auch nur geringfügig, wurde er von ihnen misshandelt. Die Zellen waren dunkel, Einsamkeit war zum Greifen, Geister waren Nachbarn, es war wahrhaft mitleiderregend![62]

Bei Straftätern, die zu Verbannung zu verurteilen waren (徒流之犯) wurde ferne oder nahe Verbannung festgesetzt. Die zu naher Verbannung Verurteilten kamen nächstens nach Penghu (澎湖) und weitestens bis nach Quanzhou (泉州). Im Falle ferner Verbannung wurden sie in Gebiete jenseits der Großen Mauer (口外) oder in ein Malariagebiet (煙瘴之地)[63] verschickt. Beim Aufbruch in die Verbannung waren sie im Gesicht zu brandmarken, um sie als Straftäter zu kennzeichnen. Sie empfingen keine Gnade und Vergebung und kehrten auf lange Zeit oder auf Dauer

---

60 In der Jahreszeit der hinsterbenden Natur erfolgten Bestätigung und Vollstreckung der Todesurteile.

61 *M*.6347.(a) 3. Zu diesem Amt Ch´ü, *op. cit.* (Anm. 49), S. 8.

62 Vgl. dazu Derk Bodde, "Prison Life in Eighteenth-Century Peking", in: *Journal of the American Oriental Society*, Vol. 89 (1969), S. 311 ff.

63 In den Provinzen Guizhou oder Yunnan.

nicht nach Hause zurück. In Abgeschiedenheit und Erbärmlichkeit hatten sie den Tod zum Nachbarn. Das war wahrhaft beklagenswert!"

4. Kritik der Gesetzesherrschaft

„Der Mensch ist ähnlich der Erscheinung von Himmel und Erde, er trägt den Geist der fünf ewigen Tugenden[64] in seiner Brust, er verfügt über Intelligenz und trägt sein Wesen in sich, er ist der Schöpfung höchster Geist.[65] Wegen des Zuviels an Beschwernis und Leid geschehen jedoch sowohl Raub als auch Diebstahl und Totschlag in jäher Wut. Dies sollte nach den Gesetzen des Staates eigentlich mit dem Tode bestraft werden, gemäß (den Regeln) der Humanität (人情) jedoch sollte milde Verfahren werden. Deshalb regierten die Heiligen Könige (聖王)[66] das Volk so, dass sie das Brunnenfeldsystem (井田) [67] zu seinem Unterhalt etablierten, Unterrichtsanstalten für seine Bildung errichteten, es zur Arbeit anhielten, seine (fünf) Beziehungen untereinander pflegten, auf dass sie im Haus Eltern und Geschwister ehrten, außerhalb des Hauses Loyalität (gegenüber der Regierung) und Vertrauen (gegenüber Freunden) übten, und so ernst und würdevoll, freudig und ordnungsliebend wurden. Die späteren Könige (後王) verloren den rechten Weg (無道), sie legten (willkürlich) Regeln und Muster (典章) fest, die Strafen waren nicht (mehr) adäquat (刑罰不中), Gesetze und Verordnungen waren nicht zu zählen (法令如毛), ferner wurden illegal Steuern eingetrieben. So wurden Hab und Gut vergeudet, die Kräfte erschöpft. Das Volk wusste nicht mehr, was es tun sollte. In dem (dann hochkommenden) Hass entstand Rebellion, und der Staat ging unter. **Das ist die Schuld des Regierens durch Gesetze und nicht durch Menschen.**"[68]

5. Probleme der Justizpraxis während der späten Qing-Jahre

„Die zu Taiwan gehörenden Ting und Xian sandten die wegen Tötung oder Raubes verurteilten Straftäter an die Jun (郡)-Behörde[69] und nach Feststellung der Personalien wurden sie in den Gefängnissen von (Taiwan) Fu oder der Xian untergebracht. Die wegen Verbrechen gegen das Leben Verurteilten wurden unmittelbar

---

64 五常之性. *M.* 7187.35: the five constant virtues: 仁, 義, 禮, 知, 信.

65 有生之最靈.

66 *M.*5753.24: Yao und Shun.

67 Darüber vgl. etwa K.S Latourette, *The Chinese. Their History and Culture*, New York 1963, S. 56 f. und **1. Kapitel**, S. 31 f.

68 Hervorhebung im Text (Ausgabe a).

69 Diese Bezeichnung einer Verwaltungseinheit erscheint nur an dieser und einer weiteren Stelle. Vermutlich identisch mit Präfektur (*Fu*) oder einer stelle derselben.

fortgeschaft. Bei den wegen Raubes zu Zwangsmilitärdienst oder Verbannung Verurteilen wurde bis zum Eintreffen der Antwort des Strafministeriums abgewartet, dann wurde in den entsprechenden Ting und Xian[70] der Ort ihres Transfers (Verbannungs-, bzw. Militärdienstort) registriert, worauf sie im Hafen von Luermen 鹿耳門[71] auf verschiedenen Handelsschiffe verteilt und nach Xiamen 厦門[72] übergesetzt wurden. Falls es sich um einen Mörder handelte, so war er direkt dem Anchashi (bei der Provinz) zur weiteren Behandlung zu überstellen; handelte es sich um einen Räuber, so war er dem Tongan-Xian 同安縣 zu übergeben, und in der üblichen Folge den Provinz(behörden) zu überstellen, um den Ort (der Verbannung) festzusetzen und über den Antritt der Strafe Mitteilung zu machen. Auf dass sich so nicht die üble Praxis der Anhäufung (von noch nicht dem Strafvollzug überführten Verurteilten) einstellte.

Dies ging so bis zum 19. Jahr Daoguang 道光 (1840), als es Krieg mit England gab[73], und das Meer nicht mehr sicher war. Die Qing-Regierung (大清政府) bediente sich der Zivilbeamten von Quanzhou 泉州 zur Regelung von Militärangelegenheit. Dokumente gingen (zwischen Taiwan und dem Festland) in großem Durcheinander hin und her; alle von Taiwan eintreffenden Verbrecher wurden, wenn sie durch die beiden Fu Zhang(zhou) und Quan(zhou) (in Fujian) kamen, dort angehalten (und gingen entgegen dem ursprünglichen Plan nicht weiter).

In Danshui-Ting waren gerade über zwei hundert englische und indische Soldaten gefangen genommen und zu dem Jun gebracht worden, wo sie eingesperrt wurden; die Fu- und Xian-Behörden sahen sich plötzlich einer großern Menge (von Gefangenen) gegenüber. Der Bingbeidao 兵備道[74] Yao Ying 姚瑩[75] befahl allen Stellen mit schon abgeurteilten Verbrechern, diese (in die Ting-Gefängnisse) zurück zu überweisen. Falls die Zurückgebrachten in den Xian Tai(nan) und Feng(shan) waren, so waren sie wie vorher nach Luermen überzusetzen. Die Gefangenen anderer Gegenden sollten nicht dem (Taiwan)Fu überstellt werden. Im Falle von Danshui waren sie von Balipen 八里盆 (sonst von Luermen), im Falle von Jiayi 嘉義 waren sie von Wutiaogang 五條港 im Falle von Zhanghua 彰化 von Lugang 鹿港 aus überzusetzen. Es wurde Militär zur Beruhigung eingesetzt bis die kriegerische Unsicherheit aufhörte.

Die verkehrenden Handelsschiffe waren verhältnismäßig wenig geworden, es gab nicht ausreichend Transportmittel, und die sich ansammelnden (Verurteilten) wurden mehr und mehr. Die finanziellen Mittel zur Unterhaltung der Gefängnisse waren immer schwerer bereitzustellen. Die Beamten der Ting und Xian übergaben

---

70 Dies sind Danshui-*Ting* und Fengshan-*Xian*.
71 Eine kleine Hafenstadt bei Gaoxiong (Südwest-Taiwan).
72 Hafenstadt gegenüber Taiwans in Fujian.
73 Der Autor gibt in TTS *Juan* 14 (外交志) eine Beschreibung dieses Krieges.
74 Dies war die Bezeichnung für den Daotai von Taiwan, vgl. Okamatsu, *op.cit.*, S. 10.
75 Biographie in TTS (Ausgabe b.), S. 862.

die Angelegenheit ihren Nachfolgern, lasteten die Verantwortung den Nachkommenden auf. Die die Angelegenheit übernehmenden Beamten legten, da die Vorgänger keinerlei Geldmittel hinterlassen hatten, diese Angelegenheit (der Gefängnissituation) schließlich völlig zur Seite,[76] und die Gefängnisse wurden übervoll.

Das ehemals für die Gefangenenhaltung (Übersendung und Versorgung) benutzte Geld war von dem Taifangting 臺防廳[77] bereitgestellt worden. Bis dann im 10. Jahr Daoguang (1831) der Shutongzhi 署同知[78] Jiang Yong 蔣鏞 eine Eingabe des Inhalts unterbreitete, dass an Schiffskosten für jeden Mörder dreißig, für jeden Räuber zwanzig Yuan entrichtet werden sollten, das (Taifang)ting aber nicht in der Lage sei, diese Gelder alle vorzustrecken. Der Shuzhifu 署知府[79] Wang Yanqing 王衍慶 erläuterte daraufhin ausführlich, dass das (Taifang)ting und die Xian je die Hälfte aufbringen sollten, wonach einige Jahre auch vorgegangen wurde. Im Jahre 14 (1835) war der Shutongzhi Shen Ruhan 沈汝瀚, weil sein Amt nur mittleren Ranges war (somit die Einkünfte gering waren) gegen die Kostentragung. Der Zhifu Zhou Yan 周彦 befahl aber gerade (im Gegenteil) den Ting und Xian, die Gelder ganz zu entrichten. Die Gefangenen wurden inzwischen immer zahlreicher, die Mittel für den Strafvollzug immer geringer.

Als dann Xu Zonggan 徐宗幹[80] die Verantwortung im Bingbeidao übernommen hatte und zum Daotai ernannt wurde, ordnete die Qing-Regierung eine Regelung (dieser Angelegenheit) von Grund auf an. (Xu) Zonggan hielt eine Verminderung der aufzuwendenden Ausgaben für vorrangig, er veranlasste ferner, dass überall die Vorschriften über den Schiffstransport (der Verurteilen) befolgt würden, des Weiteren setzte er strikte, auf schnelle Abwicklung gerichtete, Fristen fest. Bei Durchführung dieser drei Maßnahmen würden sich (die Gefangenen) nicht weiter anstauen. Er (Xu Zonggan) legte dar:[81] 'Das in den Ting und Xian von Taiwan für die Überstellung von Straftätern aufgewandte Geld ist verglichen mit dem in den Xian des Landesinneren (d.h. des Festlandes) nicht nur um ein Vielfaches höher. Der vorige (Bingbeidao) Yao (Ying) hatte das in allen Yamen zu verwendende Geld schon wesentlich vermindert (wenn auch noch nicht in ausreichendem Umfange). Diese Verminderung ist so zu verstärken, dass die beiden Ting Dan(shui) und Yi(lan) und die vier Xian Tai(nan), Feng(shan), Jia(yi) und Zhang(hua) das für Mörder angeforderte Überweisungsgeld vermindern sollten, bei neuen Fällen um 4/10, bei alten Fällen um 6/10. Nun ergeben sich für die zur Verschiffung abgeführten Straftäter Ausgaben für Papier und Schreibzug, Amtsdiener sind mit der

---

76 高閣, „ in einen hohen Pavillon".
77 Militärbehörde in Taiwan.
78 Behördenchef eines Ting.
79 Behördenchef eines Fu (Präfekt).
80 Biographie in TTS (Ausgabe b.), S. 865.
81 Es bleibt unerfindlich, weshalb Lian es für nötig erachtete, die folgenden Finanz-konsiderationen in solcher Ausführlichkeit zu reproduzieren.

Mühe der Beaufsichtigung belastet (verlangen also Geld), diese Kosten sind unvermeidbar; schon durch sie kommt viel an Ausgaben zusammen. Es scheint, dass das von der Qing-Regierung erwogene (Kosteneinsparungsprogramm) ohne Unterschied von neuen und alten Fällen gleichermaßen angewandt werden sollte, auf dass Kleinkram und Stückwerk vermieden werden. Bezüglich von Räubern ist weniger als die Hälfte der Kosten wie für Mörder erforderlich,[82] so dass wenig Geld bereit zu stellen ist, die betreffenden Ting und Xian sollten also noch weniger an Geldmitteln anfordern, und vorläufig sollt ihnen weniger als 6/10 (des Bisherigen) zu bewilligen sein. Die Kosten (für den Transport) in Taiwan (d.h. bis zum Festlandhafen Xiamen) werden dadurch also schon vermindert; auch für die Ausgaben des Wegmarsches auf dem Festland sollten die einzelnen Ting und Xian weniger verlangen. Wenn die Verurteilten in Xiamen eintreffen, waren sie (bisher) dem Xiafangting 厦防廳[83] zu übergeben, dabei waren Empfangsgebühren zu entrichten und in Tong'an und anderen Xian waren Gefängnisgebühren zu hinterlegen, die oft sehr verschieden (hoch) waren. Das Xiafangting hat aber nur die empfangenen Verbrecher abzuzählen, Tong'an und die anderen Xian haben die Gefangenen lediglich einzusperren und für eine Nacht Quartier zu geben. Wie braucht man dafür viel auszugeben?! Man sollte also die Ausgaben ganz erheblich verringern.

Bis jetzt gibt es in jedem Hafen nur wenige Schiffe. Deshalb sollte (in allen Häfen) nach den alten Regelungen vorgegangen werden, weshalb diese überall verbreitet werden sollten. Im Stillen stelle ich mir vor, dass es sinnvoll sein könnte, ein Wachtschiff mit Grenzschutzsoldaten auszustatten und nach Taiwan zu fahren; sämtliche Soldaten sind wieder nach dem Festland zurück zu befördern. Wenn man dieses Militär nun zum Schutz nach Taiwan überweist, so ist die Militärkraft zum Schutze Taiwans erheblich; es ist nicht so wie bei Handelsschiffen, die die Regierung (jetzt) nicht einzusetzen wagt. Natürlich sollte (die Regierung) erwägen, die Hälfte der Schiffsgebühren dem Kapitän zur Entlohnung zukommen zu lassen. So würden Kosten vermindert, und die Schiffsregeln fänden überall Anwendung.[84]

Um zu vermeiden, dass die einzelnen Ting und Xian es wiederum wagen, sich nicht zu verantworten und (die Angelegenheit) verzögern, sind, weil es zeitliche Grenzen bisher nicht gibt, bestimmte Fristen festzusetzen; Fristverletzungen sind dann zu registrieren und (der zuständige Beamte) ist zu suspendieren oder zu versetzen. Von daher werden die (obigen drei) Regeln klar, und man kann hoffen, dass so Energien (für die Bewältigung des Gefangenenproblems) wachgerufen werden. Sofort können die Gefängnisse zwar nicht geleert werden, aber man kann hoffen, dass allmählich die Sache von Grund auf eine Regelung findet.' So schrieb Xu, und die Regierung handelte entsprechend.

---

82 Wohl wegen der weniger aufwendigen Beaufsichtigung.
83 Die dortige Militärbehörde.
84 Was mit diesen Schiffsregeln gemeint ist, wird nicht deutlich.

Zuerst war sofort zu entscheiden (auf summarische Weise), ob es sich um Taten gegen das Leben oder um Raub handelte. (Diese summarische Prüfung) aller Fälle war vom Taiwandao durchzuführen. Bei einem kompliziert gelagerten Fall konnte dies nicht sofort erledigt werden, sondern es war ein Geständnis im Verfahren des Dao abzuwarten, und das Dao hatte dem (Anchashi)si[85] darüber einen Kommentar zu übermitteln. (Um diesem Verfahrensaufwand abzuhelfen), reiste Xu Zonggan in die Provinzhauptstadt (Fuzhou), suchte den Generalgouverneur auf und unterbreitete den Vorschlag, dass wie in anderen Provinzen, auch kompliziert gelagerte Fälle vom Dao anschließend zu untersuchen seien, unter Vermeidung einer Mitteilung an das (Anchashi)si.

Nachdem (Xu) nach Taiwan zurückgekehrt war, besprach er sich mit seinen Beamten dahingehend, dass sie Fälle, in denen die Sachlage klar war, der Provinz zur Behandlung und Entscheidung zu übergeben waren, und nach den Regeln des *Yuan* (院)[86] die Art der Straftat festgestellt wurde. Handelte es sich um zum Zwangsmilitärdienst zu verschickende Straftäter, so war es unbedingt erforderlich, dass das (Anchashi)si den Verbannungsort festsetzte, und (die Verbrecher) waren unter Vermeidung ihres Erscheinens im Yamen des (Anchashi)si[87] der Provinz (Yuan) zu übergeben. Nur nachdem im Dao untersucht und entschieden worden war, sollte das Geständnis des Straftäters registriert und der Provinz (Fujian) übersandt werden, und nachdem dort die Deliktsart bestimmt worden war, sollte dem Ministerium berichtet werden, das dann entschied und (seine Entscheidung) nach Taiwan übermittelte. Zur Zeit der Herbst-Gerichtstage (秋審) sollten (die Fälle) wie üblich der Provinz zur gemeinsamen Untersuchung übergeben werden.[88] Was nun die zum Zwangsmilitärdienst abgeordneten Verbrecher (und die anderen Verbannten) betraf, so war der vom Taiwandao dem Kaiser vorgelegten Eingabe zu entsprechen, d.h. das Begleitpersonal war zu benennen und der Verbannungsort festzusetzen, worauf die Verurteilten wegzuschicken waren, was leicht zu bewerkstelligen war, ohne dass Schwierigkeiten entstanden. (Xu) Zonggan stellte dies der Regierung gegenüber fest, und diese handelte entsprechend."

6. Sondergesetzgebung für das Siedlerland Taiwan

„Da das Strafrecht in Taiwan dem Qing-Recht folgte, und das Qing-Gesetzbuch vorliegt, so ist darüber nichts aufzuschreiben. Allein die Abweichungen (vom Qing-Gesetzbuch oder was dort nicht enthalten ist) sind hier zu verzeichnen: Die

---

85 司 d.i 按察使.
86 Gerichtsbehörde bei der Provinzverwaltung.
87 臬司 *nie si*, M 4697.1 : a former designation of a Provincial judge.
88 Vgl. dazu M. J. Meijer, "The Autumn Assizes in Ch'ing Law", *TP*, LXX (1984), S. 1 ff.

Gesetze über das heimliche Einschiffen der Familien vom Festland,[89] die Gesetze über das Eindringen und Für-sich-Behaupten von Land der Eingeborenen[90] und die Gesetze über das Nehmen einer Eingeborenenfrau.[91] (Diese Sondergesetze galten so lange) bis im 13. Jahr Tongzhi (1875) der Qinchai-dachen 钦差大臣[92] Shen Baozhen 沈葆楨[93] Taiwan inspizierte, die Berggegenden öffnete, die Eingeborenen unterwarf und in einer Eingabe beim Kaiser beantragte, (diese drei Gesetze) für obsolet zu erklären. Daraufhin ging die Landöffnung täglich voran. Im ersten Jahr Guangxu (1875) wurde Bai Yingqin 白鷺卿 Zhixian 知縣 in Taiwan. Er war besonders erfahren in der Regulierung des Räuberunwesens. Er richtete wieder allerlei Arten schwerer Strafen ein. Bei geringfügigeren Straftaten wurden Finger abgeschnitten, bei schweren der Tod verhängt, Räuber wurden massenweise ausgelöscht. (Bai) Yingqin benutzte den Zaozong 皂總 Li Rong 李榮 als Informator (Spion), kein Räuber konnte entfliehen. (Li) Rong missbrauchte dann aber seine Befugnisse, nahm Bestechungsgelder an und handhabte Prozesse willkürlich. Der Gouverneur (巡撫) Ding Richang 丁日昌 erfuhr von diesem üblen Treiben und ließ (den Li Rong) hinrichten. Mit einem Mal war die Verwaltung in guter Ordnung.

Am Anfang waren bei der Klageerhebung beim Dao hohe Gebühren fällig, die Untersuchungen und Verhöre dauerten sehr lange, mit Prozessen wagte man sich nicht oft vor. Bis Liu Ao 劉璈[94] das Bingbeidao übernahm. Er hatte tiefes Verständnis für die Leiden des Volkes; jeden 2. und 8., 12. und 18., 22. und 28. eines Monats[95] saß er zu Gericht und erlaubte den Leuten, ihre Klagen vorzubringen. Der Gerichtsdiener empfing für jede Klage Gebühren in Höhe von zwei Yuan, die Untersuchungen wurden auf der Stelle durchgeführt, die Fälle weitgehend gleichmäßig erledigt. Somit, obwohl (Liu) Ao später zu ferner Verbannung verurteilt wurden war,[96] gedachte das Volk doch seiner Tugenden."

7. Reorganisation bei der Erlangung des Provinz–Status im Jahre 1888

„Nachdem im 13. Jahr Guangxu (1888) die Provinz (Taiwan) errichtet worden war, machte das Ministerium den Vorschlag, dass das ehemalige Taiwandao auch (die Funktion) eines Anchashi an sich ziehe und kein besonderes (Anchashi) errichtet

---

89 挈眷偷渡之律.
90 侵墾番地之律.
91 娶納番婦之律.
92 Ein kaiserlicher Inspektionsbeauftragter.
93 Biographie TTS (Ausgabe b.), S. 909.
94 Biographie TTS (Ausgabe b.), S. 921.
95 Wörtlich: Alle zweier- und achter-Tage (eines Monats). Okamatsu und Plaut nennen op.cit. statt der zweier die dreier-Tage. Diese Termine zur Einreichung einer Klage nannte man *qi cheng* 期呈.
96 Er war in Konflikt mit Vorgesetzten geraten.

zu werden brauche,[97] das Dao für alle Straftaten zuständig werde. Ein Anchashisiyu 按察使司獄[98] wurde dann angestellt.

Für sämtliche (Straftäter) wurden anlässlich der Herbst-Gerichtssitzungen vom Dao die Strafen vorschlagsweise festgesetzt, um im Oktober die Akten mit den angelegten Registern an den Yuan (Gouverneursbehörde, jetzt in Taiwan) weiter zu leiten. Anschließend wurde vom Gouverneur untersucht und entschieden, wobei zwischen dringenden und aufschiebbaren Fällen differenziert wurde. Im Februar oder März wurde (vom Dao) beim Gouverneur noch einmal eine fristgerechte Untersuchung der Protokolle beantragt. Ein Regierungsschiff wurde nach Süden (Taiwan) geschickt, um zur Unterstützung der Untersuchung die Aktenrollen nach Norden zu bringen. Dann benachrichtigte der Gouverneur den Generalgouverneur (總督) von Fujian und Zhejiang (dieser leitet die Sache weiter an die Regierung nach Peking), und es wurde auf (die Erklärung) des Willens des Thrones gewartet.

Im November des 17. Jahres (Guangxu) (1892) übersandte der Zunfu Shao Youlian 邵友濂 dem Taiwan(dao) eine Anweisung, dass die Raub betreffenden Fälle in Taiwan wie bisher (dem Gouverneur) mitgeteilt werden müssen, und dass eine Vollstreckung der Todesstrafe an Ort und Stelle (in Taiwan) jeweils eigens zu beantragen ist. Denn jetzt war die Entfernung zwischen Süden (Taiwan) und Norden (Fujian und Peking) geringer geworden, die Übersendung von Straftätern (nach Fujian und in die Hauptstadt zum höher instanzlichen Prozess) konnte schnell vonstatten gehen; bei allen nicht aufrührerischen (politischen) Straftaten war es nicht erlaubt, Todesurteile und Hinrichtungen in Taiwan durchzuführen."

97 Wie dies bei Provinzen sonst der Fall war.
98 Eine Art Rechtsspezialist.

Rechtstraditionen in Deutschland und China

Durch die seit hundert Jahren andauernde chinesische Rechtsreform und besonders seit den letzten dreißig Jahren sind zahlreiche Rechtsinstitute legislatorisch geschaffen worden, die der chinesischen Tradition fremd sind und die sie aus ihrem Selbstverständnis ablehnt oder die gar nicht in ihr Bewusstsein treten konnten. „Subjektives Recht" und „juristische Person", „Sozialversicherung" und „Gewerblicher Rechtsschutz", „Arbeitsvertrag" und „Hypothek", „Verwaltungsakt" und „Rechtsmittelbelehrung", „Strafverteidigung" und „Zivilprozess" benennen einen kleinen Ausschnitt aus der Fülle des Neuen, von dem sich der chinesische Gesetzgeber vorstellt, dass es Gesellschaft, Wirtschaft und Verwaltung des Landes prägen und steuern soll. Es wahrscheinlich, dass dies in der Zukunft immer mehr der Fall sein wird. Zur Zeit gibt es jedoch Hemmnisse, die sich daraus erklären, dass die legislatorischen Gebilde auf eine Gesellschaft und Staatsform treffen, die durch reformungünstige Traditionen geprägt sind. Bei diesen handelt es sich um Traditionen, die dem Rechtssystem des kaiserlichen China und der sowjetrussisch geprägten Epoche entstammen. Als förderlich erweisen sich dagegen Traditionen, die aus dem frühesten Reformabschnitt resultieren und 1949 pauschal zurückgewiesen worden sind: Traditionen aus den Bemühungen der späten Qing und der Republik, also aus dem ersten Drittel des 20. Jh.

Wir können ganz allgemein sagen, dass Traditionen Erscheinungen sind, die den Kulturverhältnissen einer – in der Regel ferneren – Vergangenheit entstammen und in der Gegenwart fortwirken, obwohl jene Kulturverhältnisse in ihrer Ganzheit die unsrigen nicht mehr sind. Im Recht kommen Traditionen in verschiedener Gestalt vor. Das, was tradiert wird, kann ein mehr oder weniger komplettes Rechtsinstitut sein, ein Rechtsprinzip oder eine (traditionelle) Einstellung gegenüber dem (modernen) Recht.

Dabei können Traditionen so intensiv sein, dass sie die selbstverständlich gewordene Basis der gegenwärtigen Rechtsordnung sind, d.h. zu dem durch alle Wandlungen der wirtschaftlichen und sozialen Umstände jedenfalls auf Dauer nicht erschütterten Kern- und Wesensbestand des Rechts gehören, somit echte Errungenschaften sind. Dies kann für Deutschland und andere westeuropäische Länder von den beiden großen Traditionen des römisch-justinianischen Rechts und des rationalen Naturrechts des 17. und 18. Jh. gesagt werden: Aus ihnen bestehen die Grundformen und Kerninhalte der Privatrechts- und der Verfassungsordnung unserer Gegenwart. In China wird das Fortwirken von Traditionen, seien es Traditionen aus der Kaiserepoche, seien es solche aus der sowjetrussisch beeinflussten Zeit, weitgehend als für den Aufbau einer modernen Rechtsordnung störend empfunden, als Bausteine für die Gegenwart erscheinen sie vielen als ungeeignet. Wie sind nun Traditionen im gegenwärtigen deutschen und chinesischen Recht konkret zu benennen?

I Rechtstradition im deutschen Recht

Für Deutschland liegen die Hauptquellen von Rechtstraditionen im römischen (einschließlich dem kanonischen) Recht, im altdeutsch-germanischen Recht, in der Naturrechtslehre des 17. und 18. Jh., schließlich in den Bedürfnissen der Industriegesellschaft seit dem 19. Jh. Die romanistische Rechtswissenschaft weist den „römischen Anteil am deutschen bürgerlichen Recht" [1] auf, während die rechtswissenschaftlichen Germanisten „die Begriffe und Vorstellungen aufzeigen, die dem deutschen Kulturbereich entstammend, zum Aufbau des Gegenwartsrechts mitgewirkt haben"[2]. Ich beschränke mich im Folgenden auf die beiden großen Traditionen des römischen Rechts und des Naturrechts.

1. Traditionen des römischen Rechts

Die wichtigste der Traditionen römischen Ursprungs, wie sie durch die Rezeption des *Corpus Juris Civilis* seit dem 14. Jh. und durch die Pandektistik im Gefolge der Historischen Schule des 19. Jh. in das deutsche Zivilrecht gelangt sind, ist die rechtsdogmatische Methode. Sie hat zum einen die Technik der juristischen Analyse und Synthese hervorgebracht, die zur Bildung der Rechtsbegriffe und zu ihrer Ordnung in einem System führte, zum andern die Kunst der Auslegung der Normen und ihrer Erweiterung mittels Analogie und Gegenschluss.

Römischen Ursprungs ist auch das äußere System des Privatrechts. Das Aufbauschema des heutigen BGB taucht schon im 2. Jh. n. Chr. in den Institutionen des Gaius auf: Sie sind in „Rechtssubjekte" (*personae*) und „Rechtsobjekte" (*res*) eingeteilt und ordnen in die erste Kategorie das Personen- und Familienrecht, in die zweite das Sach-, Erb- und Obligationenrecht ein.

Die meisten der im römischen Recht wurzelnden Gegenstände des heutigen Privatrechts gehören dem wertneutraleren Verkehrsrecht an, d.h. dem Recht der Rechtsgeschäftslehre, der Schuldverhältnisse und dem Mobiliarsachenrecht. Als die wichtigsten Errungenschaften, die die deutsche Privatrechtsordnung dem römischen Recht entnommen hat, lassen sich anführen:

---

1 So Max Kaser, „Der römische Anteil am deutschen bürgerlichen Recht", *JuS*, 1967, S. 337 ff.
2 So Hans Planitz, *Grundzüge des deutschen Privatrechts*, 3. Aufl., Berlin etc., 1949, S. 1.

- Die scharfe Abgrenzung von Herrschaftsrechten und Forderungen und damit zwischen dinglichen und persönlichen Ansprüchen (*actiones in rem* gegen *actiones in personam*).
- Damit hängt zusammen die scharfe Trennung der auf Verschaffung einerdinglichen Rechtsmacht gerichteten Verpflichtungsverhältnisse (Kauf, Schenkung etc.) ohne dingliche Wirkung vom dinglichen Verfügungsakt, der Übereignung.
- Die Ausbildung eines einheitlichen, absoluten Eigentumsbegriffs, streng getrennt einerseits vom Besitz, andererseits von den beschränkten Sachenrechten.
- Eine Errungenschaft des römischen Rechtsbewusstseins sind weiterhin die Berücksichtigung der guten Sitten (*boni mores*) und das Prinzip von „Treu und Glauben" (*bona fides*) im Geschäftsverkehr.
- Römisch ist weiter die Typisierung der meisten Obligationen wie sie das "besondere Schuldrecht" aufweist: Schuldverhältnisse aus Vertrag (*obligationes ex contractu*) und aus Delikt (*ex delicto*).
- Auch ist das Testament als einseitige, jederzeit widerrufliche Verfügung von Todes wegen eine römische Erfindung; damit auch die Testierfreiheit, die im Wesentlichen nur durch das Pflichtteilsrecht eingeschränkt wird.
- Insbesondere ist die Herausarbeitung des subjektiven Rechts schon ein Zug des antiken römischen Rechts, da es in der Situation von Kläger und Beklagtem – in „Aktionen" – denkt und die Frage stellt, was kann der Rechtsträger von einem eventuellen Prozessgegner verlangen. Es werden also individuelle Rechtspositionen betont und scharf analysiert.

2. Naturrechtstraditionen

Die zweite große Tradition der westeuropäischen Rechtskultur geht auf die Naturrechtslehre des 17. und 18. Jh. zurück. Mit der Vorstellung einer privat-autonomen Gesellschaft, die gegenüber der öffentlichen Sphäre des Staates durch bürgerliche Freiheitsrechte abgeschirmt ist, hat das rationale Naturrecht ein neues Modell der Gesellschaft entworfen und an dem so gewonnenen Maßstab die bestehenden Zustände kritisiert. Es wurde so maßgeblich für das Auftreten systematischer Gesetzgebung und Kodifikation und insbesondere für die Entstehung der Grundstrukturen des Rechts- und Verfassungsstaates namentlich für Gewaltenteilung und Grundrechte. Findet sich im *Corpus Juris* der Satz: *princeps legibus solutus est,* der Fürst ist an die Gesetze nicht gebunden, so zielt das Naturrecht auf die Begrenzung der Staatsmacht durch eine geschriebene Verfassung, die dadurch gekennzeichnet sein muss – wie es in Art. 16 der Erklärung der Menschenrechte von 1789 heißt –, dass sie „die Menschenrechte garantiert und die Gewaltenteilung regelt".

Das gegenwärtige Verfassungsrecht verkörpert in seinem rechtsstaatlichen Kern diese Tradition, die später durch Rechtslehre und Judikatur fortentwickelt wurde. Zentrale Errungenschaften des Rechtsstaats sind der justizförmige Rechtsschutz der Grundrechte und aller übrigen einfachgesetzlichen subjektiven öffentlichen Rechte durch sachlich und persönlich unabhängige Richter, die Gesetzmäßigkeit der Verwaltung mit ihren Elementen des Vorrangs und des Vorbehalts des Gesetzes, der *nulla poene sine lege scripta*-Grundsatz und überhaupt Messbarkeit und Voraussehbarkeit staatlicher Machtäußerung u.a.

Die beiden großen Traditionen der westlichen Rechtskultur stehen, worauf oft hingewiesen wurde, in einem inneren Zusammenhang insofern, als die Entwicklung des Rechtsstaats und der Grundrechte als eine Folge der Entwicklung der subjektiven Rechte im Privatrecht begriffen werden kann. Im Ganzen stellen sich Rechtstraditionen in Deutschland heute als historische Wurzeln, als Grundlagen der gegenwärtigen Rechtsordnung dar. Jedoch sollte nicht übersehen werden, dass solche Modernisierungsschübe, was die beiden großen Traditionen historisch waren, auf Widerstände trafen, bevor sie sich letztendlich durchsetzen konnten. Das gilt für die Rezeption des römischen Rechts, die auf den Widerstand des heimischen Rechts und seiner Verwalter stieß und gilt für den Rechts- und Verfassungsstaat, der noch in der ersten Hälfte des 20. Jh. unter Anknüpfung an obrigkeitsstaatliche und andere antimodernistische Traditionen intensiv bekämpft, schließlich für mehr als ein Jahrzehnt vernichtet werden konnte.

II Rechtstradition im chinesischen Recht

Das Bild der Traditionen im chinesischen Recht ist deshalb komplexer und konfuser, weil China sozusagen an oder irgendwo hinter dem Punkt steht, an dem Deutschland zur Zeit der Rezeption des römischen Rechts und der Herausbildung des Verfassungsstaates stand: Das Moderne ist noch nicht zur Tradition geworden, Tradition bedeutet vielmehr „Vormodernes", „Konservatismus", „Feudalistisches" in chinesischer Ausdrucksweise, die Stellung ihr gegenüber ist ambivalent bis ablehnend. Diesbezügliche Rechtstraditionen entstammen vornehmlich der durch die Rezeption sowjetischen Rechts geprägten Epoche und dem Recht der über 2000-jährigen Kaiserzeit.

1. Sowjetrussische und frühreformerische Traditionen

Uneinheitlich ist die Einstellung gegenüber den der sowjetrussischen Epoche entstammenden Traditionen. Abgelehnt werden sie nicht nur soweit sie auf planwirt-

schaftlichen Strukturen beruhen, also im Bereich des Vermögens- und Wirtschafts-
rechts, sondern zunehmend auch im Bereich des Straf- und Strafprozessrechts.
Gesetzesrevisionen der 1990er Jahre waren im wesentlichen ein Abrücken von dem
unter dem Einfluss der Sowjetunion zustande gekommenen Wirtschafts- und Sozialmodell. Durchaus fortgeführt werden sowjetische Traditionen aber im Bereich
des politischen Systems: Das Verfassungssystem, dessen Grundlage aus „führender Partei", staatsamtlicher Ideologie und Gewalteneinheit besteht, wird aufrecht
erhalten, „politische Strukturreformen" stagnieren. Ein positiver Stellenwert
kommt heute Traditionen zu, die ihren Ursprung in der Zeit der durch das konti-
nentaleuropäische Privatrechtsmodell geprägten Reform während des ersten Drit-
tels des 20. Jh. haben. Sie bestehen im Wesentlichen darin, dass man auf das in
Form und Inhalt vom deutschen BGB beeinflusste chinesische ZGB von 1930 zurückgreift und eine neue Zivilrechtskodifikation auf der Grundlage des Pandek-
tenmodells vorbereitet. Dies bedeutet dann aber auch, dass das chinesische Recht
in die Tradition des römischen Rechts einzumünden beginnt. Die Wissenschaft
vom römischen Recht erlebt seit dreißig Jahren eine langsame aber stete Entwicklung.

2. Traditionen der Kaiserzeit

Traditionselemente des kaiserlichen Chinas können erwünscht oder unerwünscht
sein. Erstere hat der moderne Gesetzgeber aufgegriffen, letztere laufen dem geltenden Gesetzesrecht zuwider. Zu den der Kaiserzeit entstammenden, heute *mutatis
mutandis* fortgeltenden Rechtsinstituten gehören die „Selbstanzeige", wonach einem Straftäter, der sich vor Entdeckung der Tat freiwillig stellt, die Strafe gemildert
oder erlassen wird; die Todesstrafe mit zweijährigem Vollzugsaufschub (eine Ab-
wandlung der klassischen Form der Todesstrafe mit nicht sofortiger, sondern der
Herbst-Vollstreckung), die „Konventionalscheidung" als Regelform der Ehescheidung; die auf gesetzliche Erben beschränkte (gegenüber dem alten Recht aber erweiterte) Testierfreiheit, schließlich die häufig als „gute Tradition" bezeichnete
Schlichtung als immer noch dominierende Form der Streitbeilegung. Erwähnt sei
ferner ein nicht gesetzlich, sondern gewohnheitsrechtlich fortgeltendes altertüm-
liches Besitzpfand an Immobilien, das *Dian* 典, das vom Obersten Gericht als geltendes Gewohnheitsrecht anerkannt wurde.

Bei diesen Rechtsinstituten ist dem Gesetzgeber der Traditionsbezug bewusst,
und er pflegt sie als „gute Traditionen". Dazu rechnet er sicher auch den in Ver-
waltungsgesetzen allenthalben anzutreffenden, den Konzepten der Legisten des
Altertums entstammenden Mechanismus von „Belohnung" (獎勵) und „Strafe" (懲
罰). Im geltenden Recht kann man auch gesetzliche Lösungen finden, die aus-

drücklich in Abgrenzung zu vormodernen Regeln zustande gekommen sind, obwohl der Regelungsgegenstand durchaus modern ist. So hat sich die Revision des StGB von 1997 dem Vorschlag widersetzt, die Geldstrafe von der Zusatz- zur Hauptstrafe aufzuwerten. Denn dies, so die Begründung, bedeute „die Strafe mit Geld abzulösen" (以錢贖罪). „Geldablösung" (贖刑) war unter den dynastischen Kodizes eine verbreitete Praxis. Ein weiterer legislatorischer Traditionsbezug besteht in ausdrücklichen Verboten, die auf Abwehr traditioneller Rechtszustände zielen. So wenn es im Ehegesetz von 1980 heißt, dass „Eheschließungen durch Festlegung Dritter", also ohne Konsens der Brautleute, verboten sind oder wenn das Jugendschutzgesetz von 1991 es für angebracht hält zu betonen, dass „Eltern für ihre minderjährigen Kinder keine Eheversprechen abgeben dürfen". Die eigentliche Wirkung altchinesischer Tradition erfolgt aber nicht auf der Ebene legislatorischer Wahrnehmung – sei sie rezipierend oder verbietend –, sondern als gesellschaftliche Konkurrenznorm zu dem als Modernisierungsstrategie gemeinten Gesetzesrecht. Was Mitte der 1950er Jahre ein taiwanesischer Zivilrechtslehrer bemerkte, ist immer noch von Belang: „Was wir auf legislatorische Weise übernommen haben, ist ganz und gar vom Neuesten des westlichen Rechtssystems; was wir jedoch auf der Ebene des Volksbewusstseins erfassen, ist immer noch das alte ethische System, wozwischen es so gut wie keine Vermittlung gibt."[3] Gemeint ist hier, dass sich die konfuzianische Ethik und das von ihr geprägte Rechtssystem und Rechtsverhalten der Entfaltung von sozialer Relevanz des modernen Rechts hemmend in den Weg stellt. Insoweit wirksame Traditionen führen zu folgenden Konfliktsituationen:

(1) Der Konflikt zwischen der „Herrschaft durch Menschen, durch charismatische, einflussreiche Personen" (人治) und der Idealisierung kaiserlicher und hausväterlicher Macht einerseits und dem Konzept moderner Rechtsherrschaft (現代法治) mit seiner Wertschätzung von Gesetzesherrschaft und Volkssouveränität andererseits. Auch in der Gegenwart liegt die höchste politische Sehnsucht vieler Chinesen in der Herrschaft durch gerechte Beamte (清官), durch einen guten Kaiser, den sie verehren können. Das traditionelle System zielt auf Regieren durch vorbildliche Menschen (圣人), die das Volk durch Belohnen und Strafen regieren, ohne durch mehr als eine vage Legitimationstheorie beschränkt zu sein. Moderne "Gesetzesherrschaft" zielt demgegenüber auf Gleichheit vor dem Gesetz, Beschränkung von Staatsmacht und Schutz von Volksrechten. Die gleichzeitige Existenz dieser konträren Rechtsauffassungen kennzeichnet die Langsamkeit der Ent-

---

3 Vgl. Robert Heuser, *Einführung in die chinesische Rechtskultur"*, Hamburg (Mitteilungen des Instituts für Asienkunde Bd. 315), 1999, S. 138; ders., Einheitlichkeit oder Pluralismus des Rechts? Zur „Wiederentdeckung" des Gewohnheitsrechts in der VR China, C.a. 20008, Nr. 4, S. 165 ff. und Daniel Sprick, „Nationale Minderheiten" im Strafrecht der VR China, in: Eric Hilgendorf (Hrsg.), *Ostasiatisches Strafrecht*, Tübingen, 2010, S. 181 ff.

wicklung des Aufbaus des Rechtssystems in der Gegenwart. Wenn der derzeitige Parteichef Jiang Zemin 1997 auf dem 15. Parteitag es für nötig hielt, darauf hinzuweisen, „dass der Staat nun gemäß Gesetzen zu verwalten ist..." und „Gesetze bei einem Wechsel der Staatsführer nicht eo ipso zu ändern sind", so zeigt das, wie sehr das personale Element in der politischen Herrschaft weiterhin präsent ist.

(2) Der Konflikt zwischen dem traditionellen Konzept des Rechtssystems als Disziplinierungsmittel mit der Konzentration auf Strafgesetze und dem von der Marktwirtschaft geforderten modernen Rechtskonzept mit seiner Betonung des Vertragsschutzes. Die Identifikation von „Gesetz" (法) mit Strafe und nicht mit Regelung von Produktion und Austausch formt weiterhin das Rechtsbewusstsein und erschwert die Fundierung einer neuen Anschauung der Art, dass „Gesetz" auch ein Mittel des Schutzes eigener Rechte ist.

(3) Der Widerspruch zwischen einem Pflichtenkonzept mit dem Ziel der Wahrung staatlicher und kollektiver Interessen und dem modernen Rechtskonzept mit dem subjektiven Recht als Orientierungspunkt. Im traditionellen System zentraler Machtkonzentration hatten die Untertanen die Interessen des Staates und der Kollektive zu wahren und jederzeit staatlich auferlegten Pflichten nachzukommen. Die Betonung individueller Ansprüche galt, wenn auch nicht zu allen Zeiten in derselben Intensität, als ungehörig. Es bestand die Vorstellung, dass je zentralisierter die Macht, desto intakter die Ordnung, je einheitlicher Denken und Handeln, desto entwickelter die Kräfte. Schwache Rechtsbehauptung und ein unvollkommener justizieller Rechtsschutz sind Konsequenzen überlieferter Pflichtenordnung.

(4) Schließlich der Widerspruch zwischen einem unbedingten Gehorsam abverlangenden ethischen System und dem Prozessrechtsbewusstsein des modernen Rechtssystems. Traditionelle Konfliktlösung appellierte an Selbstkontrolle, Kompromiss, letztlich die Unterwerfung des Schwächeren unter den Stärkeren; Beschwerde bei den Behörden galt als Ordnungsstörung. Ein Prozessrechtsbewusstsein kann sich vor solchem Hintergrund nur langsam entwickeln.

Chinesische Rechtstraditionen sind heute zu einem großen Teil solche der Vormoderne; jetzt geht es darum, Wege zu finden, dass die Moderne allmählich Tradition wird. Es ist ein verständliches Anliegen chinesischer Rechtswissenschaftler, wenn darauf hingewiesen wird, dass „legal reform must take a stand that is on the one hand to transplant successful experiences of other countries, and on the other hand, to preserve and develop the valuable contents in traditional Chinese legal culture at the same time."[4] Ob eine solche Synthese zustande kommen kann – und

---

4 So Xin Chunying, *Chinese Legal System and Current Legal Reform,* Schriftenreihe der Konrad-Adenauer-Stiftung, Bd. 4, Peking, 1999, S. 353.

wie man sie sich vorzustellen hat –, ist fraglich.[5] Zur Zeit ist vor allem deutlich, dass Rechtstraditionen der Vormoderne die Modernisierung des chinesischen Rechts erschweren.

III Neue Übersetzungen des Corpus Juris Civilis von 533 und des Tanglü von 653

Im Jahre 1997 erschienen Übersetzungen von zwei der wichtigsten Texte der juristischen Weltliteratur: der *Institutionen* des Justinian von 533 und des *Tang-Kodex* von 653.[6] Es handelt sich um die einflussreichsten und am weitesten verbreiteten Rechtstexte der Weltgeschichte, die über tausend Jahre geltendes Recht verkörperten und bis heute nachwirken. Die „Institutionen" sind ein 533 vom oströmischen Kaiser Justinian in Konstantinopel als Gesetz verkündetes Lehrbuch, das die zentralen Lehrsätze des römischen Zivilrechts zusammenfasst. Der Tang-Kodex (*Tanglü*) ist uns in der Fassung von 653 überliefert, er beruht auf dem Sui-Kodex von 583 und enthält die Summe der dem chinesischen Staat unverzichtbar erscheinenden Gebote.

Beide Texte sind so etwas wie „Zeitgenossen". Wie wenige andere verkörpern sie die Verschiedenheit der westlich-römischen und ostasiatisch-chinesischen Sozialkultur. In seiner Ansprache anlässlich der Rektoratsübergabe an der Universität zu Köln im April 1997 sprach der neue Rektor vom Justinianischen Gesetzbuch als einem der „zehn oder zwölf wichtigsten Texte der Weltliteratur."[7] Als Ausdruck der Prägung ganz Ostasiens durch die konfuzianische Ethik ist der Tang-Kodex in

---

5 Schon Shen Jiaben (vgl. **3. Kapitel** unter I) hatte aus nationaler Selbstachtung die Forderung nach „Überprüfung der alten Kultur für Zwecke des Gegenwärtigen" (考顶古今) erhoben und sich in die von den dynastischen Chroniken und Kodizes konservierten „Rechtsaltertümer" in der Absicht vertieft, daraus Anregungen für eine Synthese von chinesischer und westlicher Rechtskultur zu gewinnen.

6 Die früheste deutsche Übersetzung des Justinianischen Kodex ist die von Thomas Murner, die 1519 in Basel erschienen ist. Die 1830 von C.F.F. Sentenis angefertigte Übersetzung erlebte zahlreiche Auflagen. Die neue, von vier Lehrern des römischen Rechts in Angriff genommene Übersetzung ist zielsprachorientiert und daher besonders gut lesbar: Okko Behrends, Rolf Knütel, Berhold Kupisch, Hans Hermann Seiler, *Corpus Iuris Civilis. Text und Übersetzung, I Institutionen*, Heidelberg 1997. Der Tang-Kodex erschien 1997 erstmals in der Übersetzung in eine westliche Sprache: Wallace Johnson von der University of Kansas hatte bereits 1979 „Allgemeine Grundsätze" (die ersten 57 Artikel) des Kodex vorgelegt, 1997 folgten die restlichen 445 Artikel mit den diversen Tatbeständen (*The T'ang Code. Volume I: General Principles*, Princeton 1979, *Volume II: Specific Articles*, Princeton 1997).

7 Jens Peter Meincke, *Die Institutionen Justinians aus heutiger Sicht,* Presse- und Informationsstelle der Universität zu Köln, Köln, 1997, S. 33.

diesen Kreis der wichtigsten Texte einzureihen.[8] Es gibt nicht viele Texte, die so gut wie diese beiden Gesetzbücher geeignet sind, europäische und ostasiatische antike Gesellschaften und Lebensverhältnisse zu veranschaulichen.

1. Strukturelles

Beide Gesetzbücher sind Kodifikationen von Resultaten einer langen Kulturgeschichte. Sie stehen sowohl am Ende einer rund tausendjährigen Gesellschafts- und Rechtsentwicklung als auch am Anfang einer weiteren Entwicklung, die mehr als tausend Jahre dauerte und weiter andauert. Die Vorgeschichte des Codex Justinian geht bis auf die Zwölf-Tafel-Gesetzgebung von 450 v. Chr. zurück; der Tang-Kodex erwähnt in den Einleitungssätzen zu den einzelnen Kapiteln häufig das *Fa-jing* eines Li Kui, der um 400 v.Chr. den ersten Kodex erstellt haben soll.

Beide Gesetzbücher beziehen sich nicht nur auf die Gesetzgebungstradition, sondern die geistesgeschichtliche Tradition überhaupt: Der Justinianische Kodex zitiert dann und wann den Homer, der Tang-Kodex ist voller Zitate, insbesondere aus dem *Liji*, dem Han-zeitlichen, in einzelne Textpassagen weit in das erste Jahrtausend v.Chr. zurückreichenden, „Buch der Riten."

Beide Kodizes sind Ergebnis einer jahrhundertelangen Bemühung um Systematik, Einfachheit und Präzision. Beide sind „klassische Werke" als sie nach Einfachheit, dem „menschlich Richtigen" (*humanitas* oder „die rechte Mitte") und nach dem gelebten Recht streben. Was die Einfachheit anbetrifft, so gilt, was in der oben erwähnten Rektoratsrede für die Justinianischen „Institutionen" gesagt wurde, auch für den Tang-Kodex: „Knapp, klar, übersichtlich, nüchtern, schnörkellos." Nach Angaben der in der frühen Tang-Zeit verfassten Chronik der Jin-Dynastie (265-420 n. Chr.) bestand der Kodex der Han-Dynastie (206 v.Chr.-221 n.Chr.) aus 4900 Artikeln mit 7,7 Millionen Schriftzeichen. Nach der vornehmlich während der Sui-Dynastie (589-618 n.Chr.) geleisteten Systematisierung hatte der darauf aufbauende Tang-Kodex nur noch 502 Artikel mit rund 136.000 Zeichen.

Humanitas oder „die rechte Mitte" war ein weiteres ganz bewusstes Ziel sowohl Junstinians wie der Sui-Tang-Gesetzgeber. Justinian ging es z.B. um die Verbesserung der Behandlung von Sklaven (partielle Rechtsfähigkeit) und um eine Ver-

---

8 Das Diktum Jherings, wonach Rom dreimal „die Welt" erobert hat: durch Waffen, durch Religion und durch das Recht (*Der Geist des Rechts. Eine Auswahl aus seinen Schriften*, Bremen, 1965, S. 3) brachte 1934 den japanischen Rechtshistoriker N. Niida dazu, dies auch für China anzumerken: Auch China eroberte die ostasiatische Welt dreimal – durch Waffen, Religion und das Recht – in dem Sinne, dass ganz Ostasien durch Chinas Militärmacht, den Konfuzianismus und das Tang-Gesetzbuch geprägt wurde. (Vgl. Hyung I. Kim, *Fundamental Legal Concepts of China and the West. A Comparative Study*, Port Washington, N.Y., London, 1981, S. XIII).

besserung des Erbrechts der Frau. In der Sui-Tang-Gesetzgebung ist „eine geradezu revolutionäre humanisierende Reform" (Xu Daolin) gesehen worden.[9] So wurde die entehrende Strafe der Ausstellung des Kopfes Enthaupteter abgeschafft, die Verbannungsstrafe reduziert, und die beim peinlichen Verhör anwendbaren Stockschläge wurden begrenzt.

Für beide Werke ist das (dritte) Bestreben nach dem gelebten Recht schwieriger zu verifizieren. Nach Justinian soll „nur das in das Gesetz, was es wirklich gibt." Die Herausgeber der Neuübersetzung sind der Ansicht, dass dies nicht ganz gelungen ist und sich „auch klassizistische, die Vergangenheit um ihrer selbst willen konservierende Tendenzen" festgesetzt hätten.[10] Das *Tanglü* ist als Produkt konfuzianischen Geistes ohnehin nicht frei von der Gefahr der Aufrichtung zu hoher Ideale. So enthält es moralische Standards, denen in der gesellschaftlichen Wirklichkeit nicht entsprochen wurde: z.B. das Verbot der Schuldknechtschaft (Art. 399) und die Begrenzung des Darlehenszinses auf 4 - 6% monatlich.

2. Substanzielles

In den beiden Kodizes treten uns ganz verschiedene Lebenswelten entgegen. Nennen wir die römische individualistisch-dynamisch, die chinesische familistisch-statisch.

Nach Justinian ist die Rechtsordnung für die Menschen eingerichtet. „Alles Recht, das wir anwenden, bezieht sich auf Personen, auf Sachen oder auf Klagen" (1, 2, 12). Dem entspricht der Aufbau des Kodex: Zuerst ein Abschnitt über „Personen", den Trägern von Rechten und Pflichten, wo von Rechtsfähigkeit, Vormundschaft, Adoption und der Ehe gehandelt wird. Die Bücher 2 und 3 befassen sich mit „Sachen", den Rechtsobjekten (es geht um Eigentum, Dienstbarkeiten, Nießbrauch, Testament etc.), dann mit den Schuldverhältnissen, also insbesondere den Vertragsbeziehungen. Zuletzt wird die Durchsetzung solcher Verhältnisse durch die *actiones*, die Klagen behandelt. Dem Justinianischen Gesetz geht es also um die Zuordnung von Rechten und ihre behördliche Durchsetzung, letztlich um die Frage, unter welchen Voraussetzungen ein Anspruch auf Schadensersatz entsteht.

Der Tang-Kodex zeigt uns eine andere Welt: Nicht eine Welt des Geschäftsverkehrs, der Person, der Vertragspartner und Kläger, sondern eine Welt der Untertanen, der Kaiser und Familien. Die meisten Artikel dienen der Kontrolle der Beamten, dann der Kontrolle der Bevölkerung. Das ganze ist als Strafrecht konzipiert. Es geht um Disziplinierung. Der erste Artikel lautet: „Es gibt die Strafe von

---

9 Vgl. im **2. Kapitel**, S. 89.
10 *Op. cit.* (Anm. 6), S. 283.

10, 20, 30, 40 und 50 Hieben mit dem leichten Stock", und der (dem Kodex bei-
gegebene) Kommentar fügt hinzu, dass die Aussprache des Zeichens für „Stock"
(*chi* 笞) ähnlich der des Zeichens für „sich schämen" (*chi* 恥) ist. Der Tang-Kodex
ist eine Sammlung konfuzianischer ethischer Gebote (禮), die er mit Strafandrohung bewehrt. Unter diesem Vorzeichen nimmt er auch zivilrechtliche Aspekte
auf: Nicht als gesetzliche Regelung solcher Verhältnisse, sondern als Sanktion der
Primärnorm (禮)-Verletzung. So befasst sich z.B. der Artikel über Verträge nicht
etwa mit der Entstehung von Darlehensverträgen, mit Haftungsfragen etc., sondern
droht dem zwanzig Stockschläge an, der ein Darlehen nicht zurückzahlt. Die zahlreichen Rechtsinstitute zum Familienrecht (Eheschließung, Ehescheidung, Adoption, Testament) erscheinen nicht als gesetzliche Regelungen ihrer Voraussetzungen, sondern als Verletzung der Primärnormen (禮). Wer z.B. ein Testament verfasst, durch das er einen eigenen Sohn von der Erbfolge ausschließen will, kann
mit Stockschlägen bestraft werden. Kodifiziert sind also Strafen, nicht Rechtsinstitute; im Spiegelbild der Strafnorm wird die Primärnorm angedeutet.

IV Wirkungen

Franz Wieacker hat die Institutionen des Justinian als „Grundriss einer axiomatischen Anthropologie des Rechts" bezeichnet.[11] Sie enthalten Grundgegebenheiten
des Rechtslebens – Person, Sache, Prozess –, die in die Zivilgesetzbücher Europas,
dann in außereuropäische Gesetze, wie das japanische ZGB von 1899 und das chinesische ZGB von 1930 eingegangen sind. In der VR China wird seit Erlass der
„Allgemeinen Grundsätze des Zivilrechts" (民法通则) im Jahre 1986 an diese
Tradition angeknüpft.[12] Die Institutionen des Justinian wirken so fort in Raum und
Zeit.

In China werden modern anmutende Elemente des *Tanglü* gerne als Ausdruck
der Aufgeschlossenheit und Aufgeklärtheit der Tang-Zeit und als beispielhaft für
die Gegenwart hervorgehoben. So etwa Art. 48, der als früher Ausdruck von „Kollisionsrecht" gelten kann: „Alle Fälle, in denen Ausländer derselben Nationalität
beteiligt sind, werden nach deren Heimatrecht behandelt, sind Personen verschiedener Nationalität beteiligt, so wird chinesisches Recht angewandt." Hinsichtlich
der ersten Konstellation heißt es in dem dem *Tanglü* beigefügten Kommentar:

11 „Griechische Wurzeln des Insitutionensystems", in: *Savigny-Zeitschrift, Romanistische Ab-
    teilung*, Bd. 70 (1953), S. 125.
12 Chinesische Übersetzung der Institutionen des Justinian von Zhang Qitai, *法学总论*, Peking
    (Shangwu), 1989. Die Übersetzung des Hauptteils des Justinianischen Kodex, die Pandekten
    oder Digesten (Auszüge aus Schriften klassischer römischer Juristen) ist im Gange. Zuletzt
    erschien in einer lateinisch-chinesischen Ausgabe als Bd. 7 *De Usu Fructu* (用益权), über-
    setzt von Mi Jian, Peking (法律出版社), 1999.

„Haben Angehörige derselben Nationalität unter sich Straftaten begangen, so muss man sich über die Regelungen des Heimatstaates erkundigen und gemäß dessen Gewohnheiten und Gesetzen entscheiden." Art. 484 enthält eine an den Rechtsstaat erinnernde Regel, wonach alle Urteile die einschlägige Vorschrift des *Tanglü* zitieren müssen. Der letzte Artikel des *Tanglü* deutet auf die Regel des *in dubio pro reo*, wenn es dort heißt, dass in zweifelhaften Fällen zwar kein Freispruch erfolgen muss, aber die Möglichkeit geldlicher Strafablösung eingeräumt wird.

Solche Regelungen sind Ausdruck einer hochentwickelten Rechtskultur vergangener Zeit, nicht Element einer „axiomatischen Anthropologie" modernen Rechts.

Ist die chinesische Tradition eine Quelle zur Gestaltung moderner Herrschaft des Rechts?

von Xie Hui[1]

Zusammen mit der in den neunziger Jahren in China auftretenden wissenschaftlichen Strömung des Kulturkonservatismus (文化保守主义[2]) entstand in der Rechtswissenschaft eine Strömung, deren Anliegen es ist, im chinesischen Altertum, d.h. der sich über mehrere Jahrtausende erstreckenden Epoche, die Mitte des 19. Jh. mit dem Auftreten der westlichen Kultur in Ostasien ein Ende fand, Strukturen und Elemente moderner Rechtsherrschaft (法治) zu orten und sie für die Bedürfnisse der Gegenwart nutzbar zu machen. Der Autor ist der Ansicht, dass in einer Zeit, in der die von den Reformen veranlassten Entwicklungen in allen Bereichen der Gesellschaft mit dem Konzept der Rechtsherrschaft unmittelbar verbunden sind, es unverzichtbar geworden ist, das Konzept der Herrschaft des Rechts von diversen Standpunkten aus zu analysieren und zu erörtern, weswegen die Entstehung verschiedener dieses Konzept betreffende Denk- und Schulrichtungen unausbleiblich ist.

I Die wissenschaftliche Strömung des Rechtsherrschaftskonservatismus und ihr kultureller Hintergrund

Die historischen Fakten sozialer Umwälzungen in China und im Ausland zeigen, dass jede bedeutende soziale Umwälzung eine bunte Vielfalt gelehrten Denkens hervorbringt; besonders dann, wenn die gesellschaftliche Umwandlung in Form eines „Strukturwandels" (变法) vonstatten ging, war das Nachdenken über Fragen wie die Werttendenz des Rechts, die Wahl der Methoden oder die Auswahl der Ressourcen, sei es nun konservativ, radikal oder gemäßigt, in der Geschichte stets vorhanden. Von der durch die Reformen des Zi Chan (im 6. Jh. v. Chr.) veranlassten Kontroverse zwischen diesem und Shu Xiang[a], über den durch die Reformen des

---

1 Professor für Rechtstheorie an der Shandong-Universität, Jinan, VR China. Die ursprüngliche Fassung der Studie erschien unter dem Titel "法治保守主义思潮评析一与苏力先生对话" (Kritik der wissenschaftlichen Strömung des Rechtsherrschaftskonservatismus. Eine Auseinandersetzung mit Herrn Su Li), *FXYJ*, 1998, Nr. 6, S. 50-59. Die laufenden Anmerkungen sind vom Autor; die vom Übersetzer hinzugefügten durch Buchstaben gekennzeichneten Anmerkungen finden sich am Ende.
2 Tatsächlich ist der Kulturkonservatismus nicht eigentlich „konservativ"; der Ausdruck ist nur eine griffige Formulierung für eine Haltung, die in einer intensiven Verehrung des Altertums besteht. Unter den Umständen des gewaltigen Wandels, dem China derzeit unterliegt, bedeutet dieser Komplex der Altertumsverehrung eine durchaus extremistische Einstellung.

Wang Anshi (im 11. Jh. n. Chr.) herbeigeführten Gegensatz zwischen Alter und Neuer Partei[b)] bis hin zu der durch die Reformen am Ende der Qing-Dynastie (letzte Dekade des 19. und erste Dekade des 20. Jh.) veranlassten Debatte zwischen den Vertretern der „Wahrung konfuzianischer Ethik" (礼教派) einerseits und der „Reform durch Gesetzgebung" (法理派)[c)] andererseits bestätigt in China jede Umwälzung diese Einschätzung. Und auch im neuzeitlichen Europa teilte sich die geistige Vorhut von Rechtsreformbewegungen in Konservative und Radikale, wobei erstere die Werthaftigkeit der Kultur des eigenen Landes und die Vernünftigkeit eines allmählichen Wandels betonten, während letztere davon ausgingen, dass die Kultur des eigenen Landes gerade Gegenstand der Umwälzung des Rechtssystems ist, weswegen man die Ressourcen dazu aus dem Ausland zu beziehen habe. In Frankreich sind insofern Montesquieu und Rousseau, beides Gelehrte, deren Aufmerksamkeit besonders dem Aufbau der Institutionen galt, repräsentativ. Montesquieu (1689-1755) nahm eine deutlich kulturkonservative Position ein, indem er ein allmähliches Fortschreiten betonte und einer Indienststellung der in Frankreich bereits vorhandenen Kulturressourcen das Wort redete. Rousseau (1712-1778) befürwortete dagegen einen abrupten Wandel, die Beseitigung der gesamten kulturellen Überlieferung und die Errichtung einer neuen französischen Kultur.[3] In Deutschland war es Savigny (1779-1861), der Hauptvertreter der Historischen Rechtsschule, der eine deutlich konservative Richtung vertrat, während der eine neo-utilitaristische Rechtswissenschaft repräsentierende Jhering (1818-1892) radikalere Tendenzen zeigte. Fragen wie das Verhältnis von Recht und Volksgeist, die Möglichkeit, aus dem römischen Recht „konstante und allgemeine Faktoren" zu abstrahieren oder die Existenz von „allen zivilisierten Ländern gemeinsamen Rechtsprinzipien" wurden einer kontroversen und tiefschürfenden Debatte unterzogen.[4] Diese Fakten bieten uns ein lebhaftes Anschauungsmaterial dazu, wie im Umbruch befindliche Gesellschaften unvermeidbar mit radikalen, ja antagonistischen Doktrinen einhergehen können.

Die Erfahrungen der oben erwähnten konservativen und radikalen Richtungen im Prozess des sozialen Umbruchs sind auch im gegenwärtigen China eine unbestreitbare Tatsache. Die im China des 20. Jh. vonstatten gegangenen drei großen Umbrüche – Umsturz des Kaisersystems (1911), Errichtung der Volksrepublik (1949) und die Periode von Reform und Öffnung nach außen (seit 1979) – halten insofern jedem Vergleich mit den bedeutsamen Umwälzungen in der Menschheitsgeschichte stand. Es genügt, dazu auf zwei Punkte hinzuweisen: Zum einen

---

3 Es wird auch behauptet, dass darin keine eigentliche Neuerung lag, sondern ein Wiederaufleben fanatischer Religionstraditionen des Mittelalters in Frankreich, nur eine Verwandlung religiösen Fanatismus' in Fanatismus des gesamten Volkes. Vgl. Zhu Xueqin, 道德理想国的覆灭 (Der Untergang des moralidealen Staates), Shanghai (三联书店), 1994, S. 93 ff.

4 Vgl. He Qinhua, 西方法学史 (Geschichte der westlichen Rechtswissenschaft), Peking, 1996, S. 205 ff.

gingen diese Umbrüche in einem Staatswesen mit 5000-jähriger Kaisertradition vonstatten. Sie konnten zwar die Kontinuität der Monarchie und in großem Umfang auch die Kulturkontinuität erfolgreich unterbrechen; da jedoch die Vorstellung der Kontinuität des kaiserlichen Systems fortexistiert, die Psychologie der Kulturkontinuität noch sehr stabil ist, wirken sie von der ländlichen Gesellschaft nach wie vor entscheidend auf die städtische Gesellschaft ein. Zum anderen gehen diese Umbrüche in dem bevölkerungsreichsten Land der Erde vonstatten. In einem derart gigantischen Staatswesen hat jedweder Systemumbruch weltweite Auswirkungen, geschweige denn solch grundlegende Umwälzungen wie die von der Monarchie zur Republik, von der halbkolonialen und halbfeudalen zur sozialistischen Gesellschaft, vom Sozialismus des planwirtschaftlichen zum Sozialismus des marktwirtschaftlichen Modells. In derart historischen Umbrüchen von welterschütternder Bedeutung sind Pluralität des Denkens und Kontroversität der Ansichten unvermeidlich und normal.

Der in China auftretende Rechtsherrschaftskonservatismus ist im wesentlichen die theoretische Befürwortung, hauptsächlich mit Ressourcen des eigenen Landes die Herrschaft des Rechts in China hervorzubringen. Nach dem vom Autor überblickten Material lässt sich diese Befürwortung im großen und ganzen in drei Arten einteilen: (1) Der Kulturdeterminismus (文化性质决定论) ist der Ansicht, dass das charakteristische Merkmal der chinesischen Kultur die konfuzianische Ethik (礼教) sei, die eine Herrschaft des Rechts nicht hervorbringen könne; da es äußerst schwer sei, diese zur Gewohnheit gewordene Kultur zu ändern, könne nur ein allmählicher Wandel in Frage kommen. Repräsentativ für diese Sichtweise sind der bekannte Gelehrte Liang Shuming (1893-1988) und Philosophen der jüngeren Generation wie Xie Xialing[5], in der Rechtswissenschaft ist hier vor allem der bekannte Gelehrte Wu Shuchen zu nennen.[6] (2) Die „Lehre des sympathischen Verste-

---

5 Liang Shuming ist der Auffassung, dass die chinesische und westliche Kultur Wege verschiedener Richtungen beschritten haben, weswegen China „wie lange es auch fortschreitet, es doch niemals zu den vom Westen erreichten Orten gelangen kann" (vgl. Liang Shuming, *东西方 文化及其哲学* [Die östliche und westliche Kultur und ihre Philosophie], Shanghai 1987, S. 65). Xie Xialing führt aus, dass „ein Junge, wenn er erwachsen geworden ist, ein Mann ist und nicht zu einer Frau werden kann, und ein erwachsen gewordenes Mädchen eine Frau ist und nicht zum Mann werden kann. Ein modernisiertes China ist immer noch eine ‚chinesische Gesellschaft (eine Gesellschaft der Ethik mit dem Merkmal der Personenherrschaft)' und kann nicht zu einer ‚westlichen Gesellschaft (einer Gesellschaft der Rationalität mit dem Merkmal der Gesetzesherrschaft)' werden." (Vgl. Xie Xialing, "中国社会是伦理社会"/ Die chinesische Gesellschaft ist eine Gesellschaft der Ethik, in: *社会学研究*, 1996, Nr. 6).
6 Wu Shuchen ist der Ansicht, dass das chinesische Recht die drei Zeitalter der „Moralherrschaft (礼治) und des Fallrechts (判例法)", der „Gesetzesherrschaft (法治) und des geschriebenen Rechts (成文法)" sowie der „kombinierten Herrschaft von Moral- und Gesetzesregeln (礼法 合治), eines Mischrechts (混合法)" durchlaufen hat und führt aus: „Das Mischrecht Chinas ist weder identisch mit dem geschriebenen (kodifizierten) Recht des kontinentaleuropäischen, noch mit dem Fallrecht des anglo-amerikanischen Rechtskreises, sondern vereinigt die Stärken

hens" (同情理解论) unterscheidet sich von der Sichtweise der Kulturdeterministen in folgendem: Letztere besitzen gegenüber der chinesischen Kultur der konfuzianischen Ethik eine starke Gemütsaffinität, während erstere lediglich ein „sympathisches Verstehen" betont, tatsächlich jedoch angesichts der angehäuften, festgefügten chinesischen Rechtskultur resigniert. Ihr Hauptvertreter ist Liang Zhiping.[7] (3) Die Lehre der „wissenschaftlichen" Rechtskultur ("科学" 法文化论): Ihr theoretischer Ausgangspunkt ist Geertz´ These, wonach „law local knowledge" ist[d)] und sie folgert daraus, dass chinesische Rechtsherrschaft nur chinesischer Lokalität sein kann, weswegen gegenwärtig die Rechtsherrschaft nicht durch „Strukturreform" (变法) oder Transplantation von Fremden errichtet werden kann, sondern aus den eigenen Ressourcen Chinas im Wege der Evolution zu entwickeln ist. „Das wichtigste Merkmal des Rechts ist Wahrung von Stabilität, es ist eine konservative soziale Kraft."[8] Hauptvertreter dieser Lehre ist Su Li.

Sobald diese Strömung des Rechtsherrschaftskonservatismus hervorgetreten war, traf sie in der Rechtswissenschaft gleich auf Zustimmung und wurde zu einer der auffälligsten Erscheinungen in der gegenwärtigen chinesischen Rechtswissenschaft. Warum konnte es dazu kommen? Ich bin der Ansicht, dass dabei die folgenden gegensätzlichen Faktoren zusammenwirken:

---

beider. Unter der Monarchie ergänzten geschriebenes Recht und Fallrecht sich gegenseitig, waren sich gegenseitig Ursache und Wirkung, eine Art Kreisbewegung. Das Mischrecht Chinas ist das grundlegende Merkmal des chinesischen Rechtskreises (中华法系) und kündet von der Entwicklungsrichtung der Weltrechtskultur" (vgl. Wu Shuchen, *中国法律文化探索*/Untersuchungen zur chinesischen Rechtskultur, Beijing, 1987).

7 Liang Zhiping war früher ein aktiver Bewunderer westlicher und radikaler Kritiker chinescher Rechtskultur, was aus seiner während der achtziger Jahre in *Dushu* erschienenen Artikelserie ersichtlich ist. Später jedoch legte er nicht mehr so viel Gewicht auf einen wertenden Vergleich chinesischer und westlicher Kultur und führte in seiner Aufsatzsammlung „Rechtserörterungen (法辩)" aus: „Vielleicht entdeckt der aufmerksame Leser, dass zwischen den in diesem Buch enthaltenen Essays ‚Rechtserörterungen' (geschrieben Anfang 1986) und ‚Tod und Wiedergeburt' (geschrieben 2. Jahreshälfte 1988) eine Gedankenspur wahrnehmbar ist, d.h. dass ich feststellte, dass dann, wenn ich so weit wie möglich ein subjektives Bewerten unterlasse und in objektiver, unparteiischer Haltung Recht und Kultur des chinesischen Altertums und ihr Verhältnis zueinander studiere, sich allmählich ein neues Verständnis traditionellen Rechts und traditioneller Kultur herausgebildet hat, eben das, was man ‚sympathisierendes Verstehen' (同情的理解) genannt hat." Er bezeichnet diesen Wandel als „subtil und sinnreich" (Liang Zhiping, *法辩－中国法的过去，现在与未来* / Rechtserörterungen – Vergangenheit, Gegenwart und Zukunft des chinesischen Rechts, Guizhou, 1992, S. 280 f.). Aus heutiger Sicht ist sein Wandel keineswegs subtil, sondern gewaltig. Ein Gelehrter, der eine ähnliche Positionsveränderung vollzogen hat, ist Hao Tiechuan, wie aus dessen Arbeiten „Konfuzianisches Denken und gegenwärtiges chinesisches Rechtssystem", Zhengzhou/Henan 1994 und „Grenzen der Internationalisierung des chinesischen Rechts", in: *Changbai luncong*, 1996, Nr. 5, zu ersehen ist.

8 Su Li, *法治及其本土资源*(Die Herrschaft des Rechts und ihre heimische Ressourcen), Peking, 1996, S. 17.

(1) Der China-Faktor. Man erinnert sich noch gut an das „Kulturfieber", das in den achtziger Jahren mit ungeheurer Gewalt losbrach. Sein grundlegendes Anliegen bestand darin, sich über die traditionelle Kultur Chinas Rechenschaft zu geben und eine Reihe von Fragen, die sich seit der Gründung der Volksrepublik ergeben hatten, unter kulturspezifischem Aspekt neu zu überdenken und dabei hervorzuheben, dass wirtschaftliche und politische Reform mit dem Wandel der Kulturidee (文化观念) zu beginnen hat. Die politischen Unruhen des Jahres 1989 und besonders das seit 1993 vonstatten gehende rasante Wirtschaftswachstum veranlasste einige bisher eher ratlose Intellektuelle dazu, den Wert eines allmählichen Fortschreitens der Reform größere Aufmerksamkeit zu schenken, die Frage der kulturellen Kontinuität neu zu durchdenken und im allmählichen Wandel der Tradition einen erfolgreichen Weg zu erkennen, um schließlich die Flagge des Kulturkonservatismus zu hissen. In der Rechtswissenschaft führte man einerseits den Gedankengang der achtziger Jahre fort, andererseits führte der umfassende Wandel der akademischen Welt in den neunziger Jahren die Rechtsgelehrten dazu, einige Fragen von neuem zu durchdenken, was sich zuerst in vergleichenden Studien zur chinesisch-westlichen Rechtskultur niederschlug, sich dann in Überlegungen zum Verhältnis der Lokalisierung (本土化) und Internationalisierung (国际化) des chinesischen Rechts fortentwickelte, woraus sich am Ende die Richtung des Rechtsherrschaftskonservatismus herausbildete. Dies ist der ideenkulturelle Hintergrund des Rechtsherrschaftskonservatismus.

(2) Der internationale Faktor. Der abrupte politische Umschwung und der wirtschaftliche Niedergang in der ehemaligen Sowjetunion und in den osteuropäischen Staaten einerseits, die behutsameren Reformen in den ostasiatischen Ländern andererseits brachten in der chinesischen Rechtswissenschaft Aufschluss darüber, dass Entwicklung der Stabilität bedarf. Die Methode allmählichen Voranschreitens erfordert stabile Entwicklung, und das Recht ist die Grundlage gesellschaftlicher Stabilität und daher ein Schlüsselfaktor für die Einhaltung des Wegs allmählichen Wandels durch stabile Entwicklung. Dies führte bei einigen Rechtswissenschaftlern zu der Überzeugung, dass nur dann, wenn man sich an die Tradition hält, das Recht erfolgreich sein kann. Dies ist der eine Aspekt des internationalen Kulturhintergrunds des Rechtsherrschaftskonservatismus. Der andere besteht darin, dass im Bereich der Rechtskultur der Fehler des traditionellen Sozialismus, auf den Lenin häufig hingewiesen hat, begangen wurde, nämlich das Kind mit dem Badewasser auszuschütten. Da es dagegen ein offenkundiges Merkmal der Entwicklung des Kapitalismus ist, kulturelle Erfahrungen aufgegriffen und die Kontinuität der Rechtskultur gewahrt zu haben, erweckte dies bei einem Teil der Rechtsgelehrten großes Interesse. In gewissem Maße brachte der Rechtsherrschaftskonservatismus eine andere Art der Orientierung an Erfahrungen der westlichen Rechtskultur, ver-

glichen mit der Rechtstransplantation handelt es sich um Anleihen an Rechtsme-
thode und Rechtsidee und nicht um die Übernahme konkreter Rechtsregeln.

(3) Der Rechtswissenschaftsfaktor. Seit Mitte der achtziger Jahre steht die
Rechtsvergleichung in China in großer Blüte; unabhängig davon, ob sie in China
ausgebildet wurden oder im Ausland studiert haben, so gut wie alle Rechtswissenschaftler erörtern bei ihren Bemühungen um den Aufbau des chinesischen Rechtssystems ausländisches Recht und unternehmen vergleichende Studien. Auf diese
Weise wurde erkannt, welch hohen Wert in der anglo-amerikanischen Rechtskultur
der Tradition beigemessen wird, dass sowohl das englische *common law* wie das
law of equity das Ergebnis einer langen Rechtsgeschichte sind, und die bis heute
in England geltende Verfassung in ihren ältesten Teilen erstaunlicherweise bis zur
„Magna Charta" aus dem 13. Jh. zurückreicht. Es wurde bewusst, dass die USA
zwar aus einem revolutionären Unabhängigkeitskrieg hervorgegangen sind, dies
aber nur im Bereich der politischen Souveränität von Bedeutung ist, die USA in
kultureller Hinsicht im wesentlichen die englische Tradition fortsetzen und dass
diese Kontinuität der Rechtskultur sich in den Resultaten und Leistungen einer
stabilen Entwicklung der anglo-amerikanischen Länder niedergeschlagen hat. Es
wurde weiterhin bewusst, dass die Rationalität der Modifikationen der Länder des
kontinentaleuropäischen Rechtskreises, wenn sie auch auf einer Neuerschließung
der Tradition des römischen Rechts beruht, aus der Sicht der spezifischen Volkskultur der einzelnen Länder in hohem Maße Diskontinuität mit sich brachte. Eine
solche Vergleichung führte zu einer tiefschürfenden Neubesinnung im Bereich der
Rechtskultur. So äußerte sich etwa He Weifang dahingehend, dass „in vielerlei
Aspekten der Kultur China mit England mehr verbindet als mit den kontinentaleuropäischen Ländern."[9] Besonders eine Reihe von in Ländern des anglo-amerikanischen Rechtskreises hochgradig ausgebildeter Juristen bilden den rechtskul-
turellen Hintergrund des Rechtsherrschaftskonservatismus.

Wenn die oben genannten Gründe auch zur Geburt des Rechtsherrschaftskonservatismus in China führten, so gilt es im weiteren zu untersuchen, ob die von ihm
vertretenen Vorstellungen für den Aufbau der Rechtsherrschaft in China wirklich
geeignet sind.

*II Kann die bodenständige Kultur Chinas als Ressource zur Unterstützung der
Verrechtlichung dienen?*

Sei es nun der Rechtsromantizismus oder der Rechtskonservatismus – sie wurzeln
beide in der Verrechtlichungstendenz, wie sie im Verlauf der Reformen im gegen-

---

9 He Weifang, "英美法与中国" (Anglo-amerikanisches Recht und China), *BJFYJ*, 1991, Nr. 4.

wärtigen China auftritt, und sind beide von einer großen Erwartung hinsichtlich der Errichtung von Rechtsherrschaft getragen, deren Wert sie gleichermaßen anerkennen. Sie unterscheiden sich in der Wahl des Weges zur Rechtsherrschaft: Während ersterer zu einer diskontinuierlichen Rechtsbildung neigt, betont letzterer die kontinuierliche Erfahrung, während ersterer eine Aneignung schon bestehender Rechtsmodelle hervorhebt, tritt letzterer dafür ein, sie der eigenen Tradition zu entnehmen. Die Frage ist nun, ob die Vorbringungen des Rechtsherrschaftskonservatismus wirklich in der Lage sind, die von ihnen erwartete Evolution des chinesischen Rechtssystems herbeizuführen. Aus den folgenden Gründen halte ich dies für unwahrscheinlich:

1. Obgleich in dem beispiellosen historischen Umbruch, mit dem China konfrontiert ist, die Tradition nicht in ihrer Gänze Objekt des Umbruchs ist, so ist sie doch dessen wichtigster Gegenstand. Wie allgemein bekannt, erlebt China seit Mitte des 19. Jh. mit dem Vordringen der westlichen Wissenschaft, der bewaffneten Invasion und dem sozialen Umbruch einen umfassenden strukturellen Kulturwandel. Die seit dem letzten Jahrhundert in China vonstatten gegangenen drei großen Umbrüche zeigen: (1) In der in China stattfindenden Re-Adjustierung im Prozess des sozialen Umbruchs befindet sich alles im Fluss; zwar kann man nicht sagen, dass es überhaupt keine gleichbleibenden, unveränderten „lebendigen Traditionen" (活生生的传统) gibt, jedoch sind sie höchst selten und darüber hinaus kaum geeignet, als eigenständige und tragfähige Stützen des großen Gebäudes moderner Rechtsherrschaft wirksam zu werden. (2) Dass China innerhalb weniger als hundert Jahren zwei fundamentale politische Umwälzungen und binnen zwanzig Jahren einen grundlegenden Wandel seines Wirtschaftssystems und des Kerns seines Selbstverständnisses (主体精神) erlebte, macht unwiderlegbar deutlich: Obgleich das heutige China eine Fortsetzung (延续) des gestrigen Chinas ist, so ist es doch nicht dessen Kopie (复制); es ist vielmehr das China einer tiefgreifenden kulturellen Variation, systemaren Neuschöpfung und eines sozio-ökonomischen Strukturwandels. Die historische Erfahrung macht deutlich, dass niemand garantieren kann, dass das zukünftige China im Fortgang der Reformen und besonders der raschen Entwicklung der Verstädterung die heute noch als „lebendig" geltenden Traditionselemente bewahrt. (3) Der Ansicht, im Prozess des Umbruchs ein geeignetes Maß an kultureller Kontinuität zu bewahren, pflichte ich bei, wie auch der Ansicht, dass diese Kontinuität nicht wegen der Behauptungen oder Nichtbehauptungen bestimmter Personen geändert werden kann, sondern das notwendige Ergebnis kultureller Vererbung ist. Unter „geeignetem Maß kultureller Kontinuität" ist zu verstehen: Zunächst die Kontinuität des Kultursubjekts (文化主体), d.h. dass der Neuaufbau der chinesischen Kultur (einschließlich der Rechtskultur) nur das Ergebnis der Tätigkeit der chinesischen Nation (中华民族) sein kann. Die Kontinuität des Kulturträgers ist der Schlüsselfaktor für die Originalität einer zukünftigen chi-

nesischen Kultur. Zweitens die Kontinuität der Kulturmedien (文化载体), insbesondere von Sprache und Schrift; ihnen kommt in China eine durch nichts zu ersetzende Kontinuität zu. Jedwedes ausländische Kulturelement muss durch die chinesische Sprache und Schrift ausgedrückt und interpretiert werden; auch wenn das Englische und andere Fremdsprachen in China einen großen Aufschwung erleben, so ist es doch vollständig ausgeschlossen, dass sie die Kontinuität der chinesischen Sprache und Schrift ersetzen. Sieht man daher, wie in der Entwicklung der chinesischen Rechtswissenschaft zu Beginn des 20. Jh. die westliche Rechtsterminologie in chinesische Wortsymbole umformuliert wurde, so erkennt man die Kompliziertheit dieses Vorgangs.[10] Drittens die Kontinuität kultureller Inhalte. Die umfassenden Kenntnisse und gründliche Gelehrsamkeit der chinesischen Kultur werden in widersprüchlicher und verwirrender Weise erörtert, ich brauche dazu kein Wort hinzuzufügen. Dass zahlreiche Kulturelemente heute nutzbar gemacht werden können, und zwar sowohl aus der Kultur des Altertums wie aus der der neueren Zeit, ist nicht zu bezweifeln. Im Verlauf der Gestaltung einer chinesischen Herrschaft des Rechts jedoch können allenfalls einige wenige Elemente der traditionellen Kultur herangezogen werden und nicht ihre Kerninhalte. (4) Viertens schließlich die Kontinuität psychologischer Strukturen. Das „Suchen nach den Wurzeln" ist ein allen Menschen gemeinsames Trachten, und in einem Land wie China mit einer derart langen Geschichte ist dies besonders ausgeprägt. Es ist eben diese in gefühlsmäßiger Bindung an die Heimaterde geformte Volkskultur, die in der Psyche des Kerninhalts der chinesischen Kultur intensiv fortwirkt.

2. Die grundlegende Forderung von der Herrschaft des Rechts ist Machtkontrolle. Kulturtradition und Institutionen Chinas widmen der Machtkontrolle keine ausreichende Aufmerksamkeit. Das Wesen der chinesischen traditionellen Kultur ist nicht Herrschaft des Rechts; wenn man deshalb nicht entschlossen Maßnahmen ergreift, um die grenzenlose Anbetung der Macht in der „lebendigen" Tradition abzuschwächen, so ist eine chinesische Rechtsherrschaft unmöglich. Herrschaft des Rechts ist die Einheit von Machtkontrolle und Verwaltung auf der Grundlage des Rechts; aber Redewendungen wie „hat jemand ein hohes Amt erreicht, steigt sein ganzer Anhang mit auf" (一人得道，鸡犬升天)[e)] oder „hat man Macht, kann man selbst ein Gespenst das Mühlrad antreiben lassen" (有权能使鬼推磨) sind nicht nur eine Art Kritik der Macht, sondern in hohem Maße Ausdruck neidvoller Bewunderung der Macht und der Vorteile, die sie bieten kann. Der Ursprung dieser

---

10 Li Guilian hat die „Schaffung und Einfuhr (创制和引进) von Rechtsterminologie" im China des 20. Jh. detailliert untersucht und die Folgerung gezogen, dass „wir durch diese neuen Wörter noch immer den nachtönenden Wohlklang des Rechts des antiken Ostasiens schmecken können." Vgl. Li Guilian, "二十世纪初期的中国法学" (Die chinesische Rechtswissenschaft zu Beginn des 20. Jahrhunderts), *ZWFX*, 1997, Nrn. 2 und 5.

Erscheinung der Privatisierung[11] der Macht ist sehr alt. Daraus, dass man zur Zeit des *Shijing*[f] sang „alles Land unter dem Himmel ist des Königs; soweit das Land sich erstreckt, ist niemand, der nicht des Königs Diener ist"[12], ersehen wir, dass das einfache Volk den König als eine entrückte Person ansah, der die Macht privatisierte, was es nur seufzend zur Kenntnis nehmen konnte. Und daran, dass zur Zeit des Ersten Kaisers von Qin (regierte von 221-206 v. Chr.) geschrieben wurde, dass „alles Land weit und breit dem Kaiser gehört, alles Volk seine Untertanen sind"[13], ersehen wir den hochgestimmten Willen eines siegreichen Kaisers, nachdem er das Reich als Privateigentum an sich genommen hatte. Die politische Theorie des antiken China war zwar äußerst entwickelt, hinsichtlich einer Theorie der Machtbeschränkung jedoch äußerst rückständig.

Abgesehen von einigen der Ermahnung der höchsten Herrschaftsinstanz dienenden relativ irrealen Doktrinen wie die von „Himmel" (天), „Gott" (神) oder „Ahnen" (祖宗)[14], stellte Menzius die bekannte „Theorie des Tyrannenmords" (暴君放伐论) auf[15], und Huang Zongxi (1609-1695) führte die These an, dass „das Gesetz einer Familie" (一家之法) „ein gesetzloses Gesetz" (非法之法) ist.[16] Diese Konzepte erlebten jedoch keine tiefergehende gesellschaftliche Anerkennung und institutionelle Umsetzung. Zwar hat das chinesische Altertum sein eigenes Rechtssystem hervorgebracht, dem es an „Beamtengesetzen" (吏法) zur Kontrolle der Macht der Beamten nicht ermangelte und das auch Mechanismen zur Beschränkung der kaiserlichen Amtsführung durch Gesetzes- und vor allem Moralnormen aufwies, jedoch niemals Institutionen bereitstellte, die den Kaiser offen unter das Recht stellten. Diese Sachlage macht uns deutlich: (1) Die Machtkontrolle im Konzept chinesischer Herrschaft des Rechts fordert gegenüber der die Machtkontrolle unzulänglich betonenden chinesischen Tradition eine Art Umgestaltung. Will man unbedingt in der chinesischen Tradition Quellen der Machtkontrolle ausfindig machen, so kann man zum einen nur ihre Oberfläche und nicht ihr Wesen erkennen, und zum anderen nur Zeit vergeuden, ohne dass die erforderliche Gestaltung der Herrschaft des Rechts vorangetrieben wird. (2) Wenn nun die chinesische Kultur-

---

11 Vgl. Xie Hui, "权利私化与政治拜权教" (Die Privatisierung der Macht und die Lehre von der politischen Machtanbetung), in: *学习与探索*, 1988, Nr. 5.
12 "诗经. 北山".
13 "史记. 秦始皇本纪".
14 Liu Zehua u.a. haben die Art und Weise der Machtkontrolle im antiken China systematisch untersucht und ihr Ergebnis ist, dass "dem Kaiser Vorhaltungen zu machen, oft in einer Tragödie endete." Daher kann man die Methoden der Machtkontrolle des antiken China nicht mit der von der modernen Rechtsherrschaft geforderten Machtkontrolle in einem Atemzug erörtern. Vgl. Liu Zehua, *中国传统政治思想反思* (Neuansicht der traditionellen chinesischen politischen Ideen), Shanghai (三联书店), 1987, S. 1 ff.; ders. u.a., *专制权力与中国社会* (Absolutistische Macht und chinesische Gesellschaft), Jilin (文史), 1988, S. 306 ff.; Huang Bailian, *权力裂变* (Machtspaltung), Jilin (教育), 1989, S. 1 ff.
15 "孟子. 离娄下".
16 Vgl. Huang Zongxi, "明夷待访录. 原法".

tradition Quellen der Idee und Institutionen der Machtkontrolle nicht aufweist, so ist es angesichts existierender ausländischer bewährter Theorien und Institutionen der Machtkontrolle und insbesondere angesichts des Umstandes, dass ein Teil der Chinesen mit diesen Formen der Machtkontrolle bereits vertraut ist, nicht nur erforderlich, sondern unverzichtbar, die entsprechenden ausländischen Ideen und Institutionen zu übernehmen. Die Praxis der Entwicklung des chinesischen Rechtssystems zeigt, dass die Übernahme ausländischer Rechtsmodelle zwar noch nicht zu den von den Gelehrten gewünschten Resultaten geführt hat, dass aber gleichermaßen nicht bewiesen ist, dass ein hauptsächlich auf bodenständige Ressourcen gestütztes Rechtssystem die Entwicklung der Herrschaft des Rechts in China, besonders die der Machtkontrolle, besser fördert als ein importiertes Rechtssystem. (3) Vielleicht kann man in der chinesischen traditionellen Kultur, in heute wirksamen Traditionen vereinzelt Quellen der Machtkontrolle ausfindig machen; sollen diese aber so durchdrungen und ausgearbeitet werden, dass sie als ein wirkliches Material für die Inhalte moderner Rechtsherrschaft nutzbar werden, so ist zu befürchten, dass der Aufwand in keinem Verhältnis zu dem steht, der für die Übernahme verfügbarer Quellen ausländischer Rechtsherrschaftskonzepte zu machen wäre, müssten sie doch alle einen Prozess der Konzeptakzeptanz, der Ordnung und Koordinierung der Institutionen und der Prüfung ihrer Anwendbarkeit durchlaufen.

3. Die Zersplitterung und Irrationalität der chinesischen traditionellen Gewohnheiten sind grundsätzlich eine zerstörende Kraft für die Forderung der Einheit des Rechtssystems. Landesweit einheitliche Handelsbräuche sind so gut wie nicht vorhanden, und soweit es sie gibt handelt es sich um gemachte Schöpfungen, nicht um akkumulierte Erfahrung. China ist seit früher Zeit ein vereinigtes Großreich, und die Einheitsidee ist tief in der Volkspsyche verwurzelt. Dies jedoch kann nicht im geringsten die Tatsache vergessen lassen, dass China gleichzeitig ein durch kulturelle Vielfalt geprägtes Land ist. Die Redewendung „Im Umkreis von zehn Meilen weht nicht derselbe Wind, im Umkreis von hundert Meilen gilt nicht dieselbe Gewohnheit" (十里不同风，百里不同俗) bringt diese kulturelle Mannigfaltigkeit angemessen zum Ausdruck. Kann aus einer derart von kultureller Diversität und kollidierenden Gewohnheitsregeln geprägten kulturellen Umwelt eine auch nur unvollkommene Herrschaft des Rechts erwachsen? Ist es möglich, wie es Su Li fordert, die chinesische Rechtsherrschaft „aus den bodenständigen Ressourcen Chinas im Wege der Evolution zu schaffen?"[17] Ich bin der Ansicht, dass dies unmöglich ist. Zum ersten: In einer bodenständigen Kultur, die keine mit der Herrschaft des Rechts in Zusammenhang stehende einheitliche Handelsgewohnheiten aufweist, deren Gewohnheiten miteinander kollidieren und häufig einander zuwiderlaufen, Material zur Stützung des Rechtsstaatsgebäudes zu suchen, ist nichts als

---

17 Su Li, *op. cit.*, S. 17.

Vergeudung von Arbeitskraft und ein Wunschdenken von Theoretikern, die ihre subjektiven Konstruktionen vorbringen. In den Worten von Su Li: „Wir kommen nicht umhin, im Verlauf der Reformen allmählich Erfahrungen anzusammeln, was tatsächlich die Ansammlung eines Materials ist, woraus nach und nach eine Art ‚Tradition' entsteht."[18] Ist es bei einem solchen Verständnis von „Tradition" dann nicht auch eine Praxis akkumulierter „Tradition", wenn in einer Haltung der Offenheit erfolgreiche ausländische Rechtsherrschaftsmodelle als ein Material für den Aufbau des chinesischen Rechtsstaats übernommen werden? Zum zweiten: Der im gegenwärtigen China ungeschwächt gedeihende Lokal-, Behörden- und Unternehmensprotektionismus ist recht eigentlich eine Krankheit des Systems, gleichzeitig eine durch über lange Zeit akkumulierte und sedimentierte kulturelle Zersplitterung entstandene Krankheit der Kultur, welche den grundlegenden Gegensatz von traditioneller Kultur und Herrschaft des Rechts eindrucksvoll offenbart. Ist es nun so, von der Herrschaft des Rechts zu fordern, die ihr entgegenstehende Kultur zu überwinden oder von ihr zu verlangen, sich dieser Kultur anzuschließen? Ich bin der Ansicht, dass es um ersteres geht und dass die Richtung gesellschaftlicher Entwicklung nur bei ersterem liegen kann. Diesen Punkt werde ich weiter unten genauer betrachten. Zum dritten: Su Li zieht Geertz' „law is local knowledge"[19] (法律就是地方性知识) zum Beweis dafür heran, dass im Entwicklungsgang der chinesischen Rechtsherrschaft bodenständiges Material als wesentliche Basis dienen muss.[20] Mir scheint jedoch, dass Geertz' Schlussfolgerung nur eine begrenzte Einsicht vermittelt. Begrenzt deshalb, weil sie lediglich einen Aspekt des Wissens der Menschheit und der Kulturerfahrung zum Ausdruck bringt und einen anderen übersieht: nämlich den gleichberechtigten Austausch und das gegenseitige Entlehnen unterschiedlicher Kulturen, somit den Gesichtspunkt, dass Kultur auch allgemeine Anwendbarkeit, Universalität und Unlimitiertheit besitzt, ansonsten eine Kultur – wie Toynbee mit Bedauern konkludierte – den Menschen lediglich kulturelle Fossile zur Erinnerung an Vergangenes liefert[21] und sich der Welt nicht zuzuwenden vermag. Offenkundig ist die Integrationstendenz der Weltwirtschaft, aber auch der internationale Kulturaustausch gewinnt ständig an Umfang und Tiefe. Zum vierten schließlich ist darauf hinzuweisen, dass Su Li zwei widersprüchliche Beispiele anführt: Zum einen benutzt er die Tradition des patriarchalischen Sip-

18 Su Li, *op. cit.,* S. 17.
19 Vgl. Clifford Geertz, „Local Knowledge: Fact and Law in Comparative Perspective", in: Liang Zhiping (Hrsg.), 法律的文化解释 (Die kulturelle Interpretation des Rechts), Shanghai, 1994, S. 73 ff.
20 So sind die beiden Kapitel in Su Lis Buch (oben Anm. 9) „Strukturreform, Rechtsherrschaft und ihre bodenständigen Quellen" und „Qiu Jus Ratlosigkeit und Shan Gangyes Tragödie" Exemplifikationen von Geertz' These.
21 In Toynbees „von 28 Zivilisationen sind bereits 18 untergegangen"; vgl. Toynbee, *A Study of History (历史研究),* Shanghai, 1987, S. 1.

pensystems (宗法) („das bäuerliche Wirtschaftssystem der Individualfamilie") als Beispiel für den Erfolg der Dorf- und Landwirtschaftsreform; zum anderen bemüht er die „Tradition der Kommune-Unternehmen", um den Erfolg der ländlichen Unternehmen (乡镇企业) in Süd-Jiangsu zu erklären.[22] Lassen wir einmal die Frage beiseite, ob der derzeitige Erfolg dieser beiden Reformen ein Ziel der langfristig angelegten chinesischen Reformen ist. Mit der Verwirklichung der Modernisierung stimmen sie natürlich überein (so ist in vielen Gebieten der nordchinesischen Ebene wegen der Landteilung auf jede einzelne Familie der Einsatz moderner Maschinen zur Feldarbeit bis heute nicht möglich, weswegen man nur auf den zur Zeit der Kämpfenden Reiche – vor 2500 Jahren – von den Chinesen geschaffenen Pflug zurückgreifen kann). Nimmt man nur die von den beiden Reformen benützten völlig verschiedenen Quellen in den Blick, so ist leicht festzustellen, dass der Erfolg der ländlichen Unternehmen, die auf der hauptsächlich dem Ausland entliehenen Kulturquellen errichteten „Kommune" (公社) basieren, weit mehr Merkmale der Modernisierung aufweist als die durch Rückgriff auf das bodenständige Sippensystem (宗法) bewerkstelligte zur Zerstückelung führenden Bodenreform. Dass die Imperative der Wirtschaft die Entwicklung von Gesellschaft und Kultur (einschließlich Rechtskultur) determiniert, ist eine Schlussfolgerung, der die allermeisten chinesischen Gelehrten beipflichten, jedoch ist ein derart globales Urteil nicht schlechterdings gültig. Führt man den Erfolg der Landwirtschaftsreform und die von ihr bewirkte Wirtschaftsentwicklung auf das Sippensystem zurück, so bleibt es durchaus fraglich und bedarf weiterer Untersuchung, in welchem Maße gleichzeitig die Entwicklung der Gesellschaft des chinesischen Dorfes (außerhalb der Gebiete mit zahlreichen ländlichen Unternehmen) angekurbelt wurde, und – mehr noch – ob die Gesamtentwicklung der dörflichen Gesellschaft vorangetrieben wurde. Ebenso ist der „Erfolg" der ausländisch-chinesischen Unternehmen unter der von Su Li so hochgeschätzten Sippentradition bis heute nicht nur von begrenzter, sondern von höchst begrenzter Natur. Unter solchen Umständen drängen sich die Titel des von Su Li konsultierten Werkes eines anderen Autors auf: „Wessen Gerechtigkeit? Welche Art von Rationalität?"[23] Wenn das Prinzip im „auch der Räuber hat Prinzipien" und das Prinzip der Rechtsherrschaft alle berechtigt sind, dann ist auch eine chaotische Sozialordnung berechtigt, und es ist weder nötig, sie zu regulieren, noch den Weg der Rechtsherrschaft zu beschreiten, was ja höchst absurd anmutet.

4. Die Geschichte der chinesischen Reform während der letzten zwanzig Jahre ist tatsächlich die Geschichte einer Strukturreform (变法), deren Erfolge von der Öffnung nach außen (einschließlich der schwierigen Öffnung des Rechts) nicht zu trennen sind und deren herausragende rechtliche Leistung darin besteht, dass das

22 Su Li, *op. cit.*, S. 16.
23 Su Li, *op. cit.*, S. 27.

der Forderung der Rechtsherrschaft entsprechende subjektive Recht (法律权利) ständig expandiert und die Psyche der Menschen durchdringt. Der bekannte Zivilrechtler Liang Huixing stellte dazu fest: „Die rechtliche Praxis der chinesischen Reform und Öffnung bedeutet keineswegs eine irgendwie undeutliche Abgrenzung von Rechten und Pflichten, wodurch Rechte und Pflichten relativiert, Rechte zu unsäglichen Dingen werden, die zu sein scheinen, aber nicht sind, deren Fehlen behauptet wird, obwohl es sie gibt; sie unternimmt keineswegs irgendwelche ‚primitive Regression' oder ‚Rückkehr zu ursprünglicher Einfachheit', und sie hat auch nichts zu tun mit irgendeiner ‚werthaften Gleichgewichtung von Rechten und Pflichten', sie betont, unterstreicht und stärkt vielmehr den Schutz der Rechte der Bürger und juristischen Personen!"[24] In diesem Sinne gesagt ist der Aufbaucharakter der chinesischen Reform noch deutlicher. Seit Jahrtausenden bietet China das Bild einer Gesellschaft, in der Macht alles beherrscht und personelle Selbstbestimmung nicht existiert. Wenn man sagte, dass es Rechte gibt, so meinte man Vorrechte (特权) wie sie Marx klassifiziert hat und nicht „universale Rechte" (普遍权利).[25] Solche universalen Rechte konnten bislang weder im Gesetzesrecht des Altertums noch im Sippenrecht (家族法) oder Gewohnheitsrecht aufgefunden werden. Wenngleich das chinesische Altertum entwickelte Verträge kannte[26], so doch keineswegs Vorstellung und Norm des universellen (subjektiven) Rechts. Was die Vorstellung anbetrifft, so prägen diese Verhältnisse bis heute das Denken und Fühlen der Menschen, so dass, auch wenn auf der Ebene der Gesetze der Rahmen des subjektiven Rechts ständig erweitert wird, das Selbstbewusstsein der Menschen in der Rechtsanwendung noch zu wünschen übrig lässt. Der Faktor des politischen Systems spielt dabei durchaus eine Rolle, wichtiger jedoch ist der konzeptionelle Faktor. Obwohl man nicht übersehen kann, dass sich seit zwanzig Jahren die Rechtsvorstellung zunehmend stärker herausbildet, verbirgt sich hinter dieser erfreulichen Erscheinung doch eine tiefe Sorge. Kürzlich wurde der Fall berichtet, wonach gemäß der Satzung (村规) des Dorfes Liying der Gemeinde Diaohe im Bezirk Wancheng der Stadt Nanyang in der Provinz Hebei im Widerspruch zum staatlichen Recht die Verantwortungsfelder (责任田)[g] der Eltern von Ehefrauen,

---

24 Liang Huixing, "原始回归，真的可能吗?" (Ist eine primitive Regression wirklich möglich?), *BJFYJ*, 1995, Nr. 3.

25 Marx-Engels, 马克思恩格斯全集 (Sämtliche Werke), 1. Bd., S. 63 ff.

26 Forschungsergebnisse zeigen, dass es von Beginn des 18. bis Mitte des 20. Jh. in der Stadt Zigong der Provinz Sichuan im Salzgewerbe weit verbreitet war, Verträge zur Errichtung von Unternehmen mit gemeinschaftlichem Kapital zu schließen; dies ist ein von Chinesen hervorgebrachtes Aktiensystem, eine Art von Gesellschaft, bei der die Haftung der Gesellschafter auf die Anteile beschränkt ist, die wenigstens hundert Jahre vor dem entsprechenden europäischen System entstanden ist (vgl. Peng Jiusong, Chen Ran, *中国契约股份制*/Das chinesische Vertragsaktiensystem, Chengdu 1994), was den Grad der Entwicklung des chinesischen Vertragssystem veranschaulicht.

die sich im Dorf ansiedeln, entzogen werden[27], was sowohl die Zunahme der Rechtsvorstellung als auch die in ihr enthaltene Privilegiennatur verdeutlicht. Es zeigt auch, dass, wenn die Vorstellung des eigenen Vorteils sich nicht in die Vorstellung des universellen Rechts wandelt, das Übel nur weiteres Übel hervorbringt. Und diese vom staatlichen Recht und der Dorfsatzung nur schwer gemeinsam zu regelnden Fakten verdeutlichen: Zum einen ist das universelle (subjektive) Recht ein wichtiges Ziel des Systems der Herrschaft des Rechts; um aber in einem hinsichtlich Idee und Institut des subjektiven Rechts unfruchtbaren China eine von der Erschließung des subjektiven Rechts geleitete Rechtsordnung zu eröffnen, bedarf es des schöpferischen Geistes der Chinesen und mehr noch der Anleihen bei ausländischer Erfahrung. Um zu erkennen, dass ausländische Erfahrung auch für uns eine brauchbare Erfahrung ist, lassen sich manche Theoretiker nur durch direkte Erfahrung im Wege der Erprobung überzeugen und verschließen vor gebrauchsfertigen, äußerst nützlichen indirekten Erfahrungen die Augen. Zum anderen deutet eine Herrschaft des Rechts mit dem primären Ziel der Errichtung des universellen subjektiven Rechts auf die Notwendigkeit der Neuformung der Vorstellungsstruktur der Rechtssubjekte; sie ist deshalb ein fundamentaler Wandel, weil sie das geistige Gepräge des Volkes umkehrt. Wenn die Menschen auch im wirklichen Leben eine tiefe Abneigung dagegen hegen, in übertriebener Weise ihre Vorteile zu suchen, so ist dies doch nicht ein Fehler des subjektiven Rechts, sondern es beweist gerade, dass das universale Recht noch nicht in das Bewusstsein der Menschen gedrungen ist. Wir brauchen auch nur die heutigen hochgestimmten und energiegeladenen Bauern in den Küstengebieten den apathischen, törichten, in den Tag hineindämmernden Bauern in denselben Gegenden von vor zwanzig Jahren gegenüberzustellen, so wird die Funktion des subjektiven Rechts zur Umformung der Mentalität der Rechtssubjekte, zur Änderung der Kultur und Stärkung der geistigen Kräfte überdeutlich. Schließlich ist festzustellen, dass eine Rechtsherrschaft mit den universellen subjektiven Rechten als Hauptziel die gegebene chinesische Gesellschaft zwar nicht von Grund auf verändert, dass sie aber jedenfalls einen wichtigen geistigen Wandel bedeutet. Dazu habe ich mich an anderer Stelle geäußert.[28] Hier bleibt hervorzuheben, dass dies sowohl ein überaus langwieriger Vorgang ist, als auch von uns verlangt, permanent das Tor der Herrschaft des Rechts

---

27 Guo Hua, Chen Qi, "村规与法律的较量" (Kraftprobe zwischen Dorfsatzung und staatlichem Gesetzesrecht), in: 中国青年报 vom 5.5.1997.
28 Vgl. Xie Hui, "从法理社会看中华民族精神重构" (Der geistige Wiederaufbau des chinesischen Volkes aus der Sicht der Rechtsgesellschaft), in: 文史哲, 1996, Nr. 6; "法治; 中华民族精神转型的主导价值取向" (Rechtsherrschaft, die führende Werttendenz der gewandelten Mentalität des chinesischen Volkes), in: 政治与法律, 1995, Nr. 3.

offenzuhalten[29] und den Prozess der Übernahme wertvoller ausländischer Erfahrung fortzuführen. Was die bodenständigen Quellen anbetrifft, so können sie, da sie Objekt der Reformen sind, unmöglich eine wesentliche stützende Kraft für eine Rechtsherrschaft sein, deren primäres Ziel in der Fundierung des subjektiven Rechts liegt.

Dies bedeutet natürlich nicht, dass ich die Brauchbarkeit bodenständiger Quellen für die Herrschaft des Rechts schlechthin negiere. Woran mir lediglich liegt, ist klarzustellen: Für den Weg des chinesischen Rechtsstaats sind Offenheit für und Übernahme von ausländischen Erfahrungen wichtiger und nötiger als die Sichtung von Kulturgut.

III Wie ist das Problem der Lokalisierung der chinesischen Rechtsherrschaft zu verstehen?

Seit den neunziger Jahren, besonders seitdem das Ziel der sozialistischen Marktwirtschaft aufgestellt wurde, hat die Frage des Zusammenhangs der Internationalisierung und Lokalisierung des chinesischen Rechts außergewöhnliche Aufmerksamkeit hervorgerufen, wobei Gelehrte wie Gong Peixiang, He Qinhua, Sun Xiaoxia und Tian Cheng besonders hervortraten.[30] 1994 legte ich eine Studie über „Lokalisierung und Universalisierung: Konflikt und Wahl im Verlauf der Modernisierung des chinesischen Rechtssystems" vor, in der sich mein Verständnis vom Inhalt der Lokalisierung der Rechtsentwicklung von dem der genannten Gelehrten nicht wesentlich unterschied. Nach zwei Jahren weiterer Überlegung halte ich es für

---

29 Sun Zhaoxia umschreibt die „Anschauung der Rechtsoffenheit" (法律开放观) dahingehend, „das Recht als Teil des internationalen Umgangs zu behandeln; die Entwicklung des Rechts ist nicht auf das Blickfeld und das Denken des eigenen Landes und Volkes beschränkt, Bedeutung und Funktion des Volksgeistes des Rechts sind richtig aufzufassen" (*法的现象与 观念* (Erscheinung und Idee des Rechts), Beijing 1995, S. 42 f.

30 He Qinhua und Sun Xiaoxia bemühten sich um Interpretation der Begriffe „Lokalisierung" und „Internationalisierung" des Rechts. He legte folgendes dar: „Da das Recht jedweden Landes die ihm innewohnenden Werte, Funktionen und gesellschaftlichen Wirkungen zur Entfaltung bringen will, muss es mit der Politik, Wirtschaft, Kultur, geschichtlichen Tradition sowie den Sitten und Gebräuchen des jeweiligen Landes (und Volkes) eng verbunden sein und ein integraler Bestandteil der Kultur des jeweiligen Landes werden, damit das Volk es akzeptiert und selbstbewusst befolgt" (vgl. He Qinhua, "法的国际化和本土化" (Die Internationalisierung und Lokalisierung des Rechts), in: *长白论丛*, 1996, Nr. 5). Sun führte folgendes aus: Der Volkscharakter (民族化) des Rechts „ist Entwicklung gemäß der spezifischen Natur des eigenen Volkes, ist die Forderung von Volk, Tradition, Kultur, Lage der Nation und ihrer Entwicklungsgesetzlichkeit an das Recht, ist die innerste Entwicklungsgesetzlichkeit des Rechts" (vgl. dessen *法的现象与观念*/Erscheinung und Idee des Rechts, Beijing 1995, S. 26 f. Zu Gong Pixiangs Beitrag vgl. "国际化与本土化：法治现代化的时代挑战" (Internationalisierung und Lokalisierung: Die Herausforderung im Zeitalter der Modernisierung des Rechtssystems), *FXYJ*, 1997, Nr. 1.

angebracht, den Inhalt der Lokalisierung der chinesischen Rechtsentwicklung wie folgt neu zu bestimmen: Es handelt sich um einen Vorgang, bei dem Rechtsideen, Rechtsregeln, Rechtsorganisationen, Methoden rechtlicher Transaktionen sowie Rechtstechniken, denen eine universelle oder internationale Werttendenz zukommt, sinisiert werden. Der Ausdruck „Lokalisierung" (本土化) sollte durch „Lokalheit" (本土性) ersetzt werden; denn sieht man auf die dem eigenen Land innewohnenden Ressourcen, so ist es zwar unmöglich, sie sämtlich außer Betracht zu lassen, aber das bedeutet keineswegs, dass in der Rechtsmodernisierung notwendig das Problem der Ressourcen-Lokalisierung angelegt ist, sondern lediglich das Problem des Benutzens lokaler Ressourcen. Die Modernisierung des chinesischen Rechts ist unausweichlich mit dem Problem der Lokalheit (本土性) konfrontiert, Lokalheit jedoch ist nicht Lokalisierung. Mein neues Verständnis der Lokalisierung des modernen Rechtssystems[31] in China ist wie folgt:

1. Die Lokalisierung des modernen Rechtssystems in China ist der Vorgang, in dem Rechtsideen, Rechtsregeln, Rechtsorganisationen und Methoden rechtlicher Transaktion, denen universelle Bedeutung und Werthaftigkeit zukommt, von den Chinesen verstanden, zu eigen gemacht und angewandt werden. Wie oben dargelegt, liegt die Kontinuität der chinesischen Kultur primär in der Kontinuität des chinesischen Volkes. Somit ganz gleich nun, ob es sich um vom Ausland kommende oder von Chinesen neu geschaffene Kultur handelt, soll sie gegenüber China Wirkung entfalten, muss sie von den Chinesen getragen, von den Chinesen verstanden und verdaut werden, ansonsten keine Aussicht besteht, dass sie in China Wirkung entfaltet und ein integraler Bestandteil der chinesischen Kultur wird. Begreifen wir Lokalisierung (本土化) als Wiedererweckung der der chinesischen Kultur inhärenten nützlichen Traditionen, so ist das offensichtlich weit entfernt von der der Modernisierung des Rechtssystems zukommenden Beseitigung des Alten und Begründung des Neuen. Nur wenn man Lokalisierung im oben dargelegten Sinne versteht, kann sich die chinesische Kultur im offenen System permanent weiterentwickeln und voll entfalten, um dann in einem weiteren Schritt in der Rechtsmodernisierung die kulturelle Neuschöpfung im Wandel der Kulturgesamtlage zu verwirklichen. Dieses Verständnis bricht prinzipiell mit allen Handlungen, die zur Restauration von Sitten und Gebräuchen alter Zeiten (复古) bodenständige Ressourcen in Gebrauch nehmen, auf dass das chinesische Volk in zunehmend offener Geisteshaltung und wachsender Initiative die Kultur der Herrschaft des Rechts

---

31 Ich bin der Ansicht, dass die Ausdrücke „Modernisierung des Rechtssystems" (法制现代化) und „Verrechtlichung" (法治化) im wesentlichen identisch sind. Will man einen Unterschied machen, so betont ersterer mehr den Vorgang, letzterer mehr das Ziel. Der hier verwandte Begriff „chinesische Herrschaft des Rechts" (中国法治) bedeutet „Modernisierung des chinesischen Rechtssystems" (中国的法治现代化).

in sich aufnehmen kann und diese sowohl eine die kulturelle Neuschöpfung Chinas verwirklichende wirksame Ressource, als auch ein integraler Bestandteil der neu hervorgebrachten chinesischen Kultur wird. In dieser Hinsicht kann der Prozess der Lokalisierung oder Sinisierung des Buddhismus das Problem erläutern. Denn obwohl der Buddhismus ursprünglich ein ausländisches Kulturgut war, so wäre es doch abwegig, bei der Erörterung der eigenen chinesischen Kultur den Buddhismus auszuklammern. An vielen Orten Chinas, einschließlich in Shandong, wo die konfuzianische Kultur entstanden ist, kann man häufig in buddhistischen Tempeln Stätten konfuzianischer und daoistischer Verehrung finden, was sowohl zeigt, dass die Chinesen fähig sind, ausländische Kultur zu erfassen, auszugestalten und anzuwenden, als auch die Tatsache verdeutlicht, dass es in China einen umfassenden Geist kultureller Offenheit schon einmal gegeben hat[32], als auch einen mit meinem Verständnis identischen Bedeutungsinhalt von Lokalisierung ausländischer Kultur aufzeigt. Das macht in eindrucksvoller Weise deutlich, dass die Lokalisierung der Herrschaft des Rechts ein Vorgang ist, in dem die Chinesen als Subjekte der Kultur der Rechtsherrschaft diese in sich aufnehmen, erfassen und anwenden.

2. Lokalisierung der Herrschaft des Rechts in China bedeutet weiterhin, durch den Träger der eigenen chinesischen Kultur die inhärenten Forderungen der Rechtsherrschaft zum Ausdruck zu bringen. Wie allgemein bekannt ist, ist die chinesische Sprache ein wichtiger Träger der chinesischen Kultur.[33] So wie die Sinisierung des Buddhismus der Intelligenz unzähliger Menschen zur Übersetzung der Sutren bedurfte, so ist auch die Lokalisierung der Herrschaft des Rechts in China unvermeidlich mit dem Problem konfrontiert, Idee, Regeln, Organisation etc. des modernen Rechts in chinesischer Schrift und Sprache auszudrücken. Eben deshalb bezeichnen wir die sprachliche Sinisierung der Rechtssysteme von Hong Kong und Macau häufig als Lokalisierung (本土化 oder 本地化). Natürlich ist der Vorgang, den Geist der Herrschaft des Rechts und die Regeln des modernen Rechts in der angestammten chinesischen Schrift und Sprache auszudrücken, keineswegs ein Vorgang einfachen Imitierens oder Übersetzens von einer Art Kulturträger in einen anderen, sondern ein Vorgang komplizierter intellektueller Produktion, in dem das an Weisheit gesättigte Instrument der chinesischen Kultur den Geist der Rechtsherrschaft und die Regeln des modernen Rechts durchdringt. Die historischen Fakten der chinesischen Rechtsmodernisierung im 20. Jh. beweisen: Wenn auch der mittels chinesischer

---

32 Diese Offenheit ist in ihrem Wesen ein „Offenheit nach außen" und keine „doppelspurige Offenheit" nach innen und außen, d.h. dass sie gegenüber ausländischer Kultur offen, gegenüber der bodenständigen Kultur aber relativ geschlossen ist.

33 Neben der chinesischen Schrift und Sprache existieren in China zahlreiche andere Sprachen und Schriften. Doch sind die chinesische Schrift und Sprache die wesentlichen Träger der chinesischen Kultur, was von allen Chinesen anerkannt wird.

Schrift und Sprache eingeführte Begriff der Herrschaft des Rechts und die so übernommene Terminologie des modernen Rechts sich noch nicht gemäß unseren Erwartungen durchgesetzt haben, so können sich auch unter der komplizierten historischen Lage der permanenten Auseinandersetzung zwischen der neuen und alten Kultur, der permanenten Konfrontation diverser politischer Kräfte und des schwierigen Wachstums der gesellschaftlichen Produktionskraft das Konzept der Herrschaft des Rechts und der Geist des modernen Rechts dennoch permanent entfalten und zu einem wichtigen integralen Bestandteil der schon Gestalt annehmenden chinesischen „neuen Tradition" werden. Wir können nicht hoffen, dass Begriff und Regeln modernen Rechts, kaum werden sie in chinesischer Schrift und Sprache ausgedrückt, auch schon zum chinesischen Rechtssystem werden, so wie wir nicht hoffen können, dass ein gerade geborenes Kind über Nacht zum Erwachsenen wird. Wenn man, weil einige in den letzten Jahren erlassene Gesetze noch nicht die erhofften Wirkungen entfaltet haben, die Fähigkeit der chinesischen Kultur, den Geist der Herrschaft des Rechts und rechtliche Regeln gesetzgeberisch auszudrücken leugnet, so begeht man den Fehler, auf rasche Ergebnisse aus zu sein.[34] Glaubt man denn, dass man dadurch, dass man das eigene Kulturgut sichtet und aus den „lebendig fließenden Traditionen" die dem modernen Rechtssystem entsprechenden Elemente zusammenstellt, ganz gewiss innerhalb kurzer Zeit die chinesische Rechtsherrschaft wird verwirklichen können? Ich glaube, dass dies gleichfalls der beweiskräftigen Fakten entbehrt. Zusammenfassend ist festzustellen, dass die Lokalisierung von Rechtsherrschaft in China unvermeidlich ein Vorgang ist, in dem der Geist der Rechtsherrschaft und seine konkreten Forderungen durch das Medium der angestammten chinesischen Kultur ausgedrückt und aufgezeichnet wird; des weiteren ein Vorgang, in dem die Chinesen mittels des angestammten Kulturinstrumentariums den Geist des modernen Rechtssystems und seiner Regeln erfassen, in sich aufnehmen und anwenden.

3. Die Lokalisierung der Herrschaft des Rechts in China verlangt ferner, dass diese durch die eigenen, in der chinesischen Kulturtradition angelegten, die Rechtsherrschaft nicht ausschließenden Kulturinhalte unterstützt wird. Zahlreiche Gelehrte sehen darin das in der Rechtsmodernisierung liegende Problem der Lokalisierung, während ich dies oben als „Lokalheit" (本土性) definiert habe. Für jegliche von außen kommende Kulturelemente innerhalb einer bestimmten Kultur muss, sollen diese Elemente in dieser Kultur wurzeln, leben und heran-

---

34 Der im japanischen Recht bewanderte He Qinhua hat auf einer Konferenz in Kaifeng (Provinz Henan) darauf hingewiesen, dass es in Japan nicht selten zu beobachten ist, dass sich die erhofften Wirkungen von Gesetzen auch zwanzig Jahre nach seinem Erlass nicht einstellten; erst mit der wirtschaftlichen Entwicklung und dem Reifen von Verstädterung und Industrialisierung hätten diese Gesetze ihre Wirkung zu entfalten begonnen.

wachsen, nach Anknüpfungspunkten in dieser Kultur gesucht werden, wobei die Ausdrucksmittel dieser Kultur zweifellos die wichtigsten Anknüpfungsweisen darstellen. Jedoch existieren in der betreffenden Kultur neben instrumentalen Medien (Schrift, Sprache) auch substantielle oder werthafte Kulturelemente, die mit der von außen kommenden Kultur in Einklang stehen können, was bei der Lokalisierung ausländischer Kultur beachtet werden sollte. Geht man von der chinesischen Kultur aus, so können z.B. die in der Lehre von Maß und Mitte (中庸之路) enthaltenen, mit der modernen Rechtsherrschaft in Beziehung stehenden Konzepte der Toleranz und Aufrichtigkeit (der Geist von Treu und Glauben), ferner der die Demokratieforderung der Rechtsherrschaft umschließende Gedanke vom „Volk als Grundlage" (民本) und die vom Ideal der „Großen Harmonie" (大同) umfasste, an den Rechtsstaat gerichtete Forderung nach vernünftiger Ordnung als wirksame Ressourcen für eine Anknüpfung moderner Rechtsherrschaft in China dienen. Da nun die Lokalkultur unvermeidbar solche Ressourcen enthält, deren letzte philosophische Begründung darin liegt, dass die Menschen als vernünftige Lebewesen identische Bedürfnisse haben, so sind die auf der Erde existierenden Kulturen und Zivilisationen, auch wenn es zwischen ihnen äußerst große Unterschiede gibt, doch nicht völlig antagonistisch, sondern es gibt stets verknüpfbare Faktoren. Dies eben ist die allgemeine Grundlage des menschlichen Verkehrs. Gäbe es keine Identität der grundlegenden Bedürfnisse der Menschheit und keine Identität von durch solche Bedürfnisse determinierten Kulturfaktoren, so wäre ein Austausch unter den Menschen undenkbar. Dies macht deutlich, dass die Lokalisierung der Rechtsherrschaft in China durchaus nicht die angestammte chinesische Kultur pauschal verdrängt und dass dies überhaupt unmöglich ist. Ich bin der Ansicht, dass der Gegensatz zwischen der angestammten chinesischen Kultur und der modernen Rechtsherrschaft aus der Sicht der grundlegenden geistigen Werte, besonders der grundlegenden geistigen Werte der Systemgestalt aus betrachtet wird. Von den konkreten Kulturelementen her gesehen existieren, auch wenn es keine der modernen Rechtsherrschaft direkt entsprechenden Inhalte gibt, doch substantielle Kulturfaktoren, die es erleichtern können, dass der Geist der Rechtsherrschaft und Regeln des modernen Rechts in China Eingang finden. Eine umfassende Anwendung und kreative Interpretation dieser Kulturfaktoren gemäß der Forderungen der Herrschaft des Rechts kann zu deren Lokalisierung in China entscheidend beitragen.

4. Die Lokalisierung moderner Rechtsherrschaft in China erfordert schließlich, dass das Konzept der Rechtsherrschaft sich in geistig-psychische Akzeptanz der Chinesen verwandelt. Die tiefste der Kultur innewohnende Funktion liegt darin, dass sie eine geistige Existenz und emotionale Kraft stützende Existenz ist; ohne diese mag zwar ein gewisses kulturelles Erbe bestehen, jedoch keine

damit zusammenhängende Energie und emotionale Stütze, es handelt sich dann nur um eine leblose Kultur. So besitzt z.B. die babylonische Kultur zwar ein bis heute bewundernswertes kulturelles Erbe, wie die Keilschrift und den Codex Hammurabi, da jedoch ihr Subjekt, d.h. das babylonische Volk, verschwunden ist, ist dieses kulturelle Erbe heute allein ein Material der Forschung und ein Gegenstand historischen Erinnerns. Ob es sich nun um sein kulturelles Instrument, d.h. die Keilschrift, oder um seine kulturelle Substanz handelt, es sind stets subjektlose, überkommene tote Erscheinungen, und selbst wenn es Gelehrte gäbe, sie wiederzubeleben, so hätte dies, da es kein diese Kultur anwendendes Subjekt gibt, lediglich konservatorischen und ästhetischen Wert. Wegen der mehrtausendjährigen Fortdauer und Entwicklung des chinesischen Volkes setzt die Lokalisierung von fremder Kultur in China eine geistig-emotionale Anerkennung und Zustimmung des chinesischen Volkes voraus. Als ein im wesentlichen ausländischer Kulturfaktor ist die Lokalisierung der Herrschaft des Rechts in China normalerweise ein Vorgang seiner Übernahme in Geist und Gefühl der Chinesen. Entledigen sich die Chinesen geistig-emotional nicht der Ablehnung der Rechtsherrschaft, so zeigt dies, dass die Lokalisierung der Herrschaft des Rechts noch nicht verwirklicht wurde. Eben in diesem Sinne bin ich der Ansicht, dass der Vorgang der Realisierung der Herrschaft des Rechts im wesentlichen darin besteht, den Geist der Kultur des chinesischen Volkes durch den Geist der Kultur der Herrschaft des Rechts neu zu bilden. Natürlich ist dieser Vorgang kompliziert, schmerzlich und langwierig. Aber nur wenn wir diesen Punkt klar erkennen, können wir über ein Minimum an geistiger Vorbereitung verfügen, zumindest vermeiden, dass der Verlauf der Verrechtlichung eine falsche Richtung einschlägt.

Anmerkungen des Übersetzers

a) Im Staate Zheng hatte man im Jahre 536 v. Chr. die Strafgesetze auf Broncegefäße eingraviert und so allgemein bekannt gemacht. Das *Zuozhuan* 左傳 berichtet von einem Brief, den ein gewisser Shu Xiang, ein Staatsmann aus Jin, an Zi Chan, Chefminister von Zheng, geschrieben hat, um ihm wegen dieses ungewöhnlichen Schrittes Vorhaltungen zu machen. Es heißt dort: „Wenn die Leute die Gesetze kennen, haben sie keine Ehrfurcht vor ihren Vorgesetzten. Sie werden eine streitsüchtige Haltung einnehmen und sich in der Hoffnung, mit ihren Argumenten durchzudringen, auf das geschriebene Wort berufen. So können sie nicht regiert werden.... Kennen die Leute die Grundlagen zum Argumentieren, werden sie die Ehrerbietigkeit ablegen und sich auf die Erlasse berufen. Sie werden streiten über die geringsten Kleinigkeiten. Prozesse werden häufig und Bestechung unkontrollierbar werden. Der Staat Zheng wird ruiniert sein..." (vgl. James Legge, *The Chinese Classics. The Ch' un Ts' ew with the Tso Chuen*, London 1872, S. 609). Als der Staat Jin im Jahre 512 v. Chr. seine Strafgesetze ebenfalls auf Broncegefäße gravierte, drückte Konfuzius eine ähnlich ablehnende Haltung aus (*ibid.*, S. 730, 732). Vgl. **1. Kapitel**, S. 24 ff.

b) Zur Stärkung der Wirtschaftskraft und Verteidigungsfähigkeit des durch Übergriffe mittelasiatischer Völker bedrohten chinesischen Reichs beauftragte die Zentralregierung den Wang Anshi (1020-1086) mit der Durchführung von Wirtschafts- und Finanzreformen, die jedoch am Widerstand der von Sima Guang (1019-1086) repräsentierten konservativen Partei der Großgrundbesitzer und Monopolkaufleute scheiterte.

c) Vgl. dazu Robert Heuser, *Einführung in die chinesische Rechtskultur*, Hamburg, 1999, S. 130 ff.

d) Clifford Geertz, *Local Knowledge. Further Essays in Interpretative Anthropology*, London, 1993.

e) Wörtlich: „Hat jemand das *Dao* (Erleuchtung o.ä.) erreicht, kommen selbst seine Haustiere – Hühner und Hunde – in den Himmel."

f) Die früheste Sammlung chinesischer Volkslieder; sie enthält Texte aus der Zeit vom. 10. bis 6. Jh. v. Chr. Ausführlich dazu Hellwig Schmidt-Glitzer, *Geschichte der chinesischen Literatur*, Darmstadt, 1990, S. 27 ff.

g) Die landwirtschaftlichen Grundstücke, die den Mitgliedern eines Bauernhaushalts durch sog. Übernahmevertrag (承包合同) zu eigenverantwortlicher Bewirtschaftung übergeben wurden. Vgl. dazu Robert Heuser, *Einführung in die chinesische Rechtskultur*, Hamburg, 1999, S. 426 f.